탄생 100주년 기념
김동리 문학전집㉖

수필로 엮은 자서전

김동리기념사업회
도서출판 **계간문예**

탄생 100주년 기념
김동리 문학전집 ㉖

수필로 엮은 자서전

김동리 문학전집 발간에 즈음하여

3만 장에 가까운 선생님 전 작품을 한 그릇에 담는 이 벅찬 감동

2013년 11월 24일은 김동리 선생의 탄생 100주년이 되는 날이다. 1913년 경주 성건리에서 부 김임수와 모 허임순 사이에서 태어나 1995년 6월에 타계했다.

선생은 한국 근대문학 소설사에서 우뚝 선 거목(巨木)으로 왕성한 문단활동과 함께 큰 획을 그으셨던 분이다.

1934년 조선일보에 시 「백로」로 입선하고 1935년 단편소설 「화랑의 후예」가 중앙일보 신춘문예에 당선하면서 본격적인 작품 활동을 시작했다.

선생은 1939년 20대 중반에 유진오의 「순수에의 지향」이란 글에서 신진들이 현실 도피적이라고 비난하자 「순수이의」와 「신세대 문학정신」이란 제목의 평론으로 격렬하게 반박하는 논쟁을 시작했다.

이어 1946년에는 조공계(朝共系)의 문학가동맹에 대항하여 한국청년문학가협회를 결성하고, 공산계의 계급주의 민족문학론에 대항하여 인간주의 민족문학론을 제창하며 본격문학(本格文學)이란 말을 처음으로 사용했다.

평자들은 선생의 작품경향이 '운명적 문학관의 윤리감각'에 기인되었음을 지적하고, 이는 인간이 천지(天地)와 유기적인 관계에 있고 따라서 인간에게는 공통된 운명이 부여되어 있다는 근원적 인식에서 비롯된다고 했다. 또한 그에게 있어 문학이란 '구경(究竟)적 삶의 형식'으로 지극히 '인간주의'적이며, 인간의 심원적 문제 탐구와 인간성 옹호로 그것이 곧 그의 문학의 본질로서 궁극에 이른다고도 했다.

그런가 하면 또 다른 평자는, 선생이 자연친화적이며 향토색이 짙은 민속적 소재를 다룸은 그 작품이 쓰인 일제 말기의 상황 속에서 얼어붙은 '우리의 민족혼'을 일깨우기 위해서라고 했다.

민족의 얼은 민족 고유의 것과 전통적인 것에서 찾게 되고 따라서 토속적인 풍속과 신화, 원시종교에 이르는 샤머니즘에서 가장 빠르게 흡수할 수 있었기 때문이라는 것.

그러나 과문한 필자의 필력으론 3만 장에 가까운 선생의 작품을 독파할 수도 없었고, 한국의 중진 평론가들이 집필한 300여 편의 작품 평설이나 「김동리론(論)」도 완독하지 못해 선생의 문학 전부를 표현할 수 없음에 답답할 뿐이다.

다만 선생께서 문학을 운명적인 천형(天刑)으로 받아들여 평생을 치열하게 기념비적인 작품을 창출했고, 문학 원천의 본질을 끝까지 고수하며 한국문단을 끌어온 큰 분이셨기에, 작품이 오래도록 전래되게 하는 충정만 가득할 뿐이다.

김동리 전집 기획은 선생의 탄생 100주년을 맞아 본 기념사업회에서 주관하되 오로지 제자들의 성금으로만 만들어지게 되었다. 고(故) 박경리 선생을 비롯하여 110명의 선생의 작가 제자들이 십시일반으로 모금한 금액으로(물론 많이 부족하지만) 33권(시 · 소설 · 수필 · 평론집 등)을 보관용이 아닌 일반 단행본 형식으로 발간키로 했다. 독자들이 손쉽게 각 권으로 구입하여 읽을 수 있도록 한 것이다.

이에 편집 실무자들은 2년 전부터 선생의 원고를 발굴하듯 찾아내느라 도서관과 신문사 잡지사 등으로 불철주야 쫓아다녀 간신히 찾아내어 복사하고 다시 워드작업을 하느라 땀을 흘렸다.

편집진 역시 선생을 존경하고 흠모하는 성금참여 제자들로 구성되어 하나같이 자원봉사를 기꺼이 맡아 주었다.

제작비가 부족한 어려운 여건인데도 선생의 전집 발간을 기꺼이 맡아 준 신아출판사 서정환(수필가) 사장님께 심심한 감사를 드리며, 아울러 성금에 참여해 준 선후배들께도 절을 올린다.

종이책이 점점 격감해진다는 위기에 선생의 빼어난 작품들이 온 국민들에게 다시 널리 읽혀져 새로이 '소설부흥'의 계기가 되었으면 하는 간절한 마음으로 발간사를 대신한다.

김동리 탄생 100주년 기념 김동리문학전집 발간위원회
金芝娟 외

- 일러두기 -

1) 김동리 전집은 한국 근대소설사에 커다란 문학적 성과를 남긴 김동리 문학 세계를 일반 독자에게 널리 소개하고 그 문학적 의미를 정리하는 데 간행의 목표를 둔다.
2) 맞춤법과 띄어쓰기는 발표 당시의 그것을 따르지 않고 모두 현행 맞춤법 규정에 따라 고쳤다. 그러나 대화에 나오는 구어체의 사투리는 그대로 살렸다.
3) 한글 표기를 원칙으로 하여 원본의 한자는 모두 한글로 고쳤으며, 필요한 때에만 (　) 안에 넣었다.
4) 외래어는 현재의 외래어 표기법에 맞도록 고쳤으며, 장음 표시는 삭제했다.
5) 대화는 "　"로, 인용은 〈　〉로, 단편소설은 「　」, 책명과 장편소설은 『　』, 잡지명은 《　》로, 생각은 '　'로 표시하였다.

차례

김동리 문학전집 발간에 즈음하여 _ 004

일러두기 _ 007

나의 유년 시절 _ 015

까치설날 밤에 _ 022

내 속에 있는 늪 _ 025

소꿉동무 선이의 죽음 _ 031

마음과 몸을 앓다 _ 039

그날의 대추나무골 _ 048

나의 어머니 _ 052

우리 집안 이야기 _ 059

어린 시절의 여름과 가을과 겨울 _ 064

그 해의 크리스마스이브 _ 068

말썽 난 첫 글짓기 _ 072

R군과 남산의 옥싹 _ 076

어떤 사회주의자의 선물 _ 081

문학에 대한 왕성한 식욕 _ 086

미당과의 만남 _ 107

오기와 허세의 세월 _ 113

「화랑의 후예」가 당선되다 _ 119

방랑의 세월 _ 125

길 난 데로 간다 _ 133

다시 해인사로 _ 138

연거푸 당선되다 _ 143

50년 만에 안 그 뒤 소식 _ 148

카페 시대 _ 155

바보, 멍텅구리, 촌뜨기 _ 163

비밀 누설 _ 172

황진사의 술 _ 176

광명학원 교사 시절 _ 179

만해 선생과 「등신불」 _ 185

화개장터와 「역마」 _ 192

그 무렵의 문단 신세대 _ 198

광명학원 문을 닫다 _ 205

망나니들과 어울리다 _ 210

첫아들 진을 잃다 _ 215

어머니의 찬송가_222

해방, 폭포같이 쏟아지던 그 햇빛_226

내 인생의 수수께끼_234

민족문학 표방 시대_240

당의 문학이냐, 작가의 문학이냐_246

『무녀도』 출판기념회_253

계급문학과의 대결_260

《문예》시대 신인 추천_266

잊히지 않는 얼굴_275

「밀다원 시대」를 쓸 무렵_280

금강 다방 시절_287

「흥남 철수」의 주변 이야기_291

갈채 다방 시대_297

문예 살롱에서 만난 사람들_302

명천옥의 어느 날_305

광나루 강놀이_314

목월과의 나흘 여행_330

남원과 춘향제_336

땀을 뺀 이야기_341

고향의 저녁노을_347

예순 나이 무렵_360

『을화』를 쓰기까지_364

나의 먹글씨 취미_369

나의 두 얼굴_373

작가와 현실참여_379

어떤 훌쩍 떠남_383

'그녀'라는 인칭에 대하여_388

여행에서 얻은 시 모음_391

청담동 집으로_398

문학이 무엇인가_402

마음도 씻자_407

다시 고향에 가보니_411

이름 이야기_414

백씨 범부 선생 이야기_417

보름달_423

꽃과 솔과 나_426

어떤 행복론_431

나의 단상(斷想)_434

며느리에게 주는 말_438

■ 발문 | 『나를 찾아서』 엮음에 즈음하여_443

김동리 연보_446

나의 유년 시절

나는 1913년 11월 24일(음력) 경상북도 경주시 성건리(城乾理) 186번지에서 아버지 김임수(金壬守)와 어머니 허임순(許任順) 사이에서 오남매 가운데 셋째 아들로 태어났다. 나는 어머니가 나이 마흔두 살에 낳은 막내였다.

우리 형제의 항렬자(行列字)는 본디 새 봉(鳳)자였다. 그래서 내 큰형님(凡父 선생)의 본명(호적명)은 기봉(基鳳)이요, 큰누님이 월봉(月鳳), 작은형은 영봉(英鳳), 작은누님이 분봉(粉鳳), 그리고 내가 창봉(昌鳳)이었다.

그런데 내 백씨가 공부(한문)를 하고 나서(열일곱살 때인가 그랬다고 한다) 봉 자가 속되다고, 동생들에게는 봉 자를 붙이지 말라고 했다고 한다. 그러니까 작은형까지는 봉 자 항렬로 호적에 이미 올랐지만, 작은누님 차례에 와서는 봉자 대신 조(祚)를 붙여서 분조로 올렸다.

그 뒤 내 차례가 되었는데, 그때엔 내 백씨가 일본(대학)에 유학을 가고 없어서 그대로 창봉이로 부르고 있었다.

내 나이 네 살 때인가, 호구 조사란 것이 나왔는데, 내 이름이 미처 호적에 오르지 않고 있었다고 한다. 그 당시엔 호구 조사 때 호적에 올리는 것이 일반 관례였기 때문에 조사원이 나를 호적에 올리기 위해 이름을 물었다고 한다. 그러자 식구들이 모두 망설이고 얼른 대답을 못했다. 창봉이 이외에 이름을 지어놓은 것이 없었기 때문이었다. 하는 수 없이 어머니가,

"창봉이라고 부르는데……."

하자, 작은누님이 곁에 있다가,

"봉 자는 나쁘다고 큰오빠가 안 캤나(말하지 않았나)."

하고 이의를 달았다.

그러자 조사원이,

"막내둥이니까 귀할 귀(貴)자를 붙이지요."

하고 창귀라고 기재해 버렸다고 한다.

그 뒤 내 백씨가 와서 이 일을 알고, 창귀는 창봉이보다도 못하다고 화를 내더라는 것이다. 그러니까 내 어릴 때의 이름은 창봉이와 창귀가 엇갈려 집에서는 그냥 창봉이라고 불렸는데, 학교에 입학을 하면서는 하는 수 없이 창귀를 쓸 수밖에 없었다.

내가 술을 마시기 시작했던 것은 두 살인가 세 살 무렵부터였다고 한다. 그때는 집집이 술을 빚던 시대였으므로 집에는 얼마든지 술이 있었고, 아버지나 손님이 술을 마시게 될 때마다 곁에서 조금씩 얻어 먹었다고 한다. 애주가인 아버지는 내가 술을 마셔도 막지 않고,

"이것 봐라, 우리 창봉이 술맛 안대이."

하며 오히려 자랑스러워하더라는 것이다.

나는 술에 취하면 툇마루에서 뜰로 잘 떨어졌다고 한다. 그리고 곁에 있는 사람을 물기도 했다고 한다. 그러다가 쓰러져 잠이 드는데 밤

늦게서야 잠이 깨면 그때부터는 울기 시작했다는 것이다. 울음은 무척 길어서 어떤 때는 밤까지 계속되었다고 한다.

어머니는 나중엘 교회엘 나가게 되었지만, 그 이전까지는 사월(음력) 초파일 때마다 절 구경을 다니시곤 했다. 그 무렵 우리 고장에서는 부처님 오신 날, 불탄일(佛誕日), 석탄일(釋誕日) 따위의 말을 쓰지 않고 그냥 초파일, 또는 사월 초파일이라고만 불렀다.

우리 동네에서 그렇게 한 해에 한 차례쯤 절 구경을 다니는 아주머니들이 모두 스물쯤 되었다. 그 아주머니들은 보통은 서넛씩, 많을 때는 여남은씩 따로따로 뭉쳐서 다니곤 했다. 그것은 구경 가는 절이 다르기 때문이었다.

그 무렵 우리 마을 아주머니들이 가장 많이 가는 절은 읍내에서 가까운 분황사와 백률사였고, 좀 먼데가 불국사와 기림사였는데, 그보다 더 먼 데라면 통도사와 해인사였다. 따라서 분황사나 백률사 가는 이들이 가장 많았고, 통도사나 해인사는 아주 드물게 한둘이었다고 한다. 도시락이나 보자기에 점심과 저녁까지 싸서 떠나면 그날 밤을 절에서 보내고, 이튿날 아침에야 돌아오시곤 했다.

어머니가 동네 아주머니들을 따라 처음 절 구경을 간 것은 내 나이 세 살 때부터라고 하니 어머니 나이로는 마흔네 살 때부터라는 계산이 된다.

어머니가 무슨 계기로 그렇게 절 구경을 따라 나서게 되었는지는 잘 모른다. 다만 절 구경을 자주 다니는 아주머니들이 그렇듯이, 어머니도 새나 벌레 같은 것을 함부로 죽이려 하지 않았고, 또 거지나 문둥이의 동냥 바가지에도 후하게 집어 담아주곤 했다.

그래 그 초파일 밤이 되면 나는 언제나 우리 집 뒤 보리밭 좁은 길 위에 서서 멀리 불이 켜져 있는 백률사를 바라보곤 하였다. 우리 집에서 백률사까지를 보통 십리라 했지만, 직선 거리는 3킬로미터 미만이었고, 또 그 사이에 가린 것이 없으므로 집 뒤에만 나서면 빤히 바라볼 수 있었던 것이다. 더구나 밤이 되면 많은 등불이 켜지므로 산골짜기가 그냥 꽃밭같이 보였다.

나는 네 살 때와 다섯 살 때 두 해 동안 초파일 밤이면 저녁 먹기가 바쁘게 집 뒤 보리밭 사잇길로 달려나가 그 먼 절의 만등제(萬燈祭) 불빛을 바라보며 어머니를 기다리곤 했었다. 형수는 어머니가 내일 아침에야 오신다고 일러주었지만, 나는 그것을 믿지 않았다. 왠지 내가 기다리기만 하면 어머니는 돌아오실 것같이 믿어졌기 때문이었다.

어머니가 어느 절로 가셨는지도 모르는 채 나는 언제나 백률사에 가셨거니 하고 있었다. 그것은 우리 집 뒤에서 먼 불빛이나마 바라볼 수 있는 곳이 그 절뿐이었기 때문이었다. 그렇게 오래도록 바라보고 섰노라면 절에서 일어나는 북 소리, 바람소리, 염불소리마저 들려오는 듯한 착각이 일곤 했다.

누나가 와서 내 손목을 끌어도 나는 몇 차례나 누나의 손길을 뿌리치곤 하다가 보리밭 저 끝에서 무슨 짐승의 소리 같은 것이 들려온다고 느껴질 때야 슬그머니 업히거나 끌려서 돌아오곤 했다.

내 나이 네 살 때의 일이다. 나는 어머니와 누나를 따라 냇가로 나갔다.

조금 늦은 봄이었다. 어머니는 빨래를 하시고, 누나는 고동을 잡는다고 냇물 속에 들어가 있었다.

일곱 살 난 누나가 옷을 입은 채(아랫도리만 조금 걷어 올리고) 냇물에 들어가 있었으니 물의 깊이는 짐작할 만한 일이다. 나는 누나가 고동을 잡는다고 허리를 구부리고 이리저리 냇물을 휘젓고 다니는 모양을 부러운 듯이 바라보고 있었다. 문득 내 눈에 흘러가는 물 밑에 깔려 있는 노리끼한 모래 바닥이 보였다. 그것이 몹시 깨끗하고 아름답게 비쳤던 것 같다.

나는 어머니가 빨래를 하느라고 지켜보지 않는 사이에 그 냇물 속으로 첨벙 뛰어들었다. 나는 물론 물살에 밀리어 이내 냇물 위에 쓰러지고 말았다. 깜짝 놀란 누나가 나를 건져낸 것은 다음 순간의 일이었다.

나는 스스로 무척 놀랐던 모양이었다. 몹시 심하게 울었다고 한다. 그때부터 누나는 나를 돌보느라고 고동잡기를 중단하지 않을 수 없었다고 한다.

중국 당나라의 이태백이 술에 취한 채 달을 건진다고 강물로 뛰어들었다가 강물에 빠져 죽었다는 이야기는 그 뒤에 들었다. 내가 나중 「달」이란 소설을 쓰게 된 먼 동기에는 네 살 때 그 새하얀 모래를 바라보다가 냇물로 들어갔던 일과 상관이 있을 것이라 믿어진다.

여섯 살 나던 해다. 역시 초파일이었는데, 나는 어머니를 따라가기로 결심했다. 물론 그 전해에도, 전전해에도 따라가려고 많이 울긴 했지만, 이 해와 같이 결심을 굳히지는 못했었다.

어머니는 내가 어느 해와 같이 울며 따라나서지 않고, 이미 행동으로 강행할 결의임을 눈치 챈 모양이었다.

어머니는 동네 가운데까지 와서 한참 서 있다가 그냥 돌아서고 말았다. 어머니는 집으로 돌아가신 것이다. 그러나 나는 사립 밖에 선 채 집엔 들어서지 않았다.

누나가 나왔다. 어머니가 널 데리고 가기 위해 가장 가까운 절 분황사로 바꾸었으니 들어와 세수하고 옷 갈아입으라는 전갈이었다.

그날의 분황사, 전에도 한 차례 동네 아이들 따라 다녀온 일이 있었지만, 이날은 딴판이었다. 절 경내가 온통 종이꽃과 깃발과 초롱(종이등)으로 꽃동산을 이루고 있었다. 나는 무어라 형언할 수 없는 흥분과 행복으로 가슴이 뿌듯했다.

점심때가 되자 어머니는 도시락을 끌러 나에게 밥을 먹였다. 나는 어머니가 나 때문에 밥을 굶을 것 같아서 한참 먹다가 그만 일어나 버렸다. 그러고는 떼를 쓰듯 말했다.
"엄마, 엿 먹고 싶어."
어머니는 돈 5전을 주었다. 나는 그 5전으로 엿과 떡을 사서 어머니에게 가져갔다. 어머니는,
"니나 묵지 않고."
하면서 떡을 하나 집었다.
이윽고 밤이 되니 그 많은 초롱(종이등)에 불이 켜졌다. 법당 안은 불빛과 꽃과 깃발로 꿈 속의 궁전같이 보였다. 나는 어머니의 가슴에 기대앉은 채 황홀한 행복감에 완전히 젖어 들어 있었다. 나는 드디어 어머니 무르팍에서 잠이 들고 말았다.
새벽녘에 눈을 떴을 때 그 황홀한 불빛 속에서 스님들이 계속 염불과 절을 올리고 있는 것이 보였다.
"서어가무니불…… 서어가무니불."
돌아올 때 나는 어머니에게 물어보았다.
"엄마, 서어가무니불이 뭐꼬?"
"부처님 이름이란다."
나는 생애에서 아직도 이 분황사의 초파일 밤보다 더 진한 행복감을 경험한 일이 없다. 그 후 나는 중학교 다닐 때「초파일 밤의 추억」이란 제목으로 동시를 지었다.

절 구경 간 엄마는 오시지 않고
마을에는 등불이 모두 꺼졌네

절 구경 간 엄마는 오시지 않고
하늘에는 별들만 더 많아졌네

그 뒤 나는 문학과 철학을 공부해서 사람 사는 일과 종교 관계에 대해서도 많이 생각하고 널리 검토할 수 있게 되었다. 그 결과 나는 신(神)이랄지 불(佛)이랄지 천(天)이랄지에 대해서 그 기능을 믿고 있지만, 특정 교단에 귀의하지 않고 있다. 나는 사람에게 혼이 있는 것처럼 이 우주에도 혼이 있다고 본다. 그리고 사람의 생명은 단순히 부모한테서만 오는 것이 아니고, 그 근원은 천지 혹은 우주에서 오는 것이라고 본다. 또 나는 사람의 혼과 우주의 혼은 근원에 있어 둘이 아니라고 보기 때문에 기도와 치성(致誠)의 효용성을 믿고 있다. 그러나 그 혼의 이름을 신·불·천 그 어느 것으로도 부르고 싶지 않다.

나는 기도를 드릴 때마다 천지신명 또는 관세음보살을 부르고 있다. 천지신명은 태고 시대부터 우리 조상들이 불러오던 우주 혼의 이름이요, 관세음보살은 외래 종교의 그것으로서 가장 오래이며, 그만큼 친근미가 느껴지기 때문이기도 하려니와 어쩌면 어려서 바라보던 먼 절의 불빛 관계도 다소 작용하고 있는 겐지 모르겠다.

나는 나중 「산화(山火)」라는 소설을 썼는데, 그 작품의 마지막 장면에 나오는 먼 산의 불길 역시 내가 어릴 때 본 그 초파일 밤의 기억이라고 믿어진다.

까치설날 밤에

 내가 나서 자라던 경주에서는 설과 추석이 가장 큰 명절이요, 다음으로는 정월 대보름을 알아주는 편이었다.
 설 명절의 준비를 미리부터 해야 한다는 것은 주로 강정 따위를 만들기 때문이었다. 추석에는 여러 가지 과일을 쓰지만, 설에는 과일이 귀한 만큼 그 대신 강정 따위를 만드는 것이다. 그런데 강정이란 것이 콩강정이든 깨강정이든 쌀강정이든지 모두 엿이나 조청으로 버무리게 되므로 조청이나 엿을 고아야 하고, 조청이나 엿을 고려면 그만큼 미리 준비를 해야 한다.
 그러니까 섣달 초승께나 늦어도 보름께까지는 엿이나 조청을 고아 놓고 스무날께는 강정 따위를 만들어 독 속에 넣어둔다. 그리고 스무날께 이후부터는 생선 따위를 마련하고, 그믐께로 접어들면 떡을 치고 나물을 다듬는다.

집에서 엿이나 조청을 고면 우리는 들뜨기 시작하여 콩강정을 만들면 벌써 설의 분위기는 자리를 잡게 된다.

강정 따위를 끝내면 설빔을 꾸미느라고 정신이 없고, 설빔이 대강 갖추어지면 떡쌀을 담그고, 나물을 다듬고, 생선을 장만하느라고 온 식구가 바쁘게 돌아간다.

이러한 분위기는 그믐날인 작은설(까치설)이 되면 막바지에 이른다. 특히 그믐날 밤엔 온 집안에 불을 밝히고 어머니와 형수들은 생선을 굽는다, 나물을 삶는다, 하느라고 부엌으로 곳간으로 바쁘게 오락가락하고, 누님은 방 안에서 대님을 접는다, 주머니끈을 달아놓는다 하느라고 여념이 없다.

"창봉아, 니 섣달 그믐날 밤에 잠자면 눈썹 하얗게 센데이."

이것은 내 나이 여섯 살 때 우리 누나가 나에게 들려준 말이었다. 나는 누나에게서 들은 말을 의심한다기보다 하도 신기한 생각이 들어서 부엌으로 나가 형수에게 물어보았다.

형수는 웃는 얼굴로,

"아니고, 그것도 모르는가베. 섣달 그믐날 밤에 자면 눈썹 센다는 거 어른들은 다 아는데."

했다.

나는 형수가 웃는 얼굴로 말했어도 그것이 농담이라는 것을 깨닫지 못했다. 그래서 잠을 안 자려고 몇 번이나 뜰 아래로 내려가 보곤 했으나, 어느 사이엔지 잠이 들고 말았다. 내가 잠든 사이에 내 눈썹에 분가루를 하얗게 묻혀둔 것은 누나였다.

이튿날 아침에 누나가 깨워서 눈을 뜨는데, 누나가 나를 끌고 거울 앞으로 가더니 눈썹을 좀 보라고 했다. 눈썹은 물론 하얗게 세어 있었다.

나는 다짜고짜로 울어버렸는데, 누나가 사뭇 웃는 얼굴로,

"이것아, 잠자면 눈썹 센다고 안카더나."
했을 뿐 그것이 분가루라고 얼른 자백하지는 않았다.

지금도 시골에서는 이러한 장난을 치는지 모르지만, 나의 행복은 이 무렵이 절정이었던 것 같다. 설이 주는 행복도 그믐날 밤이 절정이었던 것 같다.

모든 음식, 모든 새 옷이 다 설을 위하여 만들어진 것이지만, 정작 설날 아침이 되어 그동안 준비했던 여러 가지 음식을 상에 차려 실컷 먹고 또 오랫동안 정성들여 꾸며두었던 설빔을 입고 나서면 왠지 그것을 만들고 있을 때 구경을 하고, 조금씩 얻어먹고 했을 때만큼 즐겁다고 느껴지지 않았다.

설빔을 입고 나면 집안어른에게 세배를 하고, 다음에는 이웃집 어른들을 찾아가 역시 세배를 드리는 것이었는데, 어떤 이들은 세뱃돈이란 것을 주고, 어떤 집에서는 떡과 강정 따위를 차려주기도 했다.

내 속에 있는 늪

나는 어려서부터 몹시 고독을 느꼈다. 그 까닭은 지금 생각해도 잘 모른다. 나에게 부모형제와 친척과 친지가 다 갖추어져 있었기 때문에 나를 돌보아줄 사람이 없다거나 내가 더불어 수작할 상대자가 없었기 때문은 아닐 것이다. 그리고 더 정확하게 말하면 내가 어려서 느낀 것이 고독이라고 스스로 깨닫고 있었던 것 같지도 않다. 나는 무언가 몹시 불안하고 우울하고 무섭다고 느꼈던 것 같다. 그것이 좀더 철이 든 뒤에 고독이라고 스스로 이해되었던 것 같다.

그리고 왠지 모르지만, 나는 늪을 몹시 좋아한다. 좋아한다는 말이 막연하지만, 우선 그렇게밖에 나타낼 수 없다. 그것이 언제부터의 일인지도 분명치 않다. 아주 어릴 적부터니까 타고난 기질 같은 것인지도 모르겠다.

내가 자라던 마을은 경주 읍내(지금의 경주시)의 서쪽 변두리였기 때문에 한 마장 가량 더 나가면 냇물이었다. 보통 서천, 혹은 서천내라고 불렀는데, 형산강 상류에 해당되었다.

당시 경주읍은 성내(城內)와 성외(城外)로 나눌 수 있었는데, 성내엔 물론 상가가 중심이었지만, 성외엔 주로 농가가 많았다. 우리 동네는 성외에서도 가장 농촌이란 인상을 풍기는 마을이었다.

서천 한가운데 섬이 있었는데 섬 전체가 모래밭이었기 때문에 채소가 잘 되었다. 우리 동네 사람들은 이 섬에다 채소를 심어 읍내(시장)에 내다파는 집이 많았다. 그래서 다른 동네 사람이 우리 동네 사람들을 말할 때 〈성밖 무시쟁이〉라고 불렀다. 성밖 동네의 무 장수라는 뜻이었다.

나는 아주 어릴 적부터 이 냇물(서천)에 다녔다. 처음엔 형을 따라서였지만, 이내 혼자 다닐 수 있게 되었다. 혼자 냇물을 건널 수 없으면 동네 아이들의 손을 붙잡고 건너기도 했다.

냇물을 건너면 망막한 모랫벌인데, 그 넓은 모랫벌은 온통 채소밭이었다. 그 채소밭을 지나면 언덕 밑으로 개울이 흐르고, 개울을 건너면 또다시 모래밭, 그 모래밭을 지나면 부형듬이었다. 부형듬은 산 이름이다. 김유신 장군의 묘소를 금산재, 또는 송홋골이라 한다.

이 송홋골 앞에, 그러니까 동쪽으로 뛰어나온 듯한 두 개의 산을 부형듬이라 불렀는데, 남쪽 것을 윗부형듬, 북쪽 것을 아랫부형듬이라 불렀다. 이 두 개의 부형듬은 다같이 동쪽을 향해 심한 벼랑이 져 있었고, 그 벼랑에는 활엽수들이 엉겨 있었다.

활엽수들은 가지와 가시들이 무수히 얽히고, 잎새와 잎새들이 겹쳐 덮이고 하여 어느 태산 속의 깊은 수풀을 연상시켰고, 그 밑동들은 칡덩굴과 딸기 덩굴, 그리고 이름 모를 여러 가지 덩굴들이 휘감긴 채 여간해서는 그 속으로 발을 들여 놓을 수가 없었다. 그것들은 덩굴 때문만이 아니라 그 덩굴 속에 우글거리는 지네, 개구리, 두꺼비, 까치

독사 따위 파충류들 때문이기도 했다. 이 수풀과 덩굴은 아랫부헝듬보다 윗부헝듬이 더 깊고 어둡게 엉겨 있었다. 그리고 뻐꾸기나 부엉이들이 더 요란스럽게 울어대기로도 물론 윗부헝듬 쪽이었다. 늪은 바로 그 윗부헝듬 가운데 있었다.

내가 처음 이 늪가에 간 것은 형을 따라서였는데, 형은 이 늪속에 이시미(이무기)가 있으니 너무 가까이 가지 말라고 했다. 형은 그 뒤 다시, 이시미는 예기청수(藝妓淸水-소 이름)로 옮겨갔지만, 그 대신 물구렁이가 우글우글하기 때문에 물에만 들어가면 물구렁이에게 잡아 먹힌다고 했다. 나는 형이 그렇게 말하지 않아도 그 물속에는 온갖 무서운 벌레와 독사와 그런 것이 다 들어 있으리라 생각하며, 파란 물파래로 덮인 늪 위를 바라보고만 있었다.

그 뒤 내가 장성하여 이 부헝듬 밑으로 갔을 때, 그 벼랑 밑의 무서운 늪은 옛날같이 그렇게 끝없이 깊고 끝없이 많은 뱀과 독충들이 우글거리고 있을 것 같지 않아 보였다. 그러나 내 머릿속에는 언제나 내가 어려서 처음 보던, 그 파란 물파래로 덮인, 끝없이 깊고 끝없이 멀고 끝없이 많은 뱀과 벌레들이 우글거리는 신비의 늪이 그대로 새겨져 있었다.

내가 지금까지 「늪」이란 제목으로 쓴 작품은 단편 소설이 한 편, 시가 두 편, 그리고 『명상의 늪가에서』라는 수필집도 한 권 있다.

단편 소설의 「늪」은 〈보리밭들을 건너, 검푸른 잡풀을 헤치고 야트막한 언덕 아래 수렁이 있고, 수렁에 이어진 검푸른 물〉이었다.

> 수면은 언제나 파란 물파래로 덮여 있지만, 이따금 불쑥불쑥 솟아오르는 붕어가 있는가 하면, 어떤 때는 하얀 수은 방울 같은 것이 물 속에서 쏙 꿰어져 올라와 물파래를 동그랗게 헤치며 팡 소리를 내고는 모두 풍풍 풍풍 아래로 내려가 버리기도 한다. 이것은 아마 늪 속에서도 가장 여러해묵은 무서운 벌레가 방귀를 뀌는 것이리라. 그리고 저 물

위에 꽉 덮인 물파래는 배암밥이란 말이 있으니, 늪 속에서 얼마나 많은 독사와 구렁이들이 우글거리고 있을지 모른다.

이것은 물론 이 작품의 주인공인 석이란 어린아이의 눈에 비친 늪이다. 무서운 늪을 매일같이 찾아오는 석이란 어린아이의 눈에 비친 늪이다. 무서운 늪을 매일같이 찾아오는 석은 그의 어머니가 이 늪에 빠져 죽었다고 어렴풋이 믿고 있는 것이다.

늪 저쪽도 수렁이요, 수렁에서 숲 기슭까지는 이쪽보다 더 넓고 거친 잡풀밭이다. 잡풀밭을 지나면 산기슭, 산기슭을 오르면 검은 솔밭, 거기서부터 시작되는 수풀은 얼마나 넓고 먼지 하늘 끝에 닿는 듯하다. 저녁때마다 불꽃 같은 노을의 이불로 덮이는 저 수풀, 개인 날이면 솜뭉치 같은 뭉게구름을 끝없이 뿜어내는 저 수풀, 아아 저 수풀 속에는 얼마나 많은 꽃들이 피어 있으며 온갖 새들이 우짖고 있을까.

석이가 이렇게 늪 건너 끝없이 이어진 수풀을 그리워하는 것은 어머니를 따라 그 숲속에 혼자 사는 할아버지(외조부)를 찾아간 일이 있었기 때문이다. 그러나 그의 집에서 그것을 걱정하지 않을 리 없다. 특히 그를 친동생같이 사랑하는 분이(계모가 데리고 온 딸아이)가 그랬다.

분이는 피리는 늪에 던져 버리고 가만히 석의 손목을 잡았다.
"가자."
분이가 그의 팔을 끌기 시작하자 석이 마주 힘을 쓰려는 순간 언덕 끝의 흙이 무너지며 석의 한쪽 발이 수렁으로 미끄러져 들어갔다.

이리하여 어린 남매는 함께 수렁 속으로 잠기고 말았다. 이 작품은 처음부터 늪의 무서움과 아름다움과 신비를 형상화해 보려는 아동

소설이었다.

같은 「늪」이란 제목의 시는 다음과 같다.

> 언제나 기약없이 훌쩍 찾아오는
> 내 고장 한구석지 이끼 덮인 늪 하나
> 오랜 옛 서울의 전설이 걸려 있는 벼랑 아래
> 갈대 억새 어우러진 언덕 끼고
> 물이끼 물파래 물거품으로 꽉 덮힌
> 이 늪 속엔 무엇이 살고 있을까
> 물거품 물파래 꽉 덮인 이 늪 속에
> 온 세상 얼굴 다 들어 있을까
> 이 늪 속의 무엇이 그토록 나를
> 제 곁으로 곧장 끌어당겼단 말인가
> 전생의 무슨 인연 같은 것으로
> 이 늪에 나는 사로잡힌 것일까
> 까닭 모를 우수에 잠긴 채 지금 나는
> 홀로 고개 떨군 채 늪가에 서 있다네

위의 소설과 시에서 그려진 늪의 이미지는 대개 비슷하다. 그것은 아름답고 신비하면서도 일면 죽음의 공포를 곁들이고 있다. 깊이 모를 늪과 수렁이 이어져 있고, 독사와 지네와 물구렁이와 독충들이 우글거리는 무서움이다.

내 마음속에 고인 늪은 왜 이렇게 되어 있을까. 나는 가끔 내 자신에게 물어본다. 그보다도 나는 왜 이렇게 어려서부터 지금까지 늪에 집착하고 있을까. 최근에 나는 동시 「늪」을 쓰고 나서 나의 이러한 평소의 의문을 어느 정도 스스로 풀게 되었다.

그 일 절은 다음과 같다.

이무기와 늙은 구렁이가 사는
가장 깊은 곳은
저승으로 통해 있다고 합니다.
이무기와 늙은 구렁이는
저승에서 이따금씩 다녀온다고 합니다.
비가 오는 날,
또는 달빛이 물 속으로 비쳐드는 밤엔
저 늪에서 호화로운 잔치가 벌어진다고 합니다.

여기서는 그 깊이 모를 저승으로 통해 있는 것으로 되어 있다. 이러한 상상은 동시이기 때문에 가능했으리라고 본다.
어린 날에 내가 처음으로 늪을 봤을 때 나는 늪의 아름다움과 함께 거기서 죽음을 느꼈던 것 같다. 이리하여 죽음을 곁들인 늪의 이미지가 내 속에 자리잡게 되었던 것 같다.
죽음은 나에게 늪과 같이 아름답고 신비하지만, 언제나 슬픔과 두려움과 서글픔과 우울을 곁들이고 있다.

소꿉동무 선이의 죽음

　내가 다섯 살 때다. 나는 날이면 날마다 선이와 놀았다. 선이네 집과 우리 집 사이에는 골목이 하나 있었다. 골목을 사이에 두고 우리 집은 동쪽, 선이네 집은 서쪽에 있었다.
　앞에서도 잠깐 언급했지만, 나는 아주 어린 아기 때부터 술을 마셨다. 아버지가 툇마루에서 마시고 난 술 사발을 두 손으로 들어 올려 입에 갖다대고 찌꺼기에 괸 술을 홀짝홀짝 빨았던 것이다.
　나는 우리 어머니가 마흔두 살 때 낳은 막내였다. 내 위로 형 둘, 누나 둘이 있었지만, 어머니는 그때까지도 많은 일을 치러내야 하는 처지에 놓여 있었다.
　그 무렵 우리 집에서는 대농(大農)으로 불릴 만큼 많은 농사를 짓고 있었는데, 그 일을 감독하고 지시하고 마무리 짓고 하는 따위의 복잡한 업무가 어머니에게 주어져 있었다. 아버지는 어머니와의 약조에 따라 장삿일을 전담하다시피 하고 있었고, 큰형은 학문을 하느라고 집안일을 강 건너 불 쯤으로 볼 수밖에 없었고, 큰누나는 시집갈 준비를 하느라 반짇고리를 안고 앉아 있었다. 또 작은형은 아버지를 따라 장삿일을 돕고 있었고, 형수는 어머니의 지시대로 밥 짓고 빨래하고 방아 찧고 하는 따위의 일을 책임져야 했고, 작은누나는 어려서 일에 도움이 되지 않는 형편이었고, 그러다 보니 갓난아기 책임지고 돌볼 사람이 아무도 없는 꼴이 되었다. 거기다 어머니로서는 아들을 늦게 나서 젖이 잘 나지 않았다. 모유 대신 암죽이라도 성의 있게 쑤어대면 그렇지도 않겠는데, 모두가 일에 쫓겨 갈팡질팡하는 판에 전담자가 따로 없다 보니 젖 먹일 시간이 대중없었고, 목마르고 배고픈 아기는 악을 쓰고 울 수밖에 없었다.

젖은 부족한데다 돌봐주는 전담자가 없으니까 혼자 방 안을 기어 다니다 툇마루에 아버지의 술 마시는 광경이 눈에 비쳤던 것이다. 그 무렵엔 자가 양조(自家釀造)를 할 때요, 아버지가 술을 좋아했기 때문에 우리 집 큰방에는 언제나 술독 두세 개가 들어앉아 있었다.

그 당시 우리 고장에서는 간단히 한 잔을 할 때는 일일이 체에 놓고 거르기보다 전배기(거르지도, 물을 타지도 않은 원액의 술)에 물을 조금 붓고 누럭껑치(누룩 찌꺼기)를 대강 건져낸 다음 그냥 마셨는데, 이것을 〈술 탄다〉 혹은 〈탄 술〉이라고 불렀다.

아무튼 나는 그 무렵 아버지 곁에 붙어 앉아서 아침부터 몇 차례든지 아버지를 따라 술을 마셨던 것이다. 아버지는 대개 한 시간마다 한 잔씩 마셨는데, 그것이 번번이 〈탄 술〉이었기 때문에 마시고 남긴 술 찌꺼기 속에는 한 숟가락 가량의 술이 언제나 괴어 있었던 것이다.

술에 취하면 나는 얼굴이 새빨개진 채 툇마루에서 마당으로 곧잘 굴러 떨어졌으며, 그래도 울지 않고 일어나 뜰 위를 비틀비틀 걸어 다녔다고 한다.

어린아이가 빨갛게 술을 마시고 툇마루서 자꾸 굴러 떨어진다는 얘기는 온 동네 퍼졌다. 그리하여 구경꾼들이 모여들기 시작했다. 구경꾼들이래야 대개가 일곱 살에서 열 살 사이의 코흘리개들이었지만, 그것이 보통 6,7명에서 많을 때는 10여 명이나 되었다고 한다. 그런데 그 구경꾼 가운데 언제나 끼는 가장 나이 어린 아이가 하나 있었다. 그 애가 선이였다. 집이 바로 이웃이었기 때문에 제일 어린 나이로 구경꾼에 낄 수 있었던 모양이다. 구경꾼들은 처음에는 삽짝 밖에서 우리 집 뜰안을 기웃거리며 내가 술 먹는 광경을 구경하고 있다가 내가 빨갛게 되어 툇마루에서 떨어질 무렵이 되면 뜰 안에까지 몰려들곤 했다.

나는 구경꾼들이 뜰 가운데까지 몰려 들어와 있는 것을 보면 곧 넘어질 것같이 비틀비틀하며 구경꾼들 곁으로 걸어가서는 아무나 제일 앞에 선 아이를 하나 붙잡고 그 애의 손등이나 팔목 같은 데를 물어주곤 했다. 이렇게 한두 번 당하고 난 구경꾼들은 그 뒤부터 내가 어뚤어뚤 걸어 나가기만 하면 모두가 와아 소리를 지르며 달아나기 마련이었는데, 미처 달아나지 못한 채 넘어져 울고 있는 아이는 언제나 이웃집 선이였다. 그래서 나는 번번이 선이의 손들과 팔목을 물어줄 수 있었던 것이다.

그러나 나의 음주는 네 살을 고비로 다섯 살 때부터 차츰 후퇴를 했다. 어머니가 보는 족족 술 사발을 빼앗아 버렸기 때문이다. 그뿐만 아니라 구경꾼들도 몰려들 수 없게 되었다. 누나가 골목 어귀에 섰다가 아이들을 모조리 돌려보냈기 때문이다. 구경꾼들을 깨물어주는 버릇도 그때부터 없어졌다고 한다.

아이들이 모여들지 않게 선이는 언제나 혼자 우리 집 살짝 곁에서 놀았다. 그것이 동시에 자기네 삽짝 밖이기도 했지만, 우리 집 삽짝 곁에 반듯한 돌이 하나 놓여 있었기 때문에 거기서 소꿉놀이를 차리는 모양이었다. 그러다가도 내가 천천히 다가가기만 하면 자기네 집으로 휭하니 달아나버리곤 했다.
 그러던 어느 날 우리 집에 제사가 있었다. 마당에서는 제사에 쓸 떡을 치고 있었는데, 나는 그 곁에서 놀고 있었다. 물론 손에는 흰떡 한 가닥을 쥐고 있었다. 선이는 삽짝 틈에다 두 눈을 박은 채 떡 치는 광경을 열심히 들여다보고 있었다.
 나는 선이에게 떡을 주고 싶었다. 흰떡을 쥐고 삽짝께로 다가갔다. 그 무렵에는 어머니의 감시로 인해 술을 거의 얻어먹지 못할 때였다. 따라서 맨송맨송한 얼굴이었다. 그런데도 선이는 내가 그쪽으로 다가가자 여느 때와 같이 자기 집으로 뛰어 들어가 버렸다.
 내가 어머니에게로 돌아오자 어머니는 흰떡 하나를 더 주며 말했다.
 "선이 갖다줘라."
 나는 어머니에게서 받은 흰떡을 쳐든 채 그애네 마당으로 들어갔다. 섬돌 아래 서 있던 선이 엄마가 그것을 보고,
 "선아, 창봉이 왔다."
하고 딸을 불렀으나, 선이는 엄마 치마 뒤에 숨고 앞으로 나오지 않았다. 나는 떡을 선이엄마에게 주고 돌아왔다.
 나와 선이의 화해가 이루어진 것은 이런 일이 몇 차례 거듭된 뒤였다.
 그러나 보다 직접적인 동기는 우리집 살구꽃이었다. 우리 집 우물가에 서서 그것을 쳐다보고 있었다. 그때 마침 선이가 삽짝 앞에 서서 부러운 듯이 그것을 바라보고 있기에,
 "선아"
하고 내가 손짓을 했더니 뜻밖에도 선이는 순순히 나무 밑으로 다가와 주었던 것이다.
 그날부터 우리는 단짝이 되고 말았다. 내 나이 다섯 살 적에는 아침부터 저녁까지 온종일 선이와 소꿉놀이를 하며 같이 놀았다. 선이는

나보다 한 살 위인 여섯 살이었지만, 그 애는 무슨 일에서나 나한테 졌다. 소꿉놀이에서 땅따먹기, 숨바꼭질에 이르기까지 선이는 나의 상대가 되어주었을 뿐 겨루려고 하지 않았다. 내가 어쩌다 때려주어도 가만히 맞아주거나, 손으로 눈물이나 닦고 있지 나랑 맞서 싸우려 하지 않았다. 막내둥이로 고집껏, 욕심껏 자라던 나는 그러한 선이가 더욱 마음에 들었었는지 몰랐다.

그러던 선이가 이듬해 이른 봄, 살구꽃도 피기 전에 홍역인가 폐렴인가로 죽고 말았다. 나는 그 애가 죽어서 나가던 그날 아침의 일을 지금도 잊지 못한다. 그 애의 삼촌은 선이를 지게에 얹어 지고 앞서 나가고 그 애 아버지는 삽을 끌며 그 뒤를 따르고 있었다.

내가 그 광경을 볼 수 있게 된 것은 선이 엄마의 애간장이 다 녹는 듯한 울음소리 때문이었다. 그때 나는 우리 집 툇마루에 혼자 앉아 아직 꽃망울만 빨긋빨긋한 살구나무를 바라보고 있었던 것이다. 나는 며칠 전부터 선이가 홍역(성홍열)인지 뭔지 몹시 앓았으니까 그 집엘 가선 안 된다고 어른들로부터 듣고 있었는데, 마침 그렇게 격렬한 울음소리를 듣자 직감적으로 가슴에 확 느껴지는 것이 있었다. 결국 선이에게 좋지 않은 일이 왔구나 하는 생각이었다.

선이 엄마는 지게에 얹혀 나가는 딸을 차마 보지 못하여 담장에 이마를 끌박다시피 하며 그렇게 흐느껴 울고 있었던 것이다.

나는 우리 집 삽짝으로 나가 그러한 골목의 광경을 보고 있다가 누가 붙잡는 것도 뿌리쳐버리고 골목 밖으로 뛰어나갔다.

그 애 삼촌과 그 애 아버지가 저만큼 앞서 가고 있는 밭들 사이의 좁은 길로 나는 목이 메인 채 자꾸자꾸 따라가고 있었다.

선이 아버지가 몇 차렌가 걸음을 멈춘 채 무서운 눈으로 나를 돌아다보며 못 따라오게 했지만, 그가 돌아서면 나는 다시 발을 옮겨놓곤 했다. 그리하여 다리가 놓여 있는 냇물 가까지 가서야 나는 그들이 다리를 건너, 모래밭을 지나, 산기슭으로 사라질 때까지 지켜보고 있었다. 내가 드디어 발길을 돌리려 할 때 차가운 강바람을 맞고 있던 나의 작은 얼굴에 뜨거운 눈물이 흘러내렸다.

 나는 선이가 죽은 뒤 오랫동안 누구와도 어울려 놀지 않았다. 나의 유일한 소꿉동무를 잃음과 동시에 나의 작은 가슴에는 이날까지 씻어지지 않는 죽음이란 검은 낙인이 찍혔던 것이다.

 선이의 죽음이 그렇게도 나의 어린 가슴을 눈물로 멍들게 한 것은 죽음의 손길이 너무나 뜻밖에 나를 때렸기 때문일까. 그보다는 나는 그 애를 이미 사랑했기 때문이 아니었을까. 그렇다면 그것이 나의 첫 번째 연애 감정이라 할 수 있을 것이다.

 그 뒤 나는 줄곧 선이와 죽음을 생각했다. 이것은 나의 소년시절을 고독과 우울 속에 몰아넣었다. 그리하여 나는 혼자 산골짜기를 헤매고, 가을이면 가랑잎 위에 누워 있게 되었다.

 선이가 죽은 지 며칠 지나 나는 작은누나에게 물었다.

"선이는 거랑(냇물) 건너 어디로 갔을꼬?"

"어디로 가긴 어디로 가, 산으로 갔지."

"산으로?"

"공동묘지 말이다."

"공동묘지가 뭔데?"

"사람이 죽으면 갖다 묻는 산 이름 아이가."

 그러나 작은누나의 대답이 엉터리였다는 걸 곧 알게 되었다. 석 달도 더 지난 뒤의 일이지만, 선이는 공동묘지에 묻힌 것이 아니라고 어머니에게 들었던 것이다.

"그런 아아(아이)들은 공동묘지에 안 묻는 기라."

"와?"

"아무데나 내뿌리고 오는 기라?"

"와?"

"……."

어머니는 대답을 하지 않았다. 한참 뒤에 나는 다시 물었다.

"그러면 거랑 건너 모래 바닥 위에 선이 아직 누워 있을까? 엄마가 아까 아무데나 내뿌리고 온다꼬 안캤나?"

어머니는 마지못해 대꾸를 해주었다.

"아무데나 내뿌린다고 해서 그냥 내떤지 뿌리는 줄 아나? 아무 데나 묻어뿌린다 그런 말이다."

"아무데나 어디?"

"어디는 어디라, 아무 산자락에나 묻어 뿌리지."

몇 해 뒤에 동네 안의 어떤 어린애가 또 죽은 날 밤이었다. 나는 가족들을 보고 개도 선이처럼 〈거랑 건너 아무 산자락에나 내뿌리냐〉고 물었다.

아무도 대답을 하지 않았다.

한참 뒤 누나가 입을 열었다.

"창봉이 니 인자 선이 생각 잊아뿌리라이."

누나의 말에 나는 얼굴이 화끈해지며 가슴이 뛰기 시작했다. 내 얼굴이 새빨갛게 된 채 말이 없는 것을 보자 누나가 다시 어머니를 보고 물었다.

"엄마, 어린아들은 죽으면 와 아무 산자락에나 갖다 내뿌리노?"

"고런 건 자식이 아이란다."

"아빠 엄마가 낳았는데 와 자식이 아닐꼬?"

"자식이면 어째 부모 앞서 죽는고."

"그라면 뭐꼬?"

"악물이란다."

"악물이 뭐꼬?"

"원수가 악물이고 악물이 원수 아이가. 그 악물이 고렇게 자식 탈을 쓰고 나온 기란다. 그라기 때문에 어떤 사람은 울기는커녕 다시 오지 말라고 죽은 아아를 회초리로 때려서 갖다 내뿌린다 카더라."
"그러면 선이도 즈그 엄마한테 악물이고 원수겠네."
이번에는 내가 물었다.
"와 아이겠노."
어머니는 서슴지 않고 대답했다.
나는 자리에 누운 채 손등으로 눈물을 닦고 있었다.

마음과 몸을 앓다

내 나이 일곱 살 때의 일이다. 할아버지의 제사를 모시는 늦여름 어느 날 밤이었다. 아버지는 그날도 밖에서 아직 들어오시지 않은 채 형네들만이 뜰의 멍석에 모여 앉아 있었다. 작은형과 매형은 제사에 쓸 실과를 다듬고 있었고, 큰형(범부 선생)은 그 곁에 앉아서 무엇을 골똘히 생각하고 있었다.

나는 작은형과 매형이 실과를 다듬는 곁에 누워 하늘의 별을 쳐다보고 있었다. 나는 형들의 이야기 소리를 대강 귓결로 들으며 그렇게 누워 있는 것이 여느 때와 달리 행복스럽게 느껴졌다.

나는 더 어렸을 때부터 밤이면 으레 별을 쳐다보는 버릇이 붙어 있었으나 그것은 언제나 그윽한 슬픔을 곁들이고 있었다. 나는 별을 쳐다보면서 언제나 죽음과 선이를 생각하게 마련이었고, 그것은 그만큼 늘 슬픔이요, 두려움이기도 했다.

선이는 죽어서 어디로 갔을까? 나는 죽어서 어떻게 될까? 나에게는 언제쯤 죽음이 찾아올까? 이러한 생각은 나에게 있어 기쁨이기보다 슬픔이었고, 빛이기보다 어둠이었고, 행복이기보다 두려움이었다.

그런데 이날 밤 형들의 이야기 속에 나오는 할아버지는 이루 말할 수 없이 놀라운 어른인데다 그 곁에 큰형이 앉아 있다는 사실, 그것이 또한 그렇게 마음이 든든하고 자랑스러웠던 것이다.

큰형은 열두살 때 사서삼경(四書三經)을 떼고 경주같이 넓은 고을에서도 가르칠 사람이 없다고 소문이 자자한 신동(神童)이었다. 장성하여 서울로, 일본으로 철학 공부를 하러 다닐 무렵엔 천재, 혹은 이인(異人)으로 불리고 있었다. 그런 큰형도 할아버지의 제사를 모시러 서울에서 내려와야 했던 것이다.

나는 누운 채 큰형에게 물었다.

"형님, 할아버지는 죽어서 어떻게 됐습니꺼?"

"……."

큰형은 얼른 대답을 하지 않고 무엇을 생각하고 있었다.

매형이 가로막아 말했다.

"사람이 죽으면 별이 된다꼬 하잖아?"

"그러면 밤마다 별이 많아지겠구만요."

내가 이렇게 응수를 하자 큰형이 비로소 입을 열었다.

"장봉이도 철학하겠다이."

이 말을 들은 나의 가슴은 와들와들 떨리기 시작했다. 큰형은 신동이요 이인이기 때문에 무엇이든지 꿰뚫어 내다본다고 믿었기 때문이다.

그때 나는 철학이나 문학이니를 잘 몰랐기 때문에 무언가 생각을 하고, 글을 쓰고, 책을 지어내는 것은 굉장히 높고 훌륭한 일이거니 했을 뿐인데, 그것이 나에게도 돌아오다니 이 얼마나 엄청나게 놀라운 일이랴 했던 것이다. 그 순간 어둠 속에서 내 눈은 몹시 빛났으리라.

내가 초등학교(그때는 보통학교라고 불렀다) 6학년 때부터 글을 쓰고, 중학교에 들어가면서부터 문학책과 철학책을 읽기 시작한 것은 큰형의 이 말 한마디 때문이었다고 믿는다. 이리하여 나는 오늘 같은 문인의 한 사람으로 된 것이 아닐까.

나의 두 번째 연애 감정의 대상은 고종사촌 누나였다. 그 누나의 이름은 남순이, 나보다 다섯 살 위였다. 그러니까 내가 일곱 살 때 그녀는 열두 살이었던 것이다.

내게는 고모 세 분이 있었는데, 남순이 누나는 둘째 고모의 막내딸이었다. 둘째 고모네 집은 읍내에서 이십 리 남짓 떨어진 한실이란 곳에 있었는데, 남순이 누나는 읍내 학교에 다녔다. 그래서 날이 궂거나 시험 공부를 할 때거나 하면 으레 우리 집에 와서 묵었다.

두 눈이 크고, 눈동자가 검고, 얼굴빛이 유난히 희멀겋기로는 어딘지 죽은 선이와 비슷했다.

나는 이 누나가 우리 집에 오면 왜 그렇게 기쁜지 가슴이 마구 뛰었다. 나의 그러한 마음을 알아주는지 그 누나도 유독 나에게 친절했고 나와 함께 있어주곤 했다.

한번은 누나가 왔을 때 살구꽃이 환히 피어 있었다. 누나는 내 손목을 잡고 우물가로 가더니 살구꽃을 한참 쳐다보다가 내게 얼굴을 돌리며 말했다.

"창봉아, 살구꽃 참 예쁘제?"

"……"

나는 문득 죽은 선이를 생각하며 말없이 고개를 끄덕여 주었다.

누나는 다시 살구꽃으로 얼굴을 돌리며,

"맹아리(망울)는 붉(붉)고 꽃은 희제?"

했다. 그때 그 누나의 목덜미가 몹시 새하얗게 보였고, 나는 왠지 가슴이 두근거렸다. 내 대답이 없자 누나는 다시 내게 얼굴을 돌렸고, 나는 슬그머니 우물 속을 들여다보고 있었다. 우물 속에는 살구꽃 한 가지와 흰 구름이 비쳐 있었다. 나는 그것을 들여다보며 마음 속으로 살구꽃을 좋아하기는 누나와 선이와 같구나 하고 생각했다.
"창봉아, 일어나."
누나는 내 손목을 잡고 나를 우물가에서 일으켰다.
그 뒤에도 남순이 누나는 우리 집에 꾸준히 들렀고, 그럴 때마다 나의 가슴은 기쁨으로 떨리곤 했다. 그러다가 누나가 저희 집으로 돌아갈 때마다 나는 울고 싶도록 슬프고 쓸쓸했다.
한번은 누나의 검정 치맛자락을 살짝 잡아당기며 목멘 소리로,
"누나 가지 마."
했더니 누나는 웃으며,
"또 올게, 창봉아."
하고 새하얗고 통통한 손바닥으로 나의 볼을 쓰다듬어 주었다.
나는 몇 차례던가 누나의 치맛자락을 잡으며 떼를 썼다.
"누나, 나 누나네 집 따라갈란다."
"안 된다. 외가 엄마한테 야단 맞는다."
누나는 내 청을 들어주지 않았다. 누나는 우리 집을 외가라 불렀고, 우리 어머니를 외가 엄마라 했다.
남순이 누나는 나이 열여섯인가 나던 해에 졸업을 했다. 그때엔 나도 누나가 다니던 교회의 부속 초등학교(미션스쿨)에서 2학년인가가 되어 있었지만, 날이면 날마다 일요일이 돌아오기만 기다리게 되었다. 졸업한 뒤부터 누나가 읍내에 들어오는 것은 일요일뿐이었기 때문이었다.
남순이 누나는 일요일마다 예배를 보러 교회에 나왔지만, 우리 집엔 좀처럼 들르려 하지 않았다. 같은 동네 아주머니들과 함께 돌아가야 한다는 것이었다. 나는 그때마다 누나가 야속해서 울상이 되곤 했다.
그 해 겨울 누나는 그녀의 나이 열여섯 살 때 무슨 병으론지 죽고 말았다.
나는 열아홉 살 나던 해 혼자서 잡지를 꾸몄는데, 거기다 「누나의

추억」이란 소설을 썼다. 물론 남순이 누나에 대한 이야기였다. 그러니까 꼭 10년이 지나도록 나는 그 누나를 잊지 못하고 있었던 것이다.
 선이와 남순이 누나와 살구꽃은 어딘가 닮은 것같이 나에게는 느껴진다. 그러나 어디가 어째서 그런지는 지금도 잘 모르고 있다.

 선이와 남순이 누나의 죽음. 그 죽음에 대한 충격으로 인하여 나는 무척 우울하고 병약한 소년시절을 보내야만 했다. 나는 봄부터 가을까지 늘 혼자서 냇물 가와 산기슭으로 돌아다니는 외로운 소년이기도 했다.
 우리 집에서 서쪽으로 조금 나가면 맑은 시냇물(서천–형산강)이 흐르고 있었는데, 그 시냇물을 건너면 다시 모랫벌이 되고, 그 모랫벌을 지나면 산기슭으로 이어졌다. 산 이름은 송호산이라 했는데, 산의 한쪽은 김유신 장군의 묘소로 되어 있었고, 아래쪽은 우리 동네 사람들의 공동묘지로 되어 있었다.
 나는 발길이 언제나 일단 가서 멈추는 곳은 공동묘지 아래 있는 송호라는 이름의 조그만 못이었다. 못물이 언제나 유록(柳綠)빛으로 흐려져 있었기 때문에 수심을 헤아릴 길은 없었으나, 어린 생각에선지 끝없이 깊을 것만 같이 느껴지곤 했다.
 못가에는 물버드나무가 두세 그루 서 있었는데, 거기서는 언제나 등이 검푸르고 배가 새빨간 물새 몇 마리를 볼 수 있었다. 물새들은 이 나무에서 저 나무로, 또는 못둑 이쪽에서 저쪽으로 날고 있었으나, 좀체 어디로 멀리 날아가 버리질 않았다. 그래서 나는 그 물새들은 저희 집이 못가의 물버드나무거니 했다.
 나는 그 못가에 설 때마다 으레 선이를 생각했다. 그리고 저 물새들은 선이의 죽은 혼일지 모른다는 생각도 했다.
 부헝듬 골짜기에는 잡목이 수풀을 이루고 있었기 때문에 늦은 봄부터 늦은 가을까지 나는 그 수풀을 혼자서 헤매곤 했다. 특히 늦은 가을이 되어 가랑잎 따위가 수북이 쌓이면 나는 그 위에 드러누운 채 어느 때까지나 일어날 줄 몰랐다.

내가 형을 따라 부헝듬을 처음으로 엿보게 된 것은 일곱 살 때의 일이다.

부헝듬 벼랑을 밑에서 바로 올라갈 사람은 아무도 없었다. 그것은 그렇게도 가파른 벼랑이요, 게다가 여러 가지 잡목들과 덩굴들이 사뭇 휘감겨 있어 아무도 그것을 뚫어낼 수 없었기 때문이었다. 그러나 형은 부헝듬에 오르는 길을 알고 있었다. 송홋골 쪽으로 돌아 옆으로 오르는 길이었다.

형과 나는 송홋골의 수풀 속을 지나 부헝듬의 뒤쪽인 비탈로 올라갔다. 그리하여 부헝듬 위에서 그 속의 어두운 덩굴과 늪을 들여다 보았다. 그러나 형은 덩굴 속으로 발을 들여놓지는 않았다. 거기는 지네, 독사가 우글거리고 있을 테니까 말이다.

"니 집에 가서 엄마한테 부헝듬 봤다고 말하면 안 된대이."

형이 이렇게 말했다.

나는 고개를 끄덕였다. 나는 어머니에게뿐만 아니라 누나에게 조차도 말하지 않았다. 그 대신 나는 혼자 그곳을 자주 찾아갔다. 벼랑 위에서 덩굴과 늪을 들여다 볼 때마다 나는 까닭 모르게 가슴이 후들거리고 얼굴이 달아오르곤 하였는데, 그것이 기쁨인지 슬픔인지 또는 무서움인지 종잡을 수 없는 감정이었다. 그러면서 나는 부헝듬에 끌리는 마음을 억누를 수가 없었다.

"하루는 누나가 나를 보고 물었다.

"창봉이 니 부헝듬에 갔지?"

"……"

나는 얼굴이 붉어진 채 대답을 하지 못했다.

"와 대답 못하노?"

"……."

"창봉아, 니 거기 가면 안 된대이."

"와?"

"아이들이 거기 가면 죽는단다."

"누가 그러더노?"

"사람들이 다 그러더라"

나는 누나의 말이 거짓임을 알고 있었다. 나는 그 동안 이미 여러 차례 다녀왔지만, 아무렇지도 않게 살아 있기 때문이었다.

누나는 나의 이런 속을 들여다보기나 하는 듯이,

"그때 당장 안 죽어도 나중 가서 죽는다 말이다."

하고 덧붙였다.

이 무렵 나는 한 해에 한두 차례씩 까닭 모를 병을 앓곤 했다. 한 일주일에서 달포에 걸치는 까닭 모를 긴 병이었다. 집에서는 계속 한약을 지어다 먹였지만, 전혀 효과를 보지 못했다.

앓음의 징후나 내용도 일정치 않았다. 어떤 때는 감기 몸살 같았고, 어떤 때는 그냥 무슨 속병을 앓는 사람처럼 시들시들 누워 지냈다. 감기몸살 같이 앓을 때는 몸이 불덩어리 같았으나, 기간은 짧은 편이었다. 그냥 시들시들 앓을 때는 열이 일정치 않았으며, 머리가 어지럽고, 식사를 잘 못했고, 기간이 대개 한 달 안팎씩이나 되도록 길었다. 이밖에 한쪽 다리가 까닭 없이 절뚝거려서 역시 달포 가량이나 절름발이가 될 때도 있었다.

그 무렵이었다. 동네에 공지니가 왔다고 이웃집 아주머니가 소식을 전해주었다.

"누나, 공지니가 뭐꼬?"

"아아들(어린아이들) 죽은 귀신이 붙어서 점치는 거 아이가."

"공지니가 점을 잘 맞추나?"

"하믄, 귀신인데 못 맞출라꼬. 공지니는 아아 죽은 귀신이라니까."

나는 공지니를 보고 싶어 견딜 수 없었다.

"누나, 엄마한테 말하지 마래이. 내 얼른 가보고 올게."

나는 누나가 붙잡기 전에 얼른 삽짝께로 휭 달아났다.

공지니는 현식이네 집에 와 있었다. 내가 달려갔을 때 방 안에는 이미 동네 아주머니들이 하나 가득 앉아 있었다.

방 안 구석에 열서너 살 된 사내아이와 낯선 아주머니 한 사람이 그 곁에 앉아 있었다. 그 소년이 공지니고 낯선 아주머니는 공지니의 어머니였다.

뒷골목 은주 엄마가 나타나자 현식이 할머니가 물었다.

"그래, 있더나?"

"글쎄, 할배 은숟가락이 수채구멍 속에 있을 줄 누가 알았능기요."

은주 어머니의 말에 모두가 감탄을 하며,

"그러니까 공지니지."

하는가 하면,

"할배 은숟가락 수채 속에 있네."

하고들 아까 공지니가 하던 말을 흉내내기도 했다.

용근 엄마가 말했다.

"며느리 하나 잘못 보면 우리 집은 망하는 기라요. 애기님한테 물어 보겠는데, 동산골 처자가 좋은가, 나원당 처자가 좋은가?"

그러자 소년은 수그렸던 고개를 들며 입에서 휘파람 소리 같은 것을 내었다. 그러자 천장 가까운 바람벽에 걸어두었던 손수건이 흔들렸다.

바람 한 점 없는 방 안이요, 지금까지 움직이지 않고 걸려 있던 흰 손수건이 흔들리기 시작했다. 그것이 새 날개처럼 달달거리기 시작한 것이다. 그와 동시에 소년이 무슨 말을 하는데, 무어라고 하는지 알아 들을 수가 없었다.

낯선 아주머니가 말했다.

"애기님이 나원당 처자가 좋답니더."

소년이 낯선 아주머니를 쳐다보며 무어라고 말을 건냈다. 그러나 낯선 아주머니는,

"우리 애기가 집에 가자 합니더. 아마 잠이 오나 봐요."

소년과 아주머니는 방 밖으로 나서자 동네 뒤의 보리밭 들판을 향해 걸어갔다. 나는 소년과 그 어머니가 걸어가고 있는 보리밭 들판을 뒤따라갔다. 나는 무언지 소년에게 물어보고 싶은 것이 셀 수도 없이 많을 것 같았으나, 하나도 입 밖에 나오지 않았다.

내가 자꾸 뒤따라가자 아주머니와 소년이 걸음을 멈추고 나를 돌아다보고 있었다. 그때 나를 바라보는 소년의 눈에는 붉은 물 같은 것이 괴어 있었고, 얼굴빛은 샛노랗게 보였다. 소년은 왠지 나를 보기에 두려운 듯 얼굴을 수그려 버렸다,

"아가, 니 와 자꾸 따라오노?"

아주머니가 나에게 물었다.

나는 무언가 할 말이 목구멍까지 가득 차 있는 듯했으나, 한마디도 말을 할 수가 없었다. 나는 다만 그 소년과 아주머니를 따라 끝까지 함께 가보고 싶었지만, 그렇게 말할 수가 없었다.

내가 입을 열지 못하는 것을 보자 아주머니가 다시 물었다.

"니 뭐 잃어뿌릿나?"

"……"

나는 고개를 저었다.

"그라먼 마아 돌아가거라."

아주머니는 이렇게 말하고 소년과 함께 돌아서 가버렸다. 나는 그 뒤에까지 그날 내가 왜 그 아주머니와 공지니 들린 소년을 따라가고 싶었는지 이해할 수 없었다.

그날의 대추나무골

나에게 잊혀지지 않는 여행이라면 일곱 살 때의 일이다.

내 나이 일곱 살에 혼자서 대추나무골을 찾아갔던 일은 나의 최초의 여행 경험이기도 하지만, 지금까지 잊혀지지 않는 추억의 하나이기도 하다.

누나의 시가는 내가 살던 곳에서 약 이십 리 가량 떨어진 다경리라는 마을이었는데, 이른 봄, 어머니를 따라 누나네를 찾아간 일이 있었다. 그때 나를 반겨주던 누나의 얼굴이 왠지 잊혀지지 않았다.

그 해 이른 여름, 감나무 아래서 풋감을 줍고 있던 나는 문득 어머니를 돌아다보며 말했다.

"엄마, 나 누나 보고 싶어."

"……."

엄마는 대답을 하지 않았다.

"엄마, 나 누나 집에 갔다올게."
"네까짓 게 혼자 어떻게?"
"접때 엄마랑 갔잖아. 그때 똑똑히 봐뒀는걸."
"그렇지만 길 잃음 집도 못 찾아올라고."
"길 잃음 사람들한테 묻지 뭐. 큰 당수나무 있는 누나네 동네 물음 다 알걸."
내가 워낙 자신있게 나오자 어머니도 마음이 놓이는지,
"그럼 옷이나 갈아입고 가거라."
하고 드디어 허락이 났다.
누나네 집은 금장(金丈) 나루를 건너서 서북쪽으로 십리 가까이 가서 큰 당수나무가 있는 동네에 있었다.
나는 손에 쥐고 있던 동전 한 닢을 뱃사공 아저씨한테 주고 배를 탔다. 나는 뱃전에 손을 짚은 채 강물을 바라보고 있었다. 물 위에는 햇빛이 아름답게 반짝이고, 제비들은 그 위에 입을 맞추려는 듯 사뿐사뿐 내려와 그 햇빛을 한 입씩 물어가곤 하였다.
배에서 내린 나는 십 리 가까이 되는 길을 조금도 힘들지 않게 걸을 수 있었다. 그것은 길가에 벌어진 여러 가지 풍경이 모두가 그렇게도 신기하게만 보였기 때문이었다.
큰 당수나무가 보였다. 나는 가슴이 뛰었다. 달리다시피 당수나무 앞에까지 온 나는 단숨에 누나네 집엘 들어섰다.
나를 본 누나는 깜짝 놀라며,
"창봉아!"
하고 달려와 치마 섶으로 내 얼굴의 땀을 닦아주었다.
감자를 굽는다, 달걀을 삶는다, 누나의 환대는 극진했다. 자형은 나를 위해 쥐참외를 구해다 깎아주었다.
이튿날은 어머니의 꾸중을 듣지 않기 위해 기어이 누나의 집을 하직

하고 나왔다. 돌아오는 길에 난 기어이 금강못을 볼 생각이었다. 봄에 처음 갔을 때 어머니로부터 그 큰 못(금강못) 이야기를 들었던 것이다.

나는 금강 못으로 들어가는 산기슭의 오솔길로 접어들었다. 마구 달리다시피 오솔길로 자꾸자꾸 들어갔으나 큰 못은 보이지 않았다.

나는 지쳐서 길가 풀 더미 위에 주저앉고 말았다. 배가 고파서 힘이 빠진 것인지도 몰랐다. 나는 수건에 싸서 들고 온 감자와 달걀을 꺼내서 먹었다.

힘을 돌이킨 나는 다시 일어나 걸었다. 낯선 산골까지의 해는 일찍이도 하늘 가로 기울고 있었다. 그때 바른쪽 산비탈에 이상한 수풀이 반짝이고 있었다. 나는 그 수풀을 향해 다가갔다.

대추나무 숲이었다. 큰 대추나무들의 수많은 잎새들이 저녁 햇살을 받으며 그렇게 반짝이고 있었다.

나는 오랫동안 그것들을 바라보고 있었다. 그러자 이젠 큰 못도 아무 것도 더 찾아가고 싶지 않았다. 그 대추나무 수풀의 그 많은 대추나무 잎새에 반짝이는 저녁 햇살은 나의 어린 가슴에 모든 옛날과 모든 먼 나라와 모든 선녀들의 이야기를 한꺼번에 모조리 속삭여주는 듯했다.

나의 두 눈에서는 까닭 모를 눈물이 계속 흘러내리고 있었다. 나는 감자 쌌던 수건 끝으로 얼굴의 눈물을 대강 닦은 뒤 오던 길로 돌아섰다.

어스름 때나 되어 나룻배를 탔다. 내 이야기를 다 듣고 난 사공 아저씨가 말했다.

"거긴 대추나무골이야. 오솔길을 잘못 들었구나."

내 나이 예닐곱 살 때 동네 뒤에는 당집(서낭당)이 있었다. 처음에는 당집도 당나무 밑에 있었던 것을 마을이 커지니까 뒤로 옮겨 놓은 거라고 들었다.

이 당집 안에는 호랑이 그림 한 폭이 걸려 있었는데, 호랑이 위에는 한 노인이 타고 있고, 호랑이 뒤에는 새까만 고목이 그려져 있었다.

그런데 그 고목이 동네 앞에 있는 당나무(늙은 홰나무)와 비슷했을 뿐만 아니라 가지 끝에 까치가 앉아 있는 것도 곧장 그 당나무를 연상시켰다. 왜냐하면 당나무에는 까치둥지가 지어져 있어서, 그 가지 끝의 까치를 보는 일은 너무나 눈에 익은 풍경이었기 때문이라.

그 당집은 이내 헐리었고, 당나무는 6·25 무렵까지 꺼먼 둥치만 남아 있었다.

그런데 그 당집 속에 그려져 있던 고목 끝의 까치와 동네 앞 당나무 끝에 앉던 까치는 웬 까닭인지 내 머릿속에서 오랫동안 사라지지 않았다. 그것은 아마 까치가 동네 앞 당나무에서 살고 있었던만큼 아침 저녁 까작까작 울어 쌌는 바람에 까치에 대한 온갖 전설, 미신 따위를 들어서 그게 내 머릿속에 깊이 파고들었기 때문일 것이다.

나의 「까치 소리」라는 작품에서는 홰나무에서 우는 까치만 소개되었고, 당집 속의 까치는 묵살되었지만, 까치 소리가 나에게 어떤 민족적인 설화를 속삭여준 것은 당나무의 산(山)까치보다 당집 속의 그림 까치 쪽이 더 많은 비중을 차지하지 않았을까. 물론 「까치 소리」의 주인공이 살인을 하는 직접적인 동기가 까치 소리 때문이라는 주제는 불교의 화엄(華嚴) 사상에 의존한 바 크지만, 까치 소리를 이와 같은 화엄사상에 연결시키게 한 것은 바로 까치와 호랑이는 직접 관계가 없을 듯한데 항상 따라다니는 데서 이 우주에 가득 찬 사사물물(事事物物)이 눈에 띄지 않은 채 서로 영향을 주고 있다는 생각을 했기 때문이다.

그러나 내가 이 작품을 쓰게 된 더 멀고 깊은 사연이 있다면, 그것은 내가 어려서 보고 듣던 동네 앞뒤의 그 까치 소리들이 언제나 나에게 인간의 운명 같은 것을 속삭여 주고 있었기 때문이라고 하는 편이 옳겠다.

나의 어머니

　우리 집은 당시 대부분의 한국 사람들이 그랬던 것처럼 전통적인 유교 가정이었다. 그런데 어머니는 내 나이 일곱 살 적부터 교회에 나가게 되었다. 아버지에 대해 절대 복종, 절대 무저항밖에 모르던 어머니로선 처음이자 마지막인 일대 저항이자 반격이었던 것이다. 아버지의 유교에 대해서가 아니고, 당신의 심한 음주와 주정에 대한 항거요, 보복이었던 것이다.
　어머니의 일생일대의 큰 변혁, 유교에서 기독교로의 전향이랄까 개종이랄까, 아무튼 그런 나의 어머니의 이야기를 할까 한다.
　어머니의 본관(本貫)은 김해 허씨라 했는데, 그 당시 경주 서부 일대의 허씨는 김해하고도 정골 허씨라 하였다.
　아버지와 어머니는 동갑내기로서 같은 잔나비(원숭이)띠였다.
　어머니의 생가는 몹시 가난해서 결혼도 스무 살이나 되어서야 치를 수 있었다고 한다. 그렇기 때문에 시집와서 집을 일으킬 결심으로 아버지로 하여금 장사 쪽으로 나가게 하고, 농사는 어머니가 스스로 책임을 지기로 분담을 했다는 것이다.

 어머니가 시집올 때만 해도 우리 집 역시 가난한 농가로 식구라고 해야 아버지 외엔 늙은 시모가 계실 뿐이었다. 아버지 위로 고모 셋이 있었는데, 그때는 이미 모두 출가한 뒤였고, 담으로 큰아버지 한 분이 계셨지만 두 번이나 결혼에 실패하여 떠돌이 생활을 하는 중이었던 것이다.

 아버지는 체력이나 체구가 크고 의젓하여 무슨 일이든 해낼 만했지만 어머니는 워낙 작은 몸집에 새하얀 얼굴이라 농사짓는 일을 혼자하기엔 벅차다 싶었는지 처음에는 걱정을 하셨다 한다. 그러나 어머니는 의연하게, 내 걱정은 말고 당신 일에나 꼭 성공하시오, 하는 바람에 아버지도 장사 일에 손을 대기로 결심을 굳히게 된 것 같다.

 아버지가 정작 장사를 하려고 시장에 나가 살펴보니 돈이 좀 벌릴 만한 것은 해물하고도 생선전(생선가게)이더라는 것이다.

 아무리 직업에 귀천이 없다고는 하지만, 문충공(文忠公) 15대 손으로 생선 장수를 할 수야 없더란다. 장사 가운데에서 진구덩이에 들어가지 않고 할 수 있는 길이 없을까 하고 끙끙대며 생각한 결과 제물(祭物) 장사를 하면 되겠더란다. 왜냐하면 봉제사접빈객(奉祭祀接賓客)은 예로부터 숭상되어 오는 터이니 제사에 쓰이는 물건을 다룬다면 그래도 체면이 설 것이라고 헤아려졌기 때문이란다. 그래서 처음 손을 댄 것이 제사에 꼭 쓰이는 밤, 대추, 건시(곶감) 따위의 과일류와 지촉(紙燭)과 향로, 그리고 북어와 문어포 따위였다.

 이렇게 처음엔 순전히 제물전(제물가게)으로 시작했는데, 차츰 확장되어 과일류와 건어물 따위를 다루게 되어 제삿장을 보려면 아무개 가게로 간다고 할 만큼 호가 났다는 것이다. 이리하여 이십 년 가까이 지내니 논밭 합쳐서 일백 마지기 가까이 되는 땅을 장만하게 되었다.

 처음엔 사들이는 대로 전부 어머니가 일꾼들을 부려가며 직접 농사를 짓다가 나중에 하는 수 없이 먼데 것은 소작을 주었다고 한다. 그러니 논을 사러 다닌다, 일 감독을 한다, 점심을 날라간다 하는 따위 일이 쉴 사이 없이 계속되었다. 거기다 형수는 그 많은 식구들의 끼니를 해댄다, 빨래를 한다, 길쌈을 한다, 집안을 치운다 하는 따위 일로 눈코 뜰 사이가 없었다고 한다.

그때쯤 어머니도 아들 셋과 딸 둘을 두었는데, 맏이인 백씨는 신동으로 온 마을이 떠들썩했을 뿐만 아니라, 그것이 주로 어머니의 총명을 닮은 것이라는 평판이었다고 한다. 그 까닭은 어머니는 새벽부터 밤중까지 손에서 일을 놓을 틈이 없는 판에도 언제 공부를 했는지 논어와 맹자를 줄줄 외었기 때문이다. 논어와 맹자를 처음부터 끝까지 체계적으로 욀 수 있었던 것은 아니었겠지만, 하여간 사람들이 보기에 어머니는 닥치는 대로 죽죽 외어 나갔던 것이다. 그걸 누구한테 따로 배운 것이 아니라 내 백씨가 방에서 소리 내어 읽는 것을 부엌일을 하면서나 바느질을 하면서 귀동냥으로 들은 것이 그렇게 되었다 하니 과연 신동의 어머니답다고들 했던 것이다.

어머니는 몸이 작았다. 키도 작고 덩치도 작았다. 형님 둘과 누님 둘은 아버지 체격을 닮아 모두가 중간에 가깝지만, 나만은 어머니를 닮아 키가 작다.

그런데 16대조인 문충공은 몸집이 작았지만 천하의 명유(名儒)라 그 뒤부터 우리 가문에서는 키 작은 며느리를 봐야 한다는 게 전통이 되어 어머니같이 키 작은 색시를 맞아들였다고 한다. 큰형수는 어머니보다도 키가 작았으니 백씨야말로 가문의 방침을 철저하게 지킨 셈이다.

어느 해 늦은 땅거미가 진 뒤였다. 어머니는 온종일 들일을 한 탓에 지쳐 돌아오고 있었다. 그러면서도 길바닥에 떨어진 벼 이삭, 곡식알 따위를 하나하나 주워서 치마에 싸고 있었다.

"엄마, 어두운데 얼른 안 가고 와 그카노?"

"나중 소가 지나갈 때 밟아버리문 아까운 곡식알 다 버린대이."

그 당시 우리는 밭곡식 말고도 벼만 해도 거의 백 석 가량 거두어들였으므로 생활은 지낼 만한 편이었고, 게다가 이웃의 어려운 집에는 아버지 몰래 쌀이고 잡곡이고를 몇 됫박씩 가끔 퍼내주면서 땅바닥에 떨어진 곡식 낱알은 하나라도 꼭 주워 담던 어머니를 나는 참 야릇하게만 보았다.

그 뒤 철이 들면서 나는 어머니의 그러한 태도를 이해하게 되었고, 나도 모르게 그것을 본받으려는 심경이 되었다. 그래서인지 나는 지금도 전등이고 수도고 함부로 켜놓고 틀어놓고 하는 따위를 보는 족족 나무라고, 주의를 시키곤 한다. 하여간 나는 어릴 때 어머니한테서 배운 덕택인지 모든 절약엔 꽤 적극적이다.

그 무렵 아버지는 장날이 아니면 집에서 술을 마실 때가 많았다. 마흔 넘어서부터 술을 마시기 시작한 아버지는 마흔다섯쯤 되자 거의 밤낮을 가리지 않고 술상을 곁에 두고 있었다.

술을 타고 거르고 하는 일과 술상을 보고 치우고 하는 따위의 치다꺼리는 큰형수가 맡아 했지만, 술이 취한 뒤의 주정은 어머니가 받아야 했다. 그 주정이란 것이 그냥 잠을 못 자게 하는 데 그치지 않고, 때로는 어머니의 머리카락을 덮치는 일도 종종 있었다.

어머니는, 아버지가 젊었을 때처럼 진실하게 장삿일에나 몰두하지 않고 재산 좀 만들었다고 해서 온종일 술타령을 하는 것이 몹시 불평인데다가 주사까지 심해지니 술을 원수로 여겼다.

그 무렵 우리 집 큰방에는 어머니와 작은누나와 나, 이렇게 셋 이외에 아버지와 작은형이 교대로 와서 잤다. 아버지와 작은형은 또 교대로 〈북문안 집〉에서 자야 했기 때문이다.

북문안 집은 북문 안에 있는 꽤 넓은 집이었다. 안채에는 넓은 창고와 온돌방 하나가 달려 있었고, 바깥채에는 방 둘과 마루가 있었는데,

남에게 세를 놓고 있었다. 우리 집 제물가게는 이름이 널리 나 있었던 만큼 물건(상품)이 많아서 상시로 쌓아둘 창고가 필요해 이 집을 사들였던 것이다. 물건이 많은 만큼 비울 수 없어서 아버지와 작은형이 교대로 거기서 잠을 자기로 되어 있었던 것이다.

우리는 언제나 아버지보다 작은형이 집에 돌아와 우리와 함께 자기를 바라고 있었다. 그것은 작은형이 올 때는 언제는 손에 과일이나 과자 봉지 같은 것이 들려 있었을 뿐만 아니라, 옛날이야기도 곧잘 들려주곤 했기 때문이다.

그러나 아버지가 집에 들어오시는 날은 대개 술에 취해 있었고, 거기다 으레 또다시 술상을 보아야 했다.

아버지의 주정이 오래 끌면 어머니는 누나와 나를 자리에 눕히고 이불을 덮어주고, 당신은 방구석에 꼬부리고 앉아 있다가 벽에 기대어 졸기가 일쑤였다.

어머니가 졸면 아버지는 술사발을 내어던지거나, 달려들어 머리채를 덮치거나 했다. 눈을 감고 자는 척하고 있던 누나는 그때마다 큰 소리로 내 이름을 부르며 자리를 차고 일어났고, 나는 그때마다 온 집이 떠나가도록 큰 소리로 울어 젖히곤 했다. 이틈에 어머니가 큰형수 방으로 슬그머니 빠져나가면 그날 밤의 전쟁은 일단 끝나는 것이었지만, 이런 변을 겪는 것이 한두 차례가 아니었다.

이러다 보니 나는 차츰 아버지가 무섭고 밉고 원망스럽기만 했고, 그 아버지에게 곤욕을 겪어야 하는 어머니가 한없이 애처롭고 분하고 억울하게만 여겨졌다. 그때의 무서움, 불안, 전율, 비분(悲憤), 그 저주스러움을 전할 수 있는 말이 나에겐 없다.

내가 한번 울기 시작하면 아무도 달래지 못했다. 바로 내 손위 누나만이 나를 엎고 같이 울곤 했을 뿐이다. 그러다 지치면 누나는 가만히 자장가를 부르기 시작하는 것이다.

  자장자장 어서자자 우리아기 잘도잔다
  위리개야 짖지마라 우리아기 잘도잔다
  앞집개도 짖지마라 우리아기 잘도잔다
  뒷집개도 짖지마라 우리아기 잘도잔다
  자장자장 우리아기 잘도잔다 잘도잔다

 누님은 언제나 울면서 자장가를 불렀다.
 그 뒤 누님은 조카들을 업어 기르면서도 자장가를 부를 때엔 언제나 두 눈에 눈물이 글썽해 있었다. 이것은 나를 업고 울던 습관에서인지 혹은 자장가 자체가 그렇게 슬펐던 겐지 잘 모르겠다.
 나는 누님이 울면서 부르는 자장가를 들으면 대개 눈을 감는 버릇이었고, 그러다간 끝내 잠이 들곤 했다. 잠결에 으레 추스르긴 했지만……
 나는 지금도 자장가라고만 하면 무척 슬픈 것으로 알고 있다. 자장가란 말만 들어도 슬퍼질 정도다. 반드시 자장가가 아니라도 슬픈 노래만 들으면 느닷없이 눈이 감기고 잠이 들 것 같기도 하다.
 그러나 어머니는 그렇게 당하고만 지내는 위인이 아니었다. 아버지의 그런 험악한 행동이 모두 술에서 오니 술을 없애야 하겠다고 결심했다고 한다.
 그 무렵 우리 앞집에 원산 부인이라는 교회 전도 부인이 혼자 세 들어 있었는데, 그 부인으로부터 술을 없애려면 예수를 믿으라는 권고를 받았다고 한다.
 어머니는 집으로 돌아와 큰형수에게만 사전 통고를 한 뒤 큰방의 천장 구석에 농신(農神)을 모셔둔, 윗대부터 내려오는 신주단지를 내리어 뜰 밖에 내어다 박살을 내버린 뒤 교회를 나가기 시작했다. 이에 대한 아버지의 노여움은 말할 나위도 없었다.

어머니는 거의 1년 동안 밤이면 이웃집 원산 부인 방에 가서 자고, 아버지가 외출한 뒤에만 집에 들어와 있었다. 아버지가 밖에서 불시에 들어오면 얼른 큰형수의 방에 가 숨었다고 한다.

어머니는 나와 내 조카를 교회 부속 초등학교(미션스쿨)에 넣어버렸다. 그리고 형수와 누나들을 모두 교회로 이끌어 내었다. 평생 동안 일만 하고, 아버지의 모든 횡포에도 무저항으로 감수하고 지내던 어머니의 마지막 항거는 이렇게도 철저하고 무서운 것이었다.

한번은 작은형이 어머니에게,

"그렇지만 엄마도 신주단지 박살낸 건 잘못했심더."

하고 불평하자, 어머니는,

"그렇지만 두 신을 섬길 수 없잖나?"

하고 반문하자 형은 더 입을 떼지 못했다.

그 뒤 아버지는 위궤양을 앓아 육십 세도 채 못 되어 돌아가셨다.

어머니는 내 나이 스물 예닐곱 때부터 해방될 때까지 5,6년간 나한테 와 계셨다. 내가 서울로 이주하게 되자 늙어서는 큰아들한테 있어야 한다며 부산(백씨 댁)으로 가셨는데, 1951년 거기서 여든으로 타계하셨다.

내가 중학도 미션 계통인 대구 계성과 서울 경신을 거치게 되고, 나중에 「사반의 십자가」를 쓰게 된 것도 멀리는 어머니의 항거에서 연원(淵源)되었던 것이라 생각된다.

나는 몸이 작은 것만 어머니를 닮았을 뿐만 아니라 영혼까지 철저히 어머니를 닮은 것같이 느껴진다. 어머니는 지금 천당에서 미소 지으시며 나를 내려다보실까.

아아, 우리의 영원한 향수, 영원한 동경, 영원한 눈물은 어머니인 것이다.

우리 집안 이야기

나는 다섯 남매 중 제일 끝이므로 가벌(家閥)이나 종문(宗門)에 대해서 아는 것이 별로 없다.

우리 집 성씨는 선산 김씨(善山金氏)이다. 우리 큰형님은 굳이 일선 김씨(一善金氏)라 하여 일반적으로 부르는 선산 김씨라는 말을 쓰지 않으려 하셨지만, 〈일선〉은 선산의 고호(古號)라 하니 실질적인 차이는 그다지 없을 줄 안다.

내가 우리 집 내력이나 선조들에 대한 이야기를 얻어들은 것은 퍽 어려서부터의 일이지만, 그것은 또한 언제나 늦여름 할아버지 제삿날 밤의 일이기도 했다.

왜 하필이면 그런 이야기가 꼭 할아버지 제삿날 밤에 나왔을까. 그것은 할아버지가 그만큼 큰 일을 겪으신 분이기 때문이다.

우리 아버지는 우리 할아버지의 막내요, 나는 우리 아버지의 막내다.

우리 할아버지는 유복(遺腹) 독자로 열세 살 때부터 귀양살이를 다녔다고 한다. 우리 할아버지가 열세 살 때 그 이웃 동네 사람이 우리 선산(先山)하고도 증조할아버지 묘 바로 잇닿은 자리에 몰래 묘를 썼더라는 것이다.
 그 집엔 사람들이 많고, 우리 할아버지는 혼자인데다가 나이도 어리니까 묘터를 빼앗으려는 배짱이었다고 한다. 당시 우리 할아버지도 사촌은 있었지만, 역시 어리고 무력했기 때문에 암장자(暗葬者)들의 무법 해우이에 대항을 못했던 것이라 한다.
 할아버지는 열세 살이란 어린 나이지만, 단신으로 그(암장된) 묘를 파서 유골을 싸 등짐해 지고 관가를 찾아가 그 경위를 사뢰었다고 한다. 직접 사또와 면담을 했는지, 그 아랫자리 관속에게 사정 이야기를 했는지는 분명치 않지만, 짐작컨대 후자가 아닌가 한다. 왜냐하면 그 사정 이야기를 사또가 직접 청취했다면 그 무법자들을 그대로 묵인해 두었을 리가 없기 때문이다.
 할아버지는 경위를 밝힌 뒤 파온 유골을 묘 주인에게 돌려줄 것과 자신을 무법자들의 폭력에서 보호해 줄 것을 요청했다고 한다.
 그런데 그 경과는 다음과 같이 났다고 한다. 유골은 주인에게 돌려준다. 그러나 그들의 폭력에서 보호하는 방법은 따로 없으니 먼 곳으로 귀양을 보내는 수밖에 없다고 했다는 것이다. 당시의 행정이 어떠했다는 것은 이로써도 짐작할 만한 일이다. 그래서 할아버지는 함경도까지 귀양살이를 떠났다는 것이다. 기간은 3년.
 3년 뒤 할아버지가 고향으로 돌아오자, 지난날 암장을 했던 자들이 그 자리에 또다시 뼈를 묻었더라는 것이다.
 할아버지는 서슴지 않고 또다시 그 묘를 팠다. 그러나 그때는 미처 관가로 향해 떠나기도 전에 암장자들에게 붙잡히고 말았다. 거기에 무슨 경위고 이유가 있을 리 없었다. 무법자들은 폭력을 가한 뒤 할아버지를 그 묘 구덩이에 밀어 넣고 그 위에 흙을 덮었다는 것이다.

그 광경을 먼데서 지켜보던 이웃 사람이 할아버지의 집으로 달려가 그 소식을 전하자 할아버지의 어머님(나의 증조모)은 베를 짜다가 베틀 위에 앉은 채 목을 매어 죽었다고 한다.

그 뒤 할아버지는 누가 구조를 했는지, 자신이 흙을 헤치고 나왔는지, 하여간 다시 관가로 찾아가 유골을 바치고 먼저와 같이 귀양을 떠났다.

3, 4년 뒤 고향으로 돌아오자 그 자리에는 역시 같은 무법자들의 암장이 그대로 들어 있었다는 것이다. 할아버지는 세 번째 다시 묘를 파서 관가로 찾아갔다. 또다시 귀양길을 떠나고, 할머니 역시 3, 4년 전의 증조할머니가 그랬던 것처럼 목매어 죽고 집은 쑥밭이 되고 말았던 것이다.

할아버지가 세 번째 돌아왔을 때는 무법자들의 암장이 없었기에 혼자 증조할아버지의 무덤에 제사올리고, 선산을 한 바퀴 돌다 본 다음 폐허가 된 집으로 돌아왔다고 한다. 여기서 할아버지는 집과 살림을 정리하여 경주 성내로 들어왔다고 한다. 다행히 돌아가신 할머니의 가문(月城李氏)에서 다시 딸을 주어서 그 할머니한테서 고모 세 분과 백부, 그리고 아버지 이렇게 모두 오 남매가 출생했다고 한다.

고모 세 분은 모두 출가해서 자손을 많이 거느리고 잘 사신다고 들었지만, 내 백부께서는 후사(後嗣) 없이 돌아가셨다.

아버지한테서도 오 남매가 출생했는데 내 위로 형님 두 분 누님 두 분이 되는 셈이다.

이러한 내 가정 내력인만큼 아버지가 우리를 얼마나 끔찍이 생각했느냐 하는 것은 짐작하기에 족할 것이다.

우리 집안의 시조인 순충공(順忠公) 선궁(宣弓)은 득성(得姓) 시조인 알지공(閼智公)의 29대손이며, 신라 49대 문성왕(文聖王)의 7대손이라 한다. 태조의 고려 창업을 도와 종군하여 크게 공을 세우자 태조께서 활〔御弓〕을 내리니 이름을 고쳐 선궁이라 하셨다고 한다.

전라남도 고창에 있는 운곡서원(雲谷書院)은 선산 김문의 유자(儒子) 네 분을 기리는 곳으로서 백암(白巖), 농암(聾巖), 강호(江湖), 점필재(占畢齋)가 그 분들이다.

백암은 평해군사(平海郡事)로서 고려가 망하자 스스로 처자를 버리고 삿갓을 쓴 채 바다에 뜬 뒤 그 종명(終命)을 헤아리지 못하게 되었다고 한다.

농암은 예의판서(禮義判書)로서 중국 명나라 사신을 갔다가 돌아오는 길에 사직(社稷)의 변혁을 듣고는 통곡한 뒤 배를 돌이켜 귀국하지 않으니 명 황제가 그 충의를 기리어 벼슬을 내렸으나, 굳이 사양하여 받지 않았다고 한다.

강호는 야은(冶隱) 선생에게서 수학(受學)한 뒤 후진에게 학문을 전하니 문충공 점필재 김종직(金宗直)이 그 분이다.

우리 선산 김씨는 이 점필재 선생의 열일곱대째 자손이다. 그런데 우리는 그냥 점필재 선생의 자손이 아니라, 그 직계 자손이라는 것이다. 늦여름 할아버지 제삿날 밤에 듣던 이야기는 이렇다. 무오사화(戊午士禍─연산군 4년) 때 점필재 선생이 화란(禍難)에 걸려들어 부관참시라는 흉악한 형벌을 당하게 되자 그 직계 자손인 우리(그러니까 선조 할아버지)는 이 화를 피하여 경주군(지금의 월성군) 서면 계림골로 깊이 숨어 버린 채 오랫동안 초야에 묻혀 살았다는 것이다. 나중에 세월이 흐른 뒤에야, 그 뒤 신원(伸冤)이 되고 조정에서 다시 그 자손을 찾아 벼슬을 주었다는 것을 알게 되었다는 것이다.

그때(조정에서 다시 그 자손을 찾을 때) 우리는 너무나 깊이 숨어 있었기 때문에 우리 집 대신 문내(門內)의 다른 집이 나아가 벼슬을 받았다는 것이다.

내가 어려서 귀에 못이 박히도록 들어온 이야기다.

나는 이런 일에 집요한 관심도 취미도 없다. 이 넓고 끝없는 인생의 바다에서 그런 것은 지극히 작은 물거품 같은 것이 아닐까. 나는 내 고향이 경주라는 것, 내 성이 김씨라는 것을 그저 자랑으로 생각하고 있을 따름이다.

어린 시절의
여름과 가을과 겨울

    내가 다닌 계남초등학교는 예배당(경주교회) 부속 학교였기 때문에 여름 방학이 되면 〈하기 아동 성경학교〉라는 것이 열리곤 했다. 예배당 부속학교라도 해도 교인이 아닌 집 어린이들도 많았지만, 나는 어머니가 독실한 신자였기 때문에 또한 충실한 여름 성경학교 학생이었다.
    열시쯤 시작되는 성경학교는 성경 공부나 기도드리는 일보다 이야기(동화) 듣던 일과 노래 배우던 것만 머릿속에 뚜렷하게 남아 있다.
    선생님은 대구 계성학교 학생 한 사람과 당시 경주교회의 담당 목사의 따님 이렇게 두 분이었다.
    남자 선생님은 노래도 잘 가르쳤거니와 특히 이야기를 어떻게 재미나게 들려주었는지, 바로 말하면 나는 순전히 그 이야기에 팔려서 성경학교에 다녔다고 해도 좋을 정도였다.
    이야기는, 지금 알고 보니, 거의 전부가 명작 동화집과 아라비안나

이트에서 추려낸 것들이었는데, 크레용인가 그런 것으로 큼지막한 종이에 그림까지 그려 붙여놓고, 절실하게 표정까지 지어가며 들려주는 데는 여간한 개구쟁이나 게으름뱅이라 하더라도 혹하지 않을 수 없었다.

나는 지금도 내가 어릴 때 겪은 여름 방학이라고 하면 이 여름 성경학교에서 동화 듣던 일이 가장 먼저 머리에 떠오른다. 그것은 지금도 나의 마음속에서 사라지지 않는 좋은 추억이요 자랑거리라 해도 좋겠다.

어린날의 여름 낮이 이렇게 행복하듯 어린날의 가을과 겨울밤도 행복했다.

농가(農家)에서 자란 나는 여름철이 지나야 어머니와 등잔불이 내 곁으로 돌아오는 것이라고 믿었다. 그만큼 어머니는 여름내 농사일을 돌보느라 대부분의 시간을 들이나 뜰에서 보내곤 했다. 저녁에도 늦게까지 자리엘 돌아와 주지 않았다. 나는 혼자 목이 메어 어머니를 기다리다 대개는 눈물을 머금은 채 잠이 들곤 했다. 아침에도 내가 눈을 뜰 때면 이미 어머니는 내 곁을 떠난 뒤이게 마련이었다.

농촌에서는 지금도 그렇겠지만, 여름 한철 잠은 모두 뜰에서 잔다. 뜰에다 모깃불을 피워 놓고 그 곁에다 멍석을 몇 장 깔고는 온 식구들이 거기 앉아 얘기를 나누다 그냥 잠이 들곤 한다. 이렇게 뜰에서 한번 자버릇하면 비가 올 때가 아니고는 여름내 방을 찾지 못한다. 뜰에서 자는 사람에게 방은 잠자기 무덥고 갑갑하기 이를 데 없기 때문이다.

따라서 방은 여름내 비어 있다. 방문엔 대개 초록빛 모기장이 발라져 있거나 연기와 햇볕에 그을린 문종이가 한 귀퉁이쯤 찢기운 채 붙어 있음이 고작이다. 여름 동안에 제사(祭祀)가 들면 문종이를 새로 바르지만, 그것도 며칠 가지 않아 이내 한 귀퉁이가 찢어져 나가거나, 거무스름하게 그을음이 오르게 마련이다. 돌봐주고 아껴주는 이가 없기 때문이다.

이렇게 방을 비우고 뜰에서 자는 동안엔 호롱불의 존재도 추억같이 희미해진다. 달이 있는 밤이면 그 이상의 등불을 생각할 필요도 없지만, 달이 없을 때 생각난 듯이 그것을 켜보아도 지렁이 울음소리만큼이나 멀고 희미할 뿐이다. 이 무렵 농촌에서는 유리등 안에 호롱불을 넣어서 처마 끝에 달아두는 정도를 등불이라 했으니, 그 무성한 풀과 나무 그늘로 덮인 시골 밤이 그것으로 제법 밝혀졌을 리도 없었다.

귀뚜라미 소리와 함께 우리는 그동안 잊고 살던 방을 도로 생각해 낸다. 먼저 구들을 고치고, 새로 바른 벽이 마르면 도배를 하고, 맨 나중에 문종이를 바른다.

문종이를 바르고 나면 우리는 비로소 방을 도로 찾는 셈이다. 전설 같은 등잔불이 켜지고 어머니가 돌아오는 것이다.

그러나 내가 어머니를 완전히 찾는 것은 귀뚜라미가 바로 베개맡까지 다가든 늦가을이라야만 했다. 울 밑에서 섬돌 밑으로, 섬돌 밑에서 시렁 밑으로, 시렁 밑에서 바로 베개맡으로 귀뚜라미가 바싹바싹 다가와 주면 어머니도 반짇고리를 안고 등잔 밑으로 가까이 오는 것이다.

나는 등잔불과 그 곁에 바느질감을 들고 앉은 어머니를 바라보며 행복에 젖는다. 아무리 밤이 깊어 와도 잠이 오질 않는다. 깊어질수록 더욱 세차게 우는 귀뚜라미 소리와 함께 내 눈은 자꾸만 더 말똥거릴 뿐이었다.

아버지는 가을이 끝나면 상가의 점폿집으로 나가시게 마련이라 안방에서는 어머니와 누나와 나 셋이서 잤다. 그리고 어머니는 나의 간절한 청에 못 이겨 옛날이야기를 들려주시곤 했던 것이다.

이야기가 길어지고 밤이 깊어지면 누나가 밖에 나가 무 구덩이에서 무를 들여와 깎아 먹곤 했는데, 그 맛이 또한 그렇게도 달고 신비하기만 했던 것이다.

밤이 한창 긴 동지섣달 어느 날 밤이었다. 내가 꽤 밤이 깊었다고 생각했으니까 아홉시쯤이나 되었을까, 어머니가 슬그머니 밖으로 나가시더니 조그만 나무 함지에 담은 시루떡을 들고 들어오시지 않는가. 그것이 그냥 시루떡이 아니고 누렁텅이 호박을 썰어 넣어서 찐 호박시루떡이었다. 그 무렵 우리 시골에서는 가을에 누렁텅이 호박을 길게 썰어서 햇볕에 말려 두었다가 겨울이나 이듬해 봄에 그것을 넣고 시루떡을 찌는 풍습이 있었다.

그렇지 않아도 잔뜩 출출하던 차에 호박시루떡을 한 그릇씩 나누어 받은 누나와 나에게는 어머니가 무슨 얘기 속에 나오는 선녀 같아만 보였다.

"엄마, 옛날 얘기 해줘."

"그래. 옛날 옛날에……."

밖에는 바람이 불고, 방안에는 호롱불이 깜박거리고…….

겨울은 또 성탄절이 있어 행복했다. 크리스마스이브에 우리는 노래도 부르고, 연극(성극)도 하고, 연설도 하곤 했다. 나는 성탄절 때마다 성탄극의 동방박사 역을 맡았고, 또 연설이란 것을 했다. 연설문을 선생님이 지어주면 나는 그것을 연단 위에 올라가 외우는 것뿐이었는데, 그 일이 꼭 내 차지였다.

성탄 전날 밤은 교회에서 밤을 새웠다. 물론 화덕엔 불이 벌겋게 달아 있었지만, 교회 천장에 만국기를 달고, 크리스마스 트리를 세우고, 연단을 꾸미고 하노라면 손이 몹시 시렸다.

새벽이 되면 새벽송 성가대를 짜는데, 나는 성건동 성탄 축송반에 편입이 되었다.

발가락 손가락이 시리고 귀가 떨어져 나가듯 아프도록 새벽바람은 차가웠지만, 우리는 무슨 사명 받은 역군이나 된 것처럼 목청껏 〈우리 구주 오신 날〉을 외치곤 했던 것이다.

그 해의 크리스마스 이브

내가 아홉 살인가 열 살 때였다. 우리 앞집의 할머니가 죽었다. 그 할머니는 천만(기침병)으로 늘 누워 골골 앓고 있었는데, 그 집 식구는 모두가 교인이었다. 그 집 할아버지 이하 아들 며느리들이 모두 독실한 교인들이었다. 한때는 원산 전도 부인을 위하여 방을 하나 무료로 제공하기도 했었다. 그러나 그 할머니는 기침병 때문에 교회에 나가지 못했다. 그래서 그 집 가족들은 기도를 드릴 때마다 그 할머니가 기침병을 고치고 일어나서 가족 전부가 함께 교회에 나가도록 은혜를 베풀어 주십사고 빌곤 하였다. 할머니가 늘 그렇게 소원하고 있었던 것은 말할 나위도 없었다.

그런데 그 할머니는 병을 이기지 못한 채 숨을 거두고 말았다. 남은 가족들의 애달픈 생각은 그지없었지만, 교인은 곡(哭)을 하지 않는다 하여 계속 찬송가를 부르거나 기도를 드리곤 하였다.

사흘 만에 장례식을 치르는데, 관을 뜰에다 내어놓고, 교회 사람들과 친척, 친지, 이웃 사람들이 모여 예배를 보는 것이었다. 기도와 성경 말씀과 이런 것은 어린 나에게 무엇인지 잘 알아들을 수도 없었지만, 찬송가에서 〈요단강 건너 만나리〉 하는 구절은 왠지 가슴을 할퀴는 듯 슬펐다.

    며칠 후 요단강 건너가 만나리
    며칠 후 며칠 후 요단강 건너가 만나리

몇 차례나 되풀이하며 〈요단강 건너가 만나리〉를 부를 때마다 나의 눈에서는 눈물이 죽죽 흘렀다. 그때 나는 요단강이 실제로 있는 강물 이름이란 것도 몰랐다. 하여간 사람이 살다가 죽게 되면 누구나 다 건너야 하는 어떤 강물이거니 했었다.

나는 그 무렵 교회엘 열심히 다녔기 때문에 찬송가는 내가 원하면 무엇이든지 이내 배울 수 있었다. 나는 그날 할머니 장례식 때 들은 〈요단강 건너가 만나리〉가 후렴으로 되어 있는 〈날빛보다 더 밝은 천당(그 뒤 날빛은 햇빛으로 고쳐졌다)〉을 이내 배웠다. 뿐만 아니라 〈세월이 여류(如流)하는데〉도 배웠다. 거기서도 요단강이 나오기 때문이었다.

    세월이 여류하는데
    이 나그네 된 나는
    괴로운 세월 가는 것
    금할 것 아주 없네

    요단강 가에 섰는데
    내 친구 건너가네

저 건너편 빛난 곳
내 눈에 희미하다, 아멘

이 찬송가는 〈낮빛보다 더 밝은 천당〉보다 나중 배웠지만, 왠지 더 마음에 들었다. 그리하여 한때 나는 계속 콧노래같이 흥얼거리고 다녔다.

〈요단강 가에 섰는데, 내 친구 건너가네.〉 나는 이 노래가 왜 그렇게 자꾸자꾸 불러지는지 알 수 없었다.

내가 초등학교 5학년 되던 해의 크리스마스 이틀 전의 일이다. 나와 같은 반에 다니는 Y라는 여학생이 있었다. Y는 노래를 잘 불렀기 때문에 연극에서도 마리아 역인 주역을 맡고, 노래에서도 독창을 하게 되어 있었다.

그때는 크리스마스가 임박해 있었기 때문에 밤 연습까지 하고 다녔다. 그런데 Y의 집도 나와 같은 동네였기 때문에 우리는 연습하는 동안 돌아오는 길에 줄곧 동행이었다.

그날 밤은 마침 달도 훤히 밝았었다. 동네 어귀까지는 대여섯 명이 같이 오지만, 갈림길에 들어서면 Y와 내가 같은 골목으로 빠지게 되므로 다른 아이들이 수상쩍게 볼까 해서 그런지 Y는 갑자기 휑하니 앞서 달아나버렸다. 전에도 그런 적이 몇 번 있었지만, 나는 오히려 다행으로 생각하고 혼자 천천히 걸어갔었는데, 그날 밤따라 웬 까닭인지 혼자 뒤떨어지기가 싫었다. 나는 다른 아이들과 헤어지자 그녀를 놓칠세라 뒤쫓아 달렸다.

골목이 왼쪽으로 꺾이는 즈음에 까만 두루마기가 보였다. 나는 단숨에 달려갔다. 그러나 한 2,30미터 앞에 가고 있을 그녀가 보이지 않았다. 그렇다면 필시 길가 어느 집에 뛰어들어가 숨었을 밖에 없는 일이었다.

그 무렵 우리 동네는 밤이고 낮이고 아무네 집으로 마음대로 드나들었기 때문에 가다가 소변이 마려워도 아무데나 들르곤 했다.
  나는 오른쪽 삽짝이 열린 집으로 뛰어 들어갔다. 그 집이 아니고는 그렇게 빨리 숨어버릴 수가 없었기 때문이었다. 그 집에서는 벌써 불을 끄고 잠이 들어 있는 듯 누구하나 기척 소리도 나지 않았다.
  나는 달빛만 환한 뜰 가운데 서서 한참 생각하다가 뒤란을 다시 한 번 뒤져 보기로 하고 그쪽으로 발길을 돌렸다.
  그때였다. 뒤꼍 빈 섬 속에서 부시럭거리는 소리가 났다. 달려들어 섬 속을 들쳐보니 거기 Y가 두루마기 자락으로 얼굴을 싼 채 엎드려 있지 않은가. 나는 가슴이 와들와들 떨려와서 처음엔 무어라고 입을 열 수도 없었다. 겨우 숨을 돌리자 나는 섬 속을 들여다보며,
  "나도 들어갈까?"
  속삭이는 소리로 물었다.
  "……."
  Y는 대답커녕 얼굴을 들 염도 하지 않았다.
  나는 또 무어라고 말을 붙이고 싶었으나, 머리가 멍멍한데다 또 가슴이 와들와들 떨려서 더 입을 열지 못한 채 허리를 일으켜 하늘의 달을 한참 쳐다보다가는 그냥 발길을 돌리고 말았다.
  다음날이 크리스마스 이브, 그날 밤을 우리는 예배당에서 새웠다. 우리가 다 같이 만국기를 달고 있을 때였다. Y는 줄(만국기가 달린)을 들고 내 곁으로 와 나의 옆모습을 물끄러미 바라보았다. 그것은 전날 밤 내가 섬 속에 뛰어들지 않은 것을 고마워하는 눈길이라고 나는 혼자 속으로 느끼면서,
  "밖에는 함박눈이 퍼붓네."
하고 혼잣말같이 중얼거리며 창가로 걸어가 버렸다.
  그 소녀는 지금 어디서 무엇을 하고 있을까.

말썽 난 첫 글짓기

내가 2학년이 되었을 때 새 선생님이 오셨다. 이경도 선생이라 했다. 4학년 1학기까지 나는 이 선생님에게서 국어·일어·산술·도화(미술)·창가(음악)·체조 따위를 배웠다.

선생님은 모두 세 분뿐이라, 한 선생님이 두 학년씩을 맡아 있었는데, 이경도 선생님은 2학년과 4학년이 담당이었다.

이경도 선생님은 창가·도화 따위 예능계 과목엔 더욱 열성이시며 실력도 뛰어나다고들 했다.

하루는 국어 시간에 어떤 아이가 조선어를 왜 국어라고 읽느냐고 질문을 했다. 그 당시 일본말 교과서는 국어 독본이라고 씌었고, 우리말 교과서엔 조선어 독본이라고 씌어져 있었던 것이다. 그것을 이경도 선생님은 조선어 독본이라고 씌어 진 책을 꼭 국어책이라고 부르고, 국어 독본이라고 씌어 진 책은 반드시 일어책이라고 불렀던 것이다. 그런데 그 아이의 말에 의하면 저희 형은 보통학교에 다니는데, 일본말 책을 국어독본이라고 부르더라는 것이다.

이 질문을 받은 이경도 선생님은 얼굴이 새빨개진 채 한참동안 말 없이 고개를 아래로 떨어뜨리고 있었다. 잠깐 동안 기도를 드리는 듯 했다.

"너희들 잘 들어둬. 우리는 조선 사람이잖아? 우리가 자기 나라말을 부를 때는 국어라고 하는 거다. 국어는 나라말이라는 뜻이야. 그리고 일본말 배우는 책은 일어 독본이라고 하는 거다. 일어를 국어라고 쓰고, 국어를 조선어라고 쓴 것은 책 만든 사람이 일본 사람들이기 때문에 조선 사람을 업신여겨 제멋대로 잘못 쓴 거다. 알겠나?"

교실 안은 잠잠했다.

나는 그날 이후로 지금까지 일어를 국어라고 불러 본 적이 없다.

이경도 선생님은 내가 4학년 2학기 때 경찰에 연행된 채 우리와는 영원히 헤어지고 말았다.

내가 6학년 때였다. 내가 다닌 학교는 설립자가 캐나다 선교사인 미션스쿨이었다. 그 선교사의 한국이 이름은 맹의와(孟義窩)였다. 따라서 자유 분위기랄까 민족의식이랄까 그런 것이 현저했다.

6학년 때의 담임선생님은 언제나 손에 책을 들고 다니는 사람이었는데, 하루는 학교 문고를 낼 테니 시와 소설과 논문을 써오라고 했다. 동시·동화, 그리고 글짓기 따위를 가리키는 말이었다.

나는 이틀 만에 시와 소설과 논문을 써 가지고 갔다. 선생님은 그것들을 모아 등사판으로 학교 문고를 만들었는데, 이름은 〈봄비〉였다. 이것이 선생님들과 6학년 학생들에게 한 권씩 돌아갔다. 그 결과 나는 많은 칭찬을 받았다. 그리하여 나에게도 존재라는 것이 조금 생기게 되었다.

지금까지 나는 몸은 작고 공부는 중간이요, 이렇다 할 특징이 없으므로 그야말로 전혀 존재가 없었던 것이다. 그런데 『봄비』가 돌고 나서는, 같은 반우들과 담임은 물론, 다른 학급 선생님들까지 내 머리를 쓸어주곤 했다.

내가 생각해도 그 일은 이상하기만 했다. 나는 그동안 학교에서 작문이란 것을 많이 했지만, 별로 좋은 성적이 못 되었다. 시간에 선생님이 내어주는 제목으로 글을 지으려면 그 제목에 사로잡혀 생각이 돌아가지 않았던 것이다. 그런데 마음대로 지은 작품을 내라고 하니 나에게는 그것이 여간 쉽지 않았다. 그래서 생각나는 대로 이것도 쓰고 저것도 쓰고 해서 내었던 것인데, 그것이 이렇게 여럿의 칭찬감이 될 줄은 상상도 못했던 일이었다.

그런데 한 사건이 생겼다. 경주 경찰서 고등계에서 나에게 호출장이 나왔다. 물론 『봄비』의 글 때문이라고는 나도 알고 있었다. 선생님들의 걱정은 이만저만이 아니었다. 그 무렵 우리가 경찰에 불러 가면 으레 매를 맞는 것으로 되어 있었던 것이다.

게다가 내 백씨가 서울이나 일본에서 고향 집으로 돌아올 적마다 낯선 사람이 따라오곤 할 때였다. 일제 경찰의 형사였다. 내 백씨는 그들에게 있어 이른바 〈요시찰 인물〉이라 그렇게 미행을 했던 것이다.

나는 떨리는 가슴으로 경찰서를 찾았다. 고등계 주임은 일본사람이었다. 그는 내가 나타나자 학교 문고 『봄비』를 끄집어내었다. 그리고 다짜고짜,

"너 이거 누가 써준 거지?"

하며 나의 작문 「돛대 없이 배 탄 백의인(白衣人)」을 가리켰다.

"제가 썼습니다."

"바로 말해. 너희 형이 쓴 거냐, 너희 선생이 쓴 거냐?"

"제가 썼습니다."

"정말이냐?"

"예."

"그럼 한 가지 물어보자. 너 이거 백의인이란 말 어디서 나왔냐?"

그 당시엔 백의인이란 말을 함부로 쓰지 못했을 뿐만 아니라, 초등학교 어린이들로서는 생각도 할 수 없었던 일이었다.

"며칠 전에 우리 형네 가게에서 신문을 보니까 거기 만화가 있었는데, 바다 속에 바위섬이 있고 바위 꼭대기에 흰 두루마기 입고 갓 쓴 사람이 앉아 있고, 설명문을 보니 갈 데 없는 백의인이라고 씌어져 있었어요. 가엾은 생각이 들어서 저도 그 말을 써봤어요."

일본인 주임은 고개를 약간 까딱했다. 그러고는 빨강 연필로 직선과 사선을 그은 다음,

"이것 봐. 지금부터 비뚤어진 길로 가면 못쓰게 돼. 똑바른 길로 가야지."

하더니 앞으로 조심하라고 한 마디 더 한 뒤 그냥 나가라고 했다.

이 일은 나를 꽤 유명하게 만들었다. 선생님들은 으레 나는 커서 반드시 문인이 되리라고들 했다. 나도 그렇게 될지 모른다는 생각을 했다.

R군과 남산의 옥싹

　내 나이 열세 살 나던 해부터 나는 우리 동네의 R군을 사랑하게 되었다. 동성연애 같은 거였다. R군의 집은 오천 석 이상 되는 큰 부자였고, 나보다 두 살 아래인 열한 살이었다.
　처음 R군과 친해진 것은 우리 집과 R군의 집 사이에 있는 최군의 집에서 공부방을 차렸을 때부터였다.
　그 무렵 우리 고장에서는 아들이나 딸에게 방 한 칸을 내주어서 이웃집 아이들도 함께 와서 공부하게 하는 풍습이 있었는데, 이것을 〈공부방 차린다〉고 했다. 그 당시의 부모들은 아들이나 딸이 혼자 있으면 공부가 잘 안되고, 물어볼 것이 있어도 물어볼 수도 없고 해서 공부하기가 어려우리라 생각하고 이 〈공부방〉이란 것을 차려주는 일이 흔히 있었던 것이다.
　당시 나는 우리 백씨가 온 고을에 이름난 신동이라 하여 머리 좋은 집 아이니, 글 재주 있는 집 아이니 하여 동네 안의 어느 공부방에서 나 환영받도록 되어 있었지만, 최군의 집 공부방이 가장 가깝다 해서 거기 나가고 있었던 것이다. 그러니까 최군과 나 그리고 R군, 이렇게 셋이 한방에서 공부를 하고 지냈다.

최군은 나보다 한 살 아래요, R군은 두 살 아래였는데, 둘은 다 나를 형이라고 부르고 몹시 따르는 편이었다.

그렇게 한 달포 동안 순조롭게 나가다가 한 사건이 생겼다. 그것은 R군의 집이 큰 부자이긴 하지만, 지체가 얕다 하여 동네 사람들이 돌아앉으면 그 집을 얕잡아 부르는 택호(宅號)랄까 칭호 같은 것이 있었다. 당사자들의 귀에 들어가면 큰 야단을 맞는다 하여 그 집 사람들 앞에서는 쉬쉬 하고 입을 다물어 버리는 그런 것이었다.

그런데 하루 저녁에 나와 최군이 무슨 이야기를 하다가 무심결에 최군의 입에서 그 얕잡아 부르는 천칭(賤稱) 택호가 나와버렸다.

그 소리를 듣자 갑자기 R군의 얼굴이 새빨개지며 입을 다물어버렸다. 그러더니 말없이 살그머니 일어나 밖으로 나갔다. 그 길로 R군은 다시는 나타나지 않았다. 뿐만 아니라 거리에서 최군을 만나도 아는 체조차 하지 않았다.

그런지 한 주일쯤 지난 뒤였다. 내가 R군의 집 앞마당을 지나는데 R군이 대문 밖으로 나오더니,

"형."

하고 나를 불렀다.

나는 얼굴에 반가운 웃음을 띠며 R군의 손을 잡았다.

"그동안에 와(왜) 안 나왔노?"

내가 먼저 이렇게 물었다. R군은 고개를 숙인 채 대답이 없다가 다시 천천히 고개를 들며,

"형, 우리 집에 공부방 차리면 올래?"

하고 되물었다.

　나는 왈칵 그러고 싶은 생각이 들었다. 그러나 다음 순간 최군이 마음이 걸렸다.

　"그러지 말고 성직이네 집에서 같이 하자."

　"……."

　R군은 대답을 하지 않은 채 고개를 떨어뜨리고 있더니 그대로 말없이 돌아서 버렸다. 그러고는 인사말도 없이 자기네 대문 안으로 사라져 버렸다. 이리하여 R군은 나와도 아는 체를 하지 않는 사이가 되고 말았다.

　그런데 야릇한 것은 그때부터 나는 R군을 그리워하는 병 같은 감정이 생기고 말았다. 나는 집에 있으나 공부방에 있으나 혹은 학교에서나 언제고 R군이 보고 싶기만 했다. 그리하여 그 집 앞마당에 나가 슬픈 목소리로 노래를 부르곤 했다. 그럴라치면 R군은 가만히 대문께로 나와 문틈으로 빠끔히 마당 쪽을 내다보다가 들어가 버리곤 했다. 나는 마음속으로 R군이 옛날처럼 〈형〉 하고 부르며 내게 와주었으면 얼마나 좋으랴 생각을 하며 언제까지나 마당에 우두커니 서서 달을 쳐다보곤 하였다.

　나는 몸이 달아 입맛도 잃고, 공부도 시들해져 버렸다. 따라서 최군네 집 공부방도 저절로 집어치우게 되고 말았다.

　그 해 겨울도 지나고 새해 설날이었다. 아는 우리 동네 사장(師丈-글방 스승) 어른댁을 찾아가 세배를 하고 집으로 돌아오는 길이었다. 빈 방인 줄 알았던 글방 문이 열리며 R군이 얼굴을 내밀더니 나를 불렀다.

　"형, 좀 들어와."

　나는 사뭇 두근거리는 가슴을 누르며 방으로 들어갔다.

　"형, 그동안 미안했어."

　R군이 말했다. 나는 말이 막힌 채 R군의 손목을 덥석 잡았다. 그리

고는 나도 모르게 그의 얼굴에 나의 얼굴을 갖다 대었다. R군도 그것이 당연한 것처럼 내가 하는 대로 그냥 그렇게 대어주고만 있었다.

그 해 봄 나는 중학에 진학하느라고 고향을 떠나야 했다. 그리하여 여름 방학에 집으로 돌아오자 나는 선물을 가지고 그를 찾아갔다.

나는 그 해 여름을 꼬박 R과 둘이서 산으로 들로 함께 돌아다니며 보냈다.

그러나 그 해 겨울방학에 집에 돌아와 그를 다시 만나 그의 손목을 잡았을 때는 옛날과 같이 가슴이 떨리지 않고 그저 덤덤하기만 했다. 어느새 동성애 감정은 사라지고 나는 그냥 〈형〉으로 돌아온 것이다.

그 뒤로 나는 경주 남산(南山-金鰲山)에 자주 올랐다. 특히 봄과 가을철엔 거의 일요일마다 오르곤 했다. 일행은 나와 조카, 그리고 이웃집 아이들이 하나둘 끼곤 했었다. 명색인즉, 옥싹(작은 옥돌)을 주우러 간다는 것이었다. 명색뿐 아니라, 우리는 모두 자기네 손가락만큼씩한 옥싹을 하나둘 주어오게 마련이기도 했다. 그 여섯 모가 난 엷은 남색의 투명한 돌은 뾰족한 머리만 뽀얀 모래흙 위로 내어놓고 있거나, 혹은 온 채로 몸의 윗부분을 드러내고 있거나 했다. 그래서 손가락으로 흙을 조금만 파면 그냥 주워올리게 되어 있었기 때문에 그것은 캔다고 하지 않고 숫제 줍는다고 했던 것이다.

우리는 그런 옥싹을 하나씩 찾아낼 때마다 기쁨에 넘쳐 소리를 지르곤 했다. 그것이 왜 그렇게도 기뻤을까. 옥싹 그 자체가 대단한 값어치가 아니란 것은 우리도 대강 알고 있었다. 그러면서도 왜 그렇게 기뻤을까. 흙 위로 머리를 내어놓고 있는 옥싹은 길대야 손가락만한 것으로 끝난다. 그러면서 왠지 산 전부가 옥덩어리 같은 착각이 들었던 것이다.

옥싹은 산의 살갗에 지나지 않고, 살갗을 깊이 파면 그 속은 전부가 옥덩어리로 되어 있을 것만 같이 느껴졌던 것이다.

나는 중학 1학년 때부터 독서를 시작했는데, 그것은 2학년이던가 3학년 때의 일이다. 도연명(陶淵明)의 시에서 〈국화를 동쪽 울타리 밑에서 캐어들고 멍하니 남산을 바라본다〉라는 구절을 읽었을 때 나는 왠지 가슴이 찡 울리는 듯함을 느꼈다. 〈국화를 캐어들고 남산을 바라본다〉는 그것뿐인데, 그 구절에 왜 그렇게도 가슴을 때렸을까.

옛날 도연명이 살던 그 고장의 남산도 우리네 그것같이 거기 옥싹이 났을까. 산이 온통 옥돌 뭉치로 되어 있었을까. 그래서 멍하게 남산을 바라보았을까. 그 당시만 해도 나는 그렇게밖에 상상을 할 수 없었던 것이다.

그 뒤 나는 다시 왕유(王維)의 시를 읽게 되었다. 왕유의 시에도 남산이 많이 나온다. 그런데 그는 그것을 멍하게 바라보고 서 있는 것이 아니고 아주 그 속에 들어가 버린다.

〈중년부터 자못 도(道)를 좋아하다가 늦게야 남산 기슭에 집을 가졌다. 흥이 일면 매양 혼자 거닐고, 좋은 일은 그냥 맘속으로 알고 지낸다. 가다가 물이 다한 곳에 이르면 앉아서 구름 일 때를 본다. 우연히 수풀 속 늙은이를 만나 어느 때까지나 환담을 나눈다.〉

내가 어릴 때 그렇게도 남산의 옥싹을 캐러 다니던 그것이 바로 내 마음 속에 도의 싹이 움트기 시작했던 것일까?

어떤 사회주의자의 선물

내 나이 열세 살 때였다고 기억한다.
　내 백씨는 처음부터 민족주의자로 지목되고 있었지만, 중씨는 그런 사상 문제와는 관계없는 장사꾼으로 자처하고 있었다.
　그 무렵 내 중형은 고향인 경주 읍내의 종로에서 고무신 가게를 보고 있었다. 모리라는 일본인의 점포를 사글세로 빌린 가게였지만, 고무신 가게로서는 꽤 큰 편이라 장날이면 온종일 사람이 꾀곤 했다. 가게 뒷방은 온돌이었는데, 물론 가게주인인 내 중형과 큰 매형, 그리고 사환꾼 소년이 숙식과 휴식을 취하는 곳이었다.
　당시 일터가 없던 큰 매형은 그 가게에 나와 형을 돕고 있었다. 식사나 같이 하는 것 이외에 보수도 없었던 것으로 알고 있다. 그래도 매형은 꾸준히 나와서 가게 일을 돌봐주고 있었다.
　그런데 언제부터인지 그 가게 뒷방에 단골손님 두 분이 늘 나와 앉곤 했다. 그 당시 그곳 사람들은 이 두 손님을 가리켜 사회주의자라 불렀다.

그들은 본디 지방에서 알아주는 수재들로 대구 사범학교를 나와 초등학교 교사로 있었는데, 독서회 사건(마르크스주의의)으로 경찰에 끌려가 1년인가 곤욕을 치르다 석방되었으나, 학교에서는 복직을 허락하지 않아 룸펜이 되었다는 것이다. 얼굴빛이 희고 올백을 한 쪽은 이영활이고, 얼굴빛이 검고 가리마를 왼쪽 귓등 위에 낸 쪽은 김중근 씨라 하였다.

그런데 매형이 그들과 단짝이 되어 버렸다. 매형이 그들과 이내 아주 통하는 사이가 되었다고는 하나, 그것이 매형이 그들과 같은 룸펜 처지라든가, 그들의 사상이 마음에 들었기 때문이라고는 볼 수 없었다. 그것은 매형이 본디 그렇게 자리를 같이 하고 한번 알게 되면 무조건 자기의 속을 상대방에게 털어 바치는 소위 무골호인(無骨好人)에 가까운 위인이었기 때문이었다. 하여간 이리하여 매형까지 세 사람이 한 패가 되었다. 중형은 그 셋을 일컬어 〈사회주의 삼인조〉라고 했다.

이리하여 이 셋은 매일같이 가게 뒷방에 모였고, 그럴 때마다 매형은 그들에게 소주와 마른오징어 그리고 가락국수 따위를 대접하곤 하였다.

그들은 소주를 마시며, 오징어를 씹으며, 쉴 새 없이 토론하고 협의하고 수군대고 했다.

그런데 두 분 단골손님은, 그들이 매형을 끌어들였듯이, 나를 그들의 친구 내지 제자로 끌어들이려 했다. 보는 족족 나에게 말을 붙이고, 내가 한마디만 묻기라도 하면 아주 기쁜 얼굴로 자세히 설명해주곤 했다. 내가 「돛대 없이 배 탄 백의인」 때문에 경찰서(고등계)에 끌려갔다 오자 그들은 나를 더욱 귀여워했고, 나에게 더 많이 말을 붙이려 했고, 나를 가르치려고 했다.

"창봉아, 너는 아직 마르크스주의라는 것을 잘 몰라서 그렇다. 마르크스주의는 말이다, 가난한 사람은 암만 일해도 늘 가난하고 먹을 것도 없지만, 돈 있는 사람은 가만히 놀면서도 늘 먹을 게 많은 기라. 누구든지 땀 흘려서 일하면 먹고 살 수 있는 사회를 만들자는 게 마르크스주의다. 그것이 얼마나 좋노."

이렇게 김중근 씨가 말했다.

나는 중씨와 매형으로부터 마르크스주의라는 것이 공산주의를 말하는 것이며, 공산주의는 부자도 가난한 사람도 없이 꼭 같이 재산을 가지는 제도를 가리키는 것이라는 정도는 듣고 있었다. 나는 그때 〈모든 사람이 꼭 같이〉라는 말에 반발을 느꼈던 것이다.

그러나 그들은 나보다 열 살이나 위요, 경주 고을에서도 머리 좋고, 책 많이 읽은 사람들로 알려져 있는지라 감히 나의 불만이나 의혹을 털어놓을 수는 없었다.

나는 그 뒤 중학엘 진학했고, 좀 엉뚱하게 철학책도 틈틈이 뒤적거렸다. 그들과 맞서 토론을 해보겠다는 저의에서였다.

그 해 여름 방학과 겨울 방학 때 나는 그들과 여러 차례 토론을 벌였다.

"우리 선생이, 사람에게는 밥과 함께 귀중한 것이 몇 가지 있는데, 그 가운데 하나가 꿈이라고 하데요."

내 말에 삼인조는 약속이나 한 것처럼 입을 크게 벌리며 소리를 내어 웃었다.

"창봉아, 사람이 밥을 먹고 살지 꿈을 먹고 사나? 그래서 미션스쿨이 나쁘다는 거 아이가."

그러나 나도 지지 않았다. 사람이 꿈도 없이 꼭 같이 먹고만 살다가 죽는다고 하면 석가나 예수 같은 인물도 없을 거 아니냐, 살다가 죽으면 그만이다 하는 데 만족하지 말고 죽음을 해결해 보겠다는 꿈을 가질 수 있었기 때문에 석가도 예수도 생겨나지 않았겠느냐, 그러니 왜 꿈이 소용없다는 말이냐, 대충 이런 뜻으로 길게 말했다.

"종교는 아편이대이. 석가나 예수는 우리 인간에게 아편을 퍼뜨리는 거나 다름없다."

매형이 이렇게 받아넘겼다.

"그렇게 나쁜 사람을 그렇게 몇천 년 동안이나 온 세계 사람들이 존경하고 떠받들어 왔을라구요? 몇천 년 동안이나 여기 있는 매형이나 김 선생이나 이 선생만치 공부한 사람이 없어서 그랬을라꼬요?"

이에 대해서 얼굴이 희고 올백을 한 이영활 씨는 계급이 없는 사회가 되면 그것이 곧 낙원이기 때문에 모든 사람이 다 예수도 되고 석가도 된다는 것이다. 꿈이란 실현되기 위해서 있는데, 계급 없는 사회가 되면 그것이 곧 꿈이 실현된 세계라고 했다.

그 당시 그들만 해도 사회주의란 것을 무리한 빈부의 차나 없애고, 모든 사람이 다 일해서 잘 먹고 잘 입고 다 같이 행복하게 살 수 있는 사회라고만 알고 있는 듯했다. 국민학교나 중고등학교를 마치는 대로 당의 지시에 따라 어디메 농장으로, 어디메 공장으로 하고 배속시키면 그곳의 농장 또는 그곳 공장의 일꾼으로 일생을 마친다는 것을 그들도 몰랐던 것이다.

그 뒤 내가 서른한 살 때 고향에 들렀더니 내 중형이 조그만 보통이 하나를 내주었다.

끌러보니 양복 한 벌과 마르크스 엥겔스 전집 다섯 권이 보따리 속에서 나왔다.

"이거 양복은 김중근 씨 거고, 책은 이영활 씨 거다. 둘 다 죽었다."

"아니 어떻게요?"

"세 번째 끌려가서 감옥에서 죽었다."

"매형은?"

"매형도 끌려갔지만, 그들만큼 맞지 않았던가 봐. 하지만 매형도 한 반 년 있다가 죽었다. 이것은 그 사람들이 마지막으로 끌려갈 때 자기들은 어쩌면 다시 못 나올 것 같으니 이 양복과 책을 니한테 전해 달라 카더라."

그렇다면 이 보퉁이는 삼인조가 나에게 남긴 최후의 선물이랄까, 의발(衣鉢) 같은 거였다. 그런 생각을 하니 가슴이 아팠다.

나는 내가 사는 사천 집 뒤란에 구덩이를 파고, 그 보따리를 조그만 독에 넣은 채 뚜껑을 닫은 뒤 그 구덩이에 묻었다. 그 무렵에는 그런 종류의 책은 발각되는 대로 무조건 검속(檢束)이 되었던 것이다. 그것이 더구나 김중근, 이영활의 유물이라면 더 말할 나위도 없었을 것이다.

해방이 된 뒤 나는 구덩이를 파고 독 속의 보따리를 끄집어내었다. 양복은 다 썩어서 문드러졌고, 책은 귀퉁이가 조금 상한 채 그대로였다. 나는 양복은 버리고, 책만 나의 궤짝에 넣었다.

서울로 이사 온 나의 돈암동 집 책장의 장서(藏書)에 이 마르크스 엥겔스 전집이 꽂혀져 있었다. 그리고 그 무렵 이 방면 책은 서점에서 나타나기가 바쁘게 팔려나가곤 했다.

하루는 친구가 와서 그 책을 빌리자고 했다. 그와는 거절할 수 없는 사이였기 때문에 책을 내주었다. 그러나 끝내 그 책은 그에게서 돌아오지 않고 말았다.

문학에 대한 왕성한 식욕

　나는 계남초등학교를 졸업하고 대구에 있는 계성중학교로 갔다. 계성학교 교장은 현거선(玄居善)이라는 한국이름의 미국인 선교사였다.
　중학교에 진학을 하면서 생활환경이 바뀌자 나의 고독은 나의 뼛속까지 쑤시기 시작했다. 기숙사에 들게 되었는데 불행하게도 그때까지 친구를 사귀지 못하고 있었다.
　친구를 가지지 못한 중학 1학년짜리의 기숙사 생활이란 것을 상상해 보라. 나는 하학을 하는 대로 책가방을(기숙사) 내 책상 위에 내던지고는 기숙사 앞 플라타너스 아래 멍하니 혼자 서 있거나, 그렇지 않으면 낮부터 이불을 깔고 잠을 자거나 했다. 기숙사의 밥은 식성에 맞지 않았고, 그래서 그랬겠지만 언제나 절반 이상은 남겨야만 했다.
　그것도 주말까지는 오히려 견디기가 쉬웠지만 토요일에서 일요일에 걸쳐서는 더욱 뼛속이 저려드는 고독을 짓씹어야만 했다. 학우들이 거의 전부 외출을 해버리기 때문이었다. 더러는 극장에 갔고, 더러는 운동구경을 갔고, 더러는 친척이나 친구를 찾아 모두가 훌훌 나가 버리면 나만 언제나 플라타너스의 낯선 얼룩빼기 등걸 곁에 서 있거나 혼자 이불을 깔고 낮잠을 자기 마련이었다.

중학에 진학하자 고향을 떠나야 했던 나는 부엉듬도 송홋골 가랑잎도 마음대로 찾아갈 수 없게 되었다. 그래서 눅눅한 기숙사는 그렇게도 나에게 어둡고 우울하게만 느껴졌는지 모른다.

그러나 계성학교 뒷동산에서도 최소한의 가랑잎과 만날 수는 있었다. 계성학교는 당시 서부 대구의 언덕 위에 있었는데, 남쪽에 이층집(벽돌)이 한 채 북쪽에 두 채가 있었다. 그리고 북쪽의 두 채 중 한 채가 이층집이었고, 그 뒤(북쪽)가 동산의 끝이었다. 그 동산 끝에는 무덤이 두 상인가 있었고, 그 무덤 두 상을 에워싸고 금잔디가 깔려있고, 그 금잔디 가에는 잡목들이 수풀을 이루고 있었다. 그런데 이 잡목 수풀도 가을이 되면 꽤 많은 가랑잎을 잔디 위에 깔아주었다.

나는 쉬는 시간이나 수업이 파한 뒤가 되면 언제나 혼자 이 무덤가의 잔디 위에 또는 가랑잎 위에 누워 있곤 했다. 내 고향 송홋골의 그것처럼 산골짜기를 하나 가득 메운 가랑잎은 아니지만 그런대로 잔디 위였기 때문에 누워 뒹굴기에는 그다지 불편하지 않았다.

나는 어려서부터 교회 나갔고, 학교는 초등학교부터 교회 부속 미션스쿨이었던 만큼 기독교에 대해 꽤 많이 알게 되었지만, 내가 죽어서 천당엘 간다는 생각은 한 번도 일으켜 본 적이 없었다. 천당이란 말 그 자체가 왠지 실감나지 않았다. 죽음이란 막연히 캄캄한 밤과 같은 것이거니 하는 생각뿐이었다. 그런데도 나는 왠지 그 캄캄한 밤 같은 죽음을 경험하고 싶을 뿐이었다.

그런대로 나는 일요일이 되면 대개는 교회에 나갔다. 그것은 첫째 어릴 때부터 지켜오던 습관 때문이요, 둘째로는 기숙사에 같이 있는 학우들의 권고 때문이었다. 그러나 나는 내 자신 그들처럼 경건한 예배자가 아니라고 스스로 늘 자인하고 있었다.

그 무렵 나는 중학을 마치면 의학전문학교로 진학할 계획이었다. 그런데 계성학교는 당국의 지정을 받지 못했기 때문에 전문학교 응시 자격이 없다는 것이었다.

나는 하는 수 없이 2학년을 마치자 서울로 올라와서 경신학교 보결시험을 쳤다.

그때 경신학교에는 안재학 선생이 교무주임으로 계셨는데, 공초(空超) 오상순(吳相淳) 선생이 이분과 친분이 있다고 해서 공초 선생이 날 데리고 학교로 갔다. 안재학 선생은 공초 선생과는 일본 경도 학창 시절부터 잘 아는 사이였다고 한다.

공초 선생은 백씨와 친구였다. 내가 중학교 1학년 때 아버지가 돌아가셨는데, 공초 선생은 그 이튿날 문상을 오셔서 뵌 적이 있었다.

경신학교 교장은 쿤쇼라는 미국인 선교사였다. 공초 선생은 이분과도 안면이 있는 듯했다. 공초 선생이 나를 가리키며 아무개 아우라고 하자 안 선생과 교장은 그러냐고 무척 놀라워했다. 그 덕택인지 나는 약 7대 1이나 되던 3학년 보결시험에 합격이 되었다. 14명 뽑는 보결생 가운데 너더댓째로 합격이 된 것으로 알고 있다.

옛날 공초 선생이 살아 계실 때다. 나는 어느 골동품 가게를 찾아가느라고 명동 네거리에서 충무로 쪽을 향해 걸어가고 있었다. 요즘은 인사동이 골동품 가게들로 알려져 있고, 아마추어 골동품 애호가들의 초벌시장으로는 중앙시장 북쪽 거리가 유명하지만, 그 당시는 명동거리에서 충무로로 빠지면 그 일대가 골동품 가게로 알려져 있었다.

나는 전날 그 충무로의 어느 골동품 가게에서 진사(辰砂) 병 하나를 보아두고 돈이 없어서 구입하지 못했던 것이다. 값은 2천5백 환인가 그랬다. 나는 하는 수 없이 어느 친구를 찾아가 일금 3천환을 빌려서 주머니에 넣고 다시 어저께의 그 골동품 가게를 찾아가는 길이었다.

명동 네거리에서 충무로 쪽을 향해 50미터나 갔을 때 마침 내가 아는 여대생 한 사람을 만났다. 그녀는 오른쪽 뒤편 이층 다방을 가리키며 거기서 나오는 길이라 했다.

"거긴 왜?"

"공초 선생님한테 갔다 나오는 길이에요."

그러자 나는 '아차, 공초 선생이 정말 그 다방(청동)에 나오신다고 했지' 하고 혼자 고개를 끄덕였다.

나는 여대생과 헤어진 뒤 그 다방으로 올라갔다. 그 동안 공초 선생이 거기 나오신다는 말을 전해 듣고도 진작 한 번 찾아뵙지 못했던 것이다. 그런데 마침 그 앞을 지나치면서까지 들르지 않을 수 없었던 것이다.

1936년 내가 서너 차례 시와 소설이 입선이다 당선이다 거듭 되어 소위 문단 데뷔란 것을 한 뒤, 서울서 경주로 내려가는 도중 대구에 들러 공초 선생을 찾은 적이 있다.

풍문에 선생은 그 동안 대구서 부인을 얻어 가정도 이루고, 또 〈아세아의 밤〉이라는 다방도 내고 계신다고 했다.

그러나 내가 몇 번이나 물어서 겨우 찾아간 다방 〈아세아의 밤〉은 휴업 중으로 문이 닫기고, 공초 선생은 어두운 홀(다방)에 혼자 앉아서 담배 연길 뿜고 계셨다.

나는 부인을 얻으셨다든데 어떻게 되었냐든가, 다방을 내셨다더니 어찌 된 거냐든가 하는 따위를 묻고 싶지도, 물어볼 수도 없었다.

그 다방의 어두운 공기와 먼지 앉은 테이블과 그리고 공초 선생의 낡은 입성, 풀기 없는 얼굴 등으로 보아 모두가 다 실패로 돌아갔다는 것을 알 수 있었기 때문이었다.

내가 인사를 올리자 공초 선생은 피차간의 현황이라든가, 그 동안 지내온 얘기라든가 하는 따위는 다 잊어버린 듯 불쑥 말했다.
"동리, 자네 「거미」 잘 봤어. 재미있더군."
「거미」는 전년에 신문에 발표한 나의 시였다.
그 공초 선생을 해방 후에는 몇 차례 만나뵈었지만, 환도 후에는 여태 인사 한번 드리지 못했던 터였다.
청동 다방 한쪽 구석, 공초 선생이 담배를 물고 앉아 있는 테이블 주위에는 6,7명의 젊은이들이 자욱한 연기에 싸인 해 둘러앉아 있었다.
내가 들어가자 공초 선생 맞은편에 앉아 있던 젊은이가 자리에서 일어나며 나에게 의자를 권했다.
그 동안 못 뵈었다는 간단한 인사가 끝나자 공초 선생은 나에게 두툼한 사인북 같은 것을 내어놓았다. 나더러 좋아하는 글귀나 어록 따위 등이 있으면 적으라는 것이다.
나는 공초선생이 젊으실 때는 기독교인이었지만, 근년에 불교에 많이 기울어져 있다는 것이 생각나서 다음과 같이 썼다.

    뒷숲의 뻐꾸기 소리에 앞개울 개구리가 죽는다.

공초 선생은 가만히 들여다보고 나서 몇 차례나,
"좋아, 좋아."
하셨다.
낯선 청년 한 사람이 무슨 뜻이냐고 물었다.
나는 마음속으로 화엄 사상의 〈사사무애(事事無碍)는 사사유관(事事有關)〉도 된다고 말하고 싶었지만, 그렇게 말해서 이해될 것 같지 않아서,
"개울가에 앉아 있던 개구리가 뻐꾸기 소리에 반쯤은 놀라고, 반쯤은 그렇지 않아도 개울로 뛰어들려고 하던 참이기에 이왕지사 놀란 김

에 뛰어들었더니, 마침 개울 속을 지나던 뱀이 그만 개구리를 삼켜 버려 결국 뻐꾸기 소리는 개구리를 죽게 한 한동기 된다는 뜻인데······."
하고는 나는 빙긋이 웃었다.

다시 경신학교 이야기로 돌아가서, 그때 나와 같이 보결생으로 입학한 사람으로 이길상(李吉相)과 김춘식이란 이름을 기억한다.

이길상은 작고한 시조 시인 이은상 씨의 아우로 나중에 연세대학교 대학원장까지 지낸 뛰어난 과학자다. 김춘식은 지금 태국에서 우리나라 사람으로는 가장 큰 기업가로 진출해 있다.

나는 경신학교 3학년에 다니는 동안 참으로 많은 것을 보고 듣고 배웠다. 우선 경상도 사투리와 서울말이 같은 한국어인데도 너무나 엄청난 차이가 있다는 사실에 놀라지 않을 수 없었다.

경상도에서 처음으로 서울에 온 나는 나의 사투리가 서울 사람들에게 얼마나 생소하게 그리고 야릇하게 들리리란 것을 이해하지 못한 채 그들이 고의적으로 내 말을 못 알아듣는 척하며 나를 놀려주는 것이라고 착각을 하고 있었다.

게다가 급우들 가운데는 나 이외에 함경도 사투리를 고스란히 그대로 쓰는 학생도 있었고, 전라도 사투리, 평안도 사투리까지 각색이었는데, 왜 하필 내 말만 못 알아듣는 척하는지(나는 그렇게 오해하고 있었다) 알 수 없었다.

내가 수업 시간에 무슨 질문을 하면 반우들은 와아 하고 웃어대었고, 나는 모욕감 때문에 얼굴을 붉히곤 했다.

그 무렵 나와 가장 가깝게 지낸 친구로서는 양재황인가 하는 사람이 있었다. 이 양군도 어느 목사의 동생이라고 들었는데, 문학을 몹시 좋아했다. 특히 일본 작가 도쿠도미 로카를 좋아하여 그의 작품을 많이 읽고 있었다.

그런데 하루는 일본어 시간에 하마구치라는 일본인 교사가 소설로는 도스토예프스키라는 러시아 작가의 『카라마조프 가의 형제』가 최고란 말을 했다.

"이 작품을 안 읽었으면 문학 작품 읽었다 할 수 없지요."

그때 양군이 있다가,

"도쿠도미 로카의 『두견새』는 어떻습니까?"

하고 물었다.

나는 그때 키가 짤막하고, 얼굴이 거무튀튀하고, 배가 쑥 나온 일본인 하마구치 선생이 하던 말을 지금도 기억한다.

"소설에는 인생관이란 것이 있는데, 자네가 말하는 로카의 『두견새』는 인생관이 얕아서……."

나는 그때부터 인생관이 얕다는 로카는 무조건 배격하기로 하고 세계 최고라는 도스토예프스키의 『카라마조프 가의 형제』를 읽기 시작했다.

그렇게 두어 달 지낸 뒤, 그러니가 9월초의 새학기였다. 영어 선생이 자기는 여름 동안 『레미제라블』을 영역판으로 읽었는데, 깊은 감명을 받았다면서 그것이야말로 세계 문학 중에서도 최고봉이 아니겠냐고 했다.

그 무렵 내가 경신학교 도서실에서 대출해다 읽은 책이 이 『카라마조프 가의 형제』를 위시해서 『레미제라블』, 『아라비안 나이트』, 『메테르링크 선집』 그리고 『세계문호와 그 창작』이라는 서양인의 평론집 따위였다. 『햄릿』은 한 반우가 본정(本町-지금의 충무로) 어느 고본점(古本店)에 나와 있더라 해서 쫓아가 사다 읽었다.

이와 같이 3학년 한 해 동안을 나는 문학 분위기 속에서 지냈다. 문학에 대한 왕성한 식욕을 과시한 한 해였다. 학교 성적도 50명 가운데서 일곱째를 했으니까 그리 나쁜 편이 아니었다.

1929년, 내가 경신학교 4학년에 다닐 때다. 당시 《중외일보》(내 백씨는 그 신문의 고문이었다) 여기자로 있던 김말봉(金末峰) 여사가 글을 써보라기에 「고독」, 「방랑」, 「기러기」 등의 시와 수필을 발표했다.

그런데 그 길지 않은 학창생활이 나에게는 왜 그다지도 지루했던 건지 모르겠다.

나는 교실에 들어앉아도 선생님의 강의를 듣지 않았다. 어떤 시간이든 다 마찬가지였다. 그것은 선생님에 대한 경의(敬意)가 부족하거나 불평이 있어서가 아니었다. 나는 그저 고향집의 주소 같은 것이나 몇백 번이든지 노트에 끄적거리며 하학 종소리가 나기만을 기다리고 있었다.

나는 책상에 가만히 앉아 있는 것이 싫었다. 얼른 시간이 지나가고 쉬는 시간이 되었으면 싶었다. 그렇다고 해서 쉬는 시간이나마 남들같이 보람있게 쉬는 것도 아니었다. 무슨 재미난 장난을 치는 것도 아니었다. 뛰어나게 어느 종목의 스포츠에 능한 것도 없었다. 반쯤 웃는 것같이, 반쯤 아픈 것같이, 찡그린 얼굴로 나무 밑이나 운동장 구석에 서 있는 것이 고작이었다.

이러다가 종례 시간이 되면 감옥에서나 풀려나오는 사람처럼 한숨을 내쉬며 교문을 나온다.

교문을 나와서도 마찬가지였다. 영화관이나 야구 시합 같은 것을 보러 간다든지 그러는 것도 아니었다.

대개는 바로 하숙집으로 가는 것이다. 그렇다고 해서 내 하숙에 무슨 재미가 있는 것도 아니었다. 하숙집 주인 딸과 친분이 있다든가, 아주머니가 나에게 특별히 친절해서 무슨 누룽지 같은 것을 남몰래 준다든가 그러는 것도 아니었다.

예습이나 복습을 하는 것도 아니었다. 하모니카를 불어본다거나, 수채화 같은 것을 그려보는 것도 아니었다.

가만히 가서 5전짜리 호떡을 하나 사먹는 날은 즐거운 편이었다. 대개는 책상 앞에 우두커니 앉아 책상 서랍을 몇 번 빼었다 닫았다 하다가는 이불을 쓰고 누워 자는 것이 보통이었다. 저녁을 먹고 나면 내일 학교에 나가 망신을 당하지 않을 정도로 예습이나 복습을 해야 한다고 속으로 걱정을 하며 또 누워 자버리는 것이었다. 그러다가 나는 수업시간엔 가끔 망신을 당했다.

날마다 하학 시간을 그렇게도 기다리는 것처럼, 날마다 나는 토요일과 일요일을 기다리기에 또한 여념이 없었다. 그렇다고 토요일이나 일요일이 되면 어떻게 하겠다는 아무런 계획도 없었다. 역시 책상 앞에 우두커니 앉아 책상 서랍을 몇 번 빼어보고 닫아보고 할 뿐이었다. 집에 엽서라도 한 장 쓰는 것이 고작이었다.

내가 그 무렵 왜 그렇게 공부를 싫어하고, 그다지도 우울 속에 빠져 있었는지 지금도 그 까닭을 모르고 있는 것이다.

그래도 내가 줄곧 미션 계통의 학교에 다녔다는 사실은 나중에 내게 큰 도움이 되었다. 나와 기독교 관계라고 하면, 우선 나이가 어려서 예배당엘 다니게 된 동기에서, 그리고 그 뒤 미션 계통 학교로만 전전하던 일이 가장 중요한 부분일 것이다. 왜 그러냐 하면 그 10여 년 동안 나는 기독교 분위기 속에 살았으니까. 그러나 내가 성경을 정독하게 된 것은 훨씬 나중의 일이다.

내가 「사반의 십자가」, 「부활」, 「목공 요셉」, 「마리아의 회태(懷胎)」 등 성경(신약)에서 취재한 소설을 쓴 것은 1954년에서 1959년까지 약 5년간의 일이었고, 성경 이외의 예수 전기물들을 섭렵한 것도 이 무렵의 일이지만, 나로 하여금 이러한 소재를 취하게 한 근원은 모두 위의 〈10여 년〉에 있었다.

그 무렵이었다. 우리 집 살림을 맡아 살고 있던 중형(仲兄)한테서 편지가 왔다. 내 몫으로 되어 있는(선친의 유산 중에서 내가 상속할) 논(스무 마지기)을 팔아서 학교를 계속하겠느냐, 그렇지 않으면 학교를 중단하고 집으로 내려오겠느냐, 잘 생각해서 회답하라는 내용이었다.

중형은 그때 고향인 경주에서 장사를 하고 있었다. 경주 읍내에서도 중앙 지점에 꽤 큰 점포를 가지고 있었고, 손님도 많았기 때문에 남들은 재미를 보는 줄 알고 있지만, 속으로는 여간 꿀려들지 않았다. 그때 내 나이 열일곱 살이 되었지만, 막내둥이의 버릇으로 형들에게만 의존하여 왔기 때문에 갑자기 자기 일을 알아서 처리하라는 말을 들으니 여간 괴롭고 슬프지가 않았다.

나는 며칠 동안 혼자서 고민을 하다가 부산에 계시는 큰형님한테 어째야 좋겠냐고 편지를 올렸다. 곧 회답이 왔는데, 동래고보에 전학을 시켜보겠으니 부산으로 내려오라는 내용이었다.

나는 부산으로 내려갔다. 형님은 학자로 사상가로 지사(志士)로 경상도 일대에서는 모든 뜻있는 이들로부터 존경을 받고 있었지만, 실질적으로 지위가 있는 것도 아니요, 권력과는 반대 위치에 있었고, 돈은 본래 없었으므로 그만한 일 한 가지도 뜻대로 되어지지 않았다. 몇 분 친구들에게 부탁해 보았으나 결과는 실패였다.

나는 그대로 형님 댁의 식객(食客)이 되고 말았다. 그때 형님 댁 골방에는 철학 서적이 한 4,5백 권 쌓여 있었고, 문학책도 더러 눈에 띄었기 때문에 나는 그 벽장 속같이 어두운 골방에 틀어박혀서 나한테는 힘에 겨운 『플라톤』과 『괴테』 따위를 뒤적이고 있을 수밖에 없었다.

물론 내 짐 속에는 전문학교 입학 준비를 위한 『영문 해석법』이니 『영문법 정의』 따위가 수삼 종 들어 있었다. 나는 독학으로라도 영어만은 해두고 싶었다. 그래서 오전 오후로 두어 시간씩은 영어 공부를 계속하기로 했다.

그러나 문학과 철학에서 오는 강한 유혹은 나로 하여금 하루 네 시간 씩의 영어공부를 계속하게 해주지 않았다. 어떤 날은 오전의 두 시간을, 또 어느 날은 오후의 두 시간을 문학이나 철학에 의하여 침식을 당하곤 했다.
  그러던 어느 날 내가 지은 「은하」라는 시를 백씨에게 보였다.

  해 지면 개울마다 개구리
  와글와글 태고처럼 운다

  물에서 남녀가 생겨나던 옛날
  개구리 알은 은하처럼 하늘에 둥둥 흘러갔거니

  은하가 기울고 개울이 넘쳐
  너와 나의 이름이 물살에 갈렸거니

  갈리어 서러운가 해마다 나리는 비
  별더미를 뿜어내는 너의 넋두리

  이따금 뚝 그치고 귀 기울임은
  들림인가 아련한 태고의 개 닭 소리
  너와 나의 하늘 밖의 먼 고향
  울자꾸나 개울 속에 밤새껏 울자꾸나

  백씨는 이 시를 한참 들여다보고 나더니 〈물에서 남녀가 생겨나던 옛날, 개구리 알은 은하처럼 둥둥 흘러갔거니〉 하는 절을 밑줄 치며,
  "철학보다 문학 쪽이대이."
하는 것이었다. 그러고는 백씨는 나에게 시종(始鐘)이란 이름을 지어 주면서 말했다.

"남자가 스무 살이 되면 자(字)를 쓰는 거다. 내가 미처 네 이름을 지어놓지 못하고 외국에 가 있었기 때문에 이름이 맘에 덜 든다. 그러니까 스무 살이 되거든 이름 대신 시종이라는 자를 쓰도록 해라."

그래서 나는 영어공부를 그만두고 이제부터는 마음놓고 세계문학전집 따위를 읽기로 했다.

그러나 나는 책 읽는 것만으로 만족할 수 없었다. 처음 보는 항구의 풍경은 쉴새없이 내 마음을 유혹하는 듯했다.

아침 저녁 붕붕 들려오는 연락선의 고동 소리와, 갈매기 나는 파란 바닷물과, 괴물같이 하늘로 쳐들고 올라가는 영도(影島)다리와, 거리거리의 울긋불긋한 깃발과 쇼윈도의 상품들, 그리고 무슨 신비한 이야기가 엮어지고 있는 듯한 으슥한 위치의 화려한 간판의 극장들, 이런 것들은 나를 이역(異域)의 미아로 만들었다. 나는 『메테르링크』를 읽다 말고, 『괴테』를 읽다 말고 그 어두운 골방에서 뛰쳐나가곤 했다. 갈 데가 있는 것도 아니오, 그렇다고 갈 데가 없는 것도 아니었다.

발길은 으레 역전을 향한다. 역전을 거쳐서 백화점 앞으로, 백화점 앞을 지나면 영도 다리께로, 영도 다리께에 이르면 야릇한 호기심을 섬(영도) 쪽에남긴 채 대개는 뱃머리(남포동)로나 광복동 쪽을 돌아오곤 하였다.

이렇게 한 바퀴 돌고 나면 대개 저녁때가 되지만, 나는 여간 배가 고프지 않으면 바로 집으로 돌아가지는 않았다. 내가 아침 저녁으로 산책하는 바닷가(영주동 앞바다)에 가서 그 파란 바닷물 위에 널려 있는 크고 작은 배들과 갈매기들이라도 우두커니 바라보고 나서야 발길이 돌려지곤 했다.

하루는 초량 쪽으로 나갔다가 수많은 청년들(한국인)이 손에 돌멩이를 쥐고 중국인 상가를 습격하는 광경을 보았다. 물어보니 압록강 연안의 국경 도시인 만포진 사건의 보복이라는 것이었다. 그러나 이 문제는 여기서 끝나지 않았다. 그것은 다시 중국 상품 불매 운동으로 발전하여 부산은 와글와글했다.
　이러한 광경은 나에게 어떤 색다른 인상이 아닐 수 없었다.
　그때까지 내가 살아온 경주나 대구나 서울에 비하여 부산은 여간 활동적이 아니라고 생각되었다. 경주나 대구나 서울에 비하여 전아(典雅)한 맛은 없으나 꿈틀거리는 것이 있고, 생동하는 것이 있다고 느껴졌던 것이다.
　백씨는 그때도 건강이 좋지 않았고, 직장이 있을 리 없는 채 친구들의 도움으로 겨우 지내는 터라 나 같은 군식구가 하나 얹혀 있다는 것만 해도 큰 부담이 될 수밖에 없었다. 나로 말하면 서울에서 내려온 지 사흘 만에 1전 한푼 주머니 속에 남아 있지 않은 완전히 빈 손의 나 그네 소년에 지나지 않았다.
　그 당시 형님 집은 공원에서 역전 쪽으로 내려오는 영주동 거리의 중간쯤에 있었다. 바로 집 앞으로 난 넓은 거리엔 공동 수도가 있어서 아침저녁으로 물을 긷는 처녀들이 물통이나 물동이를 이고 모여들었다.
　나는 처녀들이 물을 길러 모여들 때마다 마루 끝에 서서 그녀들의 얼굴과 몸맵시를 가만히 바라보곤 하였다. 가운데에서 얼굴이 희고, 두 볼이 동그랗고, 땋아올린 뒷머리가 엉덩이께까지 치렁치렁하던 그 처녀의 노랫소리는 지금도 잊혀지지가 않는다.
　그것은 으스름 달밤이었다. 그 처녀는 다른 동무들과 함께 머리 위에 물통을 얹은 채 일본말의 노래를 부르며 천천히 우리 집 앞을 몇 번이나 오르내렸다. 한번에 보통 일고여덟 번씩 물을 길었지만, 그날 밤엔 열 번도 더 긷는 것 같았다. 그것도 우리 집 앞을 지나칠 때는 대개 눈길을 슬쩍 던져주곤 하는 듯했다. 내가 눈독을 들이고 바라보니까 호기심이 쏠려서 그랬는지 모르지만, 우리 집 앞을 지나칠 적마다 같이 물 긷는 친구를 돌아보는 체하며 이쪽을 한 번씩 슬쩍 바라보곤 했던 것이다.

그러나 나는 그 처녀의 집이 어딘지, 성이 무엇인지도 알아보지 못한 채 부산을 떠나오고 말았다. 이리에서 농림학교를 다니던 내 조카(백씨의 장남)가 나와 비슷한 사정으로 학교를 중단한 채 부산으로 내려오자 우리는 동행이 되어서 함께 고향(경주)으로 돌아오고 말았던 것이다.

집에 돌아온 나는 문학을 중심으로 독서 방향을 바꾸었다. 나는 밤낮없이 방에 드러누워 책만 읽었다.

책은 마음대로 골라 읽을 수 있도록 두 군데서 제공되었다. 한 군데는 내 중형의 인척 관계인 이남보 씨의 서재였고, 다른 한 군데는 서울 철도국 도서관이었다. 마침 경주역에서 일하는 친구가 있어서 그에게 서적 목록을 주면 그가 한꺼번에 다섯 권씩을 대출해 주었다.

고향에 내려온 이듬해니까 내 나이 열여덟 살 때였다.

북천(알천)이 서쪽으로 흘러 서천과 합류하는 곳에 넓은 들판이 있다. 그 넓은 들판이 한때는 우리 집 밭이었다. 너무 넓어서 우리는 중심부의 천 평 가량만 쓰고 주위의 밭은 동네 어려운 사람들에게 나눠 주어 무료로 경작케 했다. 그런데 이 밭들에서 약 백미터 가량 서북쪽으로 가면 예기청수라는 전설적인 소가 있었다. 옛날부터 명주꾸리 하나가 다 들어간다는 깊은 소였다. 이 예기청수는 해마다 사람이 빠져죽게 마련이었는데, 우리 밭과 예기청수 사이의 약 백 미터 가량의 들판(돌자갈 밭)이 도깨비벌로 알려져 있었다.

밤마다 이 도깨비벌엔 도깨비불이 와자한 소리와 함께 계속 왔다 갔다 하다가 새벽녘이 되면 갑자기 불빛도 소리도 사라져버린다고 사람들은 알고 있었다.

우리 집에서는 그 들판에 강낭콩, 목화, 삼을 심어 두었다. 이 들판의 삼을 치(베)는 밤이었다.

외삼촌과 머슴은 삼을 베어내는 일을 맡고, 어머니와 형수와 작은 누님은 베어진 삼의 잎을 치는 일을 하고 있었고, 나는 물론 그것을 구경만 하고 있었다.
밤이 좀 깊어지자 예기청수 앞 자갈밭 위로 난데없는 사람들 소리와 불빛이 오락가락하고 있었다.
"누나, 저게 무슨 불이고?"
나는 고개를 돌려 예기청수 쪽을 지켜보았다. 예기청수 벌 위에는 웅얼웅얼하는 소리와 함께 화톳불 같은 것이 오락가락하고 있었다.
"글씨, 아까부터 불이 오락가락하더라. 아마 괴기(고기) 잡는 불인가 부다."
누나는 다시 삼잎을 치러 저쪽으로 가버렸다.
하늘의 별빛이 곧장 더 푸르러지며 나는 차츰 추위를 느끼기 시작했다. 그럴수록 예기청수 벌에 켜졌다 사라졌다 하는 야릇한 불빛에 눈이 쏠리곤 했다.
'고기 잡는 사람들은 어디로 가는 것일까? 널바위 쪽일까? 금장 쪽일까?'
나는 이런 생각을 하며 그 야릇한 불빛을 지켜보고 있었다(예기청수에서 남쪽은 널바위요, 북쪽은 금장이었다).
그러나 불빛은 널바위 쪽으로도 금장 쪽으로도 옮겨가지 않았다. 바로 예기청수 앞의 예기청수 벌에서만 언제까지고 오락가락했다. 그리고 그 웅얼웅얼하는 소리도, 고기 잡는 사람들의 그것이라면 좀 더 악센트와 감동이 있어야 할 터인데, 전혀 그런 것이 없었다.
'이 아닌 밤중에 하필 예기청수에서 고기를 잡다니.'
나는 참 희한한 일이라고 생각했다. 해가 환한 낮이라도 예기청수에 투망이나 반두(일종의 그물)질을 하는 사람은 거의 없는데, 한밤중에 그것도 몇 시간이나 계속해서 그곳에서만 투망질이나 반두질을 하고 있다니 참 이상한 사람들이었다.
 나는 뛰어가서 구경을 하고 싶었으나, 자리를 떨고 일어날 엄두가 나지 않았다. 그만큼 춥고, 어둡고, 졸음이 오고, 밤이 깊었던 것이다. 나는 어느덧 잠이 들어 버렸다.
 누가 내 어깨를 몹시 잡아 흔든다고 느껴져 눈을 뜨니 누나였다.
 밤참들을 먹고 있었다.
 "얼른 더운 국이라도 좀 묵어라."
 나는 수제비 그릇을 앞에 놓고 순가락을 받아들자 한쪽 손으로 눈을 비비고 나서 예기청수 쪽을 바라보았다. 거기엔 아직도 그 야릇한 화톳불이 흘러다니며 웅얼웅얼하는 소리를 내고 있었다.
 "고기 잡는 사람 아직 안 갔나?"
 그러자 형수가,
 "아까는 한참 동안 불이 꺼지더니만 어느새 또 일어났는가 보네."
했다.
 나는 수제비를 먹고 나서 또 이내 잠이 들어버렸다.
 이튿날 새벽 누나가 깨워서 다시 눈을 떴을 때는 날이 부옇게 새어갈 무렵이었다. 일을 끝낸 식구들은 집으로 돌아갈 차비들을 하고 있었다.
 예기청수 쪽에서도 이미 화톳불이 보이지 않았다.
 "누나, 그 사람들 언제 갔노?"
 내가 이렇게 물었을 때 형수도 예기청수 쪽을 한번 돌아다보고 나서,
 "아까꺼지 있는 거 같디만 어느새 참, 다 가버렸네."
했다.
 "하믄 갈 시간이 됐거든요."
 머슴이 의미 있는 듯이 웃으며 이렇게 받았다.
 "얄궂어라. 그것도 시간이 다 있는가베."
 형수가 또 한마디 걸치자 이번에는 외삼촌도 의미있게 웃으며,

"시간이 있고 말고, 동이 트면 돌아갈 시간이제."
하며 껄껄 웃었다.
　그때야 어머니도 짐작이 드는지,
"그게 그럼 다른 것들이던가?"
하고 의아스러운 얼굴을 지었다.
"그게 어디 사람인 줄 알았습니꺼?"
외삼촌이 이렇게 물었다.
"그럼 누구였습니꺼?"
"토째비(도깨비)불 아인가베요. 거기가 어디라고 밤중에 천렵을 하러 오는기요?"
"아이고 무시라."
"그래서 아무 말 안해 준기라요."
　머슴은 다 알고 있었다는 듯 벙긋이 웃으며 다시 말했다.
"우리사 일년내 봅니더. 땅거미 지고 한참만 있으면 저쪽은 토째비 세상 아임니꺼. 날씨라도 좀 축축해 보이소, 굉장합니더. 울고, 웃고, 지껄이고, 어떤 때는 가스나 소리도 나고, 야단 아임니꺼. 지난 밤은 온창 청맹(청명)했기 때문에 아무꺼도 아임니더."
"참 그라고 보니까 불빛이 좀 얄궂십디더. 불빛이 퍼런 게, 찔찔 흐르다가 갑자기 툭 꺼지고, 어떤 때는 제법 오랫동안 아무것도 없는 거 같다가 또 불이 보이면서 중그렁거리는 소리가 나고……."
　형수의 말이었다.
　나는 이야기로만 듣던 도깨비의 현장을 그날 밤 처음으로 목격한 셈이었다.

　마찬가지로 열여덟 살 때인가. 어머니와 누님과 형수들 사이에 나의 혼담이 진행되고 있음을 엿들은 적이 있었다. 규수는 안강(경주읍에서 삼십리 떨어진 읍)에 있다고 했다.

  나는 흥분했다. 규수가 어떻게 생겼을까. 나는 못내 궁금하고 안타까웠다. 나는 혼자 속으로 그 혼담이 빨리 성취되었으면 하고 몸이 달았다. 그래서 나보다 한 살 아래인 조카와 의논하여(우리는 숙질간이지만 친구 사이 같았다) 안강으로 찾아가 보기로 했다. 혼담중에 있는 규수가 어떻게 생겼는지 먼빛으로나마 보아두고 싶었던 것이다. 그러나 규수의 집이 어디란 것을 똑똑히 듣지 못했었기 때문에 공연히 안강 읍내를 휘휘 돌다가 지쳐서 돌아오고 말았다.

  고향집에는 어머니와 큰형수와 조카들이 있었다. 머슴을 데리고 농사를 짓고 있었으나, 공연히 부산하고 바쁘고 씨끄러울 뿐이요, 실질적으로 그다지 도움이 되지 않는다고 어머니는 걱정이었다. 차라리 죄다 남에게(소작으로) 내주는 것만 같지 못하다고 했다.

  그때 우리 집 땅은 논 약 삼사십 마지기, 밭이 이삼십 마지기로 줄어들어 있었는데, 그중에서 우리가 직접 지은 것은 약 삼분지 일에 지나지 않았고, 나머지는 전부 소작에 내어주고 있었다.

  그러니까 그 논밭들만 해도 그냥 먹고 지내는 데는 그다지 부족하지 않았을 것이다. 누가 조금만 규모 있게 살림을 꾸렸더라면 우리(나와 큰조카)의 학업도 중단이 되지 않았을지 모른다.

  그러나 그 당시 우리 집에는 그럴 남자가 없었다. 백씨는 바람같이 몇 해에나 한번씩 고향엘 다녀갔을 뿐이요, 중형은 사업에 실패를 거듭하고, 나는 문학을 한답시고 주야(晝夜)로 책을 들고 자리에 누워 있었고, 조카 역시 학교를 중단한 채 가끔 곁머슴 노릇을 할 때가 있었지만, 그냥 어중간하게 놀고 있는 형편이었다.

  그런데 중형이 또다시 우리 집 토지문서를 저당하여 장사를 시작하였다. 중형은 자기는 굳은 결심으로 재출발을 했으니까 나더러 나와서 일을 도와달라고 했다.

나도 형수와 조카들이 머슴을 도와 고되게 일하고 있는데, 그냥 자빠져 누워 있을 수가 없어 이왕이면 형이 벌여놓은 일을 거들어주기로 했다.

형의 일이란 밀가루, 설탕, 소주, 정종 따위 일반 식료품의 도매와 소매를 겸한 것이었는데, 나는 장부 정리에서 배달에 이르기까지 일체를 맡았다. 형과 나의 일에 분담을 짓지 않고 무엇이든 닥치는 대로 아무 일이나 같이 했다. 다만 물품 주문과 현금 관리만이 형의 전담으로 되어 있을 뿐이었다.

그러나 나는 얼마 가지 않아서 형의 장사에 심각한 회의와 불안을 느끼게 되었다. 그렇게 고용인 하나 두지 않고 형제가 팔을 걷어붙이고 나와서 일을 하는데도 장사는 결손이 났던 것이다. 밀가루나 설탕 같을 것을 한 포대를 팔아도 불과 2,3전밖에 남지 않았고, 비교적 이윤이 높다는 잡화의 소매에서 나는 이익금으로 집세, 전기세 따위를 물면 언제나 원금(元金)이 무질러져 들어가게 마련이었다. 형과 내가 바친 노력의 대가 같은 것을 계산한다면 더 형편없는 결과였다.

중형은 또 일을 잘못 시작한 것이다. 그 당시 그러한 종목의 장사란 상권을 장악하고 있는 대자본가의 몫이었던 것이다.

그러나 이왕 벌여놓은 춤이라 하는 수 없었다. 나는 더벅머리에 면도도 하지 않은 채 암담한 얼굴로 그 일을 묵묵히 계속해 나가고 있을 수밖에 없었다.

그해 가을 노산 이은상 선생이 경주로 왔고, 내 중씨의 가게로 나를 찾아와 주었다.

나는 노산 선생을 딴 자리에 모시지 못하고, 내 중씨의 가게 뒷방으로 인도했다. 그리고 가게에 있는 소주와 오징어를 가지고 가서 들라고 했다.

노산 선생은 웃으며 내가 따라드린 유리잔의 소주를 입에만 두어 번 갖다댄 채 오징어를 조금 찢어 입에 넣고 씹다가 일어났다. 유리잔의 소주는 반도 넘게 남아 있었다. 그냥 내 체면을 헤아려서 드는 척하다 만 것이라고 그 뒤 나는 알았다.

내가 나서 자란 마을 성건리는 경주시 중심지에서 얼마 안 떨어진 순박한 농촌의 하나였다. 나는 봄이 되면 으레 집 뒤의 파란 보리밭들을 지나 냇물가로 나가곤 했다. 냇물가에 나가면 물 건너 저쪽 언덕에 피어 있는 복숭아꽃과 그 곁에 연두빛 실타래를 드리워놓은 듯한 버드나무들을 바라볼 수 있기 때문이었다. 그것은 언제나 뿌옇게 엉겨 있었다. 내 나이 대여섯 살 났을 때까지 나는 그것을 연기나 안개 탓인 줄 생각했었다. 그 뒤엔 바람 탓인 줄 생각했었다. 그러나 그것이 아지랑이 탓이라고 깨달은 것은 그 뒤의 일이었다.

나는 두근거리는 가슴으로 냇물을 건너 버들과 복숭아꽃이 엉기인 그쪽 언덕까지 건너가곤 했다. 그곳에 가까이 가면 무엇인가 굉장히 황홀하고 행복할 것 같은 생각에 나의 어린 가슴은 얼마나 뛰었는지 모른다.

그러나 가까이 가면 언덕 위에 파란 잔디가 돋아나 있고, 꽃송이와 버들개지가 좀 더 또렷하게 보였을 뿐 기대했던 황홀과 행복은 찾아볼 길 없었다.

이것은 어려서부터 시작된 일이지만, 그 뒤에 내 나이 열여덟이 될 때까지도 계속되었다. 나는 대개 그 복숭아꽃과 버들이 어우러진 언덕 위에 누워 수많은 봄날을 끝없는 눈물과 뼈저린 고독 속에서 보내곤 했었다.

그 복숭아꽃과 버드나무는 언덕에서 산기슭까지 뻗쳐 있었고, 나는 그 수풀을 지나 산기슭까지 올라가는 일도 어떤 날은 하루에 몇 차례씩 있었다.

산기슭에서 조금 올라가면 조그만 못이 있었는데, 못가에는 물버드나무가 서 있고, 그 물버드나무에는 마을에서 못 보던 묏새가 날아와 울곤 하였다.

그러면서 나는 언제나 까닭모를 설움과 뼈저린 고독에 울어야만 했다. 아아, 그 무렵의 그 까닭모를 설움과 뼈저린 고독은 무엇에 연유했던 것일까. 일종의 병적인 춘수(春愁)내지 춘정(春精) 따위라고 간단히 규정지을 수도 있겠지만, 그 감도(感度)의 차이는 사람에 따라 천층만층일 테니까, 그 가장 심한 자의 경우를 당자 이외에 누가 무엇으로 헤아릴 수 있겠는가.

내가 문학에 뜻하게 된 연유도 이 고독과 설움에 있었는지 모른다. 그 무렵 우리 집에서는 나에게 의사 되기를 바랐지만, 나는 자기 자신을 울기에도 부족하여 남을 살필 여지가 없었던 것이다.

미당과의 만남

　선후배를 가리지 않고 술자리 같은 것을 같이 하며, 허물없이 말을 나누고 하는 상대를 친구라면 한다면 나에게는 1백을 헤아리고도 모자랄 만큼 많은 사람이 있다. 가운데서도 제일 먼저 머리에 떠오르는 얼굴이 미당(未堂) 서정주(徐廷柱)이다.
　우리는 1933년 미당이 열아홉 살, 내가 스물한 살 나던 해 가을에 서울에서 만났다. 안국동과 제동 사이에 있는 선학원(지금의 중앙선원)의 부속 건물인 한옥에서였다.
　그 당시 내 백씨는 중앙불교전문학교(동국대학의 전신)에서 동양 철학 강의를 맡고 있었는데, 이곳 한옥 사랑방이 강의실이라 많은 사람들이 그곳에 모여들었다. 지금 대충 기억나는 사람들만 해도 전진한(錢鎭漢-전 사회부 장관)씨, 장연송(張連松-제2대 국회의원. 6·25 때 납북) 씨, 김영진(金永鎭-시조 시인) 씨, 배상기(裵相基-국악인) 씨, 김교환(金敎煥-수필

가) 씨, 오종식(吳宗植-언론인) 씨 등 6,7명에다 그 밖에 언제나 수 삼인이 더 있어 매일 10여 명씩 모여들었다.

좌담 형식의 강좌였는데, 화제는 때와 사람에 따라 철학에서 종교, 종교에서 문학, 문학에서 국학, 국학에서 민족 문제 등 자유자재로 흐르고 바뀌곤 했다.

나는 그때 백씨를 찾아 무턱대고 상경은 했었지만, 거처도 일정치 않아 백씨의 소개로 선학원 부속 한양방에서 잠을 자고, 끼니는 백씨네가 셋방살이를 하는 사직동까지 가서 떼우곤 했다. 따라서 백씨가 강좌를 펼치고 있는 한옥 변두리에 어정댈 때가 많았다.

하루는 장연송 씨던가가 나에게 내 또래의 청년 한 사람을 소개해 주었다. 그가 미당 서정주였다.

약간 가무잡잡한 얼굴에 기름기까지 비쳐서 보기에 좋지는 않았으나, 말을 몇 마디 나누는 사이에 우리는 이미 친해져 버렸다. 말이 통했기 때문이었다.

그때 미당은 고려대학교 뒤에 있는 개운사의 대원암이라는 암자에 묵으면서 불경을 공부하고 있었다.

우리는 만나기만 하면 선술집(지금의 대포집)을 찾아가 보들레르, 랭보, 도스토에프스키, 이태백, 도연명 등 동서고금의 문호들을 있는 대로 들먹이며 비평을 하고 감탄을 나누곤 했다. 우리는 서로 상대자의 세계문학에 대한 해박한 지식을 존중해 주었다.

대원암에서 함께 뒹굴며 문학 이야기를 하느라 밤을 세우기도 했다. 그때마다 우리는 자꾸자꾸 더 가까워졌다. 그것은 그만큼 자꾸자꾸 말이 더 통했기 때문이었다.

〈말이 통했다〉가 무엇인가. 이에 대한 풀이는 간단치 않다. 나는 그때까지 4,5년간 시골서 문학과 철학에 관한 한 동서고금의 명저를 내 나름대로 다 훑다시피 하고 올라왔던 것이다. 그러니 세상에는 말 상대가 없다고 절망하다시피 하고 있었던 것이다. 절망, 그렇다. 이렇게 말하는 데는 물론 말 상대만이 문제가 아니었다. 덮어놓고 죽고 싶도록 고독했던 것이다. 이런 경우에 말이 통하는 상대를 만난다는 것은 범상한 일이 아니었다.

가난했지만 진지했던 그 시절 우리는 술도 무척 마셨다. 한번은 개운사 뒷산으로 올라갔다. 산기슭에서 아카시아나무가 숲을 이루고 있었고, 그 아카시아 숲은 바야흐로 허옇게 꽃을 피우고 있었다. 우리는 그 아카시아 꽃을 따서 안주로 먹으며 술을 마시기도 했다.

그때 미당은 「육친송(肉親頌)」이란 시와 「배군(裵君)」이란 소설을 나에게 보여주었고, 나는 시와 오 막짜리 시극(詩劇) 「연당(蓮塘)」을 그에게 보여주었다. 우리는 장차 문단에서 일하게 될 것을 확신하고 있었다. 나의 경우《가톨릭 청년》에 시 「망월(望月)」과 「바위」가 실리는 등 둘은 명분 없는 발표는 이미 하고 있는 터였다. 그러나 신춘 문예 당선이 되어야 정식 데뷔가 되는 것이다.

그런 지 며칠 뒤였다. 미당이 표연히 서울을 떠나고 말았다. 그러고는 얼마 뒤에 금강산에서 엽서 한 장이 날아왔다. 금강산으로 송만공(宋滿空) 선사를 찾아 참선을 하러 왔다는 것이다.

나는 선(禪)에 대해서는 여간 관심을 쏟고 있지 않았다. 발심(發心)만 되면 언제든지 머리를 깎고 선방을 찾아갈 작정이었던 것이다. 그러나 그것은 일시적인 취미나 호기심 정도로 할 수 있는 일이 아니었기 때문에 결행을 못하고 있었던 것이다. 그런데 미당이 먼저 용기를 내어 금강산으로 뛰어가 버렸으니 나로서는 놀랍다고 할지 축하를 해야 할지 몰랐다.

그러나 미당은 스무 날 만에 다시 서울에 나타났다. 만공 선사를 찾아갔었는데, 그의 말이 좀더 깊이 생각해서 그래도 결심이 흔들리지 않거든 다시 들어오라고 하더라는 것이다.

"구경 한번 잘 했구먼."
내가 이렇게 말하자 미당은 가만히 웃고만 있었다.

1936년에 나의 소설 「산화(山火)」가 미당의 시 「벽(壁)」과 함께 《동아일보》 신춘문예에 나란히 당선되었다.
그 해 미당과 나는 다시 서울서 만났다.
미당은 같은 고향 사람이라면서 어떤 아가씨를 내게 소개했다. 임 아무개라는 연극배우였는데, 대단한 미인이었다.
내가 보니 미당이 그 아가씨를 슬그머니 좋아하면서도 말을 못하고 있었다. 나는 안타까워 볼 수가 없었다.
"내가 가서 자네 심정을 전하고 담판을 지어올게."
미당은 간단한 편지를 써주었다.
나는 성북동까지 그 여인을 찾아갔다.
그 아가씨는 방 안에 물색 치마저고리를 나비처럼 접어서 걸어놓고 그 아래 단정한 자태로 앉아 있었는데, 정갈하고도 요염했다. 내가 편지를 전하고 미당이 장차 위대한 시인이 될 사람이니 그의 고뇌를 덜어주도록 특별상대로 정해 달라고 요청했다.
여인은 비죽이 웃고 나서 자기에게는 사랑하는 상대가 있음을 완곡하게 토로했다.
나는 속으로 화가 치밀었지만 어쩔 수 없어,
"인연대로, 복대로 가는 거지요."
하고 나왔다. 당신은 그 사람을 짝으로 삼을 만한 복이 없는 사람이라고 뱉어 놓고 싶은 것을 이런 식으로 말했던 것이다.
나는 돌아와 미당에게 욕을 퍼부었다.
"그까짓 걸 깨끗이 못 잊겠거든 죽어 죽어."
하여간 미당은 그 뒤에도 꽤 끙끙대는 모양이었고, 나는 나대로 시골로 내려오고 말았다. 그 뒤 미당은 나를 찾아 해인사에도 오고 경주에도 왔지만, 우리는 피차간 그 여자의 이름은 한 번도 입에 담지 않았다.

그 뒤 미당은 《인물평론》지에다 이때의 일을 적으면서 동리는 이러한 나(미당)더러 차라리 죽어버리라 하더라고 술회한 적이 있다.

그런 지 몇 해 만에 미당의 처녀 시집 『화사집(花蛇集)』이 나왔다. 그 시집 속에 수록되어 있는 「엽서」란 시를 읽고 나는 그때야 미당의 감정이 청산된 것을 알았다.

그 시는 다음과 같다.

엽서
– 동리에게

머리를 상고로 깎고 나니
어느 시인과도 낯이 다르다
꽝꽝한 이빨로 웃어보니 하늘이 좋다
손톱이 귀갑(龜甲)처럼 두터워 가는 것이 기쁘고나
소쩍새 같은 계집의 이야기는, 벗아
인제 죽거든 저승에서나 하자
모가지가 가느다란 이태백처럼
우리는 어째서 양반이어야 했느냐
포올 베를레에느의 달밤이라도
복동이와 같이 나는 새끼를 꼬마
파촉(巴蜀)의 울음소리가 그래도 들리거든
부끄러운 귀를 깎아버리마

50년 뒤인 1984년 《한국일보》가 마련한 〈고희의 문단 두 원로 신춘정담〉에서 미당은 그때 그 여자의 손톱 밑에 떠오르던 반달이 그 무렵의 자신을 얼마나 미치게 만들었는지 모른다고 회고하였다.

그 해(1936년)의 일로서 기억나는 게 또 하나 있다. 나는 그때 신춘문예 당선 기념으로 새 양복을 맞춰 입었었다. 그런데 미당이 「오감도(烏瞰圖)」를 발표한 이상(李箱)을 만나러 가야겠는데, 돈이 없다는 것이다.

말하자면 술값이 없다는 뜻이다. 나도 가진 돈이 없어 내 새 양복을 전당포에 맡기고 돈을 마련해 주었다.

해방되던 해 12월 하순에 나는 시골서 서울로 이주할 계획을 세우느라고 제일 먼저 찾은 사람이 미당이었다. 미당은 당시 공덕동에 살고 있었다.

나는 조그만 손가방 하나만 들고 공덕동으로 미당을 찾아갔다. 약 보름 가까이 미당 집에서 묵으며 서울 문단에 대한 이야기를 듣기도 하고, 문인들을 직접 만나보기도 했다.

그 뒤 우리는 함께 한국청년문학가협회를 만들었고, 또 그 뒤엔 함께 예술원 회원도 되었다.

1936년 가을 이래 우리는 인생과 문학과 민족과 국가와 그리고 세계관이라고 하는 것에 이르기까지 항상 같은 보조로 왔다. 뿐만 아니라 그 동안 계속 술을 사랑하고 여인을 그리워하고 자유를 귀히 여기는 점에 있어서도 같은 보조로 왔다. 이것은 누가 누구를 이끈다거나 민다거나 해서가 아니라 저절로 이루어졌던 것이다. 그러니 이건 전세(前世)의 인연 같은 것이 아닐까.

오기와 허세의 세월

내가 잠을 자는 한약방에는 내 나의 또래의 약 짓는 청년 둘이 있었는데, 그들의 성을 잊었으므로 C와 K라고 부르기로 한다.

그 둘 중 K는 저녁때가 되면 퇴근을 하고 C만 남아서 잤다. 그런데 거기서 잠자리를 같이 하는 청년 S가 또 하나 있었다. 그는 C의 고향 사람으로서 명륜당(明倫堂)의 경학원(經學院-지금의 성균관 대학 전신)에 다니고 있었다.

나는 그 무렵 시골서 4,5년간 동서고금의 명작이라는 시·소설·희곡·평론을 통독하다시피 하고, 철학도 플라톤과 아리스토텔레스를 위시하여 데카르트·스피노자·칸트·피히테·셸링·헤겔·쇼펜하우어·니체·베르그송까지 대충은 훑었다. 거기다 한시(漢詩)라는 것도 좀 지어본 경험이 있었기 때문에 혼자 속으로 문학에 관한 한 동서고금에 무불통지(無不通知)쯤이라고 자부하고 있었다고 할까, 약간 돌아 있었다고 할까 그런 판이었다. 도스토예프스키의 대표작 네 편과 『파우스트』는 두 차례씩이나 읽은 터였다. 따라서 내 또래 청년들이 문학을 안답시고 뭐라고 이야기를 하거나, 한학 청년이 유학(儒學)에 대해 뭐라고 하든지 나는 혼자 속으로 자네 따위들이 무얼 안다고 그러느냐 하고 코방귀를 뀌곤 했던 것이다. 그때만 해도 나이 겨우 스물하나인데다가, 돈이나 명예 같은 것은 물론, 일자리가 있는 터도 아니라 한낱 룸펜 문학 청년에 불과하던 만큼 가진 것이라고는 오기와 건방과 허세 같은 것뿐이었다.

"내가 글을 쓰면 한국 문단은 문제도 아니요, 세계문학의 패자가 되리라."

이렇게 입 밖에 내어 말하지는 않았지만, 나의 눈길과 말투와 행동거지는 이런 오만과 허세가 가득 차 있었다. 그러니 같이 지내는 친구들이 거북해할 수밖에 없었다.

그들은 자주 춘원(春園)에 대해 이야기를 했다. 이광수의 『무정(無情)』이 어떠니 『재생(再生)』이 어떠니를 자주 끄집어내는 친구는 K였고, 육당(六堂)과 노산(鷺山)의 시조 이야기를 가끔 끌어내는 친구는 C였다. S는 한학이라 그러한 화제에는 잘 끼어들지 못하고 있었다.

그들은 그렇게 문학 이야기를 열심히 하다가도 내가 들어가면 이야기를 중단하거나 화제를 돌리거나 하는 때가 많았는데, 하루는 두 사람이 다 열이 오른 채 논의를 그냥 계속하고 있었다. 문제점이 뭐냐 하면 이광수의 소설이 연애 소설이냐 민족주의 소설이냐 하는 거였다. C는 연애소설이라고 우기고, K는 민족주의 소설이라고 고집하고 있었다.

K는 나를 보고, 그래 이광수 씨에게 연애 소설가라는 딱지를 붙일 수 있느냐고 물었다. 그는 그것이 이광수를 모독하는 태도라고 믿고 있었다.

나는 약간 비웃는 어조로, 연애야 『햄릿』에도 나오고 『파우스트』에도 나오잖느냐고 반문을 했다. 그들도 『햄릿』과 『파우스트』가 세계적인 명작의 이름이란 것은 알고 있었다.

K가 머쓱해졌다. 내가 연애소설 쪽을 지지할 전제라고 느낀 모양이었다. 따라서 C는 비죽이 웃고 있었다.

"그렇지만 셰익스피어나 괴테 같은 분을 연애 문학가라고 부르는 사람은 없잖아?"

K가 이렇게 불만을 표시했다.

"연애 문학가란 게 본래 없잖아?"

나의 거듭된 반문에, 이번에는 곁에서 듣고 있던 S가 불쑥,

"왜, 『사랑의 불길』인가 하는 거 있잖아? 그 작가를 연애 문학가라고 하던데"

하고 말참견을 했다.

"노춘성(盧春城)"

"노자영(盧子泳)"

C와 K가 동시에 그의 호와 이름을 들었다. 그만큼 그들은 문학에 대해서 잘 알고 있다는 과시이기도 했다.

나는 문학 청년도 못되는 S로부터 수정이랄까 지적이랄까를 당한 것이 좀 불쾌했지만, 당장에 그의 코를 떼어놓을 만한 건덕지도 없어,

"그거야 자기네 방 안에 들앉아서 이러쿵저러쿵 말해 보는 거야 자유겠지."

하고 덮쳐 눌렀다.

아직도 석연치 못한 얼굴로 앉아 있던 K가 다시 입을 열었다.

"그러면 『무정』과 『재생』이 『햄릿』이나 『파우스트』에 견줄 만한 연애소설이란 말이지?"

"천만에, 그건 전혀 딴소리구먼."

"자네 생각을 한번 털어놔 봐. 이광수 씨가 민족주의잔가 연애소설

간가?"

K가 다잡고 물었다.

나는 잠깐 우물쭈물하다가.

"연애담이란 건 누구 소설에나 대개 나오는 거고, 민족주의란 것도 육당·춘원에서부터 20년대 작가들에게 대개 다 조금씩 있는 거고, 춘원도 그중의 한 사람이지."

했더니, 이번에는 C가,

"그러니까 결국 춘원도 민족주의 작가라 이건가?"

하고 물었다.

"나더러 굳이 춘원 문학의 성격을 한마디로 규정하라 하면 이상주의라고 할 수밖에 없어."

내 말에 환영의 빛을 보인 것은 K였고, 저항을 보인 것은 C였다. 그는 불평스러운 목소리로,

"그의 문학을 민족주의라고 치켜올리는 사람들이 그를 이상주의라고 하더군. 그러나 그것은 다 틀려먹은 수작들이야. 민족주의도 이상주의도 아니고 도색주의(桃色主義)야."

하고 서슴지 않고 내려갈겼다.

그의 신랄한 공격에 K는 약간 웃어 보이며,

"도색주의란 것도 있나?"

하고 가볍게 건드렸다.

나로서도 C의 반격을 그대로 당하고 있을 수는 없었다.

"문학상의 이상주의란 일반적으로 인도주의를 가리키는 말이지. 이광수 씨는 모든 소설의 주인공을 긍정적인 인물로 설정할 뿐만 아니라 그것을 미화시키는 측면에서 그리고 있으니까 이상주의로 규정할 기본적이 요인을 갖추고 있지. 그것을 이상주의라고 하면 일면 인도주의와도 통하는 거지."

나의 이야기가 끝나자 C가 이내,

"김형도 춘원을 이상적으로 미화시키고 있는 거 아냐?"

하고 이죽거리는 투로 말했다.

"그렇지 않아. 나는 그런 문학관에 반대야. 소설을 창작 또는 창조적 문학이라고 하는데, 그것이 창작 또는 창조로 되려면, 문장이나 이야기 줄거리뿐 아니라, 그 속에 들어 있는 사상성까지, 이것을 보통 테마(주제)라고 하는데, 그러니까 그 테마까지 창조라야 하는 거야. 그런데 인도주의니 사회주의니 하는 것의 선악관이나 이데올로기 따위는 상식화된 공식적인 것이지 작자의 창조가 아니야. 그러기 때문에 아무리 유창한 문장과 재미난 줄거리를 엮었대도 주제가 죽었기 때문에 대중문학이란 거지. 내가 그런 문학을 좋아하거나 긍정할 리가 있나."

하여간 그날 저녁 때의 춘원은 대개 그 변두리에서 일단락이 지어졌던 셈이다.

그런 지 며칠 뒤였다. 경학원의 S가 종이조각 하나를 나에게 내놓았다. 거기에는 한문글자로 〈三樂二樂〉이라 씌어져 있었다.

"이게 뭔데?"

"글쎄, 그건 한학에 속하는 말이지만, 한번 알아맞혀 보라고."

S는 싱글싱글 웃고 있었다.

"세 가지 즐거움이란 술과 노래와 춤이겠고, 두 가지 즐거움이란 애인과 친구, 그런 거 아닐까?"

나는 나대로 세 가지 낙사(樂事)와 두 가지 낙사라는 뜻으로 풀이를 했다.

S는 웃으며 머리를 좌우로 흔들었다.

"이건 삼락이락이 아니고 삼락이요로 읽어야 옳대요. 『논어』에 나오는 요산요수(樂山樂水)의 이요(二樂)라는 거야. 그리고 삼락은 『맹자』에 〈군자에게 세 가지 낙이 있으니〉 하는 그 삼락이고."

나는 좀 무안해졌다. 그래서 억지 반격을 했다.

"삼락이 『맹자』고 이요가 『논어』라면 삼락이요는 순서가 틀렸어. 맹공(孟孔)이 아니고 공맹이니까 이요삼락이라 해야지"

그러자 모두 웃었다.

그 해(1933년) 늦은 가을 각 신문에는 신춘문예 작품 모집 기사가 났다. 나는 다다미방에서 소설 두 편, 희곡 한 편, 시조 두 편, 민요 한 편, 동요 한 편, 대충 열 편 가량을 한 달 조금 못 되는 동안에 써서 각 신문에 투고를 했다. 그렇게 많이 써서 보낸 것은 그 중의 어느 하나라도 요행히 당선이 되었으면 해서가 아니고, 보내는 대로 몽땅 당선이 될 터이니까 그만큼 상금 수입이 많아질 것이라고 내 나름대로 생각했기 때문이었다.

신년호(1934년) 신문을 보니 시 「백로」 한 편이 입선되었고, 그 밖의 것은 모두 낙방이었다.

나중에 깨달은 일이지만, 나는 맞춤법, 띄어쓰기, 대중말(표준어) 따위에 통 훈련이 없었던 것이다.

1934년 봄 누구의 소개로 《조선중앙일보》 학예부장(지금의 문화부장)으로 있던 소설가 이태준(李泰俊) 씨를 알게 되었다. 그때 이태준 씨는 자기 신문사에 투고되었던 내 작품을 보았더니 사투리가 많고 맞춤법이 틀려서 예선에서 탈락시켰다고 했다. 그러면서 그런 형식적인 절차만 해결된다면 작품으로서는 충분하더라고 했다.

그 해 나는 동아일보사에서 일을 하고 있는 노산(鷺山) 이은상(李殷相) 선생을 찾아가 일자리 부탁을 했다. 노산 선생은 눈을 가늘게 뜨며, 글쎄 취직이 그리 쉬운가, 나도 유의(留意)는 할 터니 종종 전화나 걸라고 했다. 그 뒤 나는 염치없이 전화를 한번 걸었다. 노산 선생은 힘없는 목소리로, 글쎄 딱한 형편은 알지만, 하고 뒷말을 잇지 않았다. 별로 할 말이 없는 모양이었다. 사실 그럴 수밖에 없는 일이기도 했다.

「화랑의 후예」 당선되다

고향으로 내려온 나는 중형의 장사를 도우면서 틈틈이 우리나라 작품을 읽기 시작했다(그때까지는 세계명작이란 것만 읽었기 때문에).

그 해 겨울 나는 긴 밤을 이용하여 소설 한 편을 써서 1935년도 《조선중앙일보》 신춘문예에 응모를 했다. 그것이 「화랑의 후예」였다.

내가 이 작품을 《조선중앙일보》로 보낸 데는 까닭이 있었다. 그 당시 이른바 3대 민간지(民間紙)로 손꼽히던 《동아일보》·《조선일보》·《조선중앙일보》 신문 중에서 부수로나 사옥으로 보아서는 《조선중앙일보》가 제일 약세에 있었지만, 그 대신 학예부장으로 있던 이태준씨가 가장 신망 있는 작가였기 때문에 무언지 안심하고 작품을 보낼 수 있다는 생각이 들었던 것이다.

당선되었다는 소식을 《조선중앙일보》 지국에서 전해 왔을 때, 나도 물론 기뻤지만, 내 주위의 사람들(형과 그의 친구들)이 더욱 놀라워해 주었다. 그들은 모두 나를 재인식한다는 듯한 표정이었다.

그때 문우(文友)로서는 박목월(朴木月) 형이 경주 읍내에 있었는데, 그가 나의 당선을 자기 일같이 기뻐해 주었던 것은 두 말할 나위도 없다. 뿐만 아니라, 같은 신춘 문예에 콩트로 당선된 김석수(金石銖)란 인물도 역시 건천(乾川-같은 경주군이다) 사람이라고 전해 주며 그를 찾아보자고 했다. 그 무렵 목월은 시를 쓰고 있었다. 소월에 심취해서 아호도 소월의 소(素)자를 따 처음엔 소원(素園)이라고 불렀는데, 그것이 마음에 덜 든다고 해서 목월로 바꾼 것이다. 소원보다 재미있다고 나도 찬성했다.

목월은 경남 고성 태생이지만, 아주 어릴 때 경주군 서면 모량리로 이사를 왔고, 한때 잠깐은 경주 읍내에도 살다가 다시 서면 건천으로 이주하여 그곳에 정착했다.

내가 대구 계성학교에서 2학년을 마치고 서울 경신 3학년에 보결시험을 거쳐 입학하던 해 목월은 계성 1학년에 입학했다. 그러니까 계성 계보로서는 나보다 두 학년 아래였고, 나이는 세 살 아래였다.

목월은 계성을 졸업한 뒤 경주읍 금융조합 서기로 취직해 와 있었다.

나와 목월은 김석수를 찾아갔다. 그는 건천 산업조합에 근무하고 있었는데, 키가 후리후리하고 얼굴이 새하얀 데다 머리를 올백으로 넘긴 숨은 문학도였다.

첫눈에 당장 호감이 갔다. 그것은 그가 독학(獨學)의 문학도라는 데서 오는 인상인지도 몰랐다. 이야기를 해보니 세계 문학에 대해서는 그다지 공부가 없는 듯했고, 그 대신 일본 현역작가들(사회주의 계통)에 대해 상당히 관심을 갖고 있었다. 따라서 나와는 독서 경향이나 문학관에 있어 일종의 거리감 같은 것이 느껴졌으나, 그의 소박하고 인정 다운 웃음과 아울러 예리하게 빛나는 두 눈은 나에게 끝없는 매력과 우정의 대상이 되지 않을 수 없었다.

우리는 셋이서 막걸리를 마셔가며 문학과 인생과 세계에 관하여 거리낌없는 이야기를 나누었다.

그날 아침부터 계속 눈이 퍼부어 내렸다. 나는 술에 취한 채 그 눈 오는 밤을 얼마나 헤매었는지 모른다.

그 뒤로 매주 한두 번씩은 우리가 건천으로 나가지 않으면 그가 읍내로 들어오곤 하였다. 그런데 김석수는 문학을 더 밀고 나가지 못한 채 부산인가 어디서 장사를 하고 지낸다는 소문을 들었다.

내가 「화랑의 후예」 당선으로 이름이 알려지자 이기현(李起炫)이라는 친구가 나를 찾아왔다. 같은 경주읍에 살았지만, 그는 황남리요, 나는 성건리였으니까 약 1킬로미터 가까이 되는 거리였다. 그는 나보다 한 살 아래였지만 같은 학년이었다.

이기현은 초등학교 때부터 고운 얼굴에다 맵시 있는 양복을 쪽쪽 빼어입고 다녀 많은 여학생들이 따른다는 소문이었다. 스물 안팎부터 요정(기생집)에 출입을 한다는 소문이 돌았다.

우리는 같이 중국집엘 가서 우동을 시켰다. 우동을 먹기 시작할 때, 이군이 문득,

"우리 술 한잔 해볼까?"

했다. 나의 동의를 얻은 그는 배갈 한 병을 시켰다.

둘이서 반씩 나눠 마신 셈인데, 이군은 얼굴이 새빨개졌다.

"술을 못 하나?"

"더러 한다. 많이는 못 해도……."

그는 빈 병을 흔들어 본 뒤,

"한 병 더 시킬까?"

하고 물었다.

"오늘은 그만 하자."

그는 빈 술병을 다시 자리에 놓으면 또 물었다.

"앞으로 내 자주 찾아와도 괜찮나?"

그날 그는 문학 이야기를 하지 않았다. 그는 언제나 조용하고 담담했다. 그리고 그가 나를 찾아올 때는 언제나 술값을 준비하고 있다는 사실도 나중에 알게 되었다.

이렇게 자주 만나서 술잔을 나누는 동안 나는 내가 지금까지 그의 위인에 대하여 잘못 알고 있었다는 것을 깨달았다. 그는 남들이 생각하던 〈기생 오라비 같은 빤질빤질한 탕아〉 계통이 아니고, 어딘지 순박한 우정과 여자 같은 수줍음을 타는 겸손성을 가진 사람이었다.

"나도 공부하면 되겠나?"

어느날 불쑥 이렇게 물었다.

"무슨 공부?"

"문학 말이다. 나도 소설을 좀 써보고 싶은데……."

이듬해(1936년) 《조광》지가 모집한 단편소설에 그의 작품 「태(笞)」가 당선되었다.

해방 후 그는 김생려 씨가 지휘하는 서울 교향악단에서 상무이사로 일을 보고 있었다. 말하자면 운영 실무 책임자였다. 그 당시 나는 《서울신문》(출판국)에 있었는데, 그가 봉급을 타는 날이면 꼭 나를 찾아왔다.

같이 저녁을 먹고, 술을 마시고, 더 즐거운 데까지 발전한 날도 있었다.

6·25 때 그는 납치되어 간 채 소식이 없다. 6·25 때 잃은 두 사람의 후배 조진흠·홍구범과 함께 나에게는 가장 뼈아픈 일이었다.

나는 그때의 신문(「화랑의 후예」가 실린 《조선중앙일보》)을 스크랩해 두었는데, 다시 들쳐보니 김유정의 「노다지」가 가작에 들어 있었다.

김동인(金東仁)씨가 선후감(選後感)을 썼는데, 경쟁자 없이 단연 수위에 올리지 않을 수가 없는 호조(好調) 소설이었다고 언급하고 나서 〈잘못하면 야비한 희극에 흐르기 쉬운 재료를 무게 있게 말미까지 끌고 나간 표현적 기술이라든다, 전 작품을 장식하는 위트며 유머 등도 적당히 끼여서, 범수(凡手)가 아니라는 것을 역력히 증명하였다〉고 평을 해주었다.

내가 김동인 씨를 처음 만나 뵌 것은 1936년 5월 하순께였다. 그 당시 선생은 종로 2가 근처에서 《야담(野談)》지를 발행하고 있었다. 나의 소설 「화랑의 후예」를 뽑아준 선배 작가이기에, 좀 늦기는 했지만, 인사 겸 찾아갔던 것이다.

"혹시 기억하실는지 모르겠습니다만, 제가 김시종입니다. 작년 《조선중앙일보》에……."

그러자 김동인 씨는 빙긋이 웃으며

"모화가 따님 따님, 낭이 따님, 하고 춤을 추더군."

했다.

그것은 그 달 초에 발표한 「무녀도(巫女圖)」의 한 구절이었다. 그러니까 김동인씨는 이미 「무녀도」를 읽고 있었다는 것이 되고, 그만큼 자기가 당선시킨 후배에 대하여 관심을 갖고 있었다는 얘기가 된다.

얼굴이 길고, 키가 크고, 짙은 도수 안경을 쓰고…… 따위는 지상을 통해 미리 알고 있었으나, 손을 마주 잡으니 과연 내 손은 너무 작았다.

"선생님께서는 요즘 왜 작품 발표를 안하시는지요?"

씨는 빙그레 웃는 얼굴로 책상 위에 놓인 《야담》 잡지 한 권을 집어 들며,

"여기 쓰지 않소?"

하는 것이었다.

약 2백 페이지나 되는 잡지를 김동인 씨 혼자서 태반을 메워 나간다는 말은 이미 들은 터였다.

"그건 저도 압니다만……."

"뭐 얼마 다르갔소? 소재의 차이는 있지만, 이것도 대부분 상상으로 만드는 이야기니까 소설이라고 보면 소설이지."

씨는 펜대를 집어들더니 회전의자를 뻭 돌려 앉으며 벽에 붙여 놓은 지도를 가리켰다.

"여기가 서울, 여기가 평양, 신의주, 이쪽이 함흥, 청진, 원산…… 여기가 대구, 부산, 광주, 전주, 목포, 인천……."

씨는 펜대로 이렇게 지도 위에 검정 동그라미가 찍힌 곳을 짚어 나갔다.

"처음엔 큰 도시에만 지국을 두었었는데, 지금은 어지간한 읍에까지 뻗쳤고, 잡지 부수도 지금은 5천 부나 되지."

씨는 느릿느릿한 말씨로 이렇게 번창일로에 있는 사세(社勢)를 자랑삼아 이야기하는 것이었다.

해방 후 나는 김동인 씨를 자주 만나뵙게 되었는데, 그때도 문학이나 사회에 대한 나름대로의 확고하고 의연한 신념을 가지고 있었고, 도도하게 흐르는 좌익 풍조에 대한 준열한 비판을 가하고 있었다.

한국소설가협회에서 김동인 문학비를 세울 때였다. 그 장소가 여의치 않아 곤경에 처해 있었는데, 당시 협회 상임대표위원이던 유주현(柳周鉉) 씨가 시청이다 어디다 발이 닳도록 뛰어서 지금의 사직공원 자리를 얻어내었다.

나는 유 대표가 작고한 선배 작가를 위해서 헌신적으로 뛰어다니는 것을 마음속으로만 고맙게 생각하고 직접 그 일에는 도움을 주지 못한 채 나중에 비석의 글자(小說家琴童金東仁文學碑)만 쓰게 되었다.

제막식 때는 주요한(朱耀翰)씨, 박종화(朴鍾和) 씨 등 문단의 원로작가들과 유가족 친지 일동이 모여 선생의 인간과 문학에 대한 이야기가 어느 때 어디서보다도 많이 쏟아져 나왔다.

방랑의 세월

　1935년 1월 「화랑의 후예」 당선 상금 50원(당시의 소설 상금은 50원, 시는 5원이었다)을 타자 나는 그것을 노자삼아 길을 떠나게 되었다.
　나는 경남 사천군에 있는 다솔사를 찾기로 했다. 마침 내 백씨가 그 절에 있다는 소문을 들었던 것이다.
　다솔사는 진주에서 하동 쪽으로 한 오십 리 나가서 있는 고사(古寺)로 해인사에 소속된 말사(末寺)였다.
　나는 어려서부터 절 구경은 꽤 많이 다닌 편이지만, 아주 방(절간)의 한 간을 빌어서 지내본 것은 그때가 처음이었다.
　아직 겨울옷을 입고 있을 무렵인데, 이른 저녁을 먹고 절의 동쪽 끝에 있는 석란대(石蘭臺) 앞에 나와 서면 동구 쪽에서 아련한 개구리 소리 같은 것이 들려왔다. 겨우 해동(解冬)이 될락말락했을 때인데, 개구리가 벌써 나왔을 리는 없고, 지금까지 아련한 기억 속에 수수께끼로 남아 있다.

나는 석란대에서 지치면 방으로 들어갔다. 방에는 남폿불이 켜져 있었다.

나는 방에 들어와서도 역시 바람벽에 등을 기대고 비스듬히 앉은 채 남폿불만 우두커니 바라보고 있었다. 책을 읽거나 글을 쓰는 일은 거의 없었다. 나는 줄곧 무엇인가를 간절히 기다리며 그리워하고 있을 뿐이다.

나는 그때 내가 무엇을 그렇게 기다리며 그리워하고 있는가를 스스로 잘 깨닫지 못하고 있었다. 술인가? 친구가? 문단(文壇)인가? 그도 저도 아닌 다른 그 무엇이던가? 지금 와서 생각하면 그것은 여자였을 거라는 생각이 든다.

짐이라고는 원고지 한 뭉치와 만년필 한 자루뿐인 나는, 읽을래야 읽을 만한 책도 없었지만, 그렇다고 작품이 술술 써지는 것도 아니어서, 낮이고 밤이고 태고 속같이 고요한 절간 방에 혼자 가만히 누워 있을 뿐이었다.

다솔사에서 서쪽으로 조금만 올라가면 노량진 앞바다가 거울 조각같이 내다보였고, 발 아래 엉겨 있는 다북솔을 헤치고 몇 발짝만 내려가면 보리밭과 실개울이 졸졸 흘러내리고 있었다.

그 실개울을 타고 보리밭 두둑을 조금만 내려가면 옹기종기 둘러앉은 초가집들이 있었고, 그 가운데는 주막도 한 집 있는데, 술맛이 배맛 같을 뿐만 아니라, 얼굴이 새하얗고 노래 잘 부르는 젊은 색주가까지 있다는 것이었다.

나는 거의 날마다, 아니 어떤 날은 아침 저녁 두 차례씩이나 그 능선 위에 올라가 동구 밖에서 반짝거리는 거울 조각 같은 노량 앞바다와 산골짜기 보리밭 가운데 둘러앉은 초가집들을 바라보며 그 〈얼굴 하얗고 노래 잘 부르는 색주가〉를 한번 보았으면 하고 어느 때까지나 우두커니 서 있곤 했다.

내가 묵는 절간 방문 앞에는 크고 작은 파초가 여러 포기 다른 나무와 꽃들을 가리듯 하고 서 있었다. 넓은 툇마루에 나앉아 개인 하늘과 파초 잎만 바라보고 있노라면 뻐꾸기 소리, 꾀꼬리 소리, 딱따구리 소리, 북소리, 경쇠 소리 들마저 귀로 들려온다기보다 파초 잎이 묻혀다 눈에 전해 주는 듯한 착각을 일으키곤 했다.

밤이면 꿈결 속에서도 파초 잎에 비 듣는 소리만은 그냥 귀로 젖어 들었다. 그만큼 나는 파초와 깊이 사귀어 그와 더불어 숨결을 같이하듯 하고 있었다.

파초 잎에서 내가 그렇게 천만 가지의 그윽한 음악을 즐기게 된 데는 이 무렵 나의 외로운 밤을 자주 찾아주던 비의 공덕(功德)도 헤아리지 않을 수 없다.

파초의 즐거움은 보는 데에 그치지 않는다. 파초 잎을 두드리는 빗소리야말로 청각이 누릴 수 있는 최상의 음악이라 할 수 있다. 굵은 빗방울이 후두둑일 때에는 억센 가락의 거문고를 듣는 듯하고, 가는 빗발이 어루만지듯 부슬거릴 때는 알뜰한 가얏고를 듣는 듯하고, 빗줄기가 굵었다 가늘었다 세었다 약했다 그쳤다 이었다 함에 따라 그 음향 색조의 천변만화는 사람의 손이 연주하는 아악풍류(雅樂風流)의 갖춤에 견줄 바 아니다.

나는 그즈음 문둥이 이야기 하나를 쓰려고 무진 애를 썼지만, 플롯이 짜여지지 않아서 몇 번이나 손을 대다 말곤 했다(이것이 다음에 발표한 소설 「바위」다).

그렇게 달포쯤 지나니 이 절간에도 봄 바람이 불어왔다. 절을 에워싼 산과 수풀 속에 진달래가 피기 시작했다.

나는 그 보잘것없는 흙에서 진달래가 피어난다는 것이 너무나 신기해서 견딜 수 없었다. 봄을 몹시 타는 외로운 소년(어린 사미 아이)이

밥 대신 진달래를 자꾸 먹다 끝내는 독버섯까지 섞어 먹고 죽는다는 이야기인 「진달래」는 이때의 진달래를 보고 느낀, 무어라고 형언할 수 없던 감격을 나중에 작품화시킨 것이다.

다솔사에서 다시 좀더 깊고 그윽한 큰절을 찾은 것이 해인사였다. 그것이 6월 그믐께였다.

처음엔 절 가까이에 있는 홍도 여관에 묵다가 비용 관계로 개울 건너에 있는 토굴 방을 빌렸다. 토굴이라기에 정말 흙으로 된 굴속인 줄 알았는데, 그것이 아니고 승려가 가정을 가지게 되면 그것을 토굴이라고 부른다는 것이었다. 그러니까 이른바 대처승들의 가정을 가리키는 말이었다. 그때만 해도 절과 암자 사이, 개울가 같은 데 여기저기 조그만 부락 같은 것을 이루고 있었는데, 그것이 모두 토굴이었다.

그 해 신춘문예의 상금으로 신문사에서 보내온 50원을 가지고, 10원쯤 들여 양복 한 벌을 사 입었고, 10원쯤은 친구들과 술을 마시는데 날아갔고, 또 10원은 이럭저럭 부스러져 없어지고, 남은 20원을 가지고 다솔사로 갔다가 술값으로 반을 날리고, 해인사에 왔을 때는 10원도 다 못되는 돈이었다. 그래서 값싼 토굴방을 빌린 것이다.

그 해 가을엔 해인사 강원이 개설될 예정이었고, 내 백씨와 범산(梵山-김법린) 선생이 강사로 부임될 것이라 하여 나는 거기서 백씨를 만날 작정이었던 것이다.

내 백씨는 본디 불교학자라기보다 동양철학가로 알려져 있었고, 서울의 불교 전문학교에서 강의를 맡았을 때도 도교(道敎-老莊敎)를 담당하고 있었지만, 불교에도 능통하다는 정평이 있었던 만큼 이번 해인사 강원의 강사로 초빙된 모양이었다.

내가 이렇게 다솔사에서 해인사로, 해인사에서 다시 백씨와 범산 선생을 기다리기로 한 데는 〈차분한 소설 공부〉 이외에도 다른 목적이 있었다. 그것은 참선에 대한 나의 태도 결정 문제였다.

이것은 무슨 얘기냐 하면, 나는 이미 수년 전부터 참선에 대한 나의 결행 여부를 보류해 오고 있었던 것이다. 그래 백씨가 오면 나의 심정을 이야기하고 결행 여부에 대한 조언을 듣기로 하고 있었던 것이다.
　내가 하숙을 정한 토굴은 큰 절과 영자전(影子殿) 사이 개울가에 있는 삼간초옥이었는데, 그 집 주인인 해산스님은 절에서 어떤 직무를 맡고 있었다. 나이는 한 쉰 가량 되어 보였는데, 집에는 사흘이나 나흘에 한번 정도 잠깐씩 들렀다 가곤 했다.
　스님의 부인은 마흔 살 가량 되어 뵈는 평범한 아주머니로 끼니 때마다 밥을 그릇 위에 수북이 올라오도록 담아주곤 했지만 나는 그릇 위에 올라온 부분도 다 먹지 못할 때가 보통이었다. 남편이 스님이기 때문인지, 그렇지 않으면 토굴이 절에 준해야 한다고 그런지, 반찬은 언제나 산채와 야채뿐이었다.
　하루는 하숙에서 나와 큰절을 올라가려고 개울 위에 놓여진 다리를 건너고 있을 때였다. 바로 다리 밑의 개울가에서 빨래하는 처녀 하나가 눈에 띄었다. 자세히 보니 열예닐곱 살 가량 되는 어린 처녀였다.
　그녀는 새하얀 두 다리(종아리)를 개울물에 담근 채 빨래를 하고 있었는데, 그 두 종아리의 희고 가늘고 매끈하기가 꼭 무슨 그림 같았고, 게다가 약간 둥근 편인 새하얀 얼굴은 무어라고 형언할 수 없는 미녀로 보였다.
　나는 다리 위에서 너무 오랫동안 소녀를 내려다보고 있을 수가 없어서 하는 수 없이 발을 옮겨 다리를 건넜다.
　다리를 건넌 나는 숲속으로 들어가서 나무 밑둥에 기댄 채 한참 생각해 보았다. 내가 잘못 본 것이 아닐까. 그런 소녀가 거기 있었을까. 정말 그렇게 아름다운 소녀였던가. 나의 착각이나 환각이 아닐까. 그렇다면 다시 한번 확인을 해볼 수밖에 없다고 생각되었다.
　나는 숲에서 나와 도로 다리를 건너기로 했다. 나는 천천히 다리 위로 옮겨 놓으며 아까의 그 소녀 쪽으로 시선을 보냈다. 내가 그쪽으로 다가가자 소녀는 고개를 들어 나를 바라보고 있었다. 그녀는 아까 건너갈 때 나를 보지 못했던 것이다. 그녀의 아름다운 얼굴과 종아리는 착각도 환각도 아닌 현실이었다. 어쩌면 저렇게도 아름다운 소녀가 이 산속에서 저렇게 있을까. 나는 이런 생각을 하며 나의 하숙으로 돌아왔다.

나는 하루에 한 번씩 큰절에 들렀다.

그 날도 나는 사무실에 들렀다가 법당 앞을 돌아가고 있었는데, 마침 사미승(소년중)인 지원이 나타나더니,

"선생님."

하며 합장을 했다.

나는 지원의 손을 잡고 법당 뒤의 잔디로 갔다. 지원은 내가 다솔사에 있을 때부터 아는 동승(童僧)이었다.

나는 견딜 수 없어 아까 본 소녀의 이야기를 했다. 그러자 지원은 히쭉 웃으며,

"경숙이."

했다.

"경숙이라니?"

"걔 이름이에요. 이 산중에서 모르는 사람 없는데요."

"왜?"

"그만큼 이 산중에서는 다 알아주는 미인이지요. 게다가 걔네 아버지가 호랑이거든요. 전번 때 이곳 학인(學人-강원에서 공부하는 젊은 승려) 하나가 걔한테 연애편지를 보냈다가 걔네 아버지한테 들켜서 어찌나 야단인지 이 절에서 도망치고 말았지요."

하숙방으로 돌아온 나는 나의 짐 속에서 조그만 책자 하나를 찾아내었다. 수첩같이 된 『사십이장경(四十二章經)』이었다. 다솔사에 있을

때 같이 막걸리를 먹으러 갔던 젊은 스님이 나에게 준 것이었다. 내가 욕정에 고민하는 것을 보고 이 책에 그 욕정을 잠재울 수 없어 자기의 생식기를 끊어버리는 이야기가 들어 있다면서 이 책을 나에게 주었던 것이다.

이 『사십이장경』에는 애욕을 언급한 것이 십여 장이나 되는데, 그 가운데서도 그가 말한 대로 자기의 생식기를 끊는 이야기와 24장의 애욕을 가리킨 대목이 잊히지 않았다.

〈부처님이 말씀하시기를 모든 애욕 가운데 색(色)만큼한 것이 없으니 색의 욕심은 크기가 끝없는 것이다. 그러나 다행히 그것이 하나뿐이었기 망정이지 만일 같은 것이 둘만 있었더라도 이 천하에 능히 도닦을 사람 하나도 없었을 것이다.〉

나는 이 24장과 31장을 다시 한번 읽어본 뒤 책을 덮었다. 나의 눈에서는 왠지 눈물이 자꾸 흘러내렸다.

9월이 되어 내 백씨가 해인사로 오자 나는 참선 이야기를 꺼냈다. 그랬더니 사흘인가 지나서 백씨는 나를 용봉(龍峰) 선사에게 인사시킨 뒤 직접 상의를 드리라고 했다.

용봉 선사는 해인사의 선원인 백련남의 조실(祖室) 스님으로 실력이 대단한 분이라 하였다.

용봉 선사는 처음 나의 발심 정도를 대강 살핀 뒤 스스로 먼저 가부좌(참선 자세)를 하고 앉으며 나더러 그렇게 앉아보라고 했다. 나는 그 테스트에서 탈락이 되고 말았다. 약 2년 전에 축구를 하다가 발목을 다친 일이 있었는데, 그래서 가부좌를 할 수 없었던 것이다.

결론적으로 선사는 나더러 거사수행(居士修行)을 받도록 하라고 했다.

"거사수행으로도 고행을 덜 수 있으니까……."

선사는 이렇게 권했으나 나는 대답을 하지 못했다.

나는 무언가 운명적인 것을 느끼며 날이면 날마다 우울한 얼굴로 해인사 일대의 모든 암자를 찾아다니고 있었다.

당시 나는 근대 문학의 독서 과정에서 얻어진 니힐리즘의 독소(毒素)와 죽어가는 민족의 설움이 스물세 살이란 젊은 나의 고독과 엉키어, 머리 깎고 참선이라도 하기 전에는 자기를 지탱할 수 없으리라고 믿고 있었던 것이, 그 최후의 바람마저 무너진 뒤라 차마 보기에도 민망할 정도의 허탈감에 빠진 채 그렇게 곰팡내 나는 어두운 암자를 찾아 헤매고 있었던 것이다.

길 난 데로 간다

그 해 여름 나는 해인사에서 고향으로 돌아왔다.

고향 사람들은 여전했다. 중형은 아직도 점포를 벌이고 있었고, 목월은 그대로 금융조합에서 서투른 수판을 튀기고 있었다. 석수 형만은 조금 변해 있었다. 산업조합을 그만두고 자주 읍내(경주)로 들어와 묵곤 했다.

그 무렵 목월과 같은 직장에 있는 K라는 친구가 있었다.

하루는 K와 목월 사이에 〈그녀〉 이야기가 나왔다. 그녀의 얼굴은 나도 알고 있었다. 나의 희미한 기억을 더듬는다면, 목월의 친구 K와 그녀(R)는 친척간이었다. 그래서 K와 목월은 〈그녀들〉의 초대를 받았는데, 굉장한 문학소녀들이란 것이었다.

그녀들은 R을 중심한 문학소녀들인데, 〈백장미 클럽〉이라고 부른다는 것이었다. 이름이 좀 부르주아 냄새를 풍기기는 했지만, R이 풍기는 인상의 일면과 잘 어울린다고 그때 나는 혼자 속으로 생각했다.

R은 날씬한 체격에 싱싱하고 탄력 있는 피부와 순정미와 고귀한

기품을 갖추고 있었는데, 그 고귀한 기품이 어딘지 백장미를 연상시키는 것이리라고 나는 생각했다.

내가 그녀와 그녀들의 백장미 클럽에 대해서 갑자기 바싹 긴장해진 것을 눈치챈 K는,

"김형 이야기도 했습니다. 저쪽에서도 잘 알고 있더군요. 굉장히 우러러보는 눈치입디다."

하는 것이었다.

나는 흥분을 감추려고 무진 애를 쓰며,

"나도 R양이 여학교 다닐 때 경주역에서 본 일 있어요. 검자줏빛 짧은 댕기를 들이고, 검은 구두를 신었더군. 대구서 탔었던가 봐요. 나도 겨울방학 때가 돼서 서울서 내려오는 길이었죠."

나의 숨길 수 없는 고백이 터져나오고 말았다. K와 목월은 기절할 정도로 재미나 했다.

목월은 신이 나서,

"지금도 그대롭니다. 김형이 보신 그대롭니다. 그러면 이렇게 하십시다. 김형이 편지를 쓰세요. 우리가 전해 드릴게. 모르긴 하지만 틀림없을 겝니다."

나는 가슴이 뛰었지만 애써 침착한 빛을 띠며 조용히 미소를 지어보였다.

K도 곁에 있었는데, 그는 목월같이 적극적으로 권하지는 않았지만 대체적으로 맞장구를 쳐주는 편이었다.

"김형, 기회를 놓치면 안 됩니다. 내가 보기에는 지금이 가장 좋은 때가 아닌가 생각됩니다. 돌아가시거든 꼭 편지를 써서 나오세요. 뒷 감당은 우리가 할 테니까 안심하시고."

"그렇지만 편지를 쓴다는 것도 쑥스럽고……."

나는 얼굴을 붉히며 억지로 웃음을 지어보였다.

나는 물론 꼭 편지를 쓰겠다고 다짐을 주지 않고 돌아왔다. 그러나 내 머릿속은 편지로 가득 차 있었다.

'쓸까 말까?'

나는 자리에 누워서도 그것만 생각했다.

지금 생각하면 그때의 나는 바보요, 맹추요, 어린애요, 옹졸한 비겁자요, 몽유병 환자요, 상상하기도 힘든 야릇한 생물이었지만 나는 나름대로 실질적인 생각을 하고 있었던 것이다.

R양의 집은 부자가 많은 경주에서도 손꼽히는 대지주의 하나다. R양은 그때까지 내가 본 모든 여성 가운데 가장 뛰어난 미모와 체격과 덕성을 가졌을 뿐만 아니라 학력도 나보다 나을 것이다.

여기서 나 자신을 돌이켜 볼 때 학교는 중학 4년에서 중퇴를 했고, 집은 겨우 밥이나 굶지 않을 정도의 농가요, 게다가 키는 짧고, 용돈은 없고, 글 쓰는 재능이 다소 있다 하더라도, 그런 것은 그 당시 경주에서는 문학을 한다거나 소설 당선이 되었다거나 하는 따위를 무직자로 놀고먹는 것보다 더 나쁜 짓이나 하는 몹쓸 놈쯤으로 보는 판이었으니, 그것을 자격이라고 내세울 계제도 되지 못했다.

어느 날 우리 셋이 거리를 지나다가 내가 문득 발을 멈추며,

"조금 있으면 저쪽에서 R이 나타날 거야."

했다. 아무것도 보이지 않는 넓은 한길 위를 가리키며 내가 예언을 했다. 같이 가던 K와 목월은 반신반의의 웃음을 띠며 내가 가리키는 쪽을 멀거니 바라보고 있었다.

"김형, 눈에 허깨비 친 거 아니오?"

목월이 웃으며 나를 돌아다보았다. K도 내가 자기들을 속이려고 장난치는 줄 아는 모양이었다.

"한참만 더 기다려보시오. 나의 예감이 적중하는가 않는가 두고 봅시다."

나는 이런 말로 그들을 붙잡아 세웠다.

"얼마나 기다려야 되나요?"

"이제 한 3분 되었으니까 한 3분만, 아니 넉넉잡고 5분만……."

나의 3분만, 5분만 하는 말이 어이없다는 듯이 그들은 허허 하고 실소를 금치 못했다.

그들이 담배를 피워 물고 서 있는데, 내가 가리키던 지점에 젊은 여성 둘이 나타났다. 그중 하나가 R이었다.

"거봐요, 내 예감이 들어맞지 않소."

나는 뽐내고 말했다. 둘은 빙긋이 웃었다.

"김형, 그러다가 점 지피겠습니다."

목월이 재미나다는 듯이 나를 바라보았다.

"그녀들이 저쪽 봉황대 앞에 처음 나타났을 때는 셋이었어요. 그런데 그중 하나가 R이란 생각이 듭디다. 거기서 샛길로 빠지기에 좀 있으면 이쪽 한길 위로 나타나리라 봤지요. 그러니까 막상 협잡만은 아닙니다."

"김형, 그러지 말고 편지를 쓰세요."

"안 되겠는데, 용기를 내셔야지."

K도 사뭇 심각한 어조로 거들었다.

"그럼 이럭하지. 내가 편지를 써서 박형과 K형에게 맡길 터이니 좀 더 알아보고 창피를 당하지 않을 만하거든 전하고, 그렇지 못할 때는 보관해 있다가 돌려주기로."

지금 그 편지가 내 손에 있다면 전문을 그대로 여기다 옮기고 싶지만, 불행히도 그것은 이제 누구의 손에도 없을 것이다. 누가 무슨 성의로 대수롭지도 않은 글 한 토막을 몇십 년이나 보관하고 있으랴.

그때 나는 그 편지에서 R양에 대한 나의 잊혀지지 않는 인상을 솔직하게 적고, 오랫동안 마음속에 있던 것을 마침 친구들의 호의로 전달할 길이 보이기에 감히 글월을 올리는 것이라고 썼던 것 같다.

 답장은 오지 않았다. 목월과 K는 만날 적마다 아마 일간에 곧 회답이 있을 거라고 위로했지만, 나는 대체로 오지 않으리라 믿고 있었다. 과연 상당한 날짜가 지나도록 답장은 오지 않았다.

 나는 나의 쓰라린 얼굴을 감추기 위해 또다시 고향을 등져야 했다.

   길 난 데로 바람 불고
   바람 있으면 간다

   어디메뇨 오가는 곳
   저 푸른 허공 한 점

   흰 햇빛은
   독수리 날개를 꺾고

   고개 들면
   처처 산이 뵈지만

   문득
   조약돌 낱낱이 슬프고

   못다한 사연은
   뻐꾸기에 부칠까

   흰 구름 머리에 이고
   오늘도 재를 넘는다.

 〈행로음(行路吟)〉이란 제목의 시다.

다시 해인사로

그 해(1935년) 가을에 나는 최아동(崔雅東)과 함께 해인사로 들어갔다. 그는 문학에 뜻을 두고 있었으나, 나와는 어딘지 핀트가 맞지 않는 것이 있었다. 그것은 그의 가문이 옛날부터 전국적으로 알려진 전설적인 부호였다는 사실 때문만은 아니었다. 그보다도 중요한 문제는 그와 나의 문학관이 다른 데 있는 듯했다. 그는 세계문학을 널리 읽는다기보다 일본 문학을 깊이 이해하는 편에 가까웠다.

나는 처음 그를 따라 해인사 바로 밑에 있는 홍도여관에 들었으나, 그에게 너무 신세를 끼칠 수 없어서 이내 절간으로 거처를 옮겼다.

그때 해인사에는 다솔사의 주지인 석란사(石蘭師)가 법무직을 맡고 있었기 때문에 여러 가지 편의를 보아주었다.

그 당시 해인사에는 문학하는 젊은이들이 꽤 많았다. 지금은 이미 고인(故人)이 된 허민(許民), 이원구(李元九-다솔사 주지를 지냈음), 최인욱(崔

仁旭) 같은 분들을 알게 된 것도 그 무렵의 일이었다. 따라서 나는 절간 안에서도 말 상대를 얻은 셈이었으나, 왜 그런지 깊이 사귀어지지는 않았다.

이(원구), 최(인욱) 두 사람은 그때 아직 열일여덟 살씩밖에 되지 않았고, 허민은 내 나이 또래나 거의 되어 보였지만, 문학관에 있어서 카프(KAPF-조선프롤레타리아예술동맹) 계열을 좇는 듯한 기색이 있어 좀 서먹하게 느껴졌다.

나는 오후가 되면 대개 아동을 찾아갔다. 아동은 위에서도 잠깐 비친 바와 같이 일본 문학에 상당히 정통해 있을 뿐만 아니라 자기가 쓰는 문장도 대개 일본말이었다.

하루는 나에게 자기가 쓴 문장(일본말)을 내어주면서 어떠냐고 했다. 4백자 원고지로 두석 장 되는 감상문이었다.

어딘지 윤기가 나는 일본말이었다.

"거 재미있군."

"문장이 어떠냐 말이다."

그는 자못 진지한 얼굴로 물었다.

"글쎄, 쓰긴 잘 썼는데, 그렇지만 긴 거라도 이렇게 쓸 수 있겠어?"

"물론이지."

나는 그의 말이 믿어지지 않았다. 그는 자기 자신을(자신의 역량을) 잘 모르고 있거나, 그렇지 않으면 뽐내고 싶어서 그렇제 대답했는지도 모른다고 헤아려졌다.

"그런데 시종이는 조선말이 얼마나 오래 갈 것 같애?"

그는 마음속으로 머지 않아 조선말과 함께 조선 문학이란 없어질 것이 아니냐고 묻고 싶었는지도 몰랐다.

우리는 대화를 마치면 대개 산책을 떠났다. 우리 산책 코스는 산판 아래 있는 정자까지 내려갔다 오거나, 혹은 거기서 더 발전하여 아주

홍류동까지 내려가거나 했다.
　홍류동은 절에서 한 십리나 내려가 있는 버스의 종착역인 동시 시발역으로 밖에서 절로 들어오는 사람이나 절에서 밖으로 나가는 사람은 누구나 이곳을 지나게 마련이었다. 나말(羅末)에 최치원이 만년에 은둔한 곳이라 하여 그의 유적을 기념하는 비석이 서 있고, 수석(水石)도 좋은 데다 이 산중에는 교통의 요충지이기도 하여 제법 노랫가락이 흘러나오는 술집도 두세 군데나 있었다.
　우리는 홍류동에 오면 으레 술집에 들러 막걸리를 마시곤 했다.
　본래 술이 길지 못한 그는 한두 잔에 이내 얼굴이 발그스레해진 채 색시와 더불어 농담을 즐기기에 여념이 없었다.
　나도 그즈음엔 술을 조금씩 밖에 마시지 않을 때지만, 색시가 옆에 있으면 왠지 흥분이 되어서 제법 술꾼 행세를 하곤 했다.
　"이봐, 누가 이 친구 한번 함락시켜 봐라. 내 얼마든지 느그 청하는 대로 상금을 줄게."
　아동은 색시에게 나를 가리키며 대개 이런 말을 건네곤 했다. 그와 나는 여러 차례 술자리를 같이 했지만, 내가 한번도 색시에게 수작을 붙이지 않기에 그렇게 말했던 것이다.
　나는 실상 마음속으로는 호색을 자처하는 그보다도 못지않게 여자를 좋아하고 있었지만, 일찍이 여성을 사귀어보지 못한 나로서는 어떻게 수작을 붙이는 겐지 통 엄두가 나지 않았던 것뿐이었다.
　"보이소, 나하고 연애 걸랍니꺼?"
　색시가 젓가락으로 술상을 가만히 두드리며 나에게 물었다.
　"시종이 니 이 여자하고 입 한번 맞춰봐라."
　아동이 색시를 나에게 밀치자 색시는 일부러 엄살을 부리며,
　"우야꼬, 이래가 되겠습니꺼?"
　하고, 나에게 몸을 던져왔다.

나는 그것이 싫지도 않으면서 덥석 안아주지를 못하고 슬그머니 물러 앉는 것이다.

"우야꼬, 달아낸대이."

색시는 한사코 내 무르팍을 안고 늘어지며 술잔을 들어 내 입에 디밀었다. 나는 손으로 술잔을 막으며 내내 뒤로 물러앉으려고만 했다.

"아따, 너무 합니대이. 손이 안 부끄럽십니꺼?"

색시는 술잔을 도로 술상 위에 놓고 내 옷에 쏟아진 술을 닦으며 말했다.

나는 결코 그 색시가 싫었던 것이 아니다. 그녀가 내 무르팍 위에 몸을 던졌을 때 그 뭉클하고 부드러운 촉감엔 야릇한 쾌감까지 느껴졌다. 그러면서도 나는 왜 그녀를 떼밀어내고 술잔을 받지 않으려고 했을까.

그것은 결코 나의 결벽이 아니었다. 나는 마음속으로 여자를 너무 그리워했기 때문이리라. 따라서 술 색시를 희롱의 대상으로 삼을 만한 마음의 여유가 없었으리라. 물론 여자의 몸에 일찍이 손을 대어보지 못했다는 것도 중요한 이유가 되었겠지만.

나는 대개 혼자서 산중을 배회했다. 나는 무언지 견딜 수 없는 고독과 초조와 괴로움 속에서 상처 입은 사슴이 목 축일 물을 찾아다니듯이 골짜기와 수풀 속을 헤매었던 것이다.

하루는 그렇게 헤매다가 문득 어느 산골짜기에서 퇴락한 암자 한 채를 발견했다. 지붕도 찌그러진 채 비가 새어 얼룩이 진 벽에는 불화 한 폭이 걸려 있었다. 그리고 암자는 비어 있었다. 미처 수리를 하지 못한 채 암자를 지키고 있던 중이 딴데로 옮겨간 모양이었다.

나는 그 불화를 한참 동안 정신 나간 사람처럼 멀거니 바라보고 서 있었다. 나는 그때까지 어느 절에 가든지 여래상이든 보살상이든 나한상이든 불화에 대해서는 막연한 염오감(厭惡感) 같은 것을 가지고 있었다. 그런데 그날 퇴락한 암자 속에 걸려 있던 곰팡이 핀 불화는 어쩌면 그렇게도 나의 가슴 속에 깊은 충격을 주었을까.

이때의 일은 처음 「솔거(率去)」라는 제목으로 발표했다가 나중 「불화」로 개제(改題)된 단편 속에 대강 담겨 있다.

연거푸 당선되다

그 해(1935년) 동짓달부터 나는 새 작품을 쓰기 위해 실지 답사를 다니기 시작했다. 숯구이를 소재로 한 이 작품을 완성하는 대로 다음해 신춘문예 모집에 응모할 계획이었던 것이다.

여기엔 다음과 같은 이유가 있었다.

첫째, 그 당시 소설 부문에 있어서는 3대 신문 《동아》, 《조선》, 《조선중앙》에 아무데나 수석으로 당선이 되면 그대로 문단의 인정을 받게 되어 있었으므로 두 번 다시 같은 신춘문예에 응모할 필요도 없었고, 그러한 전례도 없었다. 그러나 나로서 볼 때는 석연치 못한 것이 있었다.

그것은 《동아》나 《조선》 같은 신문에서 나에게 원고청탁이 없다는 사실이었다. 그 당시 위의 세 신문에서는 《신동아》, 《조광》, 《중앙》 등 월간지를 각각 내고 있었는데, 《중앙》에서는 한번 청탁이 있었지만, 《신동아》나 《조광》에서는 알은 체를 해주지 않았던 것이다.

여기엔 물론 내가 서울에 있지 않고 시골에서 절간으로나 돌아다니고 있다는 데도 이유가 있겠지만, 《신동아》는 《동아일보》의 당선자만을, 《조광》에서는 《조선일보》의 당선자만을 밀어주는 경향이 현저했던 것도 사실이다. 그렇다고 자기가 나온 계통의 잡지에만 계속해서 자꾸 작품을 보낼 수도 없고, 청하지도 않은 기관에다 투고질을 할 수는 더욱 없었던 것이다. 그렇다면 기관마다 응모를 해서 모든 관문을 하나씩 다 정복해 나가는 것이 떳떳한 일이라고 나는 혼자 생각했던 것이다.

둘째로는, 「화랑의 후예」가 당선되었을 때, 심사위원이던 김동인 씨로부터는 격찬을 받았지만, 그 달 월평(月評)에서는 박태원(朴泰遠)으로부터 이태준의 냄새가 난다는 말을 들었던 것이다.

잔뜩 코가 높아져 있던 나로서는 여간 화가 나지 않았다. 문체나 주제의 문제 같으면 모르지만 소재의 공통점을 가지고 신인의 작품에 흠을 붙일 까닭이 무어라 말이냐 하는 불만도 있었다. 그래서 소재면에서부터 전인미답의 새로운 경지를 개척해 보이리라 스스로 다짐했던 것이 이 숯구이였던 것이다.

전년도의 「화랑의 후예」가 김시종이란 이름으로 나갔기 때문에 이번에는 김동리로 이름을 갈아서 《동아일보》에다 응모를 했던 것이다. 이것이 「산화(山火)」다. 주소는 물론 해인사 강당으로 했다.

섣달 그믐께라고 기억되는데, 혼자 방에 누워 있으니까 이원구가 들어와서,

"저쪽에서 김동리 어쩌구 하던데 혹시 자네……."

나는 김동리라는 말에 직감적으로 됐구나 하는 생각이 들었다. 신문에서 연락이 오거나 발표가 되기 전에는 그 이름을 알 사람이 아무도 없었기 때문이었다. 나는 그 이름을 그 원고에다 처음으로 써서 아무도 몰래 보냈던 것이다.

"뭐라고?"

"저쪽 강당에 갔더니 학인들이 둘러앉아 얘길 하는데, 누가 합천에 갔다가 《동아일보》지국에서 아는 사람을 만났더니, 해인사에서 당선이 되었다고 그러더래요. 이름이 김동리라고 하더래요."

나는 비로소 안심이 되어 만족하게 웃었다.

그날 밤엔 허민, 이원구, 최인욱 들과 함께 토굴로 나가 두부를 먹었다. 그 무렵 절에 있는 젊은 중은 절에서 먹는 밥이 부족하기 때문에 저녁에 흔히들 토굴로 두부를 사 먹으러 나갔었다. 여기서 더 발전하면 홍류동까지 내려가서 술을 먹기도 했지만, 대체로 주머니 속이 넉넉하지 못하기 때문에 두부 정도로 돌아오는 것이 보통이었다.

며칠 뒤 초하룻날 낮이나 되어서 신문이 왔다. 신문을 보고 놀란 것은 내 소설의 당선 때문만이 아니었다. 서정주의 시「벽」이 또한 당선되어 있지 않은가.

신문과 함께 아동의 축하 전보도 왔다. 아동은 내가「산화」를 쓰고 있을 무렵에 고향으로 먼저 돌아가 있었던 것이다.

그리고 또 며칠이 지나서 편지 두 통이 왔다. 하나는 아동의 것이요, 하나는 미지의 사람으로부터였다.

아동의 편지에는 아직도 기억되는 한 구절이 있다.

〈내가 거기(해인사)에 있었으면 너를 홍류동으로 데리고 내려가서 요번에는 꼼짝없이 파계(破戒)를 시켜주는 걸 어찌하리오. 그대와 나 사이엔 수백 리 산하(山河). 안타깝지만 경주에 오기만 기다릴 수밖에.〉

나는 신문사에서 보내온 상금을 여비로 하여 다시 고향으로 돌아왔다.

아동은 약속대로 나를 요정에다 초대하고 기생도 네 사람이나 불러 주었다.

아동은 먼젓번 홍류동서 하던 그 수법대로 저 친구를 함락시키는 사람에게는 금시계를 상으로 주느니 어쩌느니 하고 있었다.

나는 홍류동 때보다도 더 간절했지만 수작을 붙여보지 못하기론 꼭 마찬가지였다. 그때 내 혼잣속으론 여자가 슬그머니 나를 끌어당겨준다면(술자리가 끝난 뒤에) 따라가리라 했지만, 술자리가 끝나갈 무렵엔 아동이 탄식을 하며,
"니는 천성 문학이나 하지 그래 가지고 사람 구실은 못하겠다."
하며 체념의 빛을 보였고, 기생들은 모조리 아동에게 매어달려 속살거릴 뿐이었다.
계산을 치르고 난 아동은 자못 엄숙한 얼굴로,
"봐라 동리, 어떠노? 아직 늦잖다."
하며 나에게 마지막 권고를 보냈다. 나는 혼잣속으로,
'여자들이 자네한테 매어달리지 말고 나한테도 그렇게 한다면 나도 할 말이 있는데……'
이런 생각을 하며 되레 못마땅한 얼굴로 그를 마주 바라보았다.

1936년 정월 하순께였다. 낮부터 퍼붓기 시작한 눈은 밤에도 계속되었다. 그날 밤 목월은 어디로 가고 없어서 이기현과 둘이 눈 속을 헤매기 시작했다.
눈이 이렇게 퍼붓는데 술 한잔 안 할 수 있느냐고 해서 일단 거리로 나서긴 했는데, 어디로 갈 것인가 하는 향방이랄까 목적지에 있어선 의견이 갈리었다. 나는 밤숲 거리로 가자고 하고, 이군은 교촌 쪽으로 나가자고 했다.
내가 밤숲으로 가자고 하는 것은, 나는 열여덟에서 그때까지 이 밤숲 거리엘 자주 다녔다. 처음엔 미추왕릉 일대엔 잔디가 고와서 거기에 드러눕는 버릇이 붙어 있었다. 미추왕릉에서 밤숲을 지나면 동남쪽으로 첨성대, 안압지, 반월성, 계림 등이 있었고, 서남쪽으로 나가면 황남전이 있어서 잔디에서 일어나면 산책하기가 좋았던 것이다.

이군은 문학적으로 나를 아끼는 친구였기 때문에 내 의사를 받아들여 밤숲 거리로 나갔다. 미추왕릉, 내물왕릉 할 것 없이 모두가 눈으로 덮여 있고 잔디도 밤숲도 분간할 수 없이 되어 있었다.

우리는 밤숲 거리를 지나서 계림 앞으로 돌아 교촌으로 들어갔다. 거기엔 이군의 단골집이 있었다. 술은 진짜 법주요, 거기다 기생까지 둘이 나와 주었기 때문에 우리는 흥겹게 마시고 떠들고 노래부르며 마음껏 즐길 수 있었다.

우리가 거기서 나왔을 때는 밤 한시가 좀 지나 있었다. 우리는 술이 취하여 눈 속에 자꾸 쓰러지곤 하며 문천교까지 나와 한참 동안 하늘을 쳐다보다가 함께 소변을 보고 헤어졌다.

나는 문천교에서 우리 집까지 오는 동안 열 차례도 넘게 눈 속에 구르곤 했다.

이군은 6·25 때 납북이 되고 목월도 없어진 이제 고향에 가 또다시 눈 오는 밤을 만나도 그때처럼 혼자 눈 속에 구를 수 있다면 그저 그것이 고작일 것이다.

50년 만에 안 그 뒤 소식

고향서 한 보름 묵은 뒤 나는 다시 서울로 올라가 서울대학 맞은쪽인 연건동에 하숙을 정했다. 관성교(關聖敎)를 하는 집이었다. 나는 취직을 해보든지 할 계획을 세웠다.

"관성교가 뭐하는 거지?"

나는 어느 날 옆방 학생에게 물어보았다.

"뭐, 관운장을 모시는 교(敎)라나 봐요."

그때 내 주머니 속에는 상금 50원 중에서 13원을 쓰고 37원이 남아 있었다. 이 돈을 다 쓰기 전에 하숙비를 벌어야 했다.

나는 먼저 중앙일보사로 이태준씨를 찾아가서 상경인사를 했더니 출판부에 있는 윤석중(尹石重)씨와 최영주(崔泳柱)씨를 소개해 주었다. 그와 동시에 《중앙》지에서는 소설 청탁서를 전해 주었다.

"그러지 않아도 청탁서를 내려고 했는데, 계시는 데를 몰라서요."

최영주 씨가 말했다.

나는 다시 이층으로 올라가 이관구(李寬求)씨를 찾아뵈었다. 이관구 씨는 내 백씨의 친구였으므로 그 전에 이미 수차 뵌 적이 있는데, 거기서는 주필 일을 보고 있었다. 한창 집필 중이었으나 반갑게 맞아주었고, 앞으로 지낼 일에 대해서도 걱정해 주었다.

다음날 나는 동아일보사를 찾아갔다. 마땅히 문예부와 편집국을 찾아야 하겠지만, 시골뜨기 청년인 나는 수주(樹州) 변영로(卞榮魯) 씨를 찾아 출판부로 갔다. 수주 선생 역시 형님의 친구인 관계로 전부터 잘 알고 있었기 때문이었다.

수주 선생은 출판부에 있는 여러분께 나를 소개해 주었다. 그러자 《신동아》 편집부에서 또한 단편 소설 한 편을 써달라는 부탁이었다. 기일을 물으니까 빠르면 빠를수록 좋다는 것이다.

나는 하숙으로 돌아와 이내 소설 구상을 했다. 그것이 지금의 「무녀도(巫女圖)」였다. 「무녀도」를 끝낸 나는 가방 속에서 전부터 쓰다 둔 문둥이 소설 「바위」를 끄집어내어 다시 손을 대기 시작했다.

나는 그 두 편의 소설을 그 해 《중앙》과 《신동아》에 나란히 발표하였다. 그 무렵이었다. 《시원(詩苑)》에서 간행한 『을해명시선(乙亥名詩選)』이라는 연간 시집이 나왔다. 그 속에 나의 시 「거미」가 수록되었다는 것이다.

「거미」는 전년도, 그러니까 1935년도(을해년)에 《조선중앙일보》에 발표했던 작품이었다. 《시원》은 당시 문학 관계 전문지로는 유일한 권위지였다.

주위의 친구들은 나더러 시원사를 방문하는 것이 도리라고들 했다. 그러나 나는 별로 관심이 없었다. 시는 어디나 보내면 다 발표가 되었으나, 원고료랄 것이 거의 없었기 때문에 하숙비에 도움이 되지 못했던 것이다.

하루는 미당이 와서 이 말 저 말 하던 끝에 같이 시원사를 찾아보기로 했다. 지금의 종로구 어디쯤이라고만 어렴풋이 기억되는데, 하여간 나의 하숙이 있던 연건동에서 그다지 멀지 않았던 것 같다.

우리가 시원사에 갔을 때, 발행인이자 주간격인 오희병(吳熙秉)씨 외에 손님으로 평론가인 김환태(金煥泰) 씨와 신진 시인 김달진(金達鎭) 씨가 선객(先客)으로 와 있었다. 우리 두 사람은 그들 모두와 초면이었다. 게다가 우리의 방문이란 것이 또한 명분 없는 행위였기 때문에 나는 몹시 어색한 얼굴로 굳어져 있었다.

그런데 뜻밖에도 이 세 사람이 우리를 대하는 태도가 여간 호의적이 아니었다. 특히 주인격인 오희병 씨는 줄곧 소탈한 태도로 우리에게 말을 건네곤 했다. 모두가 우리보다는 다섯 살 이상 연상인 듯했으나 선배연하는 빛도 전혀 없었다.

이윽고 술상이 들어왔다. 그 사이 오희병 씨가 이미 주문을 해두었던 모양이었다. 나는 사회 경험도 없었고, 예의범절 따위도 잘 모르는 채 자존심과 오기만 가득 차 있었는데, 연장자 세 분은 그런 것 아랑곳 없이 나에게 술잔을 돌려 주었다.

나는 잔이 오는 대로 훌훌 마시고 빈 잔을 돌리곤 했다. 술이 그렇게 들이켜져서가 아니라 왠지 자꾸 어색해서 견딜 수 없었기 때문이었다. 게다가 나는 속이 비어 있던 참이라 술 기운이 갑자기 온몸에 돌아 버렸다. 그와 동시에 나는 그만 자꾸 지껄여대기 시작했다. 대개가 나의 지식과 안목, 그리고 격조(格調) 자랑 같은 것이었으니까 듣기에 여간 거북하고 밉살스러운 일이 아니었을 터인데, 그러나 그들은 아무도 그런 표정이 아니었다. 모두가 미소와 호의로써 받아들여 주고 있었다. 특히 김달진 씨의 그 새빨간 입술에 넘치던 선의의 미소는 나를 곧장 더 흥분과 취기로 몰아넣고 말았다.

우리는 다 같이 시원사에서 나왔다. 누구의 제의로 어디로 가는 겐지도 나는 모르는 채였다. 나는 길에 나와서도 계속 지껄이며 비틀거렸다. 아무도 창피해하거나 눈살을 찌푸리지도 않았다. 그래서인지 나는 내가 하고 싶은 말과 행동은 무엇이나 할 수 있을 것 같은 생각이 들었다.

마침 그때 저쪽에서 여학생 차림의 아가씨 둘이 걸어왔다.

나는 그 여자들을 안아보겠다고 했다. 모두가 웃으며, 그저 기발한 생각이라고, 그렇게 해보라고 했다.

나는 흐느적흐느적 그쪽으로 걸어가다가 바로 앞에 다가가서는 한 아가씨의 어깨 위에다 손을 얹었다. 아가씨는 외면을 한 채 몸을 피하려다 그대로 길가에 주저앉고 말았다. 일행 중 연장자인 누군가가 아가씨 곁에 가서 대신 사과를 하는 모양이었다.

그날의 일로 내가 기억하는 것은 거기까지였다. 그 뒤 나는 어디로 가서 어떻게 했는지 전혀 모르고 있었다.

그로부터 50년 만인 1985년 김달진 씨는 그가 50년 동안 발표해 온 시를 『올빼미의 노래』라는 시집으로 펴냈다. 그 시집 출판기념 자리에서 나는 문득 청년 때의 그 객기가 떠올라 옛날 이야기를 꺼냈더니, 그날 나는 그 길로 성북동엔가 있는 김달진 씨의 하숙방에 가서 한숨 늘어지게 자고, 술이 대강 깬 뒤에 돌아갔다는 것이다.

그 동안 내가 어렴풋이 알고 있었던 것은 길에서 여자를 안으려 했었다는 데까지요, 그 뒤의 일은 전혀 기억에 없었던 것이다.

그 해 9월호던가의 《조광》지에 발표했던 나의 「술」이라는 소설 속에 일인칭으로 나오는 주인공이 길 위의 여자에게 프로포즈하려다 실패하는 얘기가 나오는데, 그것은 물론 전날의 그 사건에 모티프를 얻었던 것이다.

1938년이던가 9년에 나는 사천서 김달진 씨를 만난 적이 잇다. 그 무렵 나는 사천군 내에 있는 다솔사 근방 어떤 산골 마을에서 학원 선생 노릇을 하고 있었다.

　김달진 씨는 그쪽 지방으로 여행을 나왔던 모양이었다. 다솔사에 들렀다가 내 소식을 듣고 찾아왔노라는 것이었다. 전날 그렇게 형같이 따뜻하게 대해주던 일과 그 새빨간 입술에 번지는 선의의 미소를 볼 때 여간 반가운 얼굴이 아니었다.

　막걸리 한 주전자와 마른 명태 한 마리를 찢어서 상 위에 차려놓고 우리는 다시 술자리에 마주앉은 셈이었다.

　나는 그가 일찍부터 불교에 귀의하고 있었음을 알고 있었기 때문에 다솔사에서 좀 묵을 생각이냐고 물었더니 고개를 흔들며 그냥 이쪽으로 잠깐 여행중이라는 것이었다.

　그러고는 별로 말이 없었다. 그는 내가 옛날같이 떠들썩하게 지껄이지 않는 것이 뜻밖이라는 듯이 그냥 비죽이 웃고만 있다가 어떻게 살아가느냐고 불쑥 물었다.

　나는 직감적으로 그가 묻는 뜻을 알았다. 그것은 내게 학원에서 보수를 받고 있는 것이냐, 받고 있다면 어느 정도냐, 결혼은 했느냐, 집은 마련됐느냐, 고향의 부모형제들과는 연락이 있느냐 하는 따위를 묻는 것이 아님을 알았다. 살아가는 의의(意義)를 터득했는가, 보람을 느끼는가, 그냥 문학하는 재미로만 살아가는가, 불교에는 귀의를 했는가, 아니면 다른 종교에라도 신앙을 가졌는가, 참선하러 갔다는 소문이 나던데 그 결과는 어떻게 되었는가 하는 따위를 묻고 있다고 깨달았다.

　내가 앉은 뒤에는 바람벽이 있었다. 나는 벽에 등을 갖다대며,

　"이렇게 의지하고 살지요."

했다.

　"무엇에?"

　"글쎄, 운명 같은 것이라고나 할까?"

　나의 대답이 불만이었던지, 혹은 이해할 만하다고 생각했던지, 그

는 더 묻지 않았다.

　나는 그가 나의 운명이란 말을 이해하기 어려우리라고 생각했다. 세상에서 말하는 소위 그 운명을 말한 것이 아니었기 때문이었다.

　"천명(天命)이란 것도 운명일까?"

　나는 다시 물었다.

　"운명이라고 봐야지."

　우리의 대화는 거기서 끊어졌다. 나는 마음속으로 〈괘리(卦理)를 좇아서 취사선택을 가늠하되 함부로 흐르지 않고, 천명을 알아 즐기니 근심하지 않는다(旁行而不流樂天之命故不憂)라는 주역의 한 구절을 가만히 외고 있었으나, 그에게 나의 운명이란 말을 더 부연해서 밝히지는 않고 말았다.

　해방 후 우리는 다시 만났다. 그리하여 한국청년문학가협회도 같이 만들었다.

　그 뒤 어느날 청마(靑馬) 유치환(柳致環) 형이 시골서 술 한 병을 가지고 왔을 때 우리는 월탄(月灘―朴鍾和) 선생을 찾아가 다시 술자리를 벌였다. 유치환, 김달진 두 분이 다 과묵한 사람들이었지만, 그들의 웃음소리와 눈빛 속에는 충분히 서로 믿고 사랑하는 우정이 흐르고 있었다.

　6·25동란 후 김달진 씨는 모든 사회적 활동을 외면한 채 불경 번역에만 전심하고 있었다. 『올빼미의 노래』 출판 때 다시 만난 그는 희수(喜壽―칠십칠 세)라는 연세에 비해 아직도 맑고 깨끗한 눈빛을 가지고 있었고, 목소리와 거동에도 맑은 바람 같은 것이 일고 있었다.

　끝으로 그의 시 한 편을 옮겨보기로 하겠다.

　　　고인 물 밑
　　　해금 속에
　　　꼬물거리는 빨간

실낱 같은 벌레를 바라보며
머리 위 등 뒤의
나를 바라보는 어떤 큰 눈을 생각하다가
나는 그만
그 실낱 같은 빨간 벌레가 되다

카페 시대

 미당의 슬픈 첫사랑이 일단락을 지은 뒤부터 나도 술에 취하는 날이 많아졌다. 우리는 대개 선술집에서 마시는 것이 보통이었지만, 가다가 주머니가 좀 두둑한 날은 카페로 발전하는 수도 있었다.
 "오늘은 술값이 좀 넉넉한데 우리 카페란 데 가볼까?"
 어느 날 미당은 입과 눈을 평시보다 많이 움직거리며 말했다.
 우리는 카페란 데는 여급(카페에 있는 술집 색시를 그때는 이렇게 불렀다)이 있는 반면에 술값이 비싸다는 것을 알고 있었기 때문에 싼 술집에서 미리 얼근히 취해 가야 한다고 들었다. 그래 우리는 먼저 선술집으로 갔다.
 그 무렵의 선술집이라고 하면 대개 종로 근처요, 카페도 낙원, 엔젤, 동양구락부 하는 유명한 것들은 거의 종로 2가에서 3가 사이에 많았다. 그리고 우리가 잘 가는 선술집은 견지동과 관훈동에 있었다.

그 무렵의 선술집은 앉는 자리가 없었고, 술은 요즘의 소위 약주다. 그것이 한 잔에 5전인데 거기다 안주가 따라나왔다. 안주는 수십 가지를 늘어놓고 그중에서 입맛대로 취할 수 있게 되어 있었다.

우리는 한 사람이 다섯 잔 내지 열 잔쯤이면 적당히 취했다. 우리 일행은 미당이나 나 이외에 한두 사람씩은 더 끼여 있었던 것으로 짐작되나 누구였던가는 잘 기억나지 않는다.

약주로 얼근히 취한 우리는 관훈동이나 견지동에서 종로로 나간다. 처음 발길을 들여놓는 데는 으레 낙원 카페다. 제일 크고 화려하고 번성하던 집이다. 여급만도 무려 백여 명이 넘지 않았을까 생각한다.

게다가 일녀(日女)들도 약 오분지 일 가량이나 섞여 있었다. 그 당시엔 우리나라 여성들도 그랬지만, 일녀들도 대개는 양장보다 기모노를 많이들 입고 나왔다.

그러나 우리는 일녀들보다 한국 여성을 더 좋아했었다. 민족적인 감정 문제보다도 얼굴이 어쩐지 한국 여성들만큼 예뻐 보이지 않았다. 게다가 기모노도 우리에겐 맞지 않았다.

맥주는 한 병에 50전이었다. 안주는 얼마던가 기억나지 않는다.

처음엔 맥주 두 병을 시키는데, 한 병이 두컵 반쯤 났다. 우리는 미리 마셨기 때문에 그것을 쭉쭉 내지 않고 두어 모금씩 마시고는 낙화생(땅콩) 따위를 집어 먹었는데, 남은 병을 마저 비우기를 목적하는 여급들은 잔이 날 때를 기다리지 않고 첨잔(添盞)을 한다. 그리하여 미처 기분도 내기 전인데 빈 병을 들어보이며,

"맥주가 없어요."

했다.

우리는 맥주를 다시 주문하기 전에 눈치를 살핀다. 두 병 술이 비워질 무렵쯤 되면 여급들이 제일 많이 밀려와 있다. 그녀들은 손님들의 양쪽 자리에만 앉아 있는 게 아니라 손님들의 어깨를 짚다시피 하고

빙 둘러서 있는 것이다. 손님 셋에 예닐곱 명이 보통이다.

그러다가 손님들의 주머니 속이 두둑해 보이지 않으면 하나둘씩 사라져 버린다. 그러나 손님 수만큼은 대개 남아있고, 썩 멋이 없어도 당번만은 끝까지 버틴다.

우리가 카페에서 맥주를 마실 수 있는 경제적 능력은 너더댓 병 정도다. 총재산 4,5원에서 약 1원 가까이는 선술집에서 없어지고, 남은 3,4원을 품에 넣고 카페로 달려들지만, 그것으로 언제나 너더댓 병에 동이 난다. 울긋불긋한 불빛과, 천장을 뒤덮은 색지(色紙) 조각과 온갖 유행가에다, 기타와 아코디언과 바이올린과 만돌린 소리에다, 여기저기서 폭발하는 웃음 소리에다, 볼과 목덜미를 간질이는 여자들의 보드라운 입술에다, 스물서너 살짜리 젊은 문학도들의 호주머니 속은 너무나도 가난했다. 여자들의 손이나 좀 어루만지다 보면 어느덧 밑천이 떨어져 있는 것이다.

처음엔 겨우 맥주 값을 치르고 나면 으레 팁 줄 돈이 남지 않았었다. 그 당시의 카페 여급이란 유급제(有給制)가 아니고 거의 전부가 팁을 보수로 삼고 있었다. 이 판에 팁이 없다는 것은 술값이 모자란다는 것과 별로 다르지 않았다. 다만 술값이 모자랄 때는 법률적으로 죄가 성립되지만, 팁이 없을 때는 얌체죄에 해당될 정도의 차이가 있을 뿐이었다.

팁이 없다고 할 때의 그 실망하는 여급들의 얼굴이란! 돈의 아쉬움을 나는 그때같이 뼈저리게 느껴본 적이 없는 것 같다. 당번은 울상을 하고 길에까지 따라나왔다. 나는 남 몰래 시계를 끌러주고 다만 처분해 버리지 말라고 부탁했을 뿐이었다.

그러나 내가 시계를 찾으러 간 것은 한 일주일이나 뒤의 일이다. 「바위」던가 「무녀도」의 원고료를 받은 날이었다.

나는 전날의 여급을 찾아 일금 1원을 쥐어준 뒤 시계를 먼저 찾았다.

"안 오시나 했어요."

시계를 내어주며 여급은 말했다.
"안 오다니. 바빠서 그랬지."
나도 허세를 좀 피우지 않을 수 없었다.
"그 대신 오늘은 맥주를 조금만 하세요."
여급은 봐준다는 듯이 말했다. 기분으로 오는 거니까 비싼 맥주는 조금만 마시고 놀다 가되 팁은 현금으로 내야 한다는 뜻이었다.
과연 여급들은 그날 밤 이래 우리에게 맥주를 어서 들라고 재촉하지 않았다. 따라서 매상 성적은 형편없었지만, 여급들 사이의 인기는 꽤 좋은 편인 듯했다.
우리 같은 가난뱅이 청년들을 이만큼이나 반겨주는 것이 고맙다고까지 나는 생각하고 있었다. 그러나 이것은 나중에 안 일이지만, 우리가 그녀들의 동정에 가까운 호감을 사게 된 까닭은 딴데 있었다. 우리를 퍽 순진한 청년들로 보았다는 것이다. 우리는 고작하여 여자들의 손이나 좀 만지는 것을 대단히 용감한 행동으로 생각했고, 거기다 용기 백배하여 볼이나 좀 대어본다면 남자가 다 된 것으로 생각했는데 다른 남자들은 그 정도가 아니라는 것이다.
"그러니까 기모노를 싫어하지. 기모노가 왜 좋은지 알어?"
나중 알게 된 H라는 친구의 설명이었다.
"기모노는 말야 손 넣기가 편리하거든. 게다가 일본여자들은 기모노 안에다 내복을 안 입는단 말야. 알겠지? 바로 거기가 노다지란 말야."
H는 우리가 일본 여자들, 특히 기모노를 싫어한다는 말을 듣고 이렇게 계몽을 시키는 것이었다.
그러나 나는 끝내 일본 여급과는 친해지지 않았다.
우리가 낙원에서 다시 이차로 발전할 수 있으면 그 다음엔 엔젤카페요, 그 다음이 동양구락부였다. 엔젤엔 모 여자전문학교를 중퇴했다는 인텔리 여급이 있었고, 동양구락부에는 검정 치마에 엷은 초록

색 저고리를 입고 얼굴빛이 약간 검은 편인데다 눈이 번쩍거리는 여급이 하나 있었다.

나는 첫눈에 그 여자가 마음에 들었다. 엷은 초록색 저고리에 검정 치마를 입고 두 눈이 번쩍번쩍하는 여자에겐 왜 그런지 처음부터 마음이 끌렸다. 그러나 우리는 빈자리(박스)가 없어서 그냥 돌아서 나오지 않으면 안되었다.

그 다음 우리가 어디로 갔었는지 나는 기억하지 못한다. 다만 내가 끝내 찌부둥해서 곧장 그 여자 말만 끄집어내었기 때문에 일행의 기분을 잡쳐주었던 것만은 기억하고 있다.

"그럼 지금이라도 그리로 가세."

M이 그렇게 말했다. 그날 밤의 술값은 M이 내고 있었던 것이다.

나는 두말없이 자리를 박차고 일어났다. 미당도 빙그레 웃으며 따라 일어났다. 우리가 다시 동양구락부로 갔을 때는 열한시가 넘어 있었다. 그새 자리도 여러 군데 나 있었다. 그러나 아까 그 여자는 보이지 않았다.

"초록 저고리에 깜정 치마 입은 색시 어딨지?"

M이 웨이터를 붙잡고 물었다.

"키가 큽니까?"

웨이터가 M에게 되묻는다(M은 사실 그런 여자를 본 기억이 없는 것이다).

"그래그래, 맞았어. 데려와."

성격이 원래 수월한 M은 그래그래였다.

웨이터가 데려온 여자는 옥색 저고리에 검정 치마를 입고 있었으나, 딴 사람이었다.

"맞았어, 이 여자야."

M과 미당은 만족한 얼굴로 나를 돌아다보았다.

"어때, 맞지? 자네가 말하던 그 여자 맞지?"

미당이 큰 소리로 나에게 물었다.

"……."

나는 눈살을 불끈 찌푸린 채 대답을 하지 않고 있었다. 여자 쪽에서도 자기를 두고 하는 말인 줄 뻔히 알고 있는데, 바로 그 여자 앞에서 아니라고 하기가 거북했던 것이다. 게다가 카페 안을 둘러보아야 아까 그 여자는 아무 데도 없었기 때문에 이 여자를 퇴했댔자 뾰족한 수가 있을 것 같지도 않았다.

우리는 그런 대로 또 맥주를 기울이기 시작했다. 여기서는 낙원과 같이 여급이 많지 않은지 옥색 저고리 외 나이 약간 들어보이는 흰 치마저고리를 입은 여자 하나가 잠깐 와서 자리에 앉았다간 이내 일어나 가버리곤 했을 뿐이다.

미당은 빙글빙글 웃는 얼굴로 어디 만족하냐는 듯이 옥색 저고리와 나를 번갈아보곤 했다.

"어서 잔 내세요."

여자는 초조한 듯이 뒤를 돌아보며 재촉질을 했다. 그러나 나는 잔을 들지 않고 있었다. 나의 꿍꿍이속으로는 내가 이렇게 뚱해 있으면 여자가 멋쩍어서 가버릴 것이며, 여자가 가버리면 웨이터에게 진짜 엷은 초록 저고리를 찾아오게 할 작정이었던 것이다.

여자 쪽에서도 나의 이러한 속셈을 눈치채었는지 자리에서 슬그머니 일어나 버렸다. 그러나 한번 자리를 떠난 여자는 박스로 돌아오지 않았다. 우리는 무수히 웨이터를 불렀으나 웨이터가 얼른 오지 않았고, 지나가는 놈을 억지로 붙잡다시피 해놓아도 네 하고 한번 가버리면 그만이었다.

열두시가 가까웠을 때야 웨이터가 불쑥 나타나더니

"부르셨습니까?"

였다.

"아니, 색시 어떻게 됐어?"

웨이터는 손목시계를 들여다보는 체하며,

"지금 시간이 늦어서 색시들은 다 돌아갔는데요."

하는 것이다.

한쪽 구석에선 이미 박스를 치우기 시작하고 있었다.

우리는 자리에서 그냥 버티어보기로 했다. 처음에는 그냥 막연한 데모 비슷한 것이었지만, 시간이 지날수록 일어나기가 싫어졌다. 웨이터들도 처음엔 그냥 두고 보는 체하더니 한 시간 가까이 되어 다른 손님들도 다 가버리고 우리만 남게 되자 이번에는 박스를 무너뜨려서 우리 자리만 넓은 홀에 섬같이 동그랗게 만들어놓고는 어서 일어나 가라는 것이었다.

우리는 이왕 늦었으니 그냥 의자에 앉아서나마 밤을 새우겠다고 우겨 보았으나, 그들은 듣지 않고 주인이 알면 야단을 맞는다고 사정을 하는가 하면, 일부에서는 경찰에 전화를 걸겠노라고 협박을 놓고 해서 결국은 그 자리마저 쫓겨 나고 말았다.

거리로 나온 우리는 또 술집을 찾기로 했다. 우리는 약속이나 한 것같이 아무도 집(하숙)에 돌아가려고 하지 않았다. 그러나 한시에 접어든 서울의 거리는 조금 전의 흥청거림과는 딴판으로 갑자기 폐도(廢都) 같은 적막 속에 잠겨 있었다.

우리는 카페나 큰 술집은 단념하고 아주머니나 아저씨가 혼자 팔고 있는 조그만 술가게를 찾아 다니기로 했다. 어떻게 해서든지 이대로 밤을 세울 작정이었던 것이다.

밤을 세우면 무슨 뾰족한 수가 있단 말인가. 다만 우리는 술에 취한 채 밤중에 뿔뿔이 헤어져 돌아가기가 싫었을 뿐이었다.

우리는 그렇게 왔다갔다 하노라면 이내 밤이 샐 줄 생각했었다. 우리는 저녁때에서 자정까지가 이내 닥치듯이 한시에서 날이 새기까지도 그렇게 쉬울 줄 알았던 것이다.

그러나 그것은 오산이었다. 한시에서 두시까지는 그럭저럭 되는데, 두시에서 날이 샐 때까지는 전혀 딴판이었다. 앞도 뒤도 헤아릴 수 없는 아득한 사막 한가운데 던져진 것 같았다.

두시까지는 문을 막 두드리면 일어나주던 아주머니나 아저씨들도 두시 지나선 막무가내였다. 문을 부수려면 부수고, 무엇이나 들어다 먹으려면 들어다 먹으란 듯한 태도들이었다.

우리는 종로 2가를 중심으로 하여 동대문까지와 서대문까지를 몇 차례나 왔다 갔다 했는지 모른다.

우리가 해장국을 먹은 것은 종로와 광화문 사이였던 같다. 날이 희부옇게 샐 무렵이었다. 그리고는 셋이 함께 M의 처소로 갔었는지 어느 여관엘 들었었는지 기억이 희미하다.

그런 지 얼마 안 되어 미당과 M은 시골로 내려갔다.

바보, 멍텅구리, 촌뜨기

미당과 M이 시골로 잠깐 내려간 동안이다.

최아동이 경주에서 올라왔다. 아동과는 해인사에서 가깝게 지냈지만, 그 뒤에 자주 만나지 못하고 있었던 것이다.

"이것아, 니는 어른한테 편지 한 장 상서(上書)할 줄도 모르나."

나는 할 말이 없어 그가 색시 있는 술집 자주 가는 것을 빗대어,

"자네는 요즘도 그것만 밝히나?"

하고 물었다.

"아이구, 요거 말하는 거 보래이. 나는 니가 근일에 와서 문명(文名)을 떨치기에 인제 사람이 좀 됐나 했더니 아직도 고 모양 고 뽄세가? 아무튼 좋다. 내가 요번에는 기필코 니를 사람을 맨들어줄 테니까."

그는 이렇게 호언을 하고 그날 밤으로 나더러 안내를 하라는 것이다

"자네 같은 촌사람을 위해서는 낙원카페가 좋은데, 미인은 동양구

락부에 많다."

　나는 초록 저고리를 마음속으로 생각하며 말했다.

　"오냐, 어디든지 니가 반한 여자 있는 데로 가자."

　그는 술이 약했기 때문에 미리 선술집에 들러갈 필요도 없었다. 우리는 바로 동양구락부로 갔다.

　초록 저고리는 그 사이에 원피스로 바뀌어져 있었다.

　"이 여자 어때?"

　나는 원피스를 아동에게 소개하는 대신 이렇게 물었다.

　"와? 니 애인이가?"

　아동이 이렇게 되묻자 나는 잠깐 원피스의 얼굴을 바라보고 나서,

　"날 본 거 같애요?"

하고 그녀에게 물었다.

　"접때 오시잖았어요?"

　원피스가 의젓하게 되물었다.

　"흥, 좋다. 연놈이 벌써부터 하재?"

　아동이 쌍말투로 농담을 붙였다. 원피스는 손으로 입을 가리며 킬킬 웃고 있었다.

　또 한 사람의 여자가 왔다. 분홍 저고리에 검정 치마를 입은 키가 짤막한 여자였다.

　"보이소, 그라면 당신이 내 몫이오?"

　아동이 분홍 저고리의 어깨를 손가락으로 쿡 찌르며 물었다. 마음에 들지 않아서 조롱삼아 묻는 말인 듯했다. 그러나 분홍 저고리는 명랑하게 웃으며,

　"보이소, 나는 경상도 양반 아입니다, 고마."

　경상도 말의 흉내를 내어보였다. 아동은 원피스를 보고,

　"보이소, 여자 있거든 있는 대로 모두 불러보이소. 돈은 얼마든지

낼 테니까 걱정 말고."

원피스는 턱으로 분홍 저고리를 가리키며,

"곁에 두고 또 무슨 색실 불러요?"

하고 응하지 않았다. 나는 혼자 속으로 여기는 낙원카페와 참 다르다고 생각했다.

"봐라, 동리야, 니는 저 여자 맘에 드나? 그럼 놓자. 보이소, 뭐 비싼 거 좀 가지고 와보소. 그 대신 이 친구 꼭 놓치지 말고 붙잡아 가소. 당신들이 알고 있는지 모르지만, 그래 볼 사람 아닙니다. 신문 잡지에 대문짝 같이 이름이 나는 사람을 몰라보면 되나."

아동도 처음엔 농담으로 시작한 말이 중간에 가다가 차츰 진담으로 돌아가서 나중엔 점잖이 타이르는 말씨가 되어버렸다.

원피스가 자기 앞에 놓인 맥주잔을 집어 들더니 한숨에 쭉 내어버리고 빈 글라스를 나에게 내밀었다.

"동리야, 그 잔 받으면 알제? 보이소, 그렇지요?"

아동이 여자에게 다짐을 놓자 원피스는 적당히 하라는 듯이 고개를 끄덕여 보였다.

"그럼 약속했지요?"

"……."

여자는 빙긋빙긋 웃는 얼굴로 또 고개를 끄덕여 보였다.

나는 여자가 주는 맥주잔을 한숨에 내고 빈 잔을 아동에게 돌렸다. 그러나 아동은 그 잔을 기어이 원피스에게 도로 돌리며 나더러 맥주를 따르라는 것이다.

"또 받겠소?"

내가 물었다.

"……."

여자는 역시 빙긋빙긋 웃는 얼굴로 그냥 고개만 끄덕여 보였다.

"자, 이라면 일은 다 됐는데…….."
 아동은 혼자말같이 이렇게 중얼거리며 자기의 손목시계를 들여다보았다. 이제 겨우 여덟시였다.
 "그럼 이럭합시다. 여기서 몇 시에 나갑니까?"
 아동이 원피스에게 물었다. 그러나 분홍 저고리가 대답을 냉큼 가로채었다.
 "앤 오늘 당번이에요."
 "당번은 못 나가나?"
 원피스는 고개를 들어 나를 한번 힐끔 보더니 또 빙긋 웃음을 지어 보였다. 어쩌면 싫지 않다는 듯한 표정이기도 했다. 나는 혼자 속으로 저렇게 신선하게 생긴 여자가 웬걸 나같이 키가 작고 돈 없는 청년을 좋아하랴 싶었다.
 아동은 심각한 얼굴로,
 "그럼, 이거 낭패 아이가?"
하고 혼자말같이 중얼거렸다.
 "저 선생님 성함이 누구세요?"
 원피스가 나를 가리키며 물었다.
 "잘한다. 여태 애인의 성명도 모르고 있었나?"
 아동은 친절하게도 호주머니에서 종이쪽지를 끄집어내더니 거기다 내 이름을 써서 원피스에게 건네주지 않는가. 여자는 조이쪽지에 씌어진 글자를 확인하고 나서 다시 한번 고개를 수그려 보이더니,
 "저 낮에는 언제든지 시간 있어요."
했다. 여자가 이렇게 일러주어도 나는 낮에 판장소에서 약속을 하고 만날 수 있다는 그녀의 말뜻을 알아듣지 못했다. 다만 낮에 카페를 어떻게 찾아오나 이렇게만 생각하고 있었다.
 아동은 그날 밤으로 그녀가 나갈 수 없다는 말에 아주 실망을 하고

있었다.

"또 안 오시나요?"

원피스가 물었다.

"물론 또 오기야 하지만……."

"그럼 선생님 계신 데나 가르쳐 주세요."

원피스의 이 말에 아동은 새로 용기를 얻으며,

"자, 여기다 자세히 적어줘라."

하고 종이쪽지를 나에게 내밀었다. 나는 하숙 주소를 적어주며,

"경성제대 건너편 관성교 하는 집이라면 다 알아요."

했다.

우리는 다시 낙원카페 쪽으로 발길을 돌렸다.

나흘인가 지난 뒤다.

하숙방에 엎드려 있으니까 손님이 찾아왔다는 것이다. 나가보니 밖에 서 있는 것은 전날 밤 동양구락부에서 본 진숙(원피스)이었다. 흰 치마에 옅은 유록빛 저고리를 받쳐 입고, 하이힐을 신고 있었으나, 불빛에 보았을 때보다는 어딘지 우중충한 데가 있어 보였다.

나는 내 하숙방으로 그녀를 인도하려고 뒤를 돌아다보았으나, 방문마다 학생들이 얼굴을 내밀고 있는 것을 보자 용기가 꺾이고 말았다.

나는 그녀를 길가에 잠깐 기다리게 하고는 내 방으로 들어와 양복을 갈아입고 밖으로 나갔다. 그때 내 양복 주머니 속에는 총재산 1원 5전이 들어 있었다.

나는 그녀를 종로 5가에 있는 중국집으로 인도했다. 우동 둘에다 잡채 한 접시를 시키려니까 진숙은,

"저 점심 하구 나왔어요."

했다.

"그럼 술을 들겠어요?"

"싫어요."

"그렇지만……."

"맘대로 하세요."

"그럼 우동은 그만두고 잡채 하나에 배갈 하나하구, 사이다 하나 주소."

"사이다 누가 먹어요?"

"진숙 씨가……."

"싫어요."

"왜?"

"저 암 것도 안 먹겠어요."

"그럼 어쩌나?"

나는 당황했다. 혹시 성을 낸 것이나 아닌가 해서 그녀의 얼굴을 살펴보았다. 그녀는 고개를 들더니,

"저 이렇게 찾아왔어두 괜찮아요?"

하고 딴전을 쳤다.

나는 또 당황했다. 적당한 대답이 머릿속에 떠오르지 않았기 때문이었다. 그리고 나는 사실 마음 속으로는 그녀를 환영하고 있는 것만은 아니기도 했던 것이다.

"그건 왜 물어요?"

"……."

그녀는 대답을 하지 않았다.

조금 뒤 그녀는 다시,

"저 찾아올 줄 알았어요?"

"은근히 기다렸지만, 정작 찾아와 주니 당황해지는군요."

여자는 비로소 미소를 지었다.

요리가 들어왔다. 그녀는 젓가락으로 잡채를 집긴 했으나, 술은 굳

이 사양했다.
"저 술 먹는 거 좋아하세요?"
"……."
나는 고개를 옆으로 저었다.
"그렇죠?"
진숙은 당연하다는 듯이 이렇게 다짐했다.
"저도 어릴 땐 어머니 따라 예배당에 나갔어요."
"그런데 지금은?"
"지금 어머니가 안 계세요. 돌아가셨어요."
"아버진?"
"아버진 계시지만 무관심하세요. 지금은 계모가 다 쥐고 있어요."
"집에서도 알우? 카페 나가는 거……."
"다 알 거예요. 집에 있을 땐 계모하구 싸우기만 했으니까 인제 시원해 할 거예요. 아버지두 그렇구. 아버진 제가 계모하구 싸우면 차라리 나가 죽고 없어졌음 좋겠다구 그랬어요. 참 이상한 아버지죠. 제가 여학교 2학년 때 어머니가 돌아가셨는데, 그때까지 여학교라두 다녀본 건 순전히 어머니 힘이었어요. 저 카페 나가기 전에는 줄창 외가에 있었어요. 집에만 들어가면 계모하고 싸웠으니까요."
"외가두 서울?"
"본래는 인천에 있었는데, 인제는 모두 서울로 옮겨왔어요."
진숙이는 이야기를 마치고 그 번쩍거리는 두 눈으로 나를 물끄러미 바라다보았다.
"어딘지 처음 보았을 때부터 다른 여자들과 달라 보였어."
나는 무슨 까닭으론지 이런 말을 했다. 사실 그녀의 환경이 그렇다고 해서 다른 여자들과 다를 것이 무어라 말인가. 카페의 여급으로서 부모가 구존하고 생활이 유여한 집 딸이라면 그것이 오히려 예외일 것이다.
그러나 진숙은 나의 그 말이 마음에 흡족한 모양으로,
"다른 손님들도 다 그렇게 말하긴 해요. 아마 화장을 안 하니까 그래서 그러나 봐요."
했다.
나는 그때까지 여자의 얼굴에서 화장이란 것을 통 알아보지 못하고 있었다. 진숙의 경우도 그녀의 입으로 화장을 안한 채 카페에 나갔다고 하니, 그렇다면 그래서 얼굴빛이 좀 가무잡잡하게 보였구나 생각했을 정도였다.
진숙이 손목시계를 들여다보았다. 네시 반이었다.
"저 내일까지 쉬어요. 저녁 차로 인천에나 가볼까 하구 있어요."
"혼자서?"
"……"
진숙은 대답 대신 고개를 들어 나의 얼굴을 물끄러미 바라보았다. 그녀의 번쩍거리는 두 눈이 이때같이 아름답게 보인 적은 없었다고 느껴졌다.
"어떠세요? 생각 있음 같이 가주시잖겠어요?"
그녀의 얼굴은 분명히 이렇게 말하고 있는 듯했다. 그러나 나는 나하고 같이 가줄 수 없겠느냐는 말을 하지 못했다. 나는 내 품 속에 들어 있는 돈이 1월 5전 뿐이란 것을 생각하고 있었다. 지금 먹은 요리 값을 치르면, 4,50전밖에 남지 않는 것도 생각하고 있었다.
"나는 아직 인천 가본 적두 없어요."
나는 겨우 이렇게 말했다.
그러자 진숙은 드디어,
"같이 가보시겠어요?"
하고 나왔다.

"이번엔…… 내일 집에서 조카가 오기루 돼 있는데, 아침 차로……. 아침 일찍이 서울역까지 나가줘야 해요."

나는 입에서 나오는 대로 주워 섬겼다. 진숙은 고개를 수그린 채 잠자코 있더니,

"그럼 인천 가는 거 그만둘까?"

하고 혼잣말같이 중얼거렸다.

"고향이 경상도랬지요?"

진숙은 일어날 무렵에야 나의 고향을 물었다.

"경주."

"저두 어머니가 한 해만 더 살아 계셨음 경주 구경할 뻔했어요. 저희 여학교에서는 정해 놓구 3학년에 경주로 가요. 수학여행……."

"언젠가 나하고 같이가요."

나는 왠지 미안한 것 같은 생각이 들어서 이렇게 적당히 지껄여 보았다.

"정말이세요?"

진숙은 내 목에 매어달리기라도 할 듯이 고개를 갸우뚱해서 나를 쳐다보았다.

"내 요담 고향 갈 때 들르지."

"그럼 꼭 부탁해요. 기다리겠어요."

진숙은 내 말을 그냥 헛 인사로만 듣지는 않는 듯했다. 그만큼 그 무렵의 나의 태도나 말씨에는 거짓말을 느낄 수 없을 만큼 바보, 멍텅구리, 촌뜨기 청년 같은 것이 흐르고 있었던 듯하다. 그러나 그녀와 나의 관계는 나의 이러한 바보, 멍텅구리, 촌뜨기, 무의지(無意志), 무행동(無行動)으로 말미암아 난센스로 끝나고 말았다. 나는 그런 지 일주일이 채 못 되어 혼자 고향으로 돌아오고 말았던 것이다.

비밀 누설

내가 그 해 여름 고향으로 돌아오기 바로 전이었다. 일본에 있는 김 아무개라는 여자로부터 봉함(封緘)이 왔다.

나는 그녀의 요청에 따라 나의 「바위」가 게제 된 《신동아》를 사 보낸 적이 있었다. 「무녀도」가 실린 《중앙》도 함께 보내달라고 했으나, 그때는 아직 원고료가 나오기 전이요, 나는 한창 막걸리 값에 몰려 있을 때가 돼서 두 권을 다 사 보내지는 못했던 것이다.

그런 지 한 스무 날 뒤에 김으로부터 회신이 왔는데, 「무녀도」는 일본에서 구해 읽었노라면서 간단한 독후감까지 적혀 있었다.

무당의 넋두리에는 실감이 나지만, 서양인 선교사의 설교 장면은 부자연스럽고 실감이 덜 난다고 했다. 「바위」는 참 감명깊게 읽었노라고 했다. 그렇지만 문둥이 여인을 그렇게 죽임으로써 무슨 구원 같은 것을 암시하는 것이냐고 묻기도 했다.

나는 고향으로 돌아가니 앞으로는 시골 주소로 편지를 보내달라고만 답장을 보내고 서울을 떠났다.

고향에 돌아온 지 한 열흘쯤 지난 뒤에 또 김 아무개 여자의 편지가 왔다. 자기는 일본 대학 기숙사에서 외로운 나날을 보낸다는 것, 자기도 문학에 취미가 있지만, 몸이 약하다는 것, 남보다 유달리 고독을 느낀다는 따위 사실들이 호소하듯이 적혀 있었다.

나는 편지를 읽기가 바쁘게 답장을 썼다.

나는 내가 살고 있는 고향집의 검은 나무 그늘과 무성한 풀과 그 위에 덮인 별의 하늘과 그리고 내 얼굴을 어루만지는 듯한 정겨운 바람과 넋을 빼는 개구리 소리 들을 자세히 묘사한 뒤 나는 외롭다, 당신이 그립다, 이렇게 썼다.

내 편지가 가면 일주일 만에 반드시 그녀의 회신이 왔다. 이렇게 몇 차례나 계속했을까.

그녀는 어느덧 방학을 하고 C시에 돌아와 있었다. 식구래야 어머니와 둘뿐이라고 했다. 어머니는 독실한 크리스천, 자기는 병약한 위에 언제나 고독에 젖어 있다고 적어 보내곤 했다.

나는 이러한 그녀의 편지질에 점점 더 부풀어 올라 나중엔 편지 사연도 어느덧 산문에서 자유율(自由律)로 바뀌어져 버렸다. 지금도 내 기억속에 남아 있는 몇 구절을 옮겨 보면,

〈밤마다 내 꿈길을 짓밟는 그대의 발자취……〉

〈정겹게 내 얼굴을 스쳐주는 밤바람은 그대의 숨결인가.〉

〈개울 속에 와글대는 개구리 소리는 내 영혼을 어루만지는 그대의 목소린가.〉

〈그대의 머리칼을 내게 보내라, 마음을 매어 보내라. 내 마음속의 쓰라림을 그대로써 씻으리.〉

대개 이상과 같다.

이에 대하여 그녀는 어쩌면 경주로 오겠노라고, 그러나 어쩌면 나를 찾지는 않고 그냥 다녀가기만 할지도 모르겠노라고 보내어왔다.

그리고 또 내 사진을 하나 보내달라고 적혀 있었다.

　나는 해인사에 있을 때 찍은 것을 한 장 보내주었다. 약간 퇴색이 되어 누른 빛이 돌았으나, 나에게는 독사진이라고는 그것밖에 없던 것이다.

　닷새 만엔가 사진이 돌아왔다. 내(그녀)가 생각했던 얼굴이 아니다, 왠지 인상이 좋지 않다, 이런 내용과 함께.

　나는 그 편지를 남이 볼까 겁이 나서 불살랐는가 변소에 버렸는가 했다.

　전년에 R에게 편지를 써보내고 답장을 받지 못했을 때보다 훨씬 더 비참했다.

　R에게 보낸 편지는 어디까지나 일방적인 것이었기 때문에 묵살을 당해 마땅하다고 나는 처음부터 각오하고 있었던 일이지만, 이것은 전혀 달랐다. 내 문학을 이해하고, 고독을 호소해 오고, 모든 세속적인 조건을 떠나서 영혼과 영혼으로 사귀자고 다짐하고선 생각하던 얼굴이 아니다, 인상이 좋지 않다는 따위 모욕적인 언사와 함께 사진을 돌려보내다니, 나는 그 울분을 참을 길 없어 또 편지를 썼다.

　〈내 사진이 왜 그렇게 그대에게 실망을 주었는지, 바로 말하면, 나는 이해할 수 없다. 그것이 무어 그리 절대적인 것일까. 나는 너무 실망하여 당분간 글도 쓰지 못할 것 같다. 나는 이 길로 다시 절간으로 들어가 좀더 수양을 쌓아야겠다. 그럼 부디 그대의 건강과 행복을 빌겠다.〉

　나는 이렇게 써서 보내고 며칠 뒤 다시 다솔사로 떠났다.

　그 뒤로 그녀와 나 사이엔 편지질이 끊어졌다.

　해방 뒤 나는 우연히 부산에서 발행되는 어느 신문 지상을 통하여 그녀가 C시에서 활약하고 있음을 알게 되었다. 해방 후 그녀는 어느 중학교의 교장직을 맡아보고 있다고 보도되어 있었던 것이다.

　그런 지 또 몇 해가 지났다. 그 무렵 내가 단골로 다니던 A다방에 들렀더니 어떤 부인이 나를 찾아왔다가 갔는데, 저녁에 다시 올 테니 꼭 기다려달라더라는 것이다.

그녀가 말한 시간에 나는 A다방으로 갔다. 마담이 인도하는 자리에는 나이 한 사십 가까이 되어 보이는 아래 위 새까만 치마저고리를 입은, 얼굴도 새까맣게 그을은 부인이 앉아 있다가 나를 보자 허리를 일으켰다.

그녀는 김 아무개라는 여자를 기억하느냐는 것이었다. 나는 입가에 쓴웃음을 띠며 기억한다고 했더니, 그녀도 웃으며 자기가 그 김 아무개라고 했다.

나는 여간 실망하지 않았다. 조금도 가련하거나 다정다감한 타입이 아닌, 어느 외진 섬에서 온 아주머니 같은 인상이었기 때문이었다. 그러나 그때는 이미 아무려나 마찬가지이므로,

"교육계에 계신다고 신문 지상을 통해서 알고 있었습니다."

나는 이렇게 인사말을 치렀다.

그녀는 그렇지 않아도 서울에 전국 중등학교 교장 회의가 있어서 왔던 길이라면서 나에게 꼭 전할 말이 있어 찾은 것이라 했다.

"그때 일은, 「화랑의 후예」가 당선되실 때 저도 응모했다가 떨어졌지요. 그래서 선생님에게 화풀이를 하려고 제가 계획적으로 장난을 걸었던 거예요."

나는 잠자코 듣기만 했다.

그 뒤 그녀는 문학하는 어떤 젊은이를 만나 내 이야기를 하더라고 내 귀에 들어왔다. 거기서도 역시 자기는 그때 낙선이 되었기 때문에 당선자를 곯려주려고 그런 장난을 쳤다고, 퍽 미안하게 생각한다고, 역시 나한에 들려준 것과 같은 내용이었다.

나는 이 영광스럽지 못한 기록을 지금껏 비밀에 붙이고 있었던 것이다.

황진사의 술

 그런데 「화랑의 후예」 주인공 황진사는 모델이 있는 인물이다.
 1934년 내가 서울에 올라와 미당과 사귈 때다. 미당은 배상기(裵相基)라는 사람을 내게 소개했다(이 배상기가 바로 미당이 소설 「배군」을 썼을 때의 모델이던 사람이다).
 배상기 씨는 나이도 우리보다 서너 살 위였지만, 취미가 넓어서 한시와 가야금을 즐겨 하였다. 미당과 나는 가끔 그를 찾아가 가야금 산조를 들으며 놀았다.
 배상기 씨가 어느 날 한 동행을 데리고 미당을 찾아왔다. 그 동행은 나이는 쉰다섯쯤 돼 보였는데, 하는 말이며 하는 몸짓이 번번이 사람을 웃음나게 했다. 양반행세를 하는데, 너무나 어설프달까 코믹했기 때문이다. 이름이 황 아무개였다. 나는 그 황 아무개를 머리에 떠올리며 「화랑의 후예」를 썼던 것이다.

「산화」가 당선된 해 나는 다시 서울에 올라와 미당이 있는 개운사로 갔다.

둘이 이야기를 나누고 있는데, 손님이 찾아왔다는 것이다. 나가보니 「화랑의 후예」 주인공인 황진사였다. 나는 그보다 먼저 배상기 씨로부터, 황진사가 나를 만나면 모델료를 받아내려고 벼르고 있다고 들었기에 이 노인이 그래서 왔나 보다 하고 좀 쑥스럽게 대할 수밖에 없었다.

그러나 황진사는 회색이 만면하여 절 앞의 가게로 가더니 사이다 한 병과 소주 한 병, 그리고 담배 한 갑까지 사와서 나무 걸상 위에 놓으며,
"오래간만인데, 약소하지만 한잔 드시구랴."
하고 유리컵에 소주를 따라 나에게 주지 않는가.

그 뒤 배상기 씨를 만나 그 이야기를 했더니 나더러 운수 대통이라면서 아마 황진사한테 대접을 받은 사람은 나 하나뿐일 거란 말을 했다. 그러고는 곧 황진사의 후일담을 쓰라고 졸라대었다.

내가 문단에 나올 무렵 신춘문예에 등장한 작가를 보면, 내가 기억하기로는 다음과 같다.

1934년에 최인준(崔仁俊)·박영준(朴榮濬)·김소엽(金沼葉) 세 사람이 《동아》,《조선》,《조선중앙》의 소설 부문에, 심재순(沈載淳)·박향민(朴鄕民) 두 사람이 희곡 부문에 당선되었고, 나의 시가 《조선일보》에 입선되었다. 다음해인 1935년에는 현경준(玄卿駿), 그리고 내가 《조선중앙》의 소설 부문에 당선되었으며, 1936년에는 김정한(金廷漢)·차자명(車自鳴) 두 사람이 《조선》에 동시 입선이든가 당선이든가 되었고,《동아》에는 서정주의 시, 이광래(李光來)의 희곡, 그리고 내 소설이 또한 당선되었고, 한태천(韓泰泉)의 희곡과 조명암(趙鳴岩)의 시가 《조선》에 각각 당선되었다.

1937년에는 정비석(鄭飛石)과 곽하신(郭夏信)이 각각 《조선》과 《동아》에 당선되었고, 다음해엔 김영수(金永壽)의 소설이 《조선》에 당선되었

다. 이 밖에도 시, 소설, 희곡, 아동문학 부문에 당선 혹은 입선된 이가 많지만, 대충 머리에 떠오르는 대로 적어본 것이다.

그러니까 1934년에서 37, 8년까지 약 4,5년간이 신춘문예의 황금시대라고 하겠다. 이러한 성황도 1939년에 들어서자 유력한 순문예지인 《문예(文藝)》가 신인 추천제를 실시함과 동시에 신문의 신춘문예는 빛을 잃기 시작했다.

광명학원 교사 시절

　나는 다솔사에서 그 해(1936년) 겨울을 나고, 이듬해 봄에는 원전으로 나갔다. 원전은 다솔사에서 십리 남짓 되는 삼거리 동네였다.
　동쪽으로 진주, 서쪽으로는 하동, 그리고 남쪽으로는 곤양(昆陽) 가는 한길을 끼고 앉은 이 삼거리 뒷산에는 빨간 지붕에 흰 벽의 양옥 한 채가 서 있었다. 그리고 그 앞에는 황토 빛깔의 운동장도 있었다.
　이 건물은 몇 해 전에 다솔사에서 포교당(布敎堂)으로 지은 것이다. 그런데 여러 가지 사정으로 포교당을 낼 수 없게 되자 집을 비워두는 것 보다는 다른 문화사업으로 쓰자 하여 사설 학습 강습소라는 허가 아래 광명학원이란 이름으로 학원을 낸 것이다.
　가난과 학령(學齡)과 기타 사정으로 초등학교엘 가지 못하는 동네 어린이와 젊은이들을 위해 한글과 산수와 일본말을 가르치기로 하고, 내가 이것을 맡았다.

나는 해인사에 있을 때부터 아이들을 가르친 경험이 있으므로 훌륭한 선생이 될 수 있었다.

내 거처는 이 교사 안에 딸려 있었다. 교사의 한쪽은 마루로 된 교실이고, 한쪽은 온돌방으로 되어 있었다. 나는 이 온돌방을 나의 숙소 겸 공부방으로 쓰고, 식사는 동네에 내려가 했다.

전등이 들어오지 않아 램프 등을 켰는데, 밤마다 불을 보고 날아드는 벌레 등쌀에 성가시었다. 교사 뒤가 바로 산이요, 숲이 깊었으므로 가지각색 풀벌레들이 다 날아왔다.

베짱이, 귀뚜라미 들은 구석마다 앉아 있었다.

잠결에 떠르르 하는 소리가 가끔 들리었다. 처음 나는 그것이 무슨 소리인지를 몰랐다. 그러다가, 하루는 낮에도 그 소리가 나기에 놀라서 보니 시커멓고 한 뼘이나 됨직한 지네가 방바닥 위로 기어가고 있었다. 나는 이렇게 크고 징그러운 지네를 본 적이 없었다. 나는 악마를 퇴치하듯 엄청난 용기와 긴장으로써 이 벌레를 제거할 수 있었다.

그 뒤부터 나는 잠결에서도 떠르르 하는 소리만 나면 잠이 깨었다. 그때마다 대개 크기가 비슷비슷한 지네가 기어가고 있음이 눈에 띄었다. 이러한 가지각색 풀벌레와 독충들의 횡행(橫行)이 나로 하여금 한결 외로움과 무서움을 더하게 하였다.

한번은 폭풍우가 몹시 치는 밤이었다. 그 무서운 빗소리, 바람 소리에 나는 밤새도록 잠을 이루지 못했다. 이튿날 아침 폭풍우가 맞은 뒤 나는 창문을 열었다. 내 눈에는 마을 앞에 홍수가 질펀히 내려가는 것과 나뭇가지가 많이 꺾여져 있음이 보이었다. 이윽고 구름 사에서 햇빛이 나왔다. 햇빛에 비친 나뭇잎들은 더욱 반짝이었다. 나는 그 햇빛에 젖은 나뭇잎들을 보고 있는 동안 또다시 무엇인지 견딜 수 없게 그리워졌다.

어디다 무엇을 두고 있기에 가슴은 항상 고도고가 우울과 슬픔에 젖어 있는 것인가. 나는 가만히 한숨을 쉬었다.

낮에는 주로 어린이들, 밤에는 스무 살 안팎의 동네 머슴들과 처녀들이, 낮과 밤 합해서 백 명 넘게 되었다.

성과는 빠르고 컸다. 두어 해 되는 사이에 동네 안의 모든 남녀 젊은이들이 편지를 쓰고, 아라비아 숫자로 가감승제를 척척 해낸다고 놀라워들 했다. 여기다, 나는 보름달 밤마다 〈모자회(母子會)〉란 것을 가지기로 했다. 아이들이 단에 올라가서 노래를 부르고, 연설을 하고, 연극을 하는 일종의 학예회였다. 마침 달이 밝을 때고 해서 그런지, 이날 밤이면 동네 사람들이 많이 모였다. 강습소(교사) 안은 물론 뜰에까지 사람이 차곤 했다.

나는 이 모임을 이용해서 한 30분씩 소위 성인교육에 해당하는 상식강좌를 벌이곤 했는데, 워낙 구경이 귀하고 들을 말이 적은 벽지가 되어서 그렇기도 하겠지만, 동네 사람들에게는 다시 없는 보람과 힘이 되는 듯했다. 그 결과 나중에는 제 학령의 아동들까지 면(面)에 있는 초등학교 보다 차라리 강습소(광명학원)를 희망하는 학부형들이 속출하게 되었다. 그러나 이른바 이 인기라는 것이 이 학원의 비운을 가져오게 할 줄 누가 알았겠는가.

그 무렵 서울서는 태평양 전쟁(소위 대동아 전쟁)을 수행하기 위한 국민 운동의 일부로서 문인보국회라는 문학인들의 협력 기관이 결성되었는데, 그 취지와 강령과 조직, 기타에 대한 인쇄물과 함께 가입 승낙서(용지)가 나에게도 우송되어 왔었다.

나는 마음속으로 그러한 일을 몹시 역겹게 생각하고 있었으므로 나 자신의 가입 문제는 물론 묵살하기로 했지만, 파출소에서 혹시 눈치를 채고 와서 나의 태도를 물으면 대답이 곤란할 것 같아서 인쇄물을 몽땅 아궁이에 넣어서 태워 버렸다.

그리고 나서 얼마 있으니 또다시 같은 성질의 인쇄물이 부쳐져 왔는데, 이번에는 문인 보국회가 문인 무슨 연맹으로 이름이 바뀌어져 있었다. 이번에도 나는 그것을 몽땅 아궁이 속에 넣어서 태워 버렸다. 파출소에서 찾아와 물으면 나는 그런 것을 모른다고 대답하기 위해서였다.

한번은 무슨 국경일(일본 제국의) 기념식을 하겠으니 교정(강습소의)을 빌리자고 파출소와 진흥회에서 대표가 찾아왔다. 그 동네 진흥회 회장은 다솔사 주지와 함께 자동적으로 강습소의 책임자로 되어 있는데, 그날이 휴일이라 수업도 없으므로 나는 그것을 거절할 아무런 이유가 없었다. 뿐만 아니라 그 언덕에 터를 닦을 때 동네 사람들이 많이 협력을 했기 때문에 동네에서 쓰려고 할 때는 언제든지 편의를 보아준다고 다솔사 측과 계약이 맺어져 있었다.

식을 마치고 나서 새로 취임해 온 파출소의 전 순경이 나를 좀 보자고 했다.

"선생은 이 강습소에서 주로 학과만 가르칩니까?"

일본말로 이렇게 물었다.

나는 그의 묻는 말뜻을 몰라 머뭇거렸다.

그러자 전 순경은,

"역시 그렇군요. 그래서 강습소 아동들이 통 국가(일본의 기미가요)를 못 부르는군요. 이래서야 되겠습니까"

그는 자기가 무엇을 묻고 있다는 것을 이렇게 밝혔다.

"풍금도 없고 해서 창가 시간 같은 것은 자연히 소홀히 됩니다."

나는 어색한 변명을 했다.

"그렇지만 학예회, 한 달에 한 번씩 하는 거 있죠? 모자횐가? 그걸 할 때는 아이들이 조선말 창가를 아주 썩 잘 부른다고 동네에서는 여간 칭찬들이 아니던데요."

나는 마음속으로 그것은 사실이라고 생각했지만,

"무얼요, 그것두 알고 보면 엉터리죠."

이렇게 얼버무리는 수밖에 없었다.
"저도 여기 부임해 온 지가 두 달밖에 되지 않아서 사정을 충분히 파악하지 못하고 있지만, 여기서 일어나는 제반 실태를 본서에 보고할 의무를 지고 있는 관계상……."
강습소 아동들이 일본 국가를 못 부른다는 사실을 본서에 그대로 보고하면 강습소가 문을 닫게 되고, 선생(나)도 쫓겨나게 된다는 암시였다.
나는 속으로 아니꼽게 생각이 들었지만, 일부러 그의 감정을 긁어놓을 필요는 없었으므로,
"앞으로 창가시간에 힘을 기울이겠습니다."
해둘 수밖에 없었다.
"책임 관계상 좌시할 수 없는 고로 부탁합니다."
그는 거수 경례를 붙이고 돌아갔다.
그 다음 모자회 때였다. 전 순경은 나를 파출소로 불러 오늘밤 모자회의 순서(프로그램)을 보자고 했다.
그 말을 듣자 왜 그런지 가슴이 뜨끔했다. 특별히 불온한 스케줄을 짜놓은 것도 아니면서 괜히 불안한 생각부터 먼저 들었다.
지금까지 일본말을 하던 전 순경은 봐준다는 듯이 우리말로(그의 곁 자리에는 일본인 파출소장이 앉아 있었다) 물었다.
"중요한 것만 들먹여 봐요."
나는 생각나는 대로 「귀뚜라미」, 「뻐꾹새」, 「반달」 같은 동요 이름과 내가 직접 하는 교양강좌를 들었다.
그는 그것을 열심히 받아쓰고 나더니 슬쩍 넘겨짚는 말씨로,
"그럼 국민의례는 이 앞에 물론 따로 있겠지요?"
했다. 나를 위해 딴은 귀띔을 해주는 셈인 듯했다.
나는 갑자기 얼굴이 붉어졌다. 나는 그때야 그가 왜 프로그램을 제

시하라고 말했는가를 깨달은 것이다.

전 순경은 혼잣말처럼,

"기마가요는 국민의례 안에 포함돼 있을 게고……."

그러자 일본인 소장이 말했다.

"군가(軍歌)가 빠졌잖아."

"동요 속에 들어 있겠죠? 그렇죠?"

전 순경은 나에게 눈짓을 하며 물었다. 그렇다고 얼른 대답을 하라는 눈치였다.

그러나 일본인 소장이 나보다 먼저,

"군가는 따로 넣어야 해."

하고 명령조로 말했다.

이렇게 파출소에서 참견을 하기 시작한 뒤부터는 모자회도 왠지 전과 같은 활기를 잃어갔다. 무엇보다도 나 자신이 차츰 신명을 잃기 시작했던 것이다.

나로서는 처음부터 특별히 다른 의도를 품은 것은 아니지만, 그런 대로 소박한 마을 사람들을 모아놓고 우리말로 노래를 불러주고 얘기를 하는 데서 나로서는 무언지 따뜻한 것을 느껴왔던 것이다. 거기다 일본국가와 군가를 섞어 부른다는 것은 분위기를 짓밟아 버리는 결과가 된다.

그렇다고 전 순경의 지시를 무시할 수도 없었다. 모자회에 참석하는 동네 사람들 속에는 파출소에 무시로 드나들며 동네 안의 모든 정보를 제공해 주는 경방단원(警防團員)도 끼여 있으므로 파출소의 지시를 묵살했다가는 곧장 그들의 귀에 들어가게 되는 것이다.

그 해(1939년) 나는 소설 「황토기」, 「찔레꽃」, 「두꺼비」, 「회계(會計)」, 「완미설(玩味說)」 등을 발표했다.

만해 선생과 「등신불」

1938년, 사람이 결혼을 하고 가정을 가진다는 것은 항해를 마친 배가 항구에 드는 것과 같다고 했는데, 내가 결혼을 한 바로 그 해였다. 하루는 절에서 기별이 왔다. 서울서 한용운(韓龍雲)선생이 오셨으니까 학원이 파하는 대로 오라는 것이었다.

다솔사에는 내 백씨가 은거하고 있었다. 사실은 일본 경찰과 헌병의 박해를 피하기 위하여 은신을 하고 있었던 것이지만, 우리는 보통 은거라고 불렀다.

다솔사 주시 최범술(崔凡述) 선생은 스님이면서 또한 민족주의자로 내 백씨에게 은신처를 제공했을 뿐만 아니라, 뜻이 통하는 분들을 가끔 초청해서 몇 주간씩 함께 지내기도 했다. 그렇게 다녀가신 분들이 상당수였지만, 지금도 기억되는 이들이 만해(卍海) 선생 외에도 의재(毅齋-허백련 화백) 선생, 박종성(朴宗成) 선생 등이었고, 내 백씨와 김법린 선생은 아주 3,4년씩 거기서 지내게 되었다.

내가 시간을 마치고 다솔사로 뛰어가니 만해 선생과 백씨와 주지 스님이 큰방에 둘러앉아 담소를 나누고 있었다.

나는 만해 선생은 처음 뵙는 터이라 내 백씨의 지시에 따라 큰절을 하고 그 앞에 앉았다.

"동리라고?"

만해 선생이 나를 보고 물었다. 나의 대답을 기다리지 않고 만해 선생은 다시,

"이름이 좋군."

하며 입가에 은근한 미소를 지어보였다. 그러나 차 끓일 준비를 하고 있던 주지스님이,

"재작년까지 연이어 두 번 소설이 신문에 당선되어 문단에서 촉망 받는 신인으로 꼽히고 있는 모양인데, 세상 꼴 보기 싫다고 절에 와 있다가, 요즘은 저 아래 동네에서 학원 선생 노릇을 하고 있습니다."

"장하군. 사립 학굔가?"

"강습소지요. 처음엔 머슴들을 모아놓고 밤에만 가르치다가 어찌 인기가 있는지, 요즘은 십여 리 밖 동네에서까지 처녀 총각들이 모여 들어, 하는 수 없이 주야반으로 노나서 가르치고 있지요."

주지스님은 잔뜩 자랑을 늘어놓았다. 그러나 자기가 그 학원 설립자의 한 사람이란 말은 하지 않았다.

만해 선생은 약간 미소를 지으며 그냥 고개를 끄덕이고 있었다.

주지스님은 나에 대한 소개가 끝나자 다시 차 끓이는 일로 들어갔는데, 그 절차와 법도가 대단했다.

주지스님의 법명(法名)은 금봉(錦峯), 도호(道號)는 석란(石蘭) 또는 효당(曉堂)이라 했고, 속명(俗名)은 범술이었다.

다도(茶道)란 일본 사람들이 즐겨 쓰는 용어지만, 주지스님도 가끔 다

도란 말을 써가며, 다례(茶禮), 다의(茶義) 따위에 대해 이야기 하곤 했다.

꽤 오랫동안 여러 가지 기구를 이리 놓고 저리 옮기고 하더니 드디어 끓여진 입차가 다완(茶椀)에 부어지기 시작했다. 그것도 한꺼번에 한 잔씩 따르는 것이 아니라 이 잔에 조금 저 잔에 조금 해서, 잔 넷에 각각 반 남짓씩 담아진 것을 만해 선생을 위시하여 다음이 백씨, 그리고 내 차례로 돌려주었다.

그런데 이것을 아무렇게나 앉은 채 훌쩍 들이마시는 것이 아니라, 원칙적으로는 꿇어앉은 거고 그렇지 않으면, 가부좌로 정좌를 한 뒤 두 손으로 집어들어, 바른손으로 어디를 잡고 왼손으로 어디를 받치고 해서 한 모금씩 천천히 마신다는 것이다. 만해 선생이나 내 백씨는 주지스님 보다 연세가 훨씬 위니까 가르친달 수 없고, 연하인 나를 향해 천천히 강의를 하는 것인데, 다른 분들도 얻어들을 수밖에 없는 형편이었다.

나는 주지스님의 친절을 외면할 수가 없어 시키는 대로 했지만, 그렇다고 차 맛이 신통하다고 생각되지 않았다. 그냥 그저 좀 쌉쌀하고 향긋한 물에 지나지 않았다. 내가 속으로 이까짓 무어 그리 대단한 맛이라고 그리 야단스럽게 법도니 절차니를 차려 끓이고 따르고 정좌를 하고 법석이냐고 불평스레 생각하고 있을 때 만해 선생이 내 백씨를 보고,

"범부, 중국 고승전(高僧傳)에는 소신공양(燒身供養)이니 분신공양(焚身供養)이니 하는 기록이 가끔 나오는데, 우리나라에서는 별로 눈에 띄지 않아…"

했다.

내 백씨는 천천이 입을 열며,

"글쎄요, 형님이 못 보셨다면야……."

하고 자기도 기억이 없노라는 것이다.

내가 참견을 했다.
"소신공양이 뭡니까?"
나에게 있어서는 처음 듣는 이야기였다.
그러자 주지스님이 그 대답을 맡았다.
"옛날 수좌수들이 참선을 해도 뜻대로 도통(道通)이 안되고 하니까 자기 몸을 스스로 불태워서 부처님께 재물로 바치는 거라. 성불(成佛)할라고 말이다."
"불 속에 뛰어듭니까?"
"그렇게 하믄 공양이 되나?"
"그럼 어떻게?"
"부처님을 향해 합장하고 앉아야지. 머리 위에 불덩어리 든 향로나 그런 걸 갖다 씌워야지."
"……?"
나는 더 물을 힘이 나지 않았다. 벌겋게 단 향로 따위를 머리에 쓴다고 생각하자 몸에 소름이 끼쳤다. 그 뜨거움을 어떻게 견뎌낼까, 어떻게 곧 고꾸라지지 않고 앉은 자세를 유지해 낼까……. 나는 아래턱이 달달달 떨려서 견딜 수가 없었다. 나는 자리에서 일어나 밖으로 나왔다.
내가 〈등신불〉에 대해 들은 것은 이것이 전부다. 그렇지만 이 간단한 이야기는 나에게 심한 충격을 주었다.
나는 그 뒤 이것을 소설로 쓸 생각을 했지만 엄두가 나지 않았다. 그때까지 내가 알고 있는 소설이란 인간과 인간 사이에 일어나는 사건을 중심한 이야기였다. 그것은 서로 부딪치든지 껴안든지 인간과 인간이 얽혀야 된다고 생각했다. 그런데 소신공양하는 수좌를 인간이란 이름으로 부른다 하더라도 그와 얽힐 상대자가 없는 경우라 생각되었다.

그래서 소설로 그 충격을 풀지 못한 채 노트에 두어 줄 사연만 기록해 두었을 뿐이다.

1957,8년경이었다. 나는 기어이 단편 소설 한 편을 써야 할 형편에 부딪히게 되었다. 나는 나의 소재 노트를 뒤적이다가 이 소신공양이란 말을 발견하게 되었다. 그와 동시에 20년 전의 충격을 되새겨 보았다. 옛날의 충격은 다시금 내 의욕의 심지에 불을 붙였다. 그것이 오늘의 「등신불」이다.

이 작품을 읽는 이들 가운데서 가장 많이 여러 차례 물어온 의문들에 대하여 나의 생각을 적어볼까 한다. 이것은 나의 주장이 아니고 견해다.

첫째, 작품 속의 나는 작가 자신이 아님은 물론 아무런 관계도 없다.

둘째, 나는 학병 나간 일이 없다. 더구나 중국(본토)에 가본 적도 없다.

셋째, 작중에 나오는 인물은 전부가 가공이다. 모델이나 이에 준하는 관계자라곤 한 사람도 없으며, 절 이름이나 암자 이름도 모두 가공이다.

넷째, 작중에 나오는 〈만적선사 소신공양기〉란 것도 상상의 산물이다. 한문으로 된 원문이란 것도 내 손으로 만든 것이다. 따라서 금불각이나 만적에 대한 모든 이야기는 전부가 완전히 픽션이다.

다섯째, 주인공이 누구냐의 문제다. 즉 작중의 나가 주인공이냐 만적이냐 하는 문제다. 이것이 제일 많이 들어오는 문제다. 그것은 〈나〉가 그냥 내레이터가 아닐 뿐만 아니라, 여러 가지 면에서 중요한 행동을 하기 때문이다. 따라서 작품의 구조면에서 볼 때 나를 주인공으로 보는 것이 결코 무리가 아니다. 그래서인지 참고서들도 대개 나를 주인공을 보고 있다는 것이다. 뿐만 아니라 연합고사 따위에도 〈나〉가 정답(주인공)으로 밝혀지곤 했다는 것이다.

이에 대해 대단히 송구스러운 이야기지만, 나 자신의 견해는 다르다. 나는 만적을 주인공으로 보고자 한다. 그 까닭은 다음과 같다.

가, 이야기의 내용에 있어 〈나〉가 겪는 내용보다 만적의 것이 비중을 차지한다. 〈나〉가 여러 가지 행동을 하고 심정을 피력하지만, 그것은 만적을 만나고, 만적을 이야기하기 위한 절차요 방법이다. 따라서 목적은 만적이 된다.

나, 〈나〉가 내포한 정신적 경지와 만적의 그것을 비교해 볼 때 나는 아직 수도생활에 대한 입문(入門)도 하기 전이다. 그 차원에 있어 만적은 나보다 월등한 경지다.

다, 제목을 〈등신불〉이라 한 것은 이 작품의 주제를 간접적으로 가리키고 있는 바, 그 〈등신불〉은 만적일 수밖에 없다. 따라서 주제는 〈나〉보다 만적을 통해서 나타나고 있다.

라, 작품의 구조면으로 볼 때는 〈나〉가 주인공에 가깝다 하겠지만, 이야기의 내용에 있어 만적이 차지하는 비중이 클 뿐만 아니라, 주제 또한 만적에 연유되고 있는 만큼 구조면보다 내용면으로 보아 역시 만적을 주인공으로 보고 싶다.

마지막, 끝에 가서 원혜선사가 나더러 바른손 식지를 들게 하고는 아무런 말도 없다는 것이 나온다. 왜 들라고 하고는 뒷말이 없느냐는 것이다.

나의 의견을 먼저 말한다면, 그것은 화두(話頭)에 준하는 행위다. 선종(禪宗)에서는 종사(宗師-참선을 지도하는 스님)가 참선 지망자로 하여금 참선에 들어갈 수 있도록 기연(機緣), 다시 말해 과제 같은 것을 주는데, 그것을 화두 또한 공안(公案)이라 한다. 참선은 처음부터 초논리적으로 나가는 것이 상례다. 가령 〈독수리가 하늘 한가운데를 가리고 날아가니 눈(白雪) 속에 복사꽃이 붉다〉 하는 식으로 된다.

원혜대사는 〈나〉가 귀의불은(歸依佛恩)하겠다고 혈서까지 바쳤던 사실을 알고 있었고, 또 그 동안 만적에 대해 크게 충격을 받고 있었다는 사실도 알고 있었으므로, 그렇다면 너도 지금쯤 참선을 시작해 보겠느냐고 하고 화두에 준하는 형식으로 물어본 것이라 보면 된다. 발심 여하를 타진하는 데 언어로써 묻는 것보다 그쪽이 정확하고 진실한 방법이라고 대사는 믿었으리라고 본다.

그 무렵 다솔사 바로 아래 하성파라는 노서예가(老書藝家)가 살고 있었다. 본명은 동주(東洲), 성파는 아호였고, 일흔도 넘지 않았던가 기억한다. 경남 일대에서는 명필로 알려져 있었고, 백씨의 말을 들으면 추사체로는 대가일 뿐 아니라 필력에 있어서는 당대 무적이라는 것이었다.

내가 본 가운데 이 분의 가장 큰 글씨는 밀양 영남루 현판에 씌어진 그 석 자요, 잔글씨로는 제동 초등학교 곁에 있는 대자당 한의원 안에 있는 반야바라밀다심경(般若波羅密陀心經)이다. 작자(作字)나 필력(筆力)이 대단했다.

그런데 이 노인은 누구든지 써달라는 대로 얼마든지 써주는 분이었다. 내 결혼 때는 백복지원(百福之源)이라고 예서(隸書)로 꽤 크게 써주었다. 한때 그 분한테 붓글씨를 지도받은 적이 있어 나를 잘 아는 터였다.

이듬해(1940) 나는 소설 「동구(洞口) 앞길」, 「혼구(昏衢)」, 「오누이」, 「다음 항구」를 발표했다.

화개장터와 「역마」

　다솔사에서 약 오십 리 가량 되는 하동에서 김종택(金鍾澤)이란 문학청년이 다솔사로 찾아와 내 백씨에게 가르침을 받고, 또 나를 찾았다.
　거기서 김군은 자기의 신상 이야기를 대강 들려주었는데, 자기의 집은 하동읍이지만, 자기는 하동에서 약 오십 리 남짓 되는 쌍계사 앞에 살고 있다는 것이었다.
　"따로 살림을 나 있나?"
　"아임니더. 거기 아부지가 경영하시는 양조장이 있습니더. 아부지는 읍내에 많이 계시고, 실지로는 지가 양조장 일을 맡아보고 안 있습니꺼. 경치 좋은 데가 여러 군데 있습니더."
　그 뒤 한 반년쯤 지났을까. 나는 그 김군이 양조장을 경영하고 있다는 화개협(花開峽)을 찾기로 했다. 김군은 과연 쌍계사 입구에 해당되는 화갯골의 양조장 뒷방에서 산적(散積)된 문학서적 속에 파묻혀 있었다.

화개협의 경관은 과연 김군이 말한 대로 장관이었다. 화개장터에서 쌍계사까지는 약 이십 리 가량 되었는데, 굽이굽이 주막이 있고, 색시가 있고, 노래가 있고, 은어회가 있고, 장려한 풍경이 있고 해서 나는 조금도 피로를 모른 채 걸을 수 있었다.
 나의 「역마(驛馬)」란 소설도 이때 얻은 착상이다.
 「역마」에 나오는 화개장터니 쌍계사니 화갯골이니 하는 것이 김군이 살던 고장이었다.
 우리는 이 화갯골에서 잡아내는 은어, 붕어, 껄떼기 따위를 사서 회를 치게 하고, 마늘과 풋고추를 알맞게 다져놓은 초고추장에다 막걸리를 먹었는데, 지금 생각하면 꿈 같기만 하다.
 아, 그 물고기회 맛, 그 막걸리 맛, 그리고 그 햇빛, 그 수풀.
 김종택 군은 자기가 말한 대로 쌍계사 입구의 양조장 일을 맡아보고 있었는데, 그 자리에는 아래위 흰 치마저고리의 젊은 기생 두 사람이 나왔다. 스물 두서너 살쯤 되어 뵈는 미녀들이었다.
 나는 눈이 휘둥그레져서 그녀들과 김군을 번갈아보곤 했다. 나중 술자리가 끝난 뒤 김군은 그녀들에 대해서 이야기해 주었다.
 그녀들은 자매로 언니가 스물넷, 동생이 스물둘이라고 했다. 그렇다면 더구나 자매가 어쩌면 같은 기생으로, 같은 술자리에 함께 나와 앉으며, 또 그렇게 어여쁜 여인들이 어쩌면 이렇게 산중에 묻혀 사느냐는 나의 많은 의문에 대하여 김군의 설명은 다음과 같았다.
 "무당 딸이라요. 이 근방에서는 유명한 무당이었지요. 그러니까 일반 사람들은 무당 딸한테 장가들라고 않지요. 그래서 어릴적부터 기생을 시킨 거라요."
 "그렇지만 그만한 인물들이라면……."
 "그렇지 않아도 한때는 하동 읍내까지 진출을 했지요. 그런 걸 본래부터 점을 찍어 두었던 사람이 도로 데려왔지요. 그러니까 기생질은 다녀도 주인은 있는 셈이지요."

"주인은 누군데?"

"와요? 결투하실랍니꺼?"

"아니, 그런게 아니고……."

"사람들은 순합니더. 결투하실 것도 없을 껍니더."

"그럼 무당 집에 같이 사나?"

"무당은 죽었심니더."

"뭐? 왜, 언제?"

"선생님이 그 얘길 들으면 제2의 「무녀도」가 나올 겁니다."

이렇게 말하고 나서 김군은 천천히 이야기를 시작했다.

두 딸은 기생이 되자 어머니에게 무당 노릇을 못하도록 압력을 넣었다는 것이다. 그 까닭은 무당보다는 기생 신분이 위인데, 어머니가 무당 노릇을 계속하면 자기들의 신분이 떨어져서 제대로 기생 행세를 하고 살아갈 수가 없기 때문이라고 한다.

무당은 딸들의 심한 압력에 의하여 무당 노릇을 못하게 되자 가끔 신명이 뻗쳐오를 때마다 반미치광이가 되어 뛰쳐나가곤 했다는 것이다. 어떤 때는 딸들 몰래 굿을 나가기도 했는데, 그것이 딸들에게 들키기만 하면 딸들은 방문을 걸고 들어앉아 세 식구 함께 죽자고 식음을 전폐하고 드러누웠다는 것이다.

그렇다고 한번 들린 신이 사라지는 것도 아니고 해서 무당은 딸들에게 눈물을 흘리며 사정을 하곤 했다는 것이다. 그러던 어느 날 밤 마침 달이 환히 밝을 무렵인데, 집에서 나온 무당은 높은 다리 위에서 계곡으로 떨어져 죽고 말았다는 것이다.

퍽 훌륭한 소재였다. 나는 해방 후 「당고개 무당」이란 제목으로 그 이야기를 소재로 소설을 쓴 일이 있었다.

칠불암은 쌍계사에서 지리산으로 약 이십 리 가량 올라가 있는 오랜 암자였다. 하동읍에서 칠불암까지는 약 백 리 가까운 거리였으리라. 본디는 칠불사라고 불리웠다고 하는데, 그만큼 암자치고는 규모도 크고, 유서도 깊고, 가관(可觀)도 많았다.

나는 그때 거기서 여러 가지 감명 깊은 일을 많이 겪었지만, 지금도 또렷하게 기억되는 일이 몇 가지 있다. 그 하나는 스님이요, 둘은 대추나무다.

스님 한 분이라고 하는 것은 설석우(薛石友) 스님을 가리키는 말인데, 나는 이보다 3년인가 전에 이 스님을 다솔사 주지승(최범술)의 소개로 인사를 드린 뒤 선에 대해서 물은 일이 있었지만, 워낙 구름같이 물같이 흘러다니는 분이라 평생에 두 번 만나기 어려우리라고 알고 있었더니 뜻밖에도 이 스님이 여기서 왕골이던가 무슨 나무 껍데기로 신을 삼고 계시지 않는가. 설석우 스님은 나중에 초대 종정(宗正)을 지내셨다.

1937년 이른 여름이었다. 내가 종사하던 학원 일이 끝난 뒤였던가 휴일이었던가 해서 다솔사로 갔더니 두 눈에 광채가 유별난 노승 한 분이 와 있었다. 설석우 스님이라 했다.

주지스님이 대법대덕(大法大德)의 선사스님이라고 나에게 소개를 해주었고, 나를 가리켜서는 만해 스님의 뒤를 이어 우리나라 문학계의 금자탑을 세울 유망한 작가일 뿐 아니라 서양철학에도 정통해 있다고 그 분에게 소개를 해주었다.

노스님은 그 빛나는 두 눈으로 나를 잠깐 바라보더니 그냥 입을 다문 채 아무런 말도 건네지 않았다.

나는 그의 입에서 무슨 말이 나올까 하고 조금 기다려 보았으나, 늘 그냥이라 하는 수 없이 내가 먼저 말을 건네기로 했다.

"스님, 유무일여(有無一如) 물아동체(物我同體)니 하는 말이 있던데 무슨 뜻입니까?"

나의 질문은 이러한 통속적인 것이었다. 나도 물론 〈있고 없음이 하나〉라든가, 〈객관적인 모든 실체가 내 몸과 하나〉라든가 하는 따위 말을 몰라서가 아니고, 노선사의 법의 경지를 듣고자 한 것이었다.

스님은 또 한번 그 빛나는 두 눈으로 나를 말끔히 바라보고 나더니,

"그런 말들 야비하잖아?"

하고 말았다. 자기의 경지를 열어보이기엔 상대가 되지 않는다고 보는 모양이었다. 다시 말해서 도의 경지란 언어 이상의 것인데, 상대자(나)는 말로써 한번 지껄여보자는 자세이니 상대할 수 없다는 것이 아니던가 생각된다.

그날 칠불암에서 내 가슴을 더욱 설레게 한 것은 암자 앞에 서 있는 늙은 대추나무였다. 내가 본 대추나무 가운데서는 제일 큰 나무였을 뿐만 아니라 잎새도 가장 많았고, 또 영양이 좋았던지 유별나게 반짝거렸다.

나는 그날 그 대추나무를 오랫동안 바라보았고, 나중도 몇 번이나 다시 바라보곤 했었다.

나는 칠불암에서 돌아와 「대추나무」란 시를 썼다.

> 산 너머 첩첩 산 너머 가면
> 저녁 햇살 설핏한 다랑이 밭뙈기에
> 대추나무 몇 그루가 전설처럼 서 있고
> 나는 무엇인지 그것을 잃지 않으려고
> 그 반짝거려쌌는 대추나무 잎새만
> 바라보고 섰었는데, 마침 대추나무
> 위를 날아가는 저녁 까마귀 소리에
> 온종일 내 몸에 밴 황토흙
> 냄새를 깨닫고, 나는 문득
> 어머니에게 꾸중들을 일이 걱정되었다.

그러니까 이 시는 칠불암에서 대추나무를 보고, 어렸을 때 다경리에 사는 누나를 보러 갔다가 오는 길에 금강못이 보고 싶어 오솔길로 접어들었다가, 층층으로 된 다랑이밭에 있던 대추나무를 본 기억을 섞어 시화(詩化)시켰던 것이다.

그 무렵의 문단 신세대

1933년에서 1936년에 이르는 몇 해 동안의 문단을 한마디로 부른다면 그것은 어떠한 성격의 것일까. 나는 이 무렵을 범문단 형성기라고 생각한다. 각 신문사가 시행하는 신춘문예는 1930년 전후라고 하지만, 그것이 제 궤도에 들어섰다고 할까, 성세(盛世)를 이루었다고 할까 하는 것은 1933년에서 1936년에 이르는 몇 해 동안이었다. 그렇다면 신춘문예의 성황은 왜 범문단을 형성하게 되었는가.

신춘문예가 성황을 이루기 전에는 해마다 문학의 각 부문에 걸쳐서 대다수의 신인들이 배출되지 않았다. 그러나 내가 이 무렵을 가리켜 범문단 형성기라고 보는 까닭은 단지 〈문학의 각 부문에 걸쳐서 대다수 신인들이 배출〉되었다는 사실만을 의미하는 것은 아니다. 그 배출의 양상에도 이유가 있기 때문이다.

우리가 다 알다시피 각 신문사가 시행하는 신춘문예는 미리 몇 차례 광고를 내기 때문에 모든 문인 지망자들에게 균등한 기회를 준다. 무슨 대학 입시처럼 응시료가 있는 것도 아니다. 뜻이 있으면 누구나 아무런 부담 없이 자기가 원하는 부문에 작품을 낼 수 있고, 보다 더 좋은 것이면 당선도 될 수 있기 때문에 이 이상 더 폭넓은 대상과 공평한 방법을 생각할 수 없다.

그런데 그 이전에는 동인제(同人制)가 아니면 추천제에 의해 신인이 발탁되고 있었던 것이다. 동인제라고 하는 것은 어떤 순문예지를 동인지로 발간하여 동인들의 작품을 발표하는 것인데, 그 일을 통하여 곧 신인으로서 문단에 등장하는 것이 되었던 것이다. 가령 〈창조〉 동인, 〈백조〉 동인 하는 말들이 있는데, 그것은 《창조》지의 동인, 《백조》지의 동인이라는 뜻이지만, 그 동인이면 그대로 문단인이 되었다. 그러나 오늘날 어떤 젊은이(젊은이만도 아니지만)들이 모여서 그러한 동인지를 내었다고 하자. 더구나 그것이 한두 호 또는 두세 호에 그쳤다고 하자. 그런데도 그 동인들을 우리 사회가 문단인으로 간주하게 될 것인가. 사태는 딴판인 것이다. 그 당시에는 아직 오늘날 우리가 알고 있는 이러한 내용의 문단이란 것이 형성되어 있지 않았기 때문이라고 하는 것이 가장 간단한 대답일 것이다.

추천제란 것도 오늘날 각종 문예지가 실시하고 있는 바와 같은 성질은 1939년 이후의 것이다. 그 전에는 심사기관을 별도로 독립시키지 않고, 내부(주간이면 주간, 편집자면 편집자)에서 기성 문인과의 그것과 함께 발표를 시켜주면 그것으로 끝났던 것이다. 따라서 그 당시의 문단인이라고 하면 대개가 동인 내지 준동인(準同人)의 성질을 띠게 되었고, 그런 만큼 그 수(문단인 전체의 수를 가리킴)의 적고 많음이나 그 역량(작가적 역량의 있고 없음)은 별도로 하더라도, 신춘문예의 권위가 인정된 이후의 문단에 비겨 동인 문단시대란 성격을 띠지 않을 수 없었던 것이다.

지금까지는 그 당시의 조류(潮流)를 살피기 위한 원경(遠景), 즉 문단

전체의 성격을 일단 규정해 본 것이다.

이러한 전체 문단의 성격을 전제로 하고, 그 안에 흐르고 있던 몇 가지 조류를 살펴 보면 신세대론을 들지 않을 수 없다.

이 새대론의 발단은 공산 치하 이북에서 미제국주의 간첩이란 죄목으로 사형된 시인이며 평론가인 임화(林和)의 〈신인불가외(新人不可畏-신인 두렵지 않다)〉에 대항하여 작고한 소설가 계용묵(桂鎔默) 씨가 〈기성불가공(旣成不可恐-기성 무섭지 않다)〉으로 맞선 데서부터 시작되었다. 계용묵 씨는 그보다 훨씬 먼저 문단에 등장했던 사람이지만, 여러 해 동안 침묵을 지켜오다가 그 무렵에 한 사람의 신인으로 재출발을 했기 때문에 소위 신인 그룹의 한 사람으로 되어 있었던 것이다.

그 당시의 소위 신인이라면 위의 계용묵 씨를 위시하여 소설에는 김소엽(金沼葉), 최인준(崔仁俊), 박영준(朴榮濬), 현경준(玄卿駿), 정비석(鄭飛石), 차자명(車自鳴), 김유정(金裕貞), 김영수(金永壽) 그리고 나였다. 시에는 서정주, 조명암(趙鳴岩), 유치환(柳致環), 김광균(金光均), 김달진, 김현승(金顯承), 장만영(張萬榮)이었다. 희곡에는 한태천(韓泰泉), 이광래(李光來), 박향민(朴鄕民), 심재순(心載淳) 들이었다.

기성 문인이라고 해서 모두가 신인들을 백안시하거나 불신했던 것은 아니다. 대개는 두고 본다는 편이 많았고, 개중에는 두둔하는 사람도 있었지만, 정면으로 불신을 나타난 사람은 지극히 예외로 한두 사람이었다.

신인에 대해서 불신을 나타낸 것은 대개 평론가가 많았고, 그것도 특히 임화를 대표로 하는 경향문학파(사회주의 내지 마르크스주의) 평론가들이었고, 신인을 옹호하는 평론가라면 김환태(金煥泰) 씨 오직 한 사람이었고, 그리고 중간지대쯤에 백철(白鐵) 씨가 있었다.

여기서 기성 문단과 신인들 사이에 어떠한 견해의 차이가 있었는지 그것을 나는 잘 모른다. 대체로 임화 일파들의 요지는 신인 작가들의 체질이 맞지 않는다, 그들에게는 사회적 성격이 결여되어 있다 하는 데 있었던 것으로 짐작한다.

여기서 내가 〈짐작한다〉는 투로 자신 없게 말할 수밖에 없는 까닭은 그 무렵 나는 시골에서 아이들을 가르치고 있었기 때문에 미당 이외에는 거의 친구도 없었고, 또 그런 데는 별로 신경도 쓰지 않았기 때문인 것 같다.

따라서 이러한 기성과 신인의 대립된 분위기가 어떻게 해서 누구에 의하여 세대 논의로 번져 갔는지는 똑똑히 모르겠다. 그러나 결과적으로 그것이 세대 논의로 번져가고, 나 자신도 할 수 없이 그 속에 휩쓸려 들게 되었던 것만은 기억하고 있다.

신구(新舊)의 싸움(논쟁)은 대개의 경우 신(新) 쪽에서 싸움을 거는 것이 상례인데, 이 경우에는 구(舊)에서 먼저 발의(發議)된 것이 그 무렵 세대 논의의 특징이라면 특징이라고 하겠다. 기성이 신인을 향해 두렵지 않다고 외친 내면에는 이미 신인이 만만치 않다는 뜻이 내포되어 있는 것이다.

내가 이 세대 논의에 휩쓸려들게 된 직접적인 동기는 유진오(俞鎭午)씨의 「순수에의 지향」이란 글이 《문장》지에 발표되었는데, 그 내용이 신세대 작가들을 비난했기 때문이라기보다 집필자가 유진오 씨라는 데 있었다. 같은 내용이라도 집필자가 임화나 그 일파의 어느 평론가였다면 나는 묵살로 그쳤을 것이다. 그 이유는 임화나 그 일파는 으레 껏 신세대를 공박했으며, 그것은 또 으레 껏 〈체질이 맞지 않는다〉, 〈사회성의 결여〉 운운으로 몰아붙이기 마련인데, 그런 걸 그렇게 쓰는 일로 직업을 삼는 사람들과 작품(소설) 쓰기를 직업으로 삼는 사람이, 그것도 그들은 이미 그룹을 이루고 있고, 시골에 묻혀 있는 외톨박이 신인작가가 그들을 상대로 논전을 벌일 수는 없는 일일 뿐더러, 대부분의 진실한 선배 작가들이 그들(임화와 그 일파)에 동조하지 않고 있는 것은 무언중에도 신인 작가들을 보호하고 있는 것이라고 믿고 있었는데, 뜻밖에도 유진오 씨가 임화 일파에 장단을 맞추며 나타났기 때문이었다.

유진오 씨가 그 글에서 쓴 요지는 〈오늘의 신세대 작가들은 30대 작가들(신세대의 평균이 연령을 20대로 보고, 이러한 신세대에 대립된 전세대 내지 기성세대 작가들을 30대라고 부르는 것이 보통이었다)이 치러온 순수한 사회적인 관심(실천?)을 도외시한 채 시세(時世)에만 영합되고 있으니 이것은 불손한 태도다. 순수와는 상치되지 않느냐. 순수 중에도 순수라고 일컫는 보들레르, 베를렌, 발레리 들을 보라. 그들이 얼마나 안락을 거부하고 심각한 고민의 길을 걸었는가〉 하는 등등이었다고 기억한다.

유진오 씨 글의 요지는 30대는 순수하고 신인은 비순수하다는 것이다. 30대란 그 전력(前歷)이 카프문학에 가담했거나 동반자적 갈등을 겪었으나, 신인들은 그러한 고민 없이 처음부터 문학에만 전념할 수 있어 오히려 30대보다 기교가 우수하다는 것이다. 따라서 문학에만 전념하는 현실 도피적인 것은 순수일 수 없고, 정신적 고민도 얕다는 것이다.

이에 대하여 나의 「순수이의(純粹異議)」라는 반박문의 요지는 이렇다.

오늘의 소위 30대들의 중요 멤버들이 과거에 있어 문학보다 사회 또는 민족에 중점을 두고 표현보다 행동에 치중했던 세칭 경향파 문인들이란 것을 나도 알고 있다. 그러나 지금은 그들도 태도를 고쳐 〈얻었던 사상〉보다 〈잃었던 예술〉을 되찾고자 하고 있고, 행동보다 표현 쪽으로 전향해 있다는 것도 알고 있다. 이것이 옳고 그름을 여기서 묻지 않는다. 다만 표현이나 예술보다 행동이나 정치로 편중된 문학적 태도를 경향이나 정치라고 부를지언정 순수라고 부르지는 않는다.

오늘의 신세대 작가들이 정치와 행동을 내세우지 않는 것은 사회와 민족에 대한 고민이 없기 때문이 아니라, 30대의 잘못된 전철을 밟지 않기 위하여, 그것을 내적으로 심화시킨 문학적인 표현을 완수하기 위하여 피상적인 과시를 삼가는 데 있다.
또 보들레르, 베를렌, 발레리의 순수성을 임화 일파의 정치주의에 결부시키지만, 이것은 적반하장도 무색할 억설이다.
자본주의적 기구의 결함과 유물변증법적 세계관의 획일주의적 공식성을 함께 지양하여 새로운 보다 더 고차원적 제3세계관을 지향하는 것이 현대 문학 정신의 세계사적 본령(本領)이며, 이것을 가장 정계적(正系的)으로 실천하려는 것이 시방 필자가 말하는 소위 순수 문학 혹은 본격 문학이라 일컫는 것이다.

그때 내가 하고 싶었던 말은, 누구나 작가가 되는 순간부터 자기 분열과 고민에 빠진다는 사실과 기교나 표현 없는 정신이란 있을 수 없다는 것이었다. 그리고 거기서 나는 처음으로 〈본격문학〉이란 용어를 사용했으며, 그 몇 해 동안 저들(임화 일파)과 논쟁하는 데 있어 이 본격 문학이란 용어와 제3휴머니즘이란 용어를 거점으로 하였다.
뒤이어 김환태 씨가 「순수시비」란 글로 나와 가까운 의견을 발표했는가 하면, 또다시 이원조(李源朝-이북서 역시 복역중이라고 듣고 있다) 씨가 김환태 씨를 물고 늘어지는 데까지 이르렀는데, 유진오 씨와 나는 이 듬해에 백철 씨가 담당하는 모지(某誌) 문학란을 통하여 다시 의견을 교환함으로써 양해가 성립되었던 셈이다.
지금 생각하면 그 무렵의 문단 신세대는 그렇게도 많은 신인들이 각 부문에 걸쳐 울연(蔚然)이 나타났음에도 불구하고 그들을 대변하거나 변호해 줄 만한 평론가라곤 한 사람도 없었던 것이, 흡사 깃발도 종고(鐘鼓)도 없는 벙어리 군대 같았다고나 할까.
김환태 씨 한 사람이 있었지만, 그도 문학평론보다 영문학에 더 많은 정열을 기울이고 있었던 것으로 안다.
또 은근히 변호하고 싶은 평론가가 있었을지라도 임화 일파의 수와 세력에 맞서기는 어려웠을 것이다. 이렇게 우리 신인들을 대변할 수 있는 평론가가 없었기 때문에 내가 평론을 겸할 수밖에 없었던 것이다.

한 마디로 말을 맺는다면, 내가 처녀작을 쓰던 무렵 신인 작가(시인)들은 자기들의 공통된 문학 세계나 문단사적 위치를 정당하게 이해해 주고 천명해 주는 평론가를 갖지 못한 채 외롭고 쓸쓸한 신세대의 대열을 지켜야 했다고 할까. 그것이 어느 몇 개인의 의사였다거나 우연적 사실이 아니라, 우리 세대의 순수문학적 성격이 전세대의 경향 문학에 대한 안티 테제로 왔었기 때문에 이론 중심이던 전세대의 잔재 세력에 의하여 부당한 푸대접을 받았다고 하는 편이 옳을 것이다.

광명학원 문을 닫다

 그런 가운데서, 강습소도 마지막 날이 다가오고 있었다.
 하루는 전 순경이 호구 조사를 나온 길이라면서 강습소로 올라오더니,
 "김선생, 창씨(創氏)는 어떻게 돼 있죠?"
하는 것이다.
 "아직 그대로 있습니다"
 나는 무심한 듯이 대답했다. 그러자 그는 깜짝 놀라는 시늉을 내며,
 "아차차, 그게 여태 그렇게 돼 있었나요?"
 호들갑을 떨더니,
 "어떡허실 작정입니까? 그대로 내버려두실래요?"
 자기는 깊이 관여할 바가 아니라는 듯이 가볍게 물었다. 그것은 물론, 당신은 문제의 인물이니까, 하는 낙인을 찍고 대하는 태도였다.

"나는 호주가 아니기 때문에 수동적으로 될 수밖에 없습니다."

"아차차, 그렇지 정말……. 백씨 됩니까, 다솔사 밑에 계시는 이가?"

그는 우연히 생각난 듯이 물었지만, 이미 우리 가족 관계에 대해서는 미리 다 조사를 하고 난 뒤인 듯했다. 그렇지 않고서는 내가 호주가 아니란 말에 당장 내 백씨를 들먹일 까닭도 없었던 것이다.

"그렇습니다."

여기서 그는 갑자기 화제를 돌려서,

"참, 그 분은 어떤 양반입니까? 며칠 전에도 친히 가 뵙고 왔습니다만, 인생 만사를 다 통관(通觀)하고 계시는 것 같더군요. 학교는 어디를 나왔습니까?"

"뭐 학교라기보다 불교를 좋아하시니까, 말하자면 거사(居士)라고나 할까요?"

"거사? 불교를 연구하는 학자 말입니까?"

"좀 다르죠."

나는 형님에게 되도록 이면 학자란 직함을 붙이고 싶지 않았다. 학자라고 하면 그들은 이내 지식인, 사상가, 민족주의자로 생각해 버리기 십상이기 때문이었다.

"불교에서 쓰는 말인데, 중 비슷한 거 있잖아요?"

"실례올시다마는, 김선생님은 어떻습니까? 거사와 다릅니까?"

"나요? 나야 속인(俗人)이죠."

나는 잘라 대답했다. 그러자 그는 약간 표정을 고치며,

"잘 알겠습니다. 김선생님 같은 분에게 제가 뭐라고 왈가왈부한다는 것부터가 실례일지 모르지만, 뭐라고 하든지 김선생은 이 동네에서 널리 알려져 있는 만큼 주목을 받는다고 할까, 존경을 받고 있다고 할까, 그렇지 않습니까? 저희들 경찰 입장에서 볼 때, 김선생 같은 분이 창씨를 하지 않고 있다는 것은, 저 산골짜기의 나무꾼이나 땅이나 파먹고

사는 농사꾼이 천지 돌아가는 것을 모르고 창씨 계출(屆出)을 태만히 하고 있는 것과 달라서…… 사실 그러한 무식꾼들 같으면 파출소에 잡아다 꿇앉혀 놓으면 다 알아봅니다. 그렇구말구, 한 시간만 족치면 알아보지요. 그렇지만 김선생의 경우는 다르잖습니까? 네, 다르죠. 그러니까 형제분께서 잘 상의해서…… 지방 사람들의 기대에 어긋나기 않도록 잘 부탁합니다. 그럼 일간에 다시 찾아뵙겠습니다. 실례합니다."

발을 모으고, 거수경례를 붙이고 돌아갔다.

바로 그 이튿날이다.

형님댁에서 큰조카(백씨의 맏아들)가 핼쑥한 얼굴로 나를 찾아왔다. 조카는 손으로 이마의 땀을 씻고 나서 화분 곁으로 가더니 난초잎을 만져 보며,

"이 난초는 물을 안 줍니꺼?"

하고 물었다(그는 농업학교 출신이었다).

"이러다간 난초 말려 죽이겠네."

조카는 쪽으로 물을 떠서 난초에 주고 나서 불쑥,

"나는 지금 서울로 갑니다."

하는 것이다.

"와?"

나는 무언지 가슴속에 지피는 것이 있어 가슴이 덜렁했다.

"오늘 아침 땝니다. 경기도 경찰국에서 나왔다면서, 경남도경찰 사람과 같이 와서 아버지를 연행해 갔습니더."

조카는 될 수 있는 대로 흥분한 빛을 보이지 않으려고 애를 쓰며 이렇게 말했다.

"와?"

내 목소리는 이미 꺼져들어가는 듯이 가늘었다. 나는 맥이 탁 풀려 버리며 갑자기 몸을 가눌 수가 없어 문턱에 주저앉아버렸다.

"무슨 민족 운동자들의 비밀조직에 관련된 혐의랍니더."
"형님이 서울을 떠난 지가 벌써 몇 핸데 그래?"
"그자들을 그렇게밖에 말하지 않습니다. 그러고는 가택수색을 싹 하고, 천장까지 다 뒤지고 그래도 아무것도 없으니까, 아버지가 그동안 메모해 둔 노트 같은 걸 죄다 싸가지고 갔심더. 염치 없는 자들이 여기도 어쩌면 달려들지 모르니까……."
조카는 내 방 안을 한번 휘 둘러보고 나서,
"그럼 갔다오겠십니더."
하고 훌쩍 일어나 나가버렸다.

형님이 경기도 경찰국으로 잡혀간 뒤부터 나는 가슴에 담(痰)이 붙고, 소화불량증이 생겼다. 무언지 식도(食道)에 걸린 듯 꺼림칙한 것이 가셔지지 않고 있었다.

그것을 나는 음식이 체한 것이라고 생각했다. 그래서 피마자기름을 먹으면 체한 것이 말끔히 씻겨 내려간다고 몇 차례나 피마자기름을 마시곤 했다(그 기름을 먹을 때의 고통이 지금도 잊혀 지지 않는다).

그러나 나의 담과 체증은 조금도 나아지지 않았다. 오른쪽 갈비뼈 밑이 찌릿하게 아프고, 목구멍에 무엇이 치밀어 올라오다 걸려 있는 듯한, 야릇한 증세는 차츰 기침까지 곁들이기 시작했다.

그러한 어느 날 노(경남)에서 일본인 교육 직원이 내려왔다. 광명학원의 실태조사와 협의할 사항이 있다는 것이었다.

회의에는 다솔사 주지스님과 진흥회 회장, 그리고 내가 옵서버로 참석했다.

일본인 교육직원은 당면(當面-곤명면)의 교육 실태로 보아 간이학교 하나를 더 세워야 되겠는데, 전시(戰時)라 그럴 수는 없고, 광명학원을 간이학교로 승격시키겠다는 것이다.

사실 이쪽에서 거부를 할래야 할 조건이 없었다. 교육목적이나 내용이 다르니까 못하겠다는 말은 이쪽의 사상적인 이질성을 드러내는 것뿐이니까 내어놓고 말할 수도 없는 성질이었다(이쪽에서 거절하는 경우 허가를 취소할 것은 물론이지만).

그 동안 내가 밤과 낮으로 나눠서 그 일대의 벽촌 아이들과 젊은이들을 가르쳐왔던 광명학원, 낮에는 여러 가지 사정으로 초등학교에 못 간 어린이들과 학령 초과자들을 가르치고 밤에는 15세에서 25세 사이의 젊은이들을 대상으로 정열을 기울여 가르쳤던 교육의 장 광명학원, 내가 혼자서 강사요 직원이요 수위이던 광명학원은 1937년 4월에 개강하여 1941년 6월 내 나이 스물아홉 때 폐쇄되었다. 문을 연 지 5년 만이었다.

망나니들과 어울리다

 그때 나는 이미 비공식 가택수색을 두 차례나 당한 뒤였다. 비공식 가택수색이란 그 당시 나와 안면이 있던 파출소의 전 순경이 나를 찾아온 척하면서 나의 서재를 무단 침입하여 책장과 서랍을 들추는 일을 가리킨다.
 전 순경은 놀기를 좋아하여 마을 청년들과 자주 어울리어 술을 마시고 노래도 부르고 하여 무척 인간적으로 사귀는 일면 직업이라 학원과 마을 안의 동태를 계속 상부에 보고하고 있었다.
 광명학원 폐쇄 결정이 난 이튿날 전 순경이 날 찾아와 교원 자격시험을 볼 것이냐고 물었다.
 "내가 무어 그런데 나서겠소."
 "김 선생은 응시만 하면 떼놓은 당상일 텐데……."
 내가 대답을 하지 않으니까 그는 나에게 걱정을 하는 척하고,

"사실은 광명학원 아이들이 언문하고 가감승제는 하는데 국어(일본어)를 통 못한다 아닙니까. 기미가요 하나 제대로 부르는 놈이 없잖습니까. 아마 이 점을 저쪽 공립학교 측에서 도에다 찔렀답디다."
했다.
 그러니까 자기가 소속 파출소를 통하여 본서에 보고한 결과라고 오해하지 말아달라는 저의에서 나오는 말이었다.
 6월에 잡혀갔던 형님은 그 해 9월에야 석방되어 돌아왔다.
 서울까지 가서 줄곧 음식 차입하는 일과 변호인 치다꺼리를 하다 함께 모시고 돌아온 조카의 말을 들으면, 강원도 쪽에서 투서가 들어왔다는 것이 유일한 단서였는데, 그 투서 내용이란 한국 독립을 꾀하는 비밀조직이 경기도와 강원도에 걸쳐 생겼는데, 형님이 그 중심인물로 추대되었다는 것이다.
 그러나 사실상 형님은 그러한 비밀조직에 대해서는 아는 것이 없고, 다만 그들이 말하는 소위 비밀조직의 구성 멤버 속에 형님이 옛날 알던 사람의 이름이 하나 끼여 있더라는 것이다. 형님이 사실대로 말해도 그들은 곧이듣지 않고 자백을 하라는 둥 좀더 조사를 해봐야 하겠다는 둥 하며 여러 날 동안을 질질 끌더라는 것이다.
 그러니까 비밀 조직이니 하는 것은 구실에 지나지 않고, 저들이 전쟁에 급급한 틈을 타서 3·1운동 같은 대규모 민족운동을 일으킬까 해서 예비검속을 한 것이라는 게 조카의 해석이었다.
 그 해 겨울을 나고 그 이듬해 2월이 되니 이번에는 경남도 경찰국에서 또 백씨를 연행해 갔다. 역시 독립운동 운운이었다. 이번에도 6새월 가량 구속되어 있다가 그대로 석방되었다.
 나의 병세는 형님의 구속과 석방에 따라 묘한 반응을 보여주었다. 형님이 경기도 경찰국에 구속되어 있는 동안 갈비뼈 밑이 찌릿하게 아프고, 목구멍에서 무엇이 넘어오던 병세는 그 해 가을 형님의 석방과 함께 씻은 듯이 나았다가 이듬해 봄에 형님이 경남 경찰국으로 잡혀 가는 것과 동시에 이번에는 다시 기침이 나기 시작했다.

그때는 물론 형님의 구속도 구속이지만, 그 밖에도 나에게 있어서는 너무나 뼈아픈 사건들이 겹쳐져 일어났던 것이다.

광명학원의 폐쇄가 나에게 모진 상처를 준 것은 말할 필요도 없다. 그런데 뒤이어 나의 작품들이 계속적으로 일본 총독부 검열에 걸렸다. 《문장》지의 「하현(下弦)」이 그랬고, 《인문평론》지의 「소녀」는 전문(全文)이 삭제되었으며, 《조광》지의 「두꺼비」는 원고마저 돌아오지 않았다. 그리고 끝내는 우리말을 쓰는 신문과 잡지는 모두 폐간되고 말았다.

순문예지인 《문장》지의 폐간호를 받아들었을 때의 그 암담함과 절망은 이 세상의 그 누구도 이것을 겪은 이 이외에는 상상하지도 못할 것이다. 나는 절망과 분노를 안은 채 절필(絶筆)을 선언하고 8·15해방까지 침묵을 지켰다.

그 무렵 떠오르는 대로 휘갈겨 쓴 일기의 한 부분을 옮기면 다음과 같다.

    세상에 과연 정의는 있는 것일까.
    천도(天道)란 있을까.
    혼(魂)이란 있을까.
    천지신명은 과연 정의의 편일까. 정의를 지켜줄까. 천도란 과연 죽은 것이 아닐까. 천도를 믿는 내 혼은 헛된 것이 아닐까.
    아아, 정의여, 천도여, 혼이여!
    아아, 정의여, 천도여, 혼이여!
    아아, 정의여, 천도여, 혼이여!
    이것을 밝히기 위하여 태양은 하늘에 떠 있는 것일까. 정의가, 천도가, 혼이 터무니없이 사라지지 않는 것을 밝히기 위하여, 그것이 이냥 죽어지고 마는 것이 아님을 알려주기 위하여, 그것이 이냥 영원히 캄캄한 어둠 속에 사라지고 마는 것이 아님을 보여주기 위하여 태양은 하늘에 떠 있는 것일까.

아아, 태양이여, 태양이여, 태양이여!

내가 백발(白髮)을 원하는 것은 비겁한 현실 도피요, 무책임한 자아 기만일지 모른다. 그렇다. 지금 이 순간에도 내 형과 내 매형은 죽어가고 있는 것이다. 아니 나의 모든 참된 이웃, 아니 나의 생명과 나의 사랑과 나의 정의는 숨겨가고 있는 것이다.

나는 비겁과 무책임의 이름 아래서라도 숨을 쉬어야겠다. 하늘을 봐야겠다. 태양을 노려봐야겠다. 그리하여 다시 한 번, 꼭 한번만 더 물어봐야 하겠다. 정의와 천도는 있는 것인가. 그것을 믿는 내 혼은 죽지 않는 것인가고.

그때부터 나는 완전히 입맛을 잃고 심한 기침병에 걸려들고 말았다. 내 기침은 모질고 잦아서 가슴을 둘러파는 것같이 아팠으나, 나는 그것을 치료할 엄두조차 내지 못하고 있었다. 모두가 허물어지고 죽어가는 판세 속에 나도 죽을 병 들었거니 하고 숫제 포기상태에 빠져 있었다.

형님을 모시고 부산에 온 조카가 돌아오더니 나를 억지로 떼밀다시피 하여 진주로 나갔다. 자기가 아는 표씨라는 명의(名醫)가 있으니 한번 보이기라도 하자는 것이다. 표의원은 나를 진찰하고 나더니 자신 있게 기관지염이라고 하면서 탕약 한 제를 지어주었다.

그 약 한 첩을 달여 먹자 이내 목이 부드러워짐을 깨달았다. 그리하여 한 제를 다 먹고 과연 나는 그 병을 고쳤다.

기관지염을 앓고 난 나는 갑자기 인생관이 바뀌어진 듯했다. 나의 생활태도가 바뀌어진 것이다. 나는 그때까지 내가 경계하고 백안시하던 동네 안의 망나들과 어울리게 되었던 것이다.

나는 그들과 더불어 막걸리를 마시고, 장기를 두고, 유행가를 부르고, 천렵을 다니고, 화투를 치고 했다.

그 무렵 그 동네 삼거리 주막에 색주가(色酒家)가 하나 들어왔다. 스무 살 가량 되는 얼굴빛이 희고 앳되게 보이는 색시였다. 연이라는 이름이었다.

나는 동네 망나니들과 어울리어 날마다 연이를 찾아갔다. 대개는 장기를 두거나 화투를 쳐서 지는 사람이 내고, 그렇지 않으면 추렴을 하거나 누가 한턱 쓰거나로 되어 있었는데, 일행은 보통 셋 이상 5,6명씩이나 되었다.

술은 으레 막걸리, 안주는 우선 마른 명태에 초고추장이요, 이 밖에 두부찌개 한 냄비 얹히거나 돼지고기가 한 접시 놓이게 마련이었다.

술과 안주가 대개 일정해 있듯이, 술 먹는 격식도 거의 정해져 있었다.

처음 몇 잔 돌리고 나면 그 다음부터는 술잔과 함께 노래를 돌리는 것이다. 그리고 노래가 시작되면 둘러앉은 사람들이 모조리 양손으로 젓가락을 들고 노래에 맞추어 술상을 두드리는 것이다.

내가 설움과 회포에 찬 블루스 같은 것을 부르면 연이는 잠시도 내 얼굴에서 시선을 떼지 않고 젓가락으로 술상을 두들기며 한숨을 짓기도 했다. 노래를 마치면 그녀는 반드시 자기의 잔을 나에게 건네곤 했다.

망나니 친구들과 더불어 막걸리, 색주가, 화투, 장기 따위 속에서 휩쓸린 채 한 반년이나 지나는 사이에 내 건강은 완전히 회복되었으나, 그 대신 나에게는 또 새로운 슬픈 일이 생겼다. 하나는 먹을 것이 없는 일이요, 다른 하는 첫아들을 잃은 일이다.

첫아들 진을 잃다

　내가 학원에 나갈 때는 그래도 매달 20원이라는 보수가 있었고, 서울의 신문 잡지들이 폐간되기 전까지는 원고료도 얼마씩 보탬이 되었는데, 이 두 가지 실이 다 끊어지고 난 뒤부터는 생계가 완전히 공중에 뜨고 말았다. 따라서 나는 내 조카와 동네 사람들에게 조금씩 신세를 끼칠 수밖에 없이 되어 있었다.
　이러한 가운데 첫아들 진아(晋兒-晋弘, 당시 네 살) 갑자기 열을 내기 시작한 것이다. 그러나 벽지이고 보니 병원은커녕 매약방(賣藥房)도 없는 형편이라 나는 시오 리 길이나 되는 곤양에 가서 약을 사다 먹였으나, 열은 조금도 내리지 않았다. 그러는 동안에 열은 뇌를 침범한 모양으로 발작을 일이키기 시작했다. 동네 아주머니들은 자기 집에 비장해 두었던 귀한 약들을 갖다 주었으나 열은 내리지 않았다.
　나는 하는 수 없이 그곳서 사오십 리 되는 사천으로 아이를 데리고 갔다. 사천에는 조카가 있었기 때문에 일단 그리로 찾아갔던 것이다.

　사천서는 의사가 둘이나 와서 보고, 주사도 놓고 했으나 아이는 눈도 떠보지 못하고 있었다. 그런 가운데서도 나는 아이가 눈을 뜨고 일어나게 되리라고만 믿고 있었다. 누가 와서 보고 너무 늦었다거나, 이제는 벌써 어렵게 되었다든가 하는 따위 말이라도 하면 나는 그 사람을 적의에 찬 눈으로 노려보곤 했다(사실은 저쪽에서도 조심조심 귀띔 해주는 말이던 것을).

　하루는 동네 할머니가 와서 보더니 아이가 일어난대도 몸 한쪽은 못쓰게 될 것이라고 했다.

　그때였다. 나는 갑자기,

　'그럼 얘가 틀렸구나.'

하는 생각이 왈칵 들었다. 나는 발작적으로 아이의 손목을 덥석 잡으며 흐느껴 울기 시작했다.

　"아이고, 이것아. 아이고, 불쌍해라!"

　나는 지금도 그때의 그 절망과 놀람과 슬픔이 엉긴 뜨거운 눈물을 잊지 못한다. 그리고 내 생애에 있어서도 두 번 없을 뜨거운 눈물이 아니었던가 생각된다.

　그날 밤 나는 밤새도록 의자에 앉은 채 눈을 감고 기도를 드렸다. 진아를 구해 달라고.

　그러나 진아는 죽었다. 나는 나의 간장이 뒤틀리는 듯한 울음과 함께 진아의 조그만 관을 사천의 어느 산기슭에다 묻었다.

　　　진(晋)이 한 조각 구름 되어 날아간 날
　　　하늘엔 벙어리 같은 해만 걸려 있더라

　　　먹고 살면 흘러가는 나날

십 년도 도무지 하루같이 쉬운 것을

　　벗 있고 바람 있고 곳곳이
　　수풀도 우거진 세상인데

　　어이한 새 한 마리냐 너는, 지금도
　　천길 하늘 위에서 우느니.

이것은 진아를 잃은 지 10여 년 뒤, 경부선 차중에서 차창 밖을 내다보고 있다가 문득 그 애를 생각하고 지은 시다.
　다음의 「봄」이라는 시는 직접 진아를 생각하고 지은 시는 아니지만, 간접적인 모티프가 되었기 때문에 여기다 적어두려 한다.

　　봄이 오면 다시 임을 기다리기 시작하는 가슴마다 새싹이 돋고, 골목이 환해지며 등불이 켜지듯 집집마다 퍼지는 햇살에도 어느덧 낯설지 않아진다.

　　산과 들에 꽃이 피어도 울지 않는 새가 있다. 마을에 나비가 들어와도 웃음을 잊은 꽃이 있다. 나물 캐는 소녀들의 무색옷을 스쳐가는 봄바람에도 풀려오지 아니하는 먼 강물이 있다.

　　울지 않는 한 마리 새를 위하여 산과 들의 꽃은 헛되이 진다. 웃음을 잊은 한 송이 꽃으로 하여 마을의 나비들은 부질없이 사라진다. 풀려오지 아니하는 먼 강물이 있어 소녀들의 무색옷도 보람없이 묻힌다.

　　오오, 벙어리된 한 마리 새여, 웃음 잊은 그 어느 꽃송이여, 그리고 강물이여, 이제는 꽃 그늘에 잠들었어도, 내 어느 전생의 까닭 모를 설움의 한 방울 눈물이여.

그 누구의 것이라도, 까닭 모를 한 방울 눈물이 있어, 해마다 봄은 다시 돌아오는 것이다.

　그런지 한 보름 지난 뒤였다.
　우리 마을에 마흔 살 미만의 무직자를 대상으로 하는 징용 영장이 다섯 장이나 파출소에 내려와 있다는 것이다. 이때에도 전 순경이 나에게 귀띔해 주었는데, 그 마흔 살 미만의 무직자란 바로 나를 지목하는 것이라 했다.
　나는 당시 내 백씨나 자신의 일이 너무나 절망적인 상태였기 때문에 극도로 건강이 쇠약해져 있었다. 만약 강제징용을 당하면 필시 죽음의 길이 되리란 것을 직감했다.
　언제 마지막 일격이 내릴지 모르는 도마 위에 놓인 나의 가냘픈 생명은 위협과 불안과 공포 속에서 오들오들 떨어야만 했다.
　경찰에 붙잡혀 가서는 안 된다, 굶어죽어서도 안 된다, 내 식구를 굶겨 죽여도 안 된다, 나는 항상 이런 것을 생각하며 비굴한 걸음걸이로 거리에 나다니고, 어두운 얼굴로 방구석에 누워 있곤 했다. 그때 나는 슬프다기보다 늘 절박하고 초조하고, 깜짝깜짝 놀라고, 가슴이 덜컥덜컥 내려앉고, 극도로 불안했다.
　이러한 붊아 속에서는 문학도 자연 멀어지지 않을 수 없었다. 쓰기는커녕 읽을 만한 마음의 여유도 가져지지 않았다.
　나는 하동군 화개면 쌍계사 근처에 있는 문학청년 김종택 군을 찾아가 그의 처소에 숨었다. 김군의 양조장 뒤에는 살림집이란 것이 붙어 있었는데, 방 둘에 마루 한 간, 부엌이 달려 있었다. 방 하나엔 문학 서적이 천장에 닿도록 가득 쌓여 있고, 마루도 그냥 서재로 쓰여지고 있는 꼴이었다.
　"이 서재를 쓰이소. 여기는 순사고 경방단이고 찾아오는 사람 하나 없으니 아주 편합니더. 마음 푹 놓고 작품 하이소. 술도 얼마든지 있심더."

나는 마음속으로, 이만하면야 이상적이지, 하면서도 결코 마음이 편하지는 않았다. 그것은 집에 어떤 변괴가 닥쳤는지 알 수 없기 때문이었다.

그런대로 나는 날마다 김군의 서재에 들어가 책을 뒤적이다 저녁 때가 되면 개울에 나가 손발을 씻고, 김군이 마루에 준비시켜 둔 특제 막걸리와 생선회를 즐기기도 했다.

그러던 어느날 나와 막걸리를 나누고 있던 김군이 말했다.

"선생님, 너무 걱정하지 마이소. 지가 그저께 진주 가는 사람한테 선생님댁 안부 부탁했더니 어저께 밤에 연락왔십니다. 댁에는 그 뒤 파출소 사람이 한번인가 찾아와 보고 더 성가시게 않는다 하더랍니다."

그러던 어느 날 노산 이은상 선생이 오셨다는 것이다.

"노산 선생이 여긴 어떻게?"

내가 깜짝 놀라며 물었다.

"절에 오셨겠지요."

"그런데 김군은 그 분을 어떻게 알아?"

"전에도 다녀갔심더."

귀한 손님이 오면 절에서 김군에게 연락을 해준다는 것이다.

"전에 무슨 일로?"

"전남 지방에서 조선차(朝鮮茶) 재배를 하시는데, 이쪽 지리산 기슭 쌍계사 근처가 적지(適地)라 해서 다전(茶田)을 개발해 보실 계획이랍니더."

김군의 설명을 듣고 나는 멍하니 그의 얼굴만 바라보았다. 그냥 숨어서 엎드려 살기도 어려운데, 거기다 다전 개발까지 추진하고 있다니 그 용기, 그 적극성, 나로서는 그저 아연할 뿐이었던 것이다(그 뒤

첫아들 진을 잃다 219

결국 선생은 경찰에 끌려가 영어의 몸이 되고 말았다).

그날 밤 김군은 쌍계사 여관에다 술자리를 마련하고 노산 선생과 나를 초대해 주었다. 나는 노산 선생에게 인사를 드렸다. 노산 선생은 기쁜 얼굴로 나의 손을 잡으며,

"동리 형, 이게 웬일이야? 선경(仙境)에 봉고인(逢故人)하니 이 또한 기연(奇緣)이로세."

무슨 글귀를 외우듯이 줄줄 엮어대었다.

내가 대답할 사이도 없이 선생은 다시 곁의 소복 단장의 미녀 둘을 가리키며,

"선경에다 마침 선녀도 둘이라, 우리는 저절로 신선일밖에."

하는 것이다. 미녀 둘을 선녀라면 신사 둘은 절로 신선이니 각각 짝이 된다는 뜻같이 들리었다.

선생은 다시 김군을 돌아다보며,

"내 술자리란 거 많이 경험했지만, 이렇게 멋진 자리는 첨이군. 모두가 김군이 꾸며낸 걸작이랄밖에. 내가 여기서 동리 형을 만난 것도 기연이지만, 그렇지만 선녀 둘을 어디서 구해냈는가 말일세. 선경에 살더니 선술(仙術)을 익혔나베."

하고 김군의 수고에 찬사를 보내었다.

김군은 수줍은 듯이 웃음을 띠며,

"여기가 지리산 앞자락이라 옛날부터 선경이라 하는 데 아임니꺼. 선경에 선녀 있는 거 당연한 일이지 지가 무슨 재주를 부려서 만들어 내겠심니꺼."

미녀 선녀 하는 두 사람은 자매 기생이었다.

우리는 함께 술을 들었다. 그 당시의 술(정종)잔이란 것이 본디 아주 작은, 속칭 눈깔잔이라 입에 대면 으레 비우는 것이 상례였지만, 노산 선생은 그것을 반쯤 남긴 채 상 위에 놓았다.

나는 술이 돌아갈수록 차츰 더 유감(有感)해지기 시작했다.

나는 내 앞에 놓인 술잔을 들어 훌쩍 마신 뒤 빈 잔을 김군에게 건네며,

"때묻은 소매를 보니 고향 더욱 그립소."

하고 노래인지 고함인지도 모르게 소리를 꽥 질렀다. 노산 선생의 「고향생각」이라는 시조의 마지막 구절이었다.

나의 느닷없는 꽥 소리에 노산 선생은 문득 생각난 듯,

"백씨는 아직도 못 돌아오셨나?"

하고, 나와 김군을 번갈아 보며 물었다.

김군을 통해 백씨가 경찰에 끌려갔다는 얘기를 이미 듣고 있었던 모양이었다. 그날 밤 노산 선생은 그 쌍계사 여관에서 주무시게 하고, 김군과 나는 김군의 처소로 돌아왔다. 노산 선생은 이튿날 아침 일찍이 칠불암으로 떠나셨다가 다음날 그곳을 떠나셨다고 전해왔다.

해방 후 선생을 여러 차례 만났으나, 선생의 「가고파」 시비(詩碑) 제막식 때 이외엔 술자리를 같이 한 일은 별로 없었다.

선생은 몸이 워낙 단단하신 분이라 한 구십은 문제없으리라고 믿었는데, 뜻밖에도 여든에 돌아가셨다. 그러나 선생이 쓰신 시조는 이천 수가 넘을 것이고, 순국열사나 애국지사에 관한 저서와 민족사화(民族史話), 수필집 등이 모두 약 사십 권이나 되는 줄 안다.

오오, 나의 강산이여, 오오, 나의 나라여, 나의 겨레여, 오오, 나의 고향이여, 하고 평생동안 부르짖다가 가신 이가 바로 노산 선생이다.

어머니의 찬송가

 그로부터 얼마 뒤 백씨가 석방되어 나왔다는 기별을 받고 백씨를 찾아가 내 형편을 이야기했다.
 백씨는 사천군에 있는 정모 씨에게 편지 한 장을 써주며 가지고 가서 의논드리라 했다. 정씨는 나를 사천군 양곡조합 서기로 채용하여 주었다. 덕택에 나는 징용을 피하게 되었다.
 월급이 40원이었다. 지금까지 한푼 수입도 없던 나에게 있어서는 다달이 받을 수 있는 40원은 여간 대견한 것이 아니었다.
 양곡조합 서기 노릇을 하기 위해서는 우선 머리를 말갛게 깎아야 했고, 거기다 공무원에 준하는 복장을 하고 감발(발감개)을 치고 무시로 비상 소집을 당해야 했다.
 목숨보다도 중하게 생각하던 문학이 잡초 속에 묻힌 지는 이미 오래였고, 우리말로 발행되던 신문 잡지 따위가 자취를 감추고, 우리말,

우리 글자까지 사라져가는 험악한 거리에서 그나마 목숨을 부지하겠다고 이 몰골을 하고 다녀야 하나 생각할 때마다 가슴 속에 끓어오르는 암루(暗淚)를 누를 길이 없었다.

나는 월급을 받게 되면서부터 식구도 늘었다. 내가 사천으로 옮겨가는 것과 전후하여 좌천(경남 동해안)으로 이사를 간 조카네 식구 가운데 작은조카가 학교 관계로 사천에 남게 되었고, 그 동안 고향(경주)에 계시던 어머니가 또한 나한테로 오시게 되었던 것이다.

그 무렵 사천에는 비행장 공사가 시작되었다. 사천면 서쪽 넓은 논들을 비행장으로 만들기 위하여 들 가운데 있는 산 하나를 떼어내는 것이다.

인근 고을에서 매일 수백 명의 장정들이 동원되어 왔다. 아무리 작다고는 하지만, 산 하나를 허물어서 옮긴다는 것은 쉬운 일이 아니었다. 더구나 그 당시와 같이 아무런 특이한 기계도 없이 그냥 괭이와 삽으로 흙을 파내어 지게로 져내는 일이라, 이른 새벽부터 밤중까지 소위 보국대원들이 개미떼같이 붙어 바글거려도 공사는 좀처럼 진척이 되지 않았다. 따라서 이 공사로 말미암아 생명을 잃고 부상을 입은 사람의 수효는 이루 다 헤아릴 수도 없을 정도였다.

처음 공사를 시작하려고 할 때 그곳에 논을 가진 몇몇 사람(한국인 땅 주인)이 항의를 했다가 헌병에게 사살된 사건은 별도로 하더라도 공사중에 매를 맞고, 부상을 입고, 칼에 찔리고 하여 들것에 담겨 나온 사람들은 매일 끊일 새가 없었다.

그러나 이와 같이 총칼로써 억지로 닦아낸 비행장도 별로 신통한 성과를 거두지는 못하는 듯, 겨우 연습기 같은 것이 몇 대씩 떠오르곤 하는 것이 고작이었다. 게다가 비행장이 생긴 이후로는 거의 매일같이 공습경보니 경계경보니 하는 것이 울렸다.

이것은 날이 갈수록 심해졌다. 나중에는 하루에도 몇 차례씩 공습

경보가 울렸다. 공습경보가 나면 사천 사람들은 대개가 뒷산으로 피신을 했다. 그러나 뒷산이라는 것도 평지에 솟은 반달 모양의 언덕에 지나지 않았다. 그 언덕 위에 나무들이 있어서, 사천에서는 공원 구실을 하고 있었다.

하룻밤에는 한밤중에 공습경보가 났다. 우리는 역시 뒷산으로 피신을 가야 했다. 자다 말고 놀라 일어났으니 옷을 챙겨 입고 할 경황도 있을 리 없었다. 나는 다만 어머니에게,

"엄마, 얼른 나갑시더, 고마."

재촉을 했으나 어머니는 듣지 않았다.

"내사 다 늙은게 죽음 어떠냐? 느그나 얼른 가거라."

어머니는 자리에 일어나 앉은 채 움직이지 않았다. 머리 위엔 비행기(미군기로 짐작되는) 소리가 우렁대고, 공습경보는 처참하게 불어대고, 사람들은 넋을 잃은 듯 허청거리며 달아나는데, 캄캄 어두운 방에 앉은 어머니는 완강히 거절을 하는 것이다.

"얼른 나오이소, 고마."

나는 짜증을 냈으나 어머니는 아랑곳없이 찬송가를 부르기 시작했다. 어머니의 고집은 나도 알고 있었기 때문에 나는 단념을 하지 않을 수 없었다.

나는 어머니의 찬송가 소리를 들으며 혼자 뒷산으로 달아났다. 그날 밤엔 머리 위에서 비행기 소리가 울렸기 때문에 틀림없이 폭탄이나 소이탄이 떨어질 줄 알았다. 그러나 다행히 시가지엔 아무런 피해도 없었다. 나는 그 뒤에도 그날 밤의 어머니의 찬송가 소리가 늘 잊혀지지 않았다.

종전(終戰) 무렵이 가까워질수록 공습 경보는 잦게 울었다. 어떤 때는 경보도 없이 비행기가 먼저 달려들어 비행장에다 기총소사를 퍼붓고 돌아가기도 했다. 이쪽에서는 맞서 대들어보지도 못하고 그냥

얻어맞기만 하는 모양이었다. 하기야 당시 사천 비행장에 있던 몇 대의 〈고추쨍이〉 연습기로는 상대도 해볼 수 없다는 이야기가 수군거려지기도 했다.

해방, 폭포같이 쏟아지던 그 햇빛

1945년 8월 15일 낮 12시.

조합에 나가니 오늘 정오에 중대 방송이 있으니 한 사람도 빠지지 말고 들어야 한다는 것이다.

중대 방송이란 다름 아닌 천황의 항복 선언이었다.

그날 그때 그곳 대지 위에 쏟아지던 햇빛을 나는 시금도 기억하고 있다.

8·15 하면 지금도 가슴이 설렌다. 그날 그 뜰에 폭포같이 쏟아지던 햇빛이 지금도 눈에 선하다. 그 햇빛과 함께 쏟아져 내려 뜰에 깔리던 일본 천황의 녹이 슨 듯한 목 메인 항복 소리도 지금껏 귀를 간질이는 듯하다.

방송을 듣고 그 눈부신 햇빛을 멍하니 바라보고 있던 나는 그 자리에 피식 쓰러질 것 같은 몸을 간신히 가누어 집으로 돌아왔다.

툇마루에 걸터앉아 감발을 끄른 나는 방 안의 어머니를 들여다보며,
"엄마, 인제 전쟁이 끝났심더."
했다.
"뭐라꼬? 전쟁이 어떻게?"
어머니는 자리에 일어나 앉으며 나에게 물었다.
"왜놈들이 졌심더."
"뭐? 일본이 졌다고?"
"예, 일본 임금이 항복을 합디더. 인제 금시 방송을 안 했심니꺼."
내 말이 끝나자 어머니는 곧 눈을 감고 고개를 수그리며 기도를 올리기 시작했다. 나는 툇마루에 걸터앉은 채 고개를 숙이고 눈을 감았다. 내 얼굴에는 뜨거운 눈물이 좍좍 쏟아져 내렸다.
나는 분연히 격문을 쓰기 시작했다.

    우리 조선 독립 만세
    태극기를 올려라.
    일제는 물러갔다.

우리 집 맞은편 시멘트 담장에다 나는 날마다 새로운 격문을 써 붙였다. 수십 년간 앓던 병, 발끝에서 머리끝까지 전신이 쑤시고 아리던 그 아픔이 홀연히 가셔지는 듯하던 순간, 그 순간의 편안함, 그 행복감을 우리는 영원히 잊지 못하리라. 해방의 고귀한 체험, 그것을 나는 믿는다. 따라서 자유가 무엇인지를 나는 말할 수 있다.
이튿날(8월 16일) 병원(황순주 씨의 사천의원)에서 연락이 왔다. 몇몇 젊은 사람들이 모여 있으니 좀 나와 달라는 것이다.
거기엔 7,8명의 그 지방 청년들이 모여 있었다. 청년회를 만들자는 것이다. 그러나 어떻게 만들어야 할지를 잘 모르고 있었다.

나는 즉석에서 강령과 취지를 쓰고, 간단한 규약을 초안했다. 그들은 모두 만족한 얼굴이었다. 그들은 우리 집이 〈사상가의 집〉이라고만 막연히 알고 있었고, 내가 문학을 한다는 것을 대개 잘 모르고 있었던 것이다.

따라서 내가 그런 일을 어렵지 않게 척척 해내는 것을 보고 놀라는 기색들이기도 했다. 이틀 뒤엔 사천 청년회의 창립대회를 열었다. 그런 일에 별로 경험이 없는 사람들이었으므로 나는 처음부터 의장이 되어서 회의를 진행시키지 않을 수 없었다.

그 결과로는 또 거의 만장일치로 내가 회장에 당선이 되고 말았다. 나는 그곳이 나의 본고향이 아니기 때문에 미리 간부들(준비위원)을 통하여 사양을 해두었지만, 그들이 내 뜻을 받아들이지 않고 그냥 회장으로 밀어버린 모양이었다.

우리 회(사천 청년회)의 첫 사업은 사천군 축구대회였다. 그 당시엔 삼천포읍도 사천군에 소속되어 있었으므로 〈사천군 축구대회〉라고 이름은 붙였지만, 실질적으로는 사천면과 삼천포읍의 대항 경기에 지나지 않았다.

본래부터 사천면은 군청 소재지로 사천군의 행정 중심지로 되어 있긴 했으나, 삼천포읍에서는 그것을 늘 못마땅하게 생각하고 있었다. 따라서 자칫하면 사천과 삼천포는 의견이 대립되곤 하였다.

그날도 나는 처음부터 그것을 느꼈기 때문에 대회 개회사에 있어,

"본 대회의 목적은 경기 그 자체의 승패에 있지 않고, 화목과 단결로써 해방된 우리 민족의 풍도(風度)와 긍지를 나타내는 데 있다."
하고 미리 강조해 두었다.

개회사를 듣는 동안이나 그것을 끝마쳤을 때엔 몇 번이나 요란한 박수소리가 일어나곤 했지만, 경기가 진행되자 삼천포 측에서는 몇 번이나 경기를 중단시킨 채 본부석에 항의를 해오곤 했다. 그때마다

나는 개회사에서 한 말을 되풀이하여 승패가 문제가 아니라고 강조하며 심판에 복종하자고 달래었다.

그 덕택인지 그날의 경기는 큰 사고를 내지 않고 끝낼 수 있었다. 그러나 삼천포 측에서는 심판에 불만이 있다고 하며, 그 책임은 대회장인 나에게 있다고 달려들기도 했다.

그런 지 얼마 뒤. 청년회의 간부 한 사람으로부터 연락이 있어 회의 장소로 나갔더니 거기에 이미 그 지방의 모모 인사들이 다 모여 있었다. 8·15 이전까지만 해도 혐의와 주목을 받던 계통의 인물들이었다. 따라서 그들은 모두 백씨를 존경해 오던 사람들로 나와도 뜻이 통해 있던, 말하자면 민족주의 계통의 사람들이었던 것이다.

그런데 집회의 목적은 〈조선인민공화국 사천군 인민위원회〉를 결성한다는 것이다. 나는 그것이 공산 계열의 조직이라고 혼자 느끼면서도 일단 정체도 알아볼 겸 자리를 지켰다.

임시 의장석에는 경상남도 인민위원회에서 파견된 조직원이 나와 있었다. 그 경상남도 인민위원회 문교부장에는 내 백씨의 이름도 끼여 있었지만, 내 백씨가 인민위원회 멤버로 끼여들었을 리가 만무하다고 나는 단정 짓고 있었다.

단상에는 내가 아는 P씨도 올라가 있었다.

P씨는 몇 해 전에 노동화를 신고 밤중에 다솔사까지 두 번이나 형님을 찾아보러 왔던 분이다. P씨의 고향인 남양면에서 다솔사까지는 칠팔십 리 길이나 좋이 되는데도 불구하고 육십줄에 접어든 이가 두 차례나 내방했을 때는 가히 뜻있는 분이라 하지 않을 수 없었을 것이다.

개회사가 끝나고 선언문 채택에 들어가려고 할 때 내가 질문을 시작했다. 〈질문을 시작했다〉고 하는 것은 질문이 한 번에 그치지 않고 여러 차례 거듭되었음을 의미한다. 그것은 약 한 시간 반 가량 계속되었다고 생각한다.

나의 질문의 요지는 다음과 같다.

〈지금 결성하려는 사천군 인민위원회는 조선인민공화국의 군 단위 조직체라고 하는데, 조선인민공화국과 대한민국 임시정부와의 관계는 어떻게 되는가, 그것이 이원적(二元的)이거나 대립적인 것이 아니라면, 임정이 곧 환국을 한다니 그때까지 기다려보아야 하지 않겠는가, 임정을 무시하고 이원적인 조직체를 가진다면 지금까지 일제에 항거하여 독립운동을 해온 민족정신의 집결체를 부인하는 것이 되지 않는가.〉

대개 이러한 내용이었다.

그들은 이론적으로는 내 말이 옳지만, 어차피 전국적인 기구의 조직체는 가져야 하겠고, 이왕 모였으니까 그냥 회의를 계속하자고 했다. 나는 어이가 없어서 그냥 퇴장을 하고 말았다.

그날 밤 사천극장에서 조선인민공화국 사천 인민위원회의 이름으로 시국 강연대회가 있었는데, 그 자리에서 공포된 결과를 보면 위원장에 P씨, 내무부장에 J씨, 교육부장에 C씨 등 평소의 우리 그룹들이 각각 요직을 차지하고 있었다.

이튿날 아침에 P씨가 나를 찾아왔다.

P씨는 단도직입적으로 〈인민위원회〉를 어떻게 보느냐고 물었다. 나는 그가 나에게 묻는 뜻을 짐작했다.

"조선인민공화국 말이지요?"

내가 되물었다.

"그렇습니다."

"그건 공산당에서 하는 거 아닙니까?"

"하지만 그들도 이승만 박사를 주석으로 모셨고, 김구 선생은 내무부장으로 되어 있고, 임시 정부에서도 모모한 어른들은 다 들어 있던데요."

"그건 임시정부부터 깨뜨려놓고 보라고 하는 공산당의 장난 아닙니까. 간판만 그렇게 내세워놓고 실권은 공산당이 쥐고 있다가 얼마 가서 다 없애버릴걸요."

"김선생은 어디서 그런 정보를 들었습니까? 그렇지 않으면 혼자서 그렇게 보는 겁니까?"

"물론 혼자서 그렇게 보는 겁니다."

"백씨 선생께서는 어떻게 보실지요?"

"글쎄, 형님은 작년에 뵙고 못 만났으니 잘 모르겠습니다만, 아마 저와 같은 견해일 거라고 믿습니다"

"그럼 이력합시다. 이승만 박사나 김구 선생은 평생을 우리나라 독립운동을 위해 바쳐오신 어른들 아닙니까. 그러니 그 어른들이 생각하시는 게 아무래도 촌구석에 있는 우리보다 날 거 아닙니까. 그러니 그분들이 돌아오셔서 인민공화국을 지지하시면 김선생도 나와 같이 인민위원회의 일을 보시고, 그 어른들이 반대를 하시면 나도 그만 인민위원회를 사퇴하도록 하지요."

"알겠습니다."

우리는 이렇게 약속하고 헤어졌다.

그런 지 이틀 뒤에 이승만 박사가 비행기로 돌아왔고, 그날 밤엔 방송을 통하여 자기의 거취를 밝히도록 되어 있었다.

사천극장 곁의 라디오방 앞에는 인민위원회의 간부들이 긴장한 얼굴로 모여들었고, 나도 아는 사람들과 함께 귀를 기울였다.

그때 이박사가 〈나는 임시정부에 복종한 몸이기 때문에 조선인민공화국 주석의 자리를 수락할 수 없다〉고 단호하게 거절하던 일이 기억에 새롭다.

그러나 P씨는 전날의 약속에도 불구하고 끝내 위원장의 자리에서 물어나지 못한 채 영원히 그쪽 사람으로 굳어지고 말았다.

J씨는 그 해 겨울에 서울을 다녀오더니 태도가 달라졌다. 인민공화

국이 되겠냐고 물었더니 고개를 살래살래 흔들며 사라져버렸다. 그 뒤부터 그는 인민위원회에도 열이 식어진 듯 뜸해 있더니 끝내 전향을 한 모양으로, 몇 해 뒤에는 국회의원도 되고, 또 몇 해 뒤에는 장관도 되었다.

그 무렵 고려 청년단 진주 지부에 있다는 청년 몇 사람이 사천으로 찾아왔다. 그때는 신문도 좀처럼 구경할 수 없었으므로 나는 고려청년단의 성격을 잘 모르고 있었다. 한민 계열의 청년단이란 말을 듣고 반공 청년단체거니 짐작했을 정도다.

그들이 나를 찾아온 이유는 사천에서 시국 강연회를 개최하겠으니 장소를 마련해 달라는 것이었다. 나는 사천 청년회 사람들과 상의한 뒤 사천극장을 빌려놓고 광고도 써 붙였다.

그런데 이 일이 어느새 어떻게 전해졌는지 강연회를 여는 날 아침이 되니 삼천포에서 삼천포 민주청년동맹 농민조합 소속의 청년 수백 명이 트럭을 타고 들이닥쳤다.

그들의 눈길이나 말투는 처음부터 험악했으나, 위원장 이하 간부들 중에는 해방 전부터 내가 알던 문학청년들도 두서넛 끼여 있고 해서 그쪽에서 이론적으로 나온다면 얼마든지 답변해 주리라 생각했다.

그러나 그들의 계획은 이론이 아니었다. 그들은 맹수같이 소리를 지르며 연단 위로 뛰어올랐다. 나는 그들의 발길과 주먹질의 집중공격을 받고 피투성이가 되었으나, 경찰은 멀찌감치서 구경을 하다가 슬그머니 꽁무니를 빼어버렸다. 그때 역시 좌익 청년이던 W군이 나를 업고 극장을 빠져나오지 않았던들 나는 그날 그들의 테러에 생명을 잃었을지도 모른다.

이것은 나중에 들은 일이지만, 그날 테러를 맞은 사람은 나 이외에도 너댓 사람 더 있었다고 한다. 그러나 그들은 나와 같이 집단 폭행을 받지 않았으므로 한두 대씩 맞고 달아날 수 있었던 것이라고 한다.

그러면 사천 청년회 사람들은 왜 이렇게 삼천포 청년동맹 사람들에게 대항도 못해보고 회장 이하 간부들로 하여금 몰매를 맞게 내버려 두었던가. 여기엔 다음과 같은 두 가지 이유가 있었다.

첫째, 사천 청년회 간부들 속에는 우리 단체의 노선(대한민국 임시정부 지지)에 대해서 불만을 품은 사람들이 꽤 많이 있었는데, 그들은 이미 인민공화국 지지인 청년동맹 사람들과 내통해 있었던 것이다.

둘째, 수와 투지에 있어 이미 압도를 당해 있었다. 그 당시 사천이나 삼천포 등지에서는 해방 전의 〈뜻 있는 사람들〉이 많이 인민위원회에 가담해 버렸으므로 이에 영향을 받아 청년단체도 그쪽 계열이 사기에 있어 월등 우세해 있었던 것이다.

내 인생의 수수께끼

그 해 늦은 겨울(12월 하순), 나는 해방 후 처음으로 상경을 했다. 그때 내가 깜짝 놀란 것은 문단이 거의 전부 좌경한 사실이었다. 공산당 외곽 단체로 조직된 문학동맹에 가입하지 않은 사람이라곤 친일파로 낙인이 찍힌 몇 사람 이외엔 한쪽 손가락을 다 꼽기 어려울 정도였다.

내가 맨 먼저 발길을 돌린 곳은 안국동에 있는 선학원이었다. 거기 가면 내 가까운 사람들의 소식을 들을 수 있다고 믿어졌기 때문이었다.

선학원에서 내가 찾으려는 사람은 조만호 거사나 강정일 선사였는데, 마침 강정일 선사가 있기에 조만호 거사의 거처를 물으니 재동으로 옮겨가 약국을 차렸다는 것이다.

나는 재동으로 조만호 형을 찾아가 미당의 소식을 물었더니 월간지 《춘추(春秋)》사에 있다는 말을 들었다는 것이다.

나는 곧 춘추사로 미당을 찾아갔다. 그때 미당은 좀 낡기는 했었지만, 시꺼먼 털깃이 달린 오버를 입고 있었다. 나는 그날부터 미당에게 신세를 끼치게 되었다.

미당은 사(社)에서 퇴근을 하자 곧 나를 이끌고 술집으로 갔다. 거기서 우리는 수많은 문인들과 예술가를 만났다. 시인 오장환(吳章煥)과 이용악(李庸岳), 음악가 김순남(金順男), 조각가 조규봉, 소설가 박찬모(朴贊模), 대충 머리에 떠오르는 이름만 이렇다. 그들은 그 뒤에 모두 이북으로 넘어갔지만, 그 당시엔 종로 일대의 선술집들을 주름잡고 다니던 패들이다.

미당은 통금시간을 넘기지 않았다.

"이 사람아, 큰일 나네. 저 어두운 골목에서 땅 하면 말야……."

그는 통금 시간 안에 나를 이끌고 집으로 돌아갈 것을 게을리 하지 않았다. 언제 어디서 어떠한 총알이 날아올지 모른다는 것이다.

그의 집은 공덕동 바로 그 집이다. 기역자로 된 묵은 기와집의 남향 한쪽을 쓰고 있었다. 방 둘에 부엌이 딸려 있었다.

내가 묵기 시작하면 서 미당은 그 추운 날씨에(그 해 섣달 그믐께는 유별나게 추웠다) 밤이면 다다미 신세를 져야 했다. 방 둘에서 온돌방은 하나뿐이었는데, 내가 묵기 시작하면서부터 그의 아우(정태)와 아기(큰아들 승해)에게 온돌방을 내주었던 것이다.

그때나 지금이나 사무적이 못 되는 미당은 거의 열두시나 가까이 되어서야 출근을 했다.

이튿날부터는 나도 미당의 직장인 춘추사를 근거지로 하여 문인들이 많이 모이는 곳을 찾아다녔다. 무엇보다도 내가 놀란 것은 8·15 전부터 문단에서 이름깨나 날리던 친구들이 대부분 문학동맹에 가입해 있다는 사실이었다.

나는 시골에 있을 때부터 이와 같은 보도를 더러 들었어도 그것은 으레 공산당 쪽의 모략 선전이거니 하고 있었는데, 상경을 해서 보니 과연 이 부문(예술문화)에 있어서 그들의 조직과 선전은 거의 독주(獨走) 상태에 놓여 있었다.

그랬다. 서울은 온통 붉은 깃발로 험악한 홍수를 이루고 있었다. 어쩌면 이렇게 될까. 어쩌면 이렇게 될 수 있을까. 나는 지금도 인생의 일대 수수께끼로 그때의 일을 역력히 기억하고 있다.

그들은 화신(和信) 백화점 맞은편의 한청(韓靑) 빌딩에 자리를 잡고 〈문단만은 뭉치자〉, 〈예술계만은 분열하지 말자〉라는 명분을 내세우고, 유력한 문인들을 거의 다 망라하고 있었다.

"우익은 없나? 문학이나 예술단체로서 말야."

나는 미당에게 물었다.

"저쪽에 조연현(趙演鉉) 씨가 하는 《예술부락》 그룹이 있고, 청계천 어딘가에 곽종원(郭鐘元) 씨가 관계하는 《생활문화》 그룹이 있어."

나는 곧 이 그룹을 찾아가 보기로 했다.

조연현 씨는 내가 시골에 있을 때 다녀간 일이 있으므로 먼저 그쪽으로 찾아갔다. 조지훈(趙芝薰), 최태응(崔泰應) 양 씨를 만난 것도 거기서였다고 기억한다.

거기서 조연현 씨와 함께 생활문화사를 찾아가 곽종원, 박용덕씨와도 알게 되었다.

"이태준씨나 정지용(鄭芝溶)씨는 이떻게 됐이요?"

"정지용 씨는 잘 몰라도, 이태준씨는 문학동맹 부위원장 아닙니까?"

조연현씨가 웃으면 되묻는 말이었다.

나는 그(이태준)가 좌익을 하리라고는 믿어지지 않았다. 그의 문학적 성격으로나 해방 전까지 그가 처해 있던 문단적 갈래로나 마르크스주의와는 너무도 거리가 멀었기 때문이었다.

해방 전에도 물론 좌우익의 흐름이 문단에 없었던 것은 아니지만, 만약 그때까지(해방 전)의 흐름으로 본다면 그는 분명 우익에 속해 있었던 것이다. 단적으로 실례를 들면 《문장》지와 《인물평론》지의 대립이 그것이다.

《문장》지를 중심했던 이태준, 정지용, 이병기 제씨와 《인문평론》지를 중심하고 모이던 임화, 김남천(金南天), 이원조 등은 분명히 민족주의자와 사회주의적인 요소로 대립되어 있었기 때문이었다. 그런데 이 《문장》지 계열 사람들까지 모두 임화 그룹 속에 휩쓸려 버렸다는 것이다.

다음날 나는 미당과 함께 문학동맹의 이태준씨를 찾아보기로 했다. 내 눈으로 그의 태도를 확인하고자 했던 것이다.

그는 나를 보자 반가이 맞으며, 그렇지 않아도 소식을 몰라 궁금해 하던 참이라며 솔권(率眷)을 해서 올라온 것이냐고 물었다.

"이번엔 그냥 올라와 봤습니다. 어디 집 간이라도 마련이 되면 아주 올라 오려구……."

"그럼 현실적인 조건은 막연하군요?"

"그냥 저 친구를 따라 다방엘 왔다갔다 하고 있습니다."

나는 미당을 가리키며 픽 웃었다.

그러자 그도 따라 웃으며 박노갑(朴魯甲), 안회남(安懷南) 등 몇 사람에게 소개시켜 주었다.

"김동리 씨는 시골서 첨 올라왔어요. 이화대학이나 휘문학교에 우선 몸 붙일 수 있게 알아봐주십시오."

그는 당장에 동맹 안의 간부들로 하여금 나의 〈현실적 조건〉을 걱정해 주도록 부탁하는 것이었다.

"또 들르시오. 내일이고 모래구. 모두 믿고 지낼 만한 동지니까."

그는 헤어질 때도 정답게 내 손을 쥐어주었다.

"상허(尙虛-이태준)는 사실 얹혀 있는 셈이야. 임화, 김남천, 요것들이 뒤에서 다 요렇게 하고 있으니까 말야."

미당은 전찻길 가에 나오자 손가락을 돌려 보이며 나에게 말했다.

그러나 그 당시의 이태준의 심정은 그 자신 이외에 아무도 알 수 없다.

나는 이태준 씨가 계책적으로 임화와 같이 문학동맹의 정치적 노선을 밝히지 않고 일단 뭉치자고 했었는지, 그렇지 않으면 정말 선 단결 후 노선이 가능할 줄 믿었는지, 그것을 단정적으로 말할 수는 없다. 선 단결 후 노선이라는 임화의 복선 있는 계책을 그대로 받아들일 만큼 그는 어리석고 단순한 사람도 아니었지만, 또 어떻게 보면 사천 인민위원회의 위원장 P씨의 경우와 같이, 한번 발을 들여놓고 나자 그게 아닌 줄 알고 나서도 어떻게 할 수 없이 그렇게 질질 끌려가고 말았는지, 이것은 남북통일이나 된 뒤에 그의 고백을 기다릴 수밖에 없다.

이 무렵 일로 잊혀 지지 않는 또 한 가지 비극이 있다.

그때 정계에서는 모스크바 삼국결정의 신탁통치안이란 것이 문제를 일으켰다. 미국, 영국, 소련 세 나라 외상(外相)들이 모스크바에 모여 한국 문제를 토의한 결과 5개년간 신탁통치(완전한 독립국가로 가는 과도기로서)를 한다는 결정일 것이다. 그 신탁통치서가 발표된 것은 1945년 12월 27일이었다.

처음엔 임정 지지파(우익)나 인민 공화국(좌익)이 다 같이 이것을 반대한다는 의견으로 나왔다. 그리하여 그해 섣달 그믐날에 신탁통치 반대라는 무수한 플래카드를 들고 일대 시위 행렬이 있었다. 여기서는 임성 지지파가 좀더 열성적이었지만, 좌우익을 떠나서 공동적으로 시위 행렬을 가졌던 것이다.

그런데 바로 그 다음날인 1946년 정월 초하루에 신탁 통치 안을 지지한다는 시위 행렬이 서울거리를 메우게 되었던 것이다. 이번엔 좌익이 주동이라는 것이다. 하룻밤 사이에 공산당의 정책이 지령에 의하여 뒤집혔다는 것이다.

하룻밤 사이에 반탁(反託-신탁통치 반대)에서 찬탁(贊託-신탁통치 찬성)으로 정책을 백팔십도로 바꾼다는 것도 해괴한 일이지만, 또한 그 지령에 의하여 하룻밤 사이에 어저께(반탁시위 때)에 못지않은 인원이 동원되었다는 것도 경탄할 만한 일이 아닐 수 없다.

미당과 나는 종로 네거리에서 이 양일간에 벌어진 두 개의 굉장한 시위 행렬을 다만 바라보고만 있었던 것이다. 그리하여 그 수만 명 속에 우리가 아는 얼굴들(그들은 대개 문학동맹에 가입되어 있는 문인들)이 두 번의 행렬 속에 꼭 같이 끼여 있는 것을 보았던 것이다. 그들은 그만큼 조직이 되어 있었기 때문에 지령에 따라 수시로 동원이 가능했던 것이다.

문학인이 당(여기서는 공산당)의 지령에 따라 오늘은 반탁 데모에 끼어들었다가, 내일은 찬탁 데모에 끼어든다, 이쯤 되면 그 당시의 문학동맹의 위력도 짐작이 될 만한 것이다.

그리고 이때부터 좌우익의 명분도 임정 지지파(우익)와 인공 지지파(좌익)에서 반탁파(우익)와 찬탁파(좌익)로 바뀌어지게 되었다.

이듬해(1946년) 3월 상순께 나는 식구를 데리고 서울 돈암동 집으로 이사를 했다.

민족문학 표방 시대

서울에 오자마자 나는 〈신탁통치 절대 반대〉라는 글을 써서 동아일보에 보냈다. 나는 신탁통치의 부당성을 지적하고, 글 끝에 서명을 했다. 중앙대학교 최준(崔埈) 교수는 그때의 내 글을 읽고 〈백만대군〉을 얻은 느낌이었다고, 또 〈전체 겨레의 의사를 솔직하게 대변한 명문이며 통쾌하기 그지없는 글〉이었다고 훗날 어느 글에서 그 소감을 밝힌 적이 있다.

그 당시 일부 우익 정당과 사회 단체 및 청년학생 단체들에서 반탁을 절규하긴 했지만, 문화인 중에서는 그야말로 열 손가락으로 세일 수 있는 몇 사람만이 펜을 들어 반탁을 주장하였을 뿐, 절대다수의 문화인들은 침묵을 지켰으며, 오히려 찬탁으로 기울고 있었던 것이다.

그때 좌익에서 내세운 것이 소위 진보적 민주주의란 용어였다. 이 유물론을 신봉하는 공산주의 용어는 좌익에 동조하는 신문기자나 문화인들에게 널리 전파되어 있었다. 이 진보적 민주주의란 용어에 이끌려 좌익의 모든 행동은 진보적인 양 수식되었고, 우익의 그것은 모두 반동이요 부패한 양으로 선전되었던 것이 당시 언론의 흐름이었다.

해방 후 우리나라는 모든 분야에 걸쳐 좌우 투쟁이 벌어졌다. 문화 예술 사회도 마찬가지였다. 특히 문화 예술계는 다른 분야에 견주어 소위 좌익계가 독주를 하다시피 되어 있었다. 문화 예술계를 대표하는 문학 분야만 보더라도 소위 좌익계의 조선문학가동맹이란 것이 전체 문인의 90퍼센트를 차지하고 있었다.

그때 나는 그들과 맞서서 싸울 수밖에 없었다. 그들은 나더러 왜 딴전을 피우느냐고 달려들었다.

그때 나는 말했다. 지금 당신들이 하는 문학가동맹은 처음 출발할 때 공약한 노선 문제나 민족문학 강령이란 것과는 거리가 먼 조선공산당 외곽 세력이 되지 않았는가. 공산사회엔 자유가 없고, 자유가 없는 데는 문학도 없다. 나는 혼자서라도 자유와 문학을 지키겠다고.

그때 그들은 말했다. 진정한 자유는 노동자 농민의 자유다. 공산 사회는 노동자 농민의 사회다. 따라서 공산사회에서만 진정한 자유가 있다. 문학이 자유를 떠나 있을 수 없다면 진정한 문학도 공산사회에만 있다고 했다.

나는 다시 말했다. 그렇지 않다. 노동자 농민의 사회라는 공산사회는 계급독재의 사회다. 계급독재 속엔 어떠한 자유도 있을 수 없다고.

해방 직후 문단 조직에 선수를 쓴 것은 공산당 계열의 문학인들이다.

임화, 김남천, 이원조 들은 조공당(朝共黨)의 후원 아래 예술건설중앙협의회를 구성하여 좌익 계열의 예술 문화 단체조직의 모체(母體)를 만들고 뒤이어 조선문학동맹, 조선미술동맹, 조선음악동맹 등 동계(同系)의 예술단체를 실현시켰다.

조선문학동맹은 이듬해(1946년) 2월에 다시 조선문학가동맹으로 개

칭하고 전체 문학인을 흡수할 방향으로 나아갔다.

이에 대항하여 자유진영에서는 자유문화협회와 한국청년문학가협회가 있었으나, 조직과 선전에 있어서는 공산계가 월등 우월하였다.

그런데 여기서 하나 주목할 것은 좌우익 양쪽에서 모두 민족문학을 부르짖었다는 사실이다.

해방 후 민족문학이란 말을 제일 먼저 쓴 것은 조선문학가동맹이다. 평론가 이원조는 단체를 대표해서 다음과 같이 말했다.

> 민족문학이란 것은 민족의 문학이란 뜻이다. 우리 민족은 노동자 농민이 대다수이다. 따라서 민족문학이란 말은 〈노동자 농민의 문학〉을 뜻하게 된다. 그러면 노동자 농민문학이란 무엇인가? 노동자 농민과 호흡을 함께 하며 노동자 농민의 이익과 승리를 위하여 매진하는 문학이 곧 노동자 농민의 문학이요, 동시에 오늘의 우리가 건설코자 하는 민족문학인 것이다.

그런데 이 말은 30년대 초까지 성세를 이루었던 카프(KAPF)문학이니 계급주의 문학이나 하던 것과 꼭 같은 내용이 된다. 그때 소위 카프문학파에서도 〈계급주의란 것은 프롤레타리아 계급을 가리키는 것이요, 프롤레타리아는 곧 노동자 농민과 일반 무산(無産) 대중을 의미한다. 따라서 계급주의 문학이란 노동자 농민과 무산 대중의 처지에서 노동자 농민과 무산 대중의 이익과 최후의 승리를 위하는 문학이란 뜻이다〉라 했던 것이다.

이렇게 볼 때 문학가동맹을 대표해서 이원조가 밝힌 민족문학이란 것과 약 20년 전에 카프문학파들이 주장하던 계급주의 문학이란 것이 하등 다를 것이 없다는 얘기가 된다. 따라서 그들이 말하는 민족문학이란 〈계급주의 문학〉 내지 〈계급주의 민족문학〉이란 말밖에 되지 않는다.

다음으로 중앙문화협회에서 표방한 민족문학이란 무엇인가?

당시 이 그룹(이 단체는 회원 10여 명밖에 안되는 문인 그룹이었다)의 회장이던 박종화(朴鍾和) 씨는 〈민족문학의 이념〉이란 제목으로 발표한 글에서 〈우리는 과거 36년간 일제의 침략하에 식민지 백성으로 갖은 고초와 유린을 받아왔으나, 이제 일제가 물러가고 광명을 되찾게 되었으니, 해방된 민족으로서 민족정기와 민족정신을 앙양 발휘할 수 있는 민족문화를 수립하자. 정몽주를 그리고 논개를 노래하자〉 하였다.

또 같은 멤버의 한 사람이던 김광섭(金珖燮) 씨는 「민족해방 자유」라는 글에서 역시 〈일제 압정에서 해방된 우리 민족은 가슴을 열어 자유를 만끽하며, 우리 민족의 영원무궁한 발전을 문학으로 승화시키자〉 하였다.

그들의 민족문학이란 결국 〈민족주의 민족문학〉이란 뜻이 된다.

나는 제3의 단체인 청년문학가협회에 소속되어 있었는데, 여기서도 민족문학을 표방하게 되었다. 일부 회원들이 민족문학이란 표어를 마뜩찮게 생각하여 순수문학 확립을 표어로 내걸자고 했다.

그러나 나는 민족문학을 고집했다. 잃었던 민족과 함께 잃었던 문학을 찾게 되었으니 이 경우 민족과 문학을 떼어놓고 싶지 않았다. 남들이 그 말을 먼저 썼다고 우리가 양보할 까닭은 없다고 생각했다. 더구나 그들이 민족문학이란 말을 올바로 썼다면 모르거니와 모두가 그릇되게 쓰고 있지 않은가. 진정한 민족문학은 순수문학으로서의 민족문학이란 것을 밝혀야 한다고 나는 주장했다.

내가 회장으로 선출되고 동시에 표어도 민족문학 쪽을 취하게 되었다.

나는 그 뒤 「인간주의 민족문학」이란 글을 써서 《동아일보》에 발표했다. 나는 《동아일보》 신춘문예 출신 작가라 이 신문에서는 비교적 나를 대접해 주었다.

그 해 4월 우리 단체는 문학의 밤을 개최하여, 나는 〈순수시의 사상〉이란 제목으로 강연을 했다.

우리 청년문학가협회 결성대회를 서울에서 열었을 때였다.

대구에서 〈죽순(竹筍)〉 동인이 대거 올라와 주었다. 시조시인 이호우(李鎬雨) 씨와 그의 누이인 시인 이영도 등등이었다.

그날 저녁 이호우 일행은 돈암동 내 집으로 몰려왔다. 식량이 아쉽던 당시인지라 내 집에서도 쌀이 떨어져 수제비 한 그릇씩을 겨우 대접했다. 그랬건만 이호우 씨는 돌아가서 주위 사람들한테 동리의 소탈한 우정을 보았다고 말했다니 지금도 그저 고마울 뿐이다.

그 무렵에 있었던 작은 이야깃거리다.

그때만 해도 기고만장한 것은 공산진영 문인들이요, 우리는 통 시세가 없었다. 신문, 잡지 같은 데서도 거개가 공산진영 쪽에 추파를 보내기가 급급해서 우리에 대해서는 덮어놓고 백안시했다. 이런 판세니까 현실적으로 뒷받침해주는 아무런 힘도 얻을 수 없었다.

우리는 온종일 다방 같은 델 몰려다니다가 저녁때가 되면 누가 호주머니를 털어서 빈대떡을 사는 것이 고작이었다.

이렇게 같이 욕을 먹으면서 함께 고생을 하며 몰려다니는 친구 가운데 〈수집 취미〉를 가진 사람이 있었다.

다방에 앉아서 여러 가시 계획을 세우고 하느라고 노상 들고 있던 나의 만년필이 없어졌다. 자, 다탁(茶卓) 위에 금세 쓰고 있던 만년필이 행방불명이 되었으니 답답한 노릇이 아닐 수 없었다. 레지를 보고 만년필을 못 봤느냐, 껌팔이 아이를 붙들고 너 만년필을 못 봤냐, 별의별 짓을 다해도 끝내 허사였다.

나중 빈대떡 집에서 막걸리를 마시다가 무슨 말 끝에 E라는 녀석이 그 만년필을 불쑥 내어놓지 않는가.

나는 얼굴빛이 변해지며,

"이거 어떻게 된 거야?"

하고 따지려 드는데, 이 녀석은 그냥 아래턱만 까닥까닥하며,

"그저 그렇게 됐어."

하는 대답이다. 그러자 K가 E를 보고.

"너 수집 취미로군."

해서 일동이 소리를 내어 웃고 말았다.

그러나 E의 수집 취미는 만년필에 그치지 않았다. 빈대떡 집에서 이번에는 K의 라이터가 없어졌고, 한번은 우리를 따라다니던 S양의 콤팩트라는 것까지 없어졌는데, 이것이 모두 E의 수집 취미에 관련되었음이 나중 밝혀졌다.

당의 문학이냐, 작가의 문학이냐

　내가 염상섭(廉想涉) 선생을 처음 만나 뵌 것은 1946년 봄이다. 그 무렵 선생은 돈암초등학교 앞의 조그만 재래식 기와집에서 우거(寓居)하고 계셨다. 나 또한 돈암동 경동고등학교 밑에 살고 있었으므로 우연히 그 집 앞을 지나가다가 문패를 보고 알았다.
　그러나 그날은 '아, 염 선생이 여기 사시는 군.' 하며 한참 문패를 쳐다보다가 그냥 지나쳤던 것같이 기억된다. 그런 지 며칠 뒤에 다시 가서 찾아뵌 것 같다.
　내가 아무개라고 했더니 선생은 내 이름자를 기억하고 계시어 나는 속으로 다행이라고 생각했다.
　"들어앉을 데도 없지만 좀 들어오시구려."
　선생은 대문간에 나와서 안쪽을 돌아다보시며 이렇게 말했다.
　"아니올시다. 지나가다 선생님 문패가 걸렸기에 혹시나 하고 잠깐 실례를 했습니다. 여기 계신 줄 알았으니까 다시 찾아와 뵙겠습니다."

나는 대문간에 선 채 사양을 하고 돌아왔다.

그런 지 한 달포쯤 지난 뒤다. 시인 정지용 씨를 만났더니 교회(가톨릭)에서 신문을 내게 되었으므로 자기가 일을 봐줘야 하게 생겼다면서,

"동리하고도 여러 가지 의논할 일이 있는데 어디 바쁘잖아?"

하는 것이다.

정지용 씨는 내 백씨의 소개로 일제시대부터 형같이 가깝게 지내는 사이였다. 그리고 그때만 해도 소속과 노선을 밝히지 않고 있을 무렵이다.

무슨 얘기냐고 했더니 편집국장 한 분 물색해 보자는 것이다.

"교회에서 내면 무슨 종교신문이 됩니까?"

"아니, 순사회지여. 물론 교회에 대해서 욕을 쓴다거나 그런 일은 없어야 되겠지만……."

"그럼 교인이 아니라도 되겠군요"

"물론."

"자, 염상섭 씨 어때요?"

"어디, 서울에 계시나?"

정지용씨는 구미가 당기는 얼굴이었다. 그럴 것이, 염상섭 선생은 보성(普成) 중학을 거쳐 일본 게이오대학 재학중 3·1운동으로 투옥되었다가 귀국 후 《동아일보》기자를 지냈으며, 그 후 만주로 건너가 《만선일보》주필 겸 편집국장을 지내셨던 것이다.

"지금 바로 가보면 어때?"

그날 염 선생은 즉석에서 허락을 하지는 않았지만, 대체적으로 호의적인 태도를 보였다. 그리고 그런 지 한 열흘 지난 뒤부터 선생은 정지용 씨와 함께 신문 낼 준비에 바빴다. 그것이 뒤의 《경향신문》이다. 정지용 씨는 주필, 염선생은 편집국장으로 《경향신문》은 발간되었다.

그러나 이 신문은 내가 기대했던 것보다 좀 다른 노선을 걷기 시작했다. 정치면은 그런대로 우익에 가까웠으나, 문화면은 분명히 좌익에 기울어져 있었다. 따라서 나와는 거리가 먼 신문이 되어버렸다. 나는 다시 그 신문사에 가지 않았다.

그 해(1946년) 이른 겨울 나는 《민중일보》에서 문화부를 맡게 되었다. 그 당시 《민중일보》 사옥은 퇴계로에 있었고, 사장은 윤보선(尹潽善) 씨였으며, 허정(許政) 씨는 고문인지 무언지 직함은 잘 모르지만, 무슨 관계를 맺고 있었다고 기억한다.

그 당시 윤보선 씨와 허정 씨는 세칭 〈이승만 박사 직계〉로 널리 알려져 있을 때이니만치 이 신문이 또한 반공 노선이요, 반탁노선이었던 것은 더 말할 나위도 없지만, 그 가운데서도 〈돈암장(敦岩莊) 노선〉이란 것은 자타가 공인하던 바이다. 그 당시 이 박사의 우거를 돈암장이라 일컬었기 때문에 이 박사 노선이란 말 대신 사내(社內)에서는 흔히 돈암장 노선이란 말을 썼던 것이다. 그리고 그 당시 이 돈암장에서 이박사의 일을 돕고 있으면서 가장 신임이 두텁다고 정평이 있던 이가 이기붕(李起鵬) 씨였다.

직장의 성격이 이쯤 되고 보니 우리는 자연히 돈암장에 출입할 일이 많았던 것도 사실이다.

이 박사가 신탁통치 반대에 대한 국내여론을 우방국에 널리 호소하기 위해 미국으로 향발(向發)하기 얼마 전이었을 것이다. 같은 직장의 동료들 몇 사람이 사명(社命)을 띠고 돈암장으로 가게 되었다. 그때 마침 이박사는 몸이 좀 피곤해 쉬시는 중이라면서 이기붕씨가 우리 일행을 응대해 주었다.

카메라맨 C씨는 사진 몇 장을 빌리고, 사회부의 P씨는 기사 재료를 정리한 뒤 우리는 다과를 먹으면서 한참 동안 한담을 즐기고 있었다. 한담이라고는 하지만, 그 무렵의 돈암장이나 우리 문협(文協) 동지들에게 있어 유일한 무기라야 이 《민중일보》 하나밖에 없을 때이니만큼, 화제는 언제나 《민중일보》 테두리에서 벗어나지 않았다.

그때의 분위기를 엿보기 위해서 당시의 한담을 여기에 몇 줄 옮겨 보기로 한다.

이기붕: 여기서는 모두가 민중지의 애독자들입니다. 따라서 민중일보사에서 일하시는 여러분들에 대한 인기가 여간 높지 않아요.

카메라맨 C: 그와 동시에 우리 신문사에서는 이선생(이기붕)에 대한 인기가 여간 높지 않은데요.

이기붕: 그건 당연한 말씀입니다. 왜냐하면, 민중의 기사 재료는 제가 제일 많이 제공하잖아요?

사회부 P: 우리는 이 선생님한테 선전료를 받아야 할까 봐요.

이기붕: 그것도 좋습니다. 그러면 나는 윤사장한테 재료비(기사의)를 청구해야 할까 봐요.

문화부 K: 정말 윤사장은 청구서가 들어오면 지불할걸. 영국 신사니까.

(이때 이기붕씨는 영국 신사라는 말을 처음 듣는지 잠자코 웃으며 K의 얼굴을 바라보았다)

카메라맨 C: 아마 이선생님께서는 우리 사장님의 별명이 영국신사란 말을 모르실 거예요. P형, 그거 좀 설명해 드려요.

사회부 P: 정오 사이렌이 불면 어떠한 일이 있더라도 일어나 모자를 쓰고 수도(首都) 그릴로 가십니다. 그것도 런치가 아니라 정식, 정식에서도 A급 정식으로 척 하시고, 또 차를 타고 쓱 돌아오시죠. 그것이 아주 규칙적이죠.

이기붕: 아마 영국에 계실 때부터의 습관일 겝니다.

카메라맨 C: 이 선생께서는 양식을 좋아하십니까?

이기붕: 저도 양식은 좋아합니다만, 그러나 역시 조선 음식이라야 속이 편치요.

이상과 같은 한담이 20분간이나 끌었다. 우리는 인제 일어나야 되겠다고 인사를 하자 씨는 그때야 시계를 들여다보며,
"그렇습니까?"
라고 했다.
밖에 나오니 웬 자동차가 한 대 서 있고, 그 곁에 어떤 젊은이가 한 사람 서 있다가 자기 손목시계를 들여다보며 이기붕 씨 곁으로 다가오더니,
"시간이 꽤 지났습니다."
했다. 이기붕 씨는 말없이 그 청년에게 그냥 고개만 끄덕해 보였다. 다 알고 있다는 뜻인 모양이었다. 우리 일행은 어찌된 일인지 몰라서 이기붕 씨를 돌아다보다가 카메라맨 C씨가 대표로,
"아니, 이선생님, 이거 어디 떠나실 예정이었습니까?"
하고 물었다. 그러자 이기붕씨는 빙긋이 웃으며,
"네, 저 병원에 좀 가볼 일이 있어서……."
하는 대답이다. 이번에는 우리 중의 P씨가,
"왜 진작 말씀하시지 않았어요? 우린 그런 줄은 전혀 모르고 공연히 한담만 하고 있었잖아요?"
하니 이기붕 씨는 역시 빙긋이 웃는 얼굴로,
"그렇게 해서라도 한참 한담을 하지 않으면 우리가 모두 서로 바쁘니까 언제 시간을 맞추어서 이야기라도 나누게 됩니까?"
하는 대답이다.
"그렇지만 밖에서 기다리는 이가 있는데……."
"그렇더라도 손님에 대한 인사가……."
하고 말끝을 흐리는데, 어디 그럴 수 있습니까, 하는 뜻이다.
돈암장에서 돌아오는 길에 카메라맨 C씨의 말이다.
"우리 윤사장이 영국신사라면 저 이기붕 씨는 한국신사야. 전형적

인 토종이거든."

역시 좌익문학 단체인 조선문학가동맹과 맞서 싸우고 있을 때였다.
나와는 형제같이 지내는 Y씨가 내 집에 와서 나와 함께 하룻밤을 자게 되었다. 그는 내 집을 대강 훑어보고 나서,
"적빈여세, 적빈여세."
하고 중얼거렸다. 적빈여세(赤貧如洗)란 몹시 가난하다는 뜻임을 나도 알고 있었다.
"동리, 이렇게 가난한 처지에서 왜 한민당 앞잡이를 하나?"
"내가 한민당 앞잡이라고?"
"그렇지 않고?"
"한민당 이야기는 그만둡시다. 나는 한민당이란 델 아직 가본 적도 없으니까."
그 뒤 그는 문학가동맹 사람들과 어울려 다녔다. 그 당시 소위 그쪽 〈동맹〉 사람들과 우리는 적대관계에 있었기 때문에 아는 사람끼리 길에서 만나도 대개는 외면을 한 채 지나가곤 했다.
그 무렵 이북(함경남도 원산) 문학가동맹에서 발간한 시집 『응향(凝香)』이 북조선 문화예술 총동맹으로부터 거기에 실린 시는 〈인민에 복무하는 당의 문학〉이 아니라고 결정되었다. 그러자 그 시집에 참가했던 시인 구상(具常) 씨는 이듬해(1937년) 2월 이북을 탈출하여 월남을 했다. 그런데 소위 북조선 문화예술 총동맹의 〈결정서〉가 그(구상)를 따라와 당시 남조선 문학가동맹 기관지인 《문학》에 대서특필되었다.
그때 나는 자유 진영의 유일한 문예지인 《백민》에 「문학과 자유를 옹호함」이라는 글을 발표하여 이른바 〈동맹의 단죄문(斷罪文)〉을 문학적으로 반박하고, 또 이북은 일제 치하 때보다 더 혹독하게 작가의 자유를 박탈하고 인간성을 봉쇄하고 있다고 규탄했다. 그때 나는 그 글

에서 이렇게 외쳤다.

　그들은 〈문학은 인민에 복무하여 당의 문학〉이 되라고 주장한다. 그것은 문학의 타락이요 문학의 모독밖에 아무것도 아니다. 보라. 당의 문학은 당과 함께 운명을 같이 하리라. 당의 문학은 당과 함께 몰락하리라. 소련당의 문학은 소련당과 함께, 북로당·남로당의 문학은 북로당·남로당과 함께, 나치스의 문학은 나치스와 함께, 군국 일본 황도(皇道) 문학은 군국 일본의 몰락과 함께, 그리고 그만일 것이다.
　진실로 문학을 가질 수 있는 작가는 현대의 신(神)도 인민도 거부하지 않으면 안 될 것이다. 왜? 문학이란 아무것에도 복무할 수 없는 것이기 때문이다. 문학은 영원히 작가 자신에 복무할 따름이다. 문학은 문학적 사실의 문학적 표현이므로 그렇다. 그래서 아무리 몽환적이요, 비과학적이요, 초자연적 현상이더라도 어떤 작가의 어떤 작품에 있어서는 훌륭하게 리얼리즘이 될 수 있는 것이다.
　문학가동맹 출발 당시 문학가의 정치참여를 비방한 데 대하여 그들 〈문맹〉의 지도적 작가 한 사람이 말하기를 〈문학가가 정치에 관여하지 아니 하여도 좋을 만치 훌륭한 정치를 실현하기 위하여 문학가는 정치에 관여하고 있다〉고 했다. 이것은 얼마 전 스탈린이 〈우리는 독재를 하지 않아도 좋을 만한 사회를 실현시키기 위해 독재를 하고 있다〉고 했다는 말과 동음동곡(同音同曲)이다.

　그때나 지금이나 나에게 있어 문학의 대상은 인간이요, 인간을 떠나서 문학은 존재할 수 없고, 또 무의미한 것이라고 생각한다. 그래서 나는 지금까지 인간을 떠나 문학을 생각하고, 인간을 떠나 문학을 논의한 적이 없다.
　나에게 있어서는 시고 소설이고 평론이고 일체의 문학이란 다만 인간을 의식하고, 인간을 정화(淨化)하고, 인간을 구제하기 위한 하나의 방법에 지나지 않는다.

『무녀도』 출판기념회

그 해(1947년) 5월 견지동 어느 한식집에서 나의 처녀 창작집인 『무녀도』 출판기념회가 있었을 때다.

내가 발을 끊은 《경향신문》에 염상섭 선생의 고무적인 신간평이 게재되었다. 책을 보내드리기는 했지만, 그 신문에 더구나 선생의 이름으로 그 책의 신간평이 나리라고는 예상하지 못했다. 뿐만 아니라 출판기념회에 정지용 씨도 함께 나왔으며, 사회까지 맡아 주었다.

그 당시엔 좌우익이란 것이 심히 대립되어 있었으므로 무슨 집회 같은 것이 있어도 피차간의 왕래가 거의 없었다. 그들의 행사엔 우리가 나가지 않고, 우리의 행사엔 그들이 나오지 않았다. 염상섭 선생은 그때도 결코 자기 자신을 좌익이라고 자처하지 않았고, 언제든지 좌우익을 통합시켜 보겠노라고 이따금 자기의 포부를 말하기도 했다. 그러나 정지용 씨는 조금 달랐다. 그가 쓰는 《경향신문》의 칼럼 「여적

(餘滴)」은 매일같이 날카롭게 우익을 공격하고 있었다. 그래서 우리는 그가 아주 좌경한 사람으로 간주하고 있었다.

그 출판기념회는 물론 우리 청년문학가협회와 중앙문화협회가 주최하는 것이었다. 그러니까 그 당시 소위 우익 문인이라고 불리던 사람 전체와 그 관계자들의 모임이었다. 그런데 뜻밖에도 그 자리에는 지난날 내 집에서 〈적빈여세〉를 외치던 Y씨와 그의 친구까지 이 모임에 나타나 주었다. 평소에 외면을 하고 지내던 사람들이 참석을 했다는 것은 그 시절로서는 경이에 가까운 사건이라 할 만했다. 물론 옛날에는 다 잘 알고 지내던 사이들이지만 말이다.

사회를 맡은 정지용 씨는,

"여기 고집쟁이 작가 한 사람을 소개합니다."

하고 개회인사를 하였다.

축사는 박종화 선생과 모윤숙(毛允淑) 여사와 그리고 진객(珍客) Y씨 차례였는데, 그는 일어나자마자 거두절미하고,

"나는 동리의 인간과 문학을 사랑하기 때문에 이 자리에 나왔어요. 여러 말 하기 싫어요. 동리 글 써, 글 써!"

하더니 그대로 앉아버렸다.

그날 밤 Y씨와 그의 친구는 술을 마구 들이켰다. 처음엔 어색해서였겠지만, 나중엔 그래도 옛 친구들이리 감개가 새로운 바 있었던지 아주 정신을 잃도록 취해버렸다.

역시 술이 만취한 정지용 씨는 내 팔을 잡아 흔들며,

"동리, 알지? 「무녀도」야, 「무녀도」뿐이야, 알지?"

하기에 출판기념회에서는 누구나 다 한마디씩 덕담을 하게 마련이니까, 딴은 취중에도 축사를 한답시고 그러는 거겠지 하고 흘려들었는데, 나중 알고 보니 그것이 아니고, 내(정지용)가 이 자리에 온 것은 동리의 「무녀도」 출판기념회니까 왔지 우익에 매력이 있어 온 것은 아

니다 하는 뜻이었다.

하여간 이날 밤에 정지용 씨는 술이 너무 취해서 구두와 안경을 잃어 버렸고, 염상섭 선생도 구둔가 안경을 잃었다. 이날 밤 구두와 모자와 만년필과 그런 따위를 빠뜨린 사람은 여간 많지 않았다. 그만치 모두 심하게 취해 있었다. 아마 자리를 같이 안하던 사람들이 오래간만에 술잔을 나누게 되니까 서로 어색해서 그런지 폭음으로 흘러버린 듯했다.

Y씨는 해방 전까지 소위 카프 문학인이니 프로 문학인이니 하는 사람들을 냉소(冷笑)에 붙이던 우익 문학인이었다. 그러기에 처음엔 문학가동맹에 협력하지 않고 무소속이니 하며 외톨이로 돌던 사람인데, 문인의 대부분이 그쪽으로 가담하고, 신문·잡지들이 또한 그쪽으로 쏠리자 그도 차츰 그쪽으로 흐르고 말았던 것이다. 물론 그런 사람은 그 이외에도 얼마든지 있었다. 문학동맹의 반수 가까이가 그와 같은 케이스였다.

그 뒤 염상섭 선생은 신문사를 그만두고 그냥 댁에 계신다고 들었지만, 두어 해 동안이나 가 뵙지를 못했다. 그러다가 1949년 가을에야 순문예지 《문예》를 내게 되어 소설 부탁도 드릴 겸 선생의 의견을 들으러 간 일이 있었다.

"잡지 이름을 문예와 문학 두 가지 중에 하나로 할까 하고 있는데, 선생님께서는 어떻게 생각하십니까?"
하고 여쭈어보았더니, 선생은 머리를 옆으로 돌리신 채,
"문학이라고 하면 좀 딱딱해 뵈고, 문예가 좋지 않을까?"
하는 대답이었다. 사실은 우리들도 문예 쪽으로 대개 의견이 기울어져 있을 때라 나는 속으로 다행이라 생각했다.

동란 중에는 해군 장교(계급은 소령이던가, 중령이던가 분명치 않지만)가 되셨지만, 아무도 선생을 군인이라 생각하지 않았다. 선생도 어딘지 몹시 거북해하고 계셨다(그러다 이내 제대하셨다고 들었지만).

환도 후에는 서대문 밖 북아현동인가, 그 부근에 계신다는 말을 듣고 박재삼(朴在森) 씨를 길잡이로 하여 황순원, 조연현, 오영수 그리고 나 이렇게 5,6명이 선생을 찾았다. 아마 1955년 늦은 봄이라고 기억된다.

그때는 누구나 다 거처가 정돈되지 못했을 때지만, 선생의 우거는 특히 비참할 지경이었다. 방 하나에 여섯 식구가 산다는 것이다. 그것도 셋방이었다. 우리는 가슴이 먹먹해서 무어라고 할 말이 없었다. 그러나 선생은 무척 반가워하시며,

"이렇게 어려운 데를 찾아왔으니······."

약주상을 차려 내오셨다.

약주가 몇 잔씩 돌고 났을 때였다. 이런저런 얘기 하던 끝에 우연히 자유당이 화제에 올랐다. 그때 선생은 이기붕 씨와 자기는 옛날 보성고보 동창이라면서,

"며칠 전에도 같이 소풍이나 나가자고 기별이 있었지만, 내가 워낙 출입을 잘 하지 않으니까······. 그런데 이기붕 그 사람 가엾단 말야. 본래는 얌전한 사람인데 괜히 정치를 한다고 그러다 욕만 먹잖아?"

라는 것이다.

그 당시의 이기붕 씨라면 국회의장인 동시에 자유당의 의장으로 부귀영화가 절정에 다다라 있었고, 선생은 남의 집 셋방살이를 하는 형편에도 도리어 〈이기붕 그 사람 가엾단 말야〉 하는 말을 들었을 때 나는 마음속으로 여간 든든하게 생각하지 않았다.

그 뒤 선생은 상도동으로 옮겨(전세집) 계시다가 삼양동으로 옮겨가셨고, 1962년엔 다시 성북동으로 들어오셨는데, 거기서 세상을 떠나신 것이다.

상도동에 계실 때는 친구들과 함께 두세 번 찾아가 뵈었고, 삼양동에도 두어 번 찾아가 뵈었지만, 성북동엔 선생이 돌아가신 뒤에야 두어 번 찾아가게 되었다.

문단이 좌우로 갈라져 어수선한 그때(1947년) 우리 자유 진영 문인들이 자주 월탄 선생 댁(충신동)을 찾아갔다.

그것은 7월 초순께로 기억된다. 당일에 모인 사람은 주인 월탄 외에 김진섭(金晋燮-6·25 때 피랍), 서정주, 조지훈, 그리고 나 모두 다섯 사람이 자리를 같이 하고, 오후 세시 경에 시작한 술이 저녁이 되고, 밤이 되고, 새벽이 되어도 그냥 계속되었다.

밤을 꼬박 새우고 이튿날 아침에도 술자리는 그냥 계속되었다. 열시쯤에 해장국에다 아침식사를 들게 되었는데, 그때 월탄이 갑자기,

"나 사실은 오늘 과천(果川)에 가기로 했거든. 초대를 받았어. 어이 동리, 그리고 우리 모두 같이 가주면 그 집으로서는 영광일 거야. 어때, 우리 같이 가지. 차는 준비돼 있어."

밤새도록 마신 술이라 새삼스레 취한 것도 아니요, 그렇다고 깬 것도 아니요, 세상이 모름지기 아리송할 뿐인데 갑자기 교외 바람을 쐬자고 하니 아무도 거부할 리가 없었다.

일행 다섯 사람이 승용차 하나에 몸을 싣고 남산을 넘고 한강을 건너 과천으로 달렸다.

과천에서는 월탄이 미리 말한 대로 저명 문인 다섯 사람을 환영하였지만, 밤을 새워 마신 우리들의 몸은 견딜 수가 없었다.

미당과 지훈과 나 세 사람은 슬그머니 자리에서 빠져나와 근처 개울에서 땀을 씻고 들어갔는데, 그때까지 월탄과 김진섭 씨 두 사람은 그냥 다른 손님들과 함께 술자리에 앉아 있었다.

나는 하는 수 없이 월탄 곁으로 가서 밖에서 차가 기다린다고 했더니,

"어, 그래?"

하며 김진섭의 옆구리를 쿡쿡 찔렀다.

이리하여 우리는 다시 그 차를 타고 귀로에 들었는데, 차 안에서 월

탄은,

"정말 고마웠어. 난 간밤에 좋은 벗들과 함께 밤새껏 술을 드는 것이 무난히 즐거웠지만, 오늘 과천 다녀올 일이 여간 마음에 걸리지 않았거든. 덕택으로 술 잘 마시고, 과천 약속 치르고 했으니 어때, 오늘 우리 인생은 이만하면 된 거지."

했다.

이 무렵의 월탄 선생은 주객지례(主客之禮)도 노소지별(老少之別)도 없이 한 덩어리가 되어 뛰고, 웃고, 떠들어대는 것이 상례였다.

월탄 선생과 나와의 다음 연고(緣故)는 1949년 12월에서 1969년 12월까지 20년간으로, 한국문학가협회와 한국문인협회 등에서 선생을 위원장 또는 이사장으로 추대하고, 내가 부위원장 또는 부이사장으로 일해 온 기간이다.

그리고 다음 연고는 1970년에서 1980년까지의 10년간으로, 예술원 관계에서 주로 자리를 같이해 온 기간이다.

이렇게 30년간 내가 주석(酒席)에서나 공석(公席)에나 직접 보고 듣고 겪은 월탄 선생의 인간적 참모습은 성실성에 있다. 그것의 이념적 근원은 유교, 특히 중용에 있었다.

우리와 더불어 통음을 불사하다가도 일단 일(주로 장편소설 집필)을 시작하면 공적 회합 이외엔 주석을 포함한 모든 놀이(유흥적)를 엄격히 절제 내지 사양했다.

아들 박돈수(朴敦洙) 씨의 이야기를 들으면 그가 외국에 유학을 할 때에 3,4년 동안 하루도 거르지 않고 아버지와 편지 교환을 했다는 것이다. 돈수 씨의 말을 빌면,

"아버님께서 매일 편지를 주시니 거를래야 거를 수가 없었어요."

하는 것이다.

선비 행실의 첫째 규범은 부부자자(父父子子)라 하여 아버지 노릇,

자식 노릇 제대로 하는 데 있다. 선생은 선비의 그 첫째 규범을 그렇게 실천했던 것이다.

  끝으로 선생의 임종이다. 평소에는 종교에 귀의하지 않다가도 임종에 이르면 대체로 신불을 찾는 것이 통례같이 되어 있는데, 선생은 끝까지 다른 종교를 원하지 않으셨다. 그것은 그만큼 그의 가슴 속에 유교의 하늘(天)이 크게 도사리고 있었음을 말해준다.

계급문학과의 대결

1948년, 나는 《경향신문》으로 옮겨갔다. 편집국장은 오종씩 씨고, 사회부장은 이선구(李璇求) 씨고, 나는 문화부장이었다.

그 무렵 문학하는 남녀 학생들이 신문사로 나를 많이 찾아왔다. 내가 언젠가 최정희(崔貞熙) 여사에게 "남자친구는 손가락 한마디쯤 가슴이 뛴다면, 여자 친구는 손가락 두 마디가 뛰지."라고 말한 적이 있듯이, 나는 여자를 반기는 쪽이기 때문에 특히 여학생이 많이 찾아왔다.

하루는 R양이 찾아와서 Y양이 자살했다는 것이다. 나한테 자주 찾아오던 여학생이라 순간 나는 가슴이 꽉 내려앉는 것 같았다. 까닭을 물으니까, 그것은 R양도 잘 모른다는 대답이었다. 그리고 그녀는 돌아갔다.

퇴근 시간이 된 뒤에 문화부와 바로 이웃인 이선구 형을 가만히 불러서 그 이야기를 하고 나 혼자 R양의 집을 찾아가기가 쑥스러우니 동행이 되어달라고 간청했다. 이형이 들어주었다.

이형과 내가 막 전차에 올랐을 때다. 바로 내 곁자리에 뜻밖에도 아까의 R양이 앉아 있지 않은가. 나와 시선이 마주치자 R양은 비죽이 웃어 보였다. 뿐만 아니라 R양 바로 곁에는 N양이 앉아 있고, N양 다음에는 당해자인 Y양이 앉아 있는 것이다. 그들은 한꺼번에 킬킬 웃고 있지 않은가.

"어찌된 거야? 난 지금 이형까지 모시고 그리로 가는 길인데?"

하니까, R양은 손으로 입을 가리며,

"오늘이 며칠이에요?"

하고 앙큼하게 반문을 한다. 곁에 있던 이형이 내 어깨를 툭 치며,

"옳아, 4월 1일이군. 왜 있잖아요, 그런 거?"

하며 역시 빙긋이 웃었다. 그러나 나는 웃어지지 않았다.

그로부터 두 해 뒤다. 최정희 여사한테서 전화가 왔다고 해서 수화기를 드니까 최 여사는 대뜸,

"윤숙이 죽었어요."

한다.

"뭐? 누가요?"

"모윤숙 말이에요"

"모 여사가? 뭐? 왜 죽었어요?"

"안 죽고 어떡해요?"

"어떡하다니?"

"얼른 와나 봐요."

아주 목이 멘 듯한 목소리다.

나는 수화기를 던지고 문예사로 달려갔다. 그 당시 모 여사는 《문예》지 발행인으로(나는 편집 고문직에 있었고) 매일 문예사에 나와 있었던 것이다.

문예사에는 아까 전화를 건 최여사와 조연현 씨와 홍구범 씨가 머쓱한 얼굴로 나를 맞아 주었다.

"어딨어요?"

최 여사는 턱으로 모 여사의 방을 가리켰다. 도어를 잡아 젖히니까 모 여사는 소녀를 시켜 커피를 끓이고 있다가,
"여보시오, 쑥배기같이 오늘이 며칠이라구?"
하며 껄껄껄 웃어대지 않는가. 이때도 역시 나는 웃어지지 않았다.

그 뒤에도 나는 그런 일을 두세 번 더 당했다. 그러나 한 번도 쾌활하게 웃어본 적은 없다. 그럴 때마다 불쾌하고 화가 날 뿐이다. 아무리 만우절이니 하는 이유를 풀이해 대도 나의 불쾌감과 울화통은 결코 풀리지 않는다.

그 해(1948년) 먹물 옷을 입은 비쩍 마른 스님이 나를 찾아왔다. 돈암동 집으로 말이다. 그는 오랜 산속 생활을 하다가 시를 쓰기로 하고 나를 찾아왔다는 것이다. 그러면서 시고(詩稿) 한 뭉치를 내 앞에 펼쳐 놓았다.

나를 어떻게 알고 찾아왔냐고 물었더니 《조광》지에 실린 「솔거」를 읽었다는 것이다. 이 스님이 바로 스물여덟 김구용(金丘庸)이었다. 그는 본디 충남 공주 태생이지만, 입산(入山)한 뒤로 경상도 쪽 사찰만 전전하는 바람에 경상도 억양이 입에 붙어버렸다고 한다.

김구용 씨의 본명은 김영탁(金永卓)인데, 처음엔 김수경(金水慶)이란 이름으로, 내가 중간에 선을 써서, 《신천지(新天地)》에 두세 편의 시를 발표하였다. 그 뒤 부산으로 피난을 가서 다시 만났더니 이름을 구용으로 갈았노라고 하였다. 그 때 나는 구(丘)는 공자의 이름 글자요, 용은 중용의 용이니 유학자들에게는 좀 미안하지만, 전날의 수경보다는 낫겠다고 웃으며 말했다. 그리하여 구용이란 이름으로는 그 당시 경향 문화란을 담당하고 있던 김광주(金光洲) 씨에게 소개하여 시 두 편인가를 발표하게 되었다.

김구용 씨는 나와는 이렇게 별난 인연(피차 초면 상봉이었지만 서로에게 이끌렸으니까)으로 만나 문학 동지는 물론 인생 동지로 같이 늙어가고

있다.

　김구용 씨가 내 집을 찾아왔던 무렵 나는 《경향신문》을 그만두고 신문사 이웃에 있는 플라워라는 다방에서 하루하루를 보내고 있었다. 그 당시 문인들은 거의 이 다방에 모여 사귀고, 토론하고, 원고 수집을 하곤 했다.

　그때 이선구 씨는 신문사에 그냥 눌러 있었는데, 마감이 되면 그 다방으로 와 저녁을 보내곤 했다.

　그 다방에서는 식사도(양식만) 되어, 어느 날 내가 밥(양식)을 먹고 있는데 이선구 씨가 곁에 와 앉았다.

　나는 저도 모르게 한숨을 쉬며,

　"밥을 먹을 때는 공연히 마음이 자꾸만 서러워져요."

하고 뱉었다. 그 무렵 나는 좌익 문단과 싸우느라 지쳐 있었고, 먹고 사느라 지쳐 있었던 것이다.

　그 무렵 문단은 공산계의 진보적 민주주의에 농락되어 좌익 선풍이 휩쓸고 있었다. 온통 좌익 유행병에 감염되어 있었던 것이다.

　그런 판에 좌익계의 신출내기 이론가 김동석(金東錫)이 난데없이 계급문학론을 내세우며 뭇 사람들의 시선을 끌었다.

　그러자 《국제신문》이 김동석의 인기에 편승하고자 나와 김동석의 순수문학과 계급문학의 이론 대결을 추진시켰다. 물론 그 신문사의 그 기획은 좌익을 두둔하는 데 그 저의가 있었다.

　그때 나와 김동석의 대담 현장을 지켜본 시인 이동주(李東柱) 씨는 그것을 나중에 〈혈전장(血戰場)〉이라고 표현했다. 이동주씨의 글을 여기에 옮겨 그때의 상황을 돌이켜 보기로 하자.

> 솔직히 말해서 나는 그때 스물다섯, 여섯 살의 젊은 나이라 부유층에 대한 감정이 무조건 안 좋았다. 그리고 잘 사는 사람을 비호하는 편

이 우익이고, 못 사는 사람을 편드는 게 좌익이라는 소박한 판단 아래 김동리(선생 칭호는 그 이후부터였다)의 승리를 원치 않았다. 납작하게 졌으면 통쾌하다 싶었고, 으레 지는 싸움이거니 넘겨짚고 고소해 하기도 했다. 그런데 내 예상을 무참하게 뒤엎고 말았다. 김동석의 무기는 감정과 억지였고, 김동리의 무기는 얄미우리만치 착 가라앉힌 논리였다. 나는 비로소 그의 문학관에 승복을 했고 선생이라 호칭했다. 우익 문단은 모두가 실력 없는 문인들의 집단으로 생각해 오던 내가 『무녀도』 한 권을 읽고 나서 미련 없이 손바닥을 뒤집어 버렸다.

좌익 우익 양진영의 혼전난투(混戰亂鬪)는 1948년 5월 10일에 실시된 남한 총선거에 의해 대한민국 정부가 수립됨으로써 자유진영의 자동적인 승리로 귀결되고, 공산계의 문인들은 대부분 월북하거나, 지하 운동으로 도피 잠복하거나, 전향하게 되었다.

해방 문단의 특기할 점은 이 시기의 문학관이 체제 선택과 직결되었다는 사실이다. 그 몇 년 동안이야말로 체제 선택이 가능한 유례없는 역사적 공간이었다.

남한 총선거 전에 나는 문학동맹 간부로 있는 A와 K를 P씨의 소개로 술자리에서 만나게 되었다. 그때 나는 인간주의를 표방하였고, 따라서 자유와 인권이 없이는 행복할 수 없을 뿐 아니라 참다운 문학도 나올 수 없다고 한 데 대하여 A와 K는 공산 세계야말로 참다운 인간주의가 있다고 맞섰다. 그 인간주의에도 자유와 인권이 보장 되냐고 물었더니, 그들은 자유에 대해서는 답이 없었고, 인권에 대해서만 다수 인민의 인권이 보장된다고만 대항하고 나왔다.

그 뒤 A와 K는 이북으로 갔는데, 6·25동란 때 서울에 왔었다고 한다. 일찍이 술자리를 마련해 주었던 P씨가 A를 만났는데, 이북 문인들이 어떻게 지내냐고 물었더니 A는 말없이 고개만 옆으로 두어 번 저어 보인 뒤 침통한 표정으로 김동리 잘 있느냐고 내 안부만 묻더라고 전했다.

그 뒤 K는 판문점에 나타났는데, 우리 기자들이 이북 형편을 슬쩍 물었더니 역시 잠자코 고개를 좌우로 흔들더라고 했다.

공산주의의 사도(使徒)라고 하던 임화, 설정식이 간첩이라는 죄목으로 사형을 당한 일이 아니더라도, 나는 그들의 이 간단한 표정만으로 그들의 불행을 충분히 짐작할 수 있다.

월북한 그들은 아무도 창작집 한 권, 시집 한 권도 못 내었다. 뿐만 아니라 그 많은 외국 나들이도 그들은 한 사람도 참여하지 못했다.

사람들은 말하기를, 당에서 주제를 제시하기 때문에 그 주제에 맞추어 작품을 써야 하니까 결국 쓸 수 없게 되는 것이라 했다. 처음엔 나도 덤덤히 그 정도로 생각하고 있었다.

그러나 실제에 있어서 주제 이전에 소재가 없어 못 쓴다는 사실을 깨달은 것은 그 뒤의 일이다.

1985년에는 적십자사에서 알선하는 이산가족 관계로 양쪽 대표단과 기자단이 몇 차례 교환 왕복을 했다. 우리나라 기자단이 평양에서 찍어온 평양 거리의 실경(實景)이 우리나라 TV에 방영된 것을 보고 놀란 것은 평양 거리의 아무 데도 사람이 없다는 점이었다. 어쩌다 한두 사람이 지나가고 있을 뿐, 그 넓은 거리가 어디나 텅텅 비어있는 것이다.

그 뒤 평양 기자단이 서울에 왔다. 그들은 명동으로 나가 거리를 메운 인파를 보고 한다는 말이 "엄청나게 동원시켰군." 했다는 것이다.

그러면 평양 거리에 사람이 없다는 것은 무슨 뜻일까? 그건 개인생활이 없다는 증거다. 사람이 없는 것이 아니라 개인생활이 없기 때문에 거리에 나올 수도 없고, 나올 필요도 없는 것이다. 그들은 아침 일찍이 공장이나 농장에 나가야 한다.

개인생활이 없는 사회에는 문학의 소재가 없는 것이며, 소재가 없으면 따라서 문학도 없는 것이다.

《문예》 시대의 신인 추천

대한민국 정부가 수립된 이듬해인 1949년, 중앙문화협회와 한국청년문학가협회 소속 회원 전부와 과거 문학가동맹에 소속되었다가 자유 진영으로 전향한 문인들의 총 단합으로 한국문학가협회를 결성하였고, 이러한 문단의 대변지로서 순문예지 《문예》가 8월 창간호로 간행되었다.

사장에 모윤숙 여사, 주간에 나, 편집에 조연현 씨, 경리에 하한수(河漢洙) 씨, 그리고 편집 실무에는 홍구범 씨와 이종환(李鍾桓) 씨 등의 진용이었는데, 나중에 미당도 합세하게 되었다.

나는 그때 추천작품 모집에서 박종화, 염상섭 선생과 함께 소설 추천을 맡아보았다. 어떻게 보면 그때가 작가로서 나의 전성기가 아니었던가 싶다.

두 분에 비해 젊은 작가였던 나는 두 분을 모시고 젊은 열(熱)과 역량을 다해 추천하는 일을 수행했다. 그때 나는 늘 긴장된 얼굴로 문학과 친구, 그리고 대화를 찾아 지하실 다방(서대문로 문예살롱)을 기웃거리곤 했다.

그 무렵 한무숙(韓戊淑) 씨의 「민성(民聲)의 램프」와 강신재(康信哉) 씨의 작품 무엇을 읽었는데, 그때 나는 그 두 사람을 본 적이 없었다. 오로지 작품만으로 두 사람을 추천해 주었던 것이다. 강신재 씨는 원고 끝에 주소를 적어 넣지 않아 원고료며 책도 전달하지 못했었다(한무숙 씨는 그 해 《태양신문》에 장편소설 「역사는 흐른다」가 당선되었다.).

그러나 나는 《문예》에 오래 있지 못했다.

박종화 선생이 《서울신문》을 맡아 사장이 되면서 간부진을 개편하여 오종식 씨가 주필이 되고, 출판국장에는 김진섭 씨, 월간부장에는 이선구 씨, 그리고 나는 출판부장 자리를 맡게 되었다. 출판부에서는 당시 독자가 많던 《신천지》를 내고 있었는데, 편집은 시인 김윤성(金潤成)씨가 맡았었다(그래도 나는 《문예》지의 추천인으로 그대로 남아 있었다.).

신문사 3층 조용한 방에 이선구 씨와 김윤성 씨와 나 이렇게 셋이서 앉아 일을 보는데, 모두 뜻이 맞아 그때처럼 평화롭고 마음이 편한 직장생활은 다시 없었다.

이선구 씨는 말이 없는 조용한 선비고, 김윤성씨는 원래 어질고 무던한 사람이라 언제나 웃는 얼굴이었고, 나는 친하기가 어렵지 한번 가까워지면 속까지 주는 편이었던 것이다.

내가 한무숙 씨를 처음 만난 것은 서울신문사 사장실에서였다.

"아 참, 인사가 없으시지? 여기는 김동리 씨고, 이 분은 「역사는 흐른다」의 한무숙 씨고……."

월탄 선생이 말했다.

그해 나는 한무숙 씨를 두 번이나 더 만났는데, 다 길거리에서였다. 그 한번은 식모를 데리고 머리에 떡쌀을 이고 방앗간으로 가던 그녀였다. 가는 목이 휘어지도록 인 쌀자배기 무게에 고개를 숙이지 못하던 그 모습을 보고 나는 그만 크게 소리 내어 웃어주고 말았던 것이다.

또 한 번은 을지로에서였다. 고등학생으로 보이는 한 여학생과 함께 건널목에 서 있는 것을 보게 된 것이다. 한무숙 씨가 나를 알아보고는 옆의 여학생을 가리키며,

"제 동생이에요, 아주 말괄량이에요."

하는 것이었다. 그 여학생이 바로 오늘날의 한말숙(韓末淑) 씨였다.

이 무렵에 등장한 신인(당시의)으로는 앞에서 언급한 한무숙, 강신재 말고도 손소희(孫素熙), 박용구(朴容九), 유주현(柳周鉉), 김윤성, 김춘수 씨 등이 있다.

내가 문단에 신인을 천거하기 시작한 것은 1947년부터가 아닌가 기억된다.

처음 나는 김윤성 씨의 시를 김송(金松) 씨에게 천거하여 당시의 순문예지 《백민》에 실리게 했다. 그러니까 문단적으로는 내가 간접적으로 추천을 한 셈이 되는 것이다.

그 다음으로는 김춘수 씨다. 김춘씨는 처음 유치환(柳致環) 씨에게서 소개를 받았는데 첫 인상이 시인 같지 않았다. 그러나 나중 시를 10여 편 보내왔기에 읽어보았더니, 사람이 인상과는 딴판으로 여간 모던하지 않았다. 그 당시 나는 《경향신문》 문화란을 담당하고 있었는데, 김춘수 씨의 작품 중에서 「푸서리」 한 편을 뽑아 게재를 했더니 평판이 좋았다. 그 당시에는 신인 추천제나 신춘 현상제 같은 것이 따로 없었고, 또 신문이 보통 타블로이드 2면 정도로, 특수한 경우에만 4면으로 간행되었기 때문에 좀처럼 지면을 얻기 어려운 때라, 추천이니 현상이니 하지 않아도 한번 게재만 하면 지금의 추천이나 현상 당선에 못지않은 반향이 있었다.

그리고 앞서 말한 김구용 씨가 있다.

이와 같이 초기에 내가 문단에 소개했던 사람은 공교롭게도 세 사람이 다 시인이었다.

1948년 7월에 《문예》가 창간되면서 추천제가 생겼고, 따라서 나는 이 추천제에 의하여 소설만 맡아보게 되었다.

《문예》 추천 이전에 내가 추천한 소설가를 굳이 찾아내라고 하면, 지금 이북으로 납치되어 가 있는 홍구범 씨를 들 수 있을 것이다. 홍구범 씨는 일제시대 내가 절간에서 요양하고 있을 때, 당시 열여덟 살의 홍안 소년으로 나를 찾아왔던 사람이다. 서울서 어느 사립 중학엘 다니다가 중퇴를 하고 왔다면서, 작품(소설) 한 편을 내어 놓기에 읽어 보았더니, 틀림없이 작가가 될 사람의 작품이었다. 한 해 여름을 그 절에서 나와 함께 지내고, 충청도 자기 고향으로 돌아갔는데, 해방되던 이듬해 이른봄에 서울 거리서 다시 만났다. 그리하여 우리는 매일같이 서로 만나게 되었다. 그러는 동안에 내가 접촉하는 문인들을 그도 어느덧 다 알게 되었다. 따라서 그는 작품도 발표하기 전부터 이미 역량 있는 신인쯤으로 통하게끔 되어 있었던 것이다.

그가 처음 발표했던 작품은 제목이 「서울길」로 기억된다. 그 뒤 그는 「창고 근처 사람들」, 「전설」, 「구일장(九日葬)」 같은 역작을 계속 발표함으로써 문단 신세대의 호프가 되어 있다가, 6·25 중에 애석하게도 납북이 되고 말았다.

《문예》지의 추천으로는 이상필(李相弼) 씨의 「미발(美髮)」과 강신재의 씨의 「얼굴」이 가장 먼저다. 이상필 씨는 문단의 박수갈채를 아낌없이 받더니 6·25동란 중에 역시 행방불명이 되고 말았고, 강신재 씨는 계속 좋은 작품을 발표하여 문단의 이채(異彩)가 되었다.

같은 연도에 천거한 사람으로는 오영수(吳永壽), 정한숙(鄭漢淑), 정지삼(鄭芝三) 씨를 들 수 있다.

오영수 씨는 일제시대부터 알던 친구로, 내가 그의 작품을 처음으로 문단에 소개한 것은 《신천지》에 게재되었던 「남이와 엿장수」다. 그때 나는 《서울신문》 출판국에서 《신천지》와 《주간서울》을 맡아보고 있었고, 오영수 씨는 옛날부터 친한 사이라, 그의 작품의 성과에 대해서는 특히 책임을 느끼고 있었는데, 다행히도 여러 사람(문단)의 찬사를 듣게 되자 나는 내가 찬사를 듣는 것보다도 더 기쁜 생각이 들었다.

정한숙 씨의 「흉가(凶家)」는 《예술조선》지에서 내가 선출했던 작품이다. 씨는 그 당시 고려대학에 재학중이었고, 나는 거기서 소설론의 강의를 맡고 있었을 땐데, 그러나 나는 어느 학생이 「흉가」의 작가인지도 모르고 지냈다(얼마 뒤에는 알게 되지만).

정지삼 씨는 그 해에 「동발용(東拔龍)」으로 첫 추천을 받고 다음해에 「요람기」로 제2의 추천을 받았다. 처음 「동발용」을 들고 온 사람은 열여섯 살 가량 나 뵈는 창백한 소녀였다. 자기 오빠의 작품인데, 오빠는 병중이 돼서 자기가 대신 가지고 온 것이라 하였다.

두고 가라고 했더니 이 소녀는 이튿날도 오고, 사흘날도 오고, 거의 매일같이 찾아와서는 작품을 읽어보았냐고 재촉질을 하였다. 그래서 그날로 「동발용」을 읽어보았다. 상당히 좋았다. 즉석에서 추천문을 써서 문예사로 보냈다.

그런 지 사흘 뒤에 어떤 키가 조그맣고 몸이 명태같이 바싹 마른, 잠혹하게 조라한 청년 하나가 노어를 왈각 얼어젖히고 숨을 헐떡헐떡하며 들어오더니 내 책상 앞에 와서 절을 굽신 하고서,

"저, 정지삼이올시다."

하였다. 나는 「동발용」이란 작품 이름만 기억하고 작자의 이름을 똑똑히 보지 않았기 때문에, 정지삼이 무슨 말인지 전혀 알아들을 수가 없었다.

"네?"

"저, 정지삼이올시다. 제 누이동생이 왔지요."

"누이동생이라니요?"

"「동발용」이란 작품 안 봤어요? 그럼 여태 안 보셨군요."

"아아, 「동발용」요. 네, 알겠습니다. 앉으세요."

그는 의자에 풀썩 앉더니 주머니에서 담배를 꺼내 피워 물었다. 그러고는 이내 물었다.

"작품이 어때요?"

"무던합디다."

"아주 못 쓰지는 않겠습니까?"

"쓸 만합디다."

"추천 수준이 되겠어요?"

"춘천해서 넘겼습니다."

그러자 기탄없이 후후 하고 웃고 나더니,

"실상은 제가 오늘 술을 한잔 했습니다."

하였다. 듣고 보니 딴은 처음부터 어딘지 술 취한 사람 같은 데가 있었다고 느껴졌다.

그 뒤부터 정지삼 씨는 가끔 나를 찾아오곤 하였다. 하루는 또 술이 얼큰해서 오더니,

"약주 한잔 안 하시겠어요?"

했다.

이러한 정지삼 씨는 한창 붓대에 물이 오를 무렵에 6·25를 만나 소식이 끊기고 말았다. 그 다음해가 1950년이라, 6·25가 터지던 해다.

해방 이후 두 번째(첫 번째는 《경향신문》에서 1947년에 시행했음) 신춘 현상문예를 《서울신문》에서 시행하게 되었는데, 나는 문학부 간사 겸 소설부 심사위원으로 위촉을 받았다. 간사는 사내 간부의 자격이고, 심사위원은 문단측 자격이었다.

그리하여 처음 나는 간사의 책무로서 소설작품의 예심을 보게 되

었다. 응모작품은 2백70여 편의 방대한 수량이었고, 이 부문의 간사로서는 김송 씨와 나 두 사람뿐이었으므로 한 사람이 약 1백40여 편 가량씩을 보아야 하도록 되어 있었다.

나에게 돌아온 1백 40여 편의 작품을 책상 속에 가득 쌓아두고 하루에 10편 내지 20편씩을 훑어나가던 참이었다. 「무명로(無明路)」란 제목의 작품이 나왔다. 예닐곱 장을 읽다가,

"이거 어쩜 당선되겠는데?"

했더니, 곁에 있던 이선구(월간부장) 씨가,

"하도 따분하니까 괜히 그러시는 거죠?"

하며 웃었다.

나는 예선에 다섯 편을 뽑았는데, 그 가운데서도 「무명로」가 제일 좋았다. 김송 씨가 예선에서 뽑아낸 11편의 작품도 심사위원회로 회부되어 나에게로 돌아왔지만, 그 속에서도 이를 능가할 작품은 발견되지 않았다. 나는 처음에 그 작품의 작가 김성한(金聲翰)이 정말 신인인지 의심을 했었다. 그만큼 작품이 우수했다.

권선근(權善根) 씨의 첫 작품 「허 선생」도 그 해에 처음으로 추천을 받았다. 그것이 추천되자 권선근 씨는 그때까지 근무하고 있던 직장을 버리고 상경하여 문학공부를 재출발한다고 성균관대학에 입학하였다. 그때 씨가 대학에 입학을 하지 말고 그냥 창작에만 전심을 했던들 지금과 같은 대학 교수는 못 되었을지는 모르나, 작품 활동은 좀더 활발하지 않았을까 하는 생각도 든다.

이 해에 추천을 받은 작가는 권선근 씨 말고도 장용학(張龍鶴), 서근배(徐槿培), 임상순(任相淳), 박신오(朴信伍) 제씨가 있다.

1953년도에 손창섭(孫昌涉) 씨의 「공휴일」이 추천되었다.

같은 해에 곽학송(郭鶴松) 씨의 「안약(眼藥)」이 제1회 추천을 받았다. 내가 「안약」의 원고를 받은 것은 우리가 부산 피난 중에 가장 많이 나가던

금강 다방 근처에서다. 금강 다방에서 대청동 쪽으로 조금 올라가노라니까 그때 어느 잡지사의 기자로 있던 백양이 원고 하나를 주며,

"선생님, 이거 한번 읽어봐 주시겠어요?"
하고 물었다.
"무슨 원곱니까?"
"소설이에요. 제가 아는 분의 건데."
"그럼 이리 주세요."

노상이었기 때문에 대화는 지극히 간단했다.

집에 가서 읽어보니 재미있었다. 추천문을 써서 문예사로 넘긴 것이 그 작품이었다.

환도하던 해 가을이다. 문예살롱 다방에서 나와 경전(京電) 뒤를 돌아가노라니까, 이 역시 노상에서 어떤 청년이 인사를 했다. 곽학송 씨를 그때 처음 보았던 것이다. 그는 자기가 「안약」의 작자란 것을 말하고, 다음 추천작으로 썼다면서 소설 한 편을 나에게 건네주었다. 그러고 보니 그의 작품은 두 편이 다 노상에서 전해진 셈이다.

1954년도에는 최일남(崔一男) 씨의 「쑥 이야기」와 정병우(鄭炳禹) 씨의 「가재골」과 박상지(朴常志) 씨의 「가족」이 첫 추천을 받았다. 그리고 이 해에 《문예》가 폐간되었다.

1955년 《문예》의 후신이라고 할 수 있는 《현대문학》지가 창간되었다. 따라서 《문예》 때에 한번 추천을 받았던 사람들은 《현대문학》지가 그 연고권을 인정했기 때문에 새로 한 번씩만 더 받으면 되도록 되었다. 여기서 정병우, 최일남, 박상지 씨가 모두 추천이 완료되었다.

처음부터 《현대문학》지의 추천을 받은 사람은 이범선(李範宣)씨가 제1호였다고 기억한다. 다음이 추식(秋湜) 씨, 그 다음이 정구창(鄭求昌) 씨, 그리고 박경리(朴景利) 씨, 한말숙 씨의 순서가 아니던가 한다.

한말숙 씨 다음으로도 손장순(孫章純), 송숙영(宋肅英), 최미나(崔美娜),

오지영(吳知英) 같은 여류가 네 분, 남자로서는 백인빈(白寅斌), 이문희(李文熙), 이채우(李採雨), 이광숙(李光淑), 오영석(吳榮錫), 정종화(鄭鐘和), 천승세(千勝世) 씨 등 실력 있는 작가들을 많이 내었지만 이만 해두겠다.

잊히지 않는 얼굴

6·25를 생각할 때마다 잊을 수 없는 얼굴이 둘 있다. 하나는 조진흠이요, 다른 하나는 홍구범이다.

6·25동란이 발발했던 그 해 7월, 너무나 많은 가족이 매달려 있는 나로서는 몸을 움직이기가 여간 힘들지 않았다.

그땐 너무나 가난하여 내가 없으면 식구들이 며칠 못가 입에 풀칠하기가 어려울 정도였다. 게다가 식구들이란 것이 두 살에서 여덟 살 사이의 아이들 넷이요, 아내는 임신중이었던 것이다. 이러한 가족들을 내버려두고 혼자 도망을 치려니 좀체 발이 떨어지지 않았다. 거기다 정부에서는 쉬 격퇴할 터이니 경거망동하지 말라는 방송을 계속하고 있어 혹시나 하는 기대도 걸고 있었던 것이다.

그러나 27일 밤 국군이 남쪽으로 이동하는 동시 괴뢰군이 서울 외곽까지 바싹 다가와 있었다. 나는 어린 것들과 차라리 같이 앉아 죽을까 하다가 28일 새벽에야, 이제 하는 수 없다고 비정한 의지를 발동시켜, 빈 백에 세면도구 정도를 챙겨서 한강 쪽으로 뛰어갔다. 그러나 그때는 이미 한강 다리도 부서진 뒤였다. 괴뢰군은 새벽에 이미 서울을 점령했다는 것이다.

나는 집으로 돌아갈 수가 없었다. 당시만 해도 나는 공산분자들에 의하여 가장 주목되고, 미움을 받는 인물로 되어 있었던 것이다. 나는 조진흠의 소개로 지금의 동덕여고 근처의 어떤 낯선 집에 몸을 숨기기로 하였다. 조진흠은 일찍부터 소설공부를 하고 있었으며, 그 당시에는 《동아일보》 기자로 근무하면서 내 백씨의 구술을 받아서 원고를 만들고 있었다(그것이 지금의 「화랑의 외사」라는 책자다).

내가 잠깐 얻어들게 된 방은 이층에 있었는데, 천장이 얕고 게다가 한쪽이 온통 유리창으로 되어 내가 몸을 일으키기만 하면 이웃 사람의 눈에 뜨일 형편이었다.

나는 낮이고 밤이고 누워 있어야만 했고, 화장실에 갈 때도 엉금엉금 기어야만 했다. 끼니는 주인집에서 차려다 주었는데, 꽁보리밥에 간장이나 새우젓 접시가 놓여 들어오곤 했다. 나는 그것을 거의 먹지 못하고, 두어 숟가락 뜨고는 그냥 내어보내고 했다. 정상적인 하숙이 아니고, 그냥 방을 잠시 빌린 데다 조진흠이 보리쌀 한두 되씩 갖다 주고 하는 형편이 아니던가 생각한다.

그런데 공교롭게도 한무숙 씨 가족도 그 근처 어디에 숨어 있었다. 그래서 조진흠이 그들과 나 사이를 연결해 주었는데, 그들은 일본말로 방송되는 유엔군 방송을 몰래 듣고 그때 그때 전황(戰況)을 내게 알려 주었다.

그렇게 달포 가량 지낸 뒤 나는 그 집에서도 떠나야만 했다. 주인이 시골로 내려간다고 방을 비워 달라고 했던 것이다.

"하는 수 없어, 집으로 들어가야지."

나는 이미 지쳐 있었기 때문에 죽는 것도 겁나지 않았다.

"안됩니다. 요즘은 개들이 매일같이 댁엘 찾아온답니다. 요 며칠만 기다려보시지요."

집에는 북괴군과 보안서 패거리가 따발총을 안은 채 무시로 들이 닥쳐서는 붙잡히는 대로 나를 즉결 처분하겠다고 벼르고 있다는 것이다. 이제는 거리에라도 몸을 내던져야 할 막다른 골목에 다다른 것이다. 우리는 하는 수 없이 들판으로 나가 며칠을 넘기기로 했다. 땅거미가 내린 뒤 나는 진흠을 따라 신설동 동남쪽의 들판에 숨기로 했다. 사람의 그림자가 잘 안 보이는 들판의 호박넝쿨이고 억새풀이고 몸을 숨길 수 있는 곳이라면 어디나 들어가 엎드리거나 쪼그리거나 했다. 그때는 진흠이 밤마다 찾아와서 밀가루떡이고 보리밥덩이고 연명할 만큼은 구해다 주었다.

사흘 뒤 조군이 요즘은 돈암동 댁에도 개들 발길이 좀 뜸해졌다며 귀가를 하자고 했다. 조군이 여나문 걸음 앞장서서 가고 나는 그의 뒤를 따르고 했다. 좀 이상한 낌새가 보이면 조군이 머리에 쓴 등산모를 벗어 쥐는 것으로 나에게 신호를 주기로 했던 것이다. 오는 도중에 나는 북괴군에 붙들려 인민의용군을 뽑는 돈암 초등학교 운동장으로 끌려갔다. 그런데 내 신분증에는 이름이 호적명(김창귀)으로 되어 있어 아무도 김동리와 김창귀가 한사람(동일인)이라는 것을 몰랐다. 그래서 나는 억세게 재수 좋게도 그냥 풀려났다. 몸이 너무 약해 아무짝에도 소용이 없었던 것이다.

동네 오거리에 이르러 어떻게 이웃 사람들 눈을 피해 집으로 숨어 들어갈 것인가 망설이고 있는데, 때마침 소낙비가 내려 갈겼다. 그래서 나는 그 틈을 타 아무한테도 들키지 않고 집으로 돌아올 수 있었다.

집에 돌아오는 데까지는 간신히 성공을 했지만, 와서 보니 가슴이 콱 막혔다. 먹을 것이라곤 시들어진 조그만 호박 하나밖에 없었다. 아내는 날마다 옷 나부랭이를 싸안고 나가서 밀가루나 보리쌀 한 줌씩과 바꾸어 오는 것이 일이었다. 그런 가운데서도 나는 쌀밥 생각, 고기 생각, 술 생각을 뿌리치지 못한 채 수제비 국물이나 보리밥 몇 숟가락씩으로 목숨을 이어가고 있었다.

귀가한 닷새 만엔가 조군이 소주 한 병과 날가지 두 개, 그리고 돈 3천 원을 가슴에 품고 나타났다. 보리밥 한 숟가락도 어려울 땐데 소주를 구해 오다니 이건 과연 엄청난 귀물(貴物)이었다.

조군은 그것을 내 앞에 내놓으며,

"지금 행길에는 미군 포로들이 해골같이 되어 맨발로 끌려가고 있습니다."

했다.

나나 조군이나 다 죽을지 살지 하는 형편인데, 그 말이 왜 그렇게 목을 따갑게 만드는지 알 수 없었다.

나는 유리잔 둘을 내어다 조군이 가져온 소주를 나눠 따랐다.

"자, 들지."

내가 먼저 술잔을 들었다. 조군도 따라 들었다. 우리는 말없이 절반씩을 마시고 잔을 마루에 놓았다. 그러고는 서로 바라보았다. 우리의 눈들에는 눈물이 꽉 담겨져 있었다.

좁은 뜰에는 불볕이 퍼부어지고 있었다. 7월 그믐께하고도 더운 날이라 기온이 32~33도는 족히 될 듯했다.

나의 두 눈에서는 눈물이 주르르 쏟아져 내렸다. 조군도 손수건을 자꾸 눈으로 가져가곤 했는데, 나중 두 눈이 시뻘겋게 되어 있었다.

9·28 수복으로 90여 일만에 서울을 되찾게 되자 나는 거리로 나가 아는 사람마다 붙들고 조군의 소식을 물었다(그때 명동에서 강신재 씨를 만나기도 했다). 나중에 누구한테 들은 얘기로는, 조군은 7월 그믐에서 8월 초순에 걸쳐 행방불명이 되었다는 것이다. 정릉 골짜기나 한강

모래밭의 구덩이 속에는 무수한 청년이 따발총 세례를 받고 생매장이 되었다던데, 그렇다면 그도 그날 나한테서 돌아가다가 정릉 골짜기의 어느 생매장 구덩이로 끌려가고 만 것은 아닐까. 홍구범도 그렇게 되었거나 납치되었거나 했을 것이다. 나는 지금도 조진흠과 홍구범을 생각하면 가슴이 콱 막힐 뿐이다.

「밀다원 시대」를 쓸 무렵

「밀다원(蜜茶苑) 시대」는 6·25 다음 1·4 후퇴 때 부산으로 피난 간 예술 문학인들의 초조하고 절박한 심정과 생활을 그린 작품이다. 그해(1950년) 나는 12월 31일에 서울을 떠났다. 왜 어쩌다가 그렇게 늦게 서울을 떠나게 되었던가 생각하면 꿈만 같다. 6·25 때 나는 도강(渡江)을 못했기 때문에 죽을 고비를 몇 차례나 겪었는지 모른다. 그야말로 구사일생으로 왜 진작 떠나지 못했더란 말인가. 나는 지금 생각해도 그 까닭을 충분히 알 수 없다.

내가 가족 일부를 선편(船便)으로 떠나보낸 것은 12월 10일이었다. 그때의 그 선편은 나에게 돌아온 인원수가 세 사람뿐이었다. 그런데 우리 가족은 모두가 일곱 사람이었던 것이다. 그 배는 인천서 떠나기로 되어 있었는데, 그 세 사람의 자리도 나와 절친한 사람이 자기 일 같이 애를 써서 겨우 얻어낸 것으로 알고 있다. 그만큼 남행길은 좁고 어려웠던 것이다.

세 사람만이 허용된다는 것을 아내와 아이 셋 그렇게 넷을 그 배에 태워 보냈던 것이다. 머릿수는 하나가 많은 셈이었지만, 그 대신 어린 아이가 셋이니까 양해가 되었던 모양이다.

그러고도 집에는 나와 셋째아들과 그리고 4,5년간이나 우리 집에서 같은 식구로 우리 일을 돕고 있던 열여섯 살짜리 소녀(이름은 순애) 셋이 남았다. 순애는 6·25 때 집에 먹을 게 없자 배낭을 메고 도봉산으로 가 도토리를 따 와서는 도토리묵을 만들기도 하고, 오거리에서 인민군을 상대로 과일 장사를 하여 식구들을 먹여 살린 억척과 영리함을 겸비한 살림꾼 소녀였다.

내 한 몸 같으면 떠날 수 있는 기회가 두 차례나 있었다. 그러나 두 아이를 남겨두고는 차마 발이 떨어지지 않았다.

아이들은 나더러 먼저 떠나라고 했다.

"니들은 어쩌고?"

내가 물었을 때 순애는 여섯 살잡이 내 아들을 바라보며,

"아부지 가셔도 되지?"

이렇게 물었다. 여섯 살잡이는 웃음을 띠며 고개를 끄덕끄덕했다. 그때 집에는 쌀 반 가마와 김장김치 한 독이 남아 있었다. 그 애들은 그것을 먹고 살 수 있다고 믿는 모양이었다. 여름 6·25 때는 그나마도 없었지만 견뎌냈으므로 살 만하다고 생각했던 것 같다.

12월 26일던가 27일던가 똑똑히 기억되지 않는다. 일반용으로는 마지막이라는 열차가 청량리서 떠난다고 했다. 그것도 어느 극장에 종사하는 H라는 사람이 기별을 해주었다. 내가 우리집 형편을 이야기했더니 H는 웃으며,

"뚜껑도 없는 화차의 화물 위에 얹혀가는 겁니다. 한두 시간도 아니고요. 어린애들은 도저히 견뎌낼 도리가 없을 겁니다. 김 선생이나

제 자신이나 재주껏 짐 위에 붙어가는 거라니까요."

참으로 심각한 이야기였다. 나는 집으로 돌아와 아이들에게 현금 얼마를 주며,

"니들 문 꼭 잠그고 있어라. 내 곧 돌아올 꺼다."

하고, 내 딴은 어쩌면 마지막 작별 인사가 될지도 모른다고 속으로 생각하며 집안을 한번 돌아다본 뒤 대문을 나섰다. 두 아이는 활발한 목소리로 잘 가라고 인사까지 해주었다.

청량리 플랫폼에서 기차를 기다리는 동안 몰아치는 세찬 바람이 왜 그렇게 차가운지 귀를 도려내는 듯했다. H는 털로 만든 귀싸개 같은 것을 걸치고 있어서 그런지 추워 보이지는 않았다. 드디어 플랫폼에 기차가 들어왔는데, H가 말한 대로 화차(화물) 곁엔 이미 사람이 가득 붙어 있었다. 기다리던 사람들은 결사적으로 그 화차 위로 매달렸다. H도 물론 화물 위에 달라붙는 데 성공했다. 나는 너무나 많은 사람이 서로 올라가려고 밀치는 북새통에 밀리어 오르지 못한 채 화물차는 떠나기 시작했다. 그런 지 나흘 뒤 나는 C라는 친구의 도움으로 우리 여섯 살잡이 아들을 데리고 대구까지 갈 수 있게 되었다.

「밀다원 시대」는 이렇게 해서 내가 부산까지 가고, 그리하여 부산서 지낸 약 한 달 동안의 이야기다. 다시 말해 이른바 1·4후퇴가 빚어낸 이야기이다.

1·4후퇴는 1951년 1월 3일 오후 3시(15분전), 서울역을 출발한 최종 열차로서 이미 실질적으로 단행되었던 것이다. 그러나 공산군이 입성한 것은 1월 4일이다. 그러면 1월 3일 오후 세시에서 4일 새벽 사이에도 혹은 한 사람이나 그 이상이 서울을 빠져나와 남쪽을 향해 발을 옮겨 놓을 수 있지 않았을까. 그것은 가능한 일이다. 그래서 1·4후퇴이기도 한 것이다.

신문이나 잡지에 이름과 사진도 자주 나고 해서 일부 사람에게 꽤

유명한 존재로 되어 있는 문학인, 예술인 그리고 일반 문화인이라고 하는 사람들은 대개가 다 나와 비슷했다. 6·25 같은 난리를 만나니까 왜 그렇게 약하고 무능하고 어리석고 초라하고 외로운지 그때 일을 회상하면 한심스럽다고나 할까.

그러나 내가 부산에 도착했을 때 그들은 이미 대부분 부산에 와서 〈밀다원〉이란 이층 다방에 모이고 있었다. 그들은 너나 없이 만나는 족족 악수를 하고, 반갑다고 하며 웃고, 커피를 마시자고 하고, 막걸리를 마시자고 하고, 가락국수도 나눠 먹자고 하고, 부산하게 떠들고 돌아갔지만 주머니는 거의가 다 비어 있었고, 잠잘 곳도 일정해 있지 않았다. 가족은 다 함께 왔느냐, 일자리를 얻었느냐, 그런 따위는 서로 묻기도 끔찍한지 좀체 입에 올리려 하지도 않았다.

물론 6·25로 말미암아 죽은 사람도 많고, 납치되어 간 사람도 적지 않다. 그리고 죽을 고생을 겪은 사람이라고 반드시 예술문화인들만이 아니란 것도 알고 있다. 그러나 소위 예술문화인들만큼 난리 속에서 약하고 무능하고 서글픈 부류도 없지 않았을까 생각한다. 나는 그때 찻집 밀다원에 모여들던 소위 예술문화인들을 생각할 때만큼 이 부류 사람들에게 친근감을 느낀 적은 없다. 웬일인지 어쩔 수 없는 가족 같은 생각이 들곤 한다. 생각하면 내가 문총이니 예총이니 하는 예술 문화 단체에 오랫동안 몸담아 일해 온 것도 이 때문이 아니었을까 한다.

그때 나는 마침 백씨 댁이 서대신동에 있었기 때문에 거기 방 한 칸을 얻어들 수 있었지만, 일곱 식구가 한 방에 복작거리자니 정신을 차릴 수가 없었다.

그래도 나는 그런대로 나은 편이었다. 피난 온 대부분의 문인들이 나보다도 더 군색한 편이었다. 따라서 밤에 들어가 잠자는 시간 이외엔 모두가 거리에 나와 있었고, 거리에 계속 돌아다닐 수도 없으니까 결국은 다 아는 얼굴들이 모이는 다방을 찾을 수밖에 없었다. 그 첫 번째 다방이 밀다원이었는데, 밀다원에서 시인 전봉래 씨의 자살 사건이 벌어지자 다방은 문을 닫고 말았다.

거기서 대거 이동을 하여 간 곳이 같은 광복동 로터리 곁에 있는 금강 다방이었다. 그러니까 금강 다방 시절은 2년 가까이 계속된 셈이었다. 밀다원에서고 금강에서고 피난 온 문인들의 생활이란 비참했을 뿐이다. 아침부터 저녁까지 거의 날마다 다방에 나와 지껄이고 담배를 피우고 하다가 테이블 단위로(한 테이블에 4,5명씩) 가락국수나 보리죽 따위로 점심을 때우면, 저녁때엔 또 그렇게 테이블 단위로 일어나 막걸리나 소주를 마시러 나가곤 했다.

나는 본디 부산에 연고자들이 많은 편이요, 게다가 문단 일을 보아 온 관계로 아는 이도 많아서 그런 식의 가락국수나 막걸리가 그다지 어렵지 않은 편이었지만, 사람에 따라서는 나보다 더 군색한 처지의 친구도 많았고, 또 어떤 이는 기질적인 결백으로 아무리 가락국수 한 그릇, 막걸리 한 사발이라 할지라도 어떻게 줄곧 남의 신세를 지겠느냐 하여 슬슬 빠져나가기도 했다.

그런대로 저녁때가 되면 대개 자갈치 변두리에서 하다못해 오징어 접시를 두고라도 막걸리 몇 사발을 마시게 마련이었는데, 그렇게 마시다가도 간혹 소변이나 보러 나왔다가 잠시 선창가에 서서 바다를 바라보고 있노라면 무심히 날아오르는 갈매기떼나 저쪽 영도섬을 돌아 나가는 배들의 고동 소리 같은 것에도 눈물이 찔끔 흐르곤 했었다.

    내 마음 나도 몰라라
    내 가고 싶은 곳 얼마나 멀기에
    주린 개 모양 선창가 헤매며
    오늘도 또한 떠나가지 못하고
    마지막 닻을 감는 배가 있어도

> 새납이나 징 꽹과리 서럽게 울려 보낸 채
> 아무렇게나 서너 잔 술을 걸치면
> 허청허청 거품처럼 걸어가야만 하는
> 거품 같기만 한 이 마음 나도 몰라라

「나도 몰라라」라는 제목의 이 시는 그 당시 자갈치 선창가에서 얻은 것이다. 피난 온 지 한 달 반 만에 나는 뜻하지 않은 수난의 구렁텅이에 빠져들게 되었다. 그 해 2월이라고 생각한다. 모주간지에 큰 활자로 〈문총의 흑막을 폭로한다〉 하고 박종화·김동리·조지훈·조연현 네 사람이 2천여만 원(정부에서 탄 것)의 공금을 횡령 착복했는데, 감사원에선 무얼 하고 있으며 수사기관에서는 무엇을 하는 거냐고 추상같은 엄벌을 내리라는 J시인의 폭로 기사란 것이 나와 있었다.

그 당시 문총에는 2백7십8만 원이 있어야 했는데, 당시의 문총 회장이던 K선생과 문총 구국 대장이던 시인 K씨에 의하여 사업에 그 돈이 투입된 채 미처 회수가 되지 않고 있었던 것은 사실이다. 우리가 그 돈에 직접 아는 바는 없었지만, 그 당시의 상황으로 보아 그 두 분에게 책임을 추궁할 수도 없는 노릇이라 그냥 덮어두고 욕을 나눠먹기로 작정하고 있었다.

그런데 이번에는 일간신문에까지(그것도 서울서 피난 온 중앙지까지) J시인의 폭로기사란 것이 간추려져 보도되기 시작했다. 이렇게 되니 더 참을 수가 없었다. 우리 개개인의 문제보다도 문총 자체의 위신이 말이 아니게 되었기 때문이었다.

우리는 할 수 없이 총회를 열고 내가 사무국장으로 선출됨과 동시에 이 문제의 진상을 규명키로 결의하게 되었다.

총회 위임을 받은 중앙위원회에서 공적으로 이 사실을 규명하고 진상을 간략하게 공개하지 않을 수 없었다. 그런데 이번에는 어떤가.

이 진상은 어느 신문에도 보도되지 않았다. 하물며 먼젓번의 부정 흑막 운운한 기사에 대한 정정 기사는 더구나 어림도 없었다. 아무리 피난 중에 있던 신문이라도 이럴 수가 있는가.

그 뒤 약 20일이나 지나 그 돈은 모두 회수가 되었고, 문제의 J시인은 환도(還都) 후 또 다른 설화(舌禍)로 지금은 문단에서 사라진 사람이 되어 있다.

금강 다방 시절

그럴 즈음에 김구용 씨가 서대신동으로 나를 찾아왔다. 씨는 그때의 일을 어느 글에서 이렇게 썼다.

> 나는 다시 산속을 떠나 조그만 보따리를 들고 부산으로 피난했다. 뵙고 싶은 것도 사실이었으나, 선생 한 분만을 믿고 갔대도 과언이 아니다.
> 아침 식전에 부산 대신동을 헤매어 선생 피난살이를 겨우 찾았다. 사모님은 반 거지꼴이 되어 나타난 나를, 초면 때부터 그러하셨지만, 마치 친정동생이나 대하시듯 맞이해 주셨다. 그곳 대신동에서 범부 선생님도 다시 뵈었다.
> 동리 선생은 손수 브랜디 한 병을 사 오셔서 나에게 술을 권하고, 겸상해서 조반을 자시고 금강 다방으로 데리고 가셨다. 다방 안은 피난살이 하는 문인들로 득실거렸다. 그때부터 나도 한몫 끼게 됐으나, 당시 나는 문학보다도 생활 문제로 아득했다.

그래서 나는 김구용 씨를 데리고 부산 거리를 걸었다. 가는 곳마다 사람들은 나를 반갑게 맞았지만, 김구용 씨의 취직 부탁에는 난색을 표했다. 어쩔 바를 몰라 하는 씨를 데리고 결국 붉은 벽돌집 도청에까지 갔다. 그 건물 안에는 상이군경 원호회 사무실이 있었다. 그곳 책임자 김형식(金亨湜) 씨가 고맙게도 김구용 씨를 기자로 써주었다.

김구용 씨는 내가 다방에서 원고 쓰는 걸 수차 본 일이 있다고 했다. 그는 내가 글을 쓴다기보다도 만년필을 들고 사색에 잠긴 조상(彫像)과 같았다고 했다.

자랑스러운 일은 아니지만, 그 무렵 나는 가끔 다방에서 원고를 썼다. 서재나 사무실이 따로 없기 때문도 하겠지만, 역시 다방엘 자주 나오는 데도 원인이 있었다.

피난민의 한 사람으로 남의(비록 백씨라 하더라도) 곁방살이를 하고 있는 나는 서재란 것을 가질 수가 없었다. 한쪽 곁에는 병든 노인이 누워 있고(그 당시 우리 식구가 자는 방에 어머니가 계셨다), 아이들이 싸우고 있고(그때는 막내 〈피난이〉까지 해서 아이가 다섯이나 되었다), 간장·된장·김칫국 냄새가 나고, 어둡고 침침하고, 먼지와 연기가 끼고, 그러한 방에서 나는 일을 해야 했다. 이것은 분명 다방에서 원고를 쓰는 것보다도 나에게 있어서는 훨씬 더 괴롭고 불편한 조건들이었다. 그래서 다방에서 글을 썼던 것이다.

그 해 10월, 해병대 군인 한 사람이 광복동 금강 다방으로 나를 찾아 왔다. 오유권(吳有權) 씨였다. 그 뒤로 그는 외출만 맡으면 금강 다방으로 달려왔다. 물론 나를 만나러 오는 것이다. 전시(戰時)인데다가 해병대 치고도 신병이라 당시의 그의 몰골은 초라했다. 빈자리에 가만히 앉아 있는 그를 보면 나는 그에게로 가 차를 시켜 들게 하고는, 다방을 나가 빈대떡집 아니면 밥집으로 데리고 갔다. 아무튼 그 해 오유권 씨는 일요일마다 거의 빼놓지 않고 금강 다방으로 나를 찾아왔었다. 그 해 겨울 금강 다방에 앉아 있는데, 한말숙 씨가 원고를 가져와 봐달라고 했다. 한말숙 씨는 한무숙 씨의 소개로 6·25 전에 고등학생 때 한번 본 적 있었다. 그래서 그 자리에서 원고 검토를 했더니 괜찮았다. 그래서 나는 자세하게 평을 해주고는 이것으로도 발표할 수 있으나 첫 작품은 좀더 뛰어나야 하므로 좀더 손질을 해서 다시 가져오라고 했다. 그랬는데 그 뒤로 소식이 끊어지고 말았다. 몇 년 뒤에 들으니까 대학을 졸업하고 어딘가에서 교편을 잡고 있다는 것이다. 사람 아깝다는 생각이 들어 다시 글을 써보라고 했더니 「별빛 속의 계절」을 써 왔다. 나는 그 작품을 고치지 않고 그대로 《현대문학》에 추천해 주었다.

만일 그때의 피난 시절이 그립다거나 한 가닥 낙이 있었다고 한다면, 그런 사람들과의 만남을 두고 하는 말일 것이다.

그 무렵에 얻은 시 한 편이 있다. 「이무기」라는 시다.

> 앞내 소에
> 앞내 소 이무기 산다
> 소낙비에도
> 다시 나는 햇빛에도
> 하늘 내음 어림인가
> 쉰 길 물속에서
> 이무기는
> 몸을 뒤친다

이 시는 1952년 10월이던가, 부산에서 마산으로 가는 차창 밖을 내다보다가 얻어진 것이다. 그 당시 시인 김춘수 씨가 마산고등학교에서 교편을 잡고 있었는데, 나는 그의 초청으로 마산고등학교에 문학

강연을 하기로 되어 있었던 것이다.

　나는 차창 밖을 내다보며 진영인가 어디를 지나다가 문득 어느 산밑에 전설적인 소가 있을지도 모른다는 생각을 했다. 그렇다면 그 전설적인 깊은 소에는 이무기가 살고 있을지도 모른다고 생각했다. 용이 못된 이무기란 말을 어려서부터 들어왔다.

　구렁이가 천년을 묵으면 용으로 화하여 하늘을 날아가는데, 용이 못되면 용과 구렁이의 중간치인 이무기가 되어 깊은 물속에서 살아야 한다고 들었던 것이다. 그러자니 이무기의 꿈과 한은 하늘로만 맺힐 수밖에 없다고 생각했다. 꿈과 한이 하늘로만 맺히게 마련인 이무기이기에 하늘에서 내려오는 모든 것에서 하늘의 냄새를 맡아야 하고, 하늘의 소식을 느끼려 할 수밖에 없을 것이다. 하늘에서 내려오는 모든 것 같운데 가장 강렬하고 일반적인 것이 햇빛이지만, 햇빛보다 더 직접적인 것이 소낙비였다. 소낙비는 좀더 몸에 닿는 느낌이 있기 때문이었다. 그렇기 때문에 평소에는 깊고 어두운 물 속 또는 굴 속에 엎드려 있는 이무기도 소낙비 때만은 하늘 냄새를 맡기 위하여 소를 휘돌며 몸을 뒤칠 것이라고 생각했다.

　그리고 소낙비 뒤의 햇빛은 아침마다 동쪽 산마루 저쪽으로부터 솟아 올라 서서히 하늘 한가운데로 와서 온 세상을 가득 채우는 햇빛보다 좀더 직선적으로 소에 와닿는 느낌이었기 때문에 좀더 하늘 소식과 연결이 된다고 이무기에게는 느껴졌을 것이 아닐까.

「흥남 철수」의 주변 이야기

 며칠 전 누구한테서 「흥남 철수」에 대하여 몇 가지 질문을 받은 일이 있다. 질문의 요지를 소개하면 그 무렵 내가 동부 전선에 종군한 일이 있었느냐 하는 따위였다.
 아무려나 대단한 문제는 아니지만, 독자에 따라서는 궁금하게 생각하게 되는 점도 있는 모양이고 해서 내가 이 작품을 쓰게 된 동기를 간단히 얘기해 두고자 한다. 그러니까 이 작품의 소재를 취하게 된 동기가 될 것이다.
 내가 「흥남 철수」를 쓸려고 생각한 것은 1951년 10월께부터였다. 앞에서도 언급한 바와 같이 그때 나는 부산시 서대신동의 내 백씨 댁에 방 한간을 빌어 피난 생활을 하고 있었다. 하루는 집 가까이 있는 피난민 이발소로 머리를 깎으러 갔는데, 그 집 주인이자 곧 이발사인 나이 한 서른너더댓쯤 나 뵈는 사내가 그냥 머리만 깎아주는 것이 아니라 곧장 이야기를 걸어왔던 것이다.

나는 본디 이발에 취미도 성미도 없는 사람이다. 영국에서는 하루의 행복은 이발이요, 평생의 행복은 정직이라는 말도 있다지만, 나에게 있어서는 행복은커녕 마지못해 치르는 의무요, 고통이라고 해도 과언이 아닐 지경이다. 머리가 자라 뒷덜미가 근질근질해야 겨우 이발소를 찾는다. 그러자니까 그렇게 찾는 이발소가 도심지대의 화려한 시설 따윈 안중에 있을 리 없고, 아무데나 집 가깝고 손님 붐비지 않는 데면 그만일 밖에 없다.

그렇게 가 앉은 이발소니까 건물 자체가 판잣집인 것은 말할 나위도 없고, 설비래야 칠 벗겨진 거울 하나에 찌그러진 의자가 하나던가 그랬다.

"선생도 피난을 오신 분입니까?"

"그렇습니다."

"본 고향이 서울이십니까?"

"아니, 여깁니다."

"그렇다면 어째서 피난을 오셨오?"

"그동안 서울서 살았지요."

"하, 그러면 본 고향이 부산입니다, 에?"

"부산은 아니지만, 부산에 내 큰형께서 계시니까……. 저 부산대학 앞에 이층집 있잖아요, 바로 그 집이죠"

"하, 그렇습니까, 에!"

그의 이발 솜씨는 익숙해 있었다. 그리고 그의 말씨로 보아 함경도서 피난 온 사람이 틀림없었다. 그러나 나는 그런 것을 묻지 않았다. 그쪽에서는 물어주었으면 하는 태도였지만 나는 그냥 내버려두었다. 그랬더니 그쪽에서 참지 못하겠는 모양이었다.

"흥, 이것으르 이발소로 보겠소?"

그는 또 시작했다. 나는 역시 잠자코 있었다.

나에게서 반응이 없는 것을 보자 그도 멋쩍었던지 한참 동안 잠자코 가위질을 하고 있더니 역시 또 참을 수 없는 모양이었다.

"나도 고향에 있을 때는 조수르 셋이나 두고, 함흥서도 꽤……."

"이번 1·4 후퇴 때 오셨나요?"

"예에, 12월 21일날 흥남서 떠났수다. 바로 그 엘에스티(L.S.T.)르 타고 왔수다."

나는 마음속으로 〈흥남 철수〉로구나 하면서도 그냥 듣고만 있었다. 그 무렵 나는 신문 보도와 또는 직접 흥남서 떠나온 사람들을 통하여 흥남 철수 때의 이야기를 이미 듣고 있었으므로 그것이 얼마나 어마어마한 사건인가 하는 것은 대강 짐작하고 있었던 것이다. 그는 내가 묻지도 않았는데, 계속해서 흥남 철수 때의 이야기를 늘어놓았다. 나는 이왕 이발을 끝낼 때까지는 보내야 하는 시간이므로 그가 하는 대로 내버려두고 있었다. 그의 이야기는 내가 그때까지 그것에 대해서 알고 있었던 것보다 훨씬 더 자세하며 구체적이기도 했다.

"……수십만 인구가 흥남에 모여들었소. 비행기는 주야로 머리 위에서 별의별 소리를 다 내고 날지, 대포 소리는 쉴 새 없이 여기저기 쿵쿵 와그르르 터지고, 아, 나도 교회에 나가지만, 정말 예수께서 재림하는 날인가 했소."

그 자신은 국군이 들어왔을 때 환영을 나갔기 때문에 그 고장에 남아 있을 수가 없어 마누라와 함께 L.S.T.를 타버린 것이라 했다. 이러한 그의 이야기에서 나는 문득 소설적인 의욕을 느꼈던 것이다.

그러나 정작 소설을 쓰려고 하니 너무나 막연했다. 그의 말대로 수십만 되는 군중(피난민)을 어떻게 그리는가, 그 가운데 누구를 주인공으로 삼아야 하는가, 또 어떤 각도에서 그리는가, 이러한 의문으로 하여 나는 오랫동안 엄두를 내지 못한 채 덮어두고 있었다.

환도 후, 그러니까 1953년 10월 하순께였다. 그 무렵 나는 인현동 어느 목욕탕집 이층에 셋방살이를 하고 있었다. 그리고 우리 집(셋방살이 하는)에서 조금 나가면 화원 시장이었다.

하루는 시장 앞을 지나가다 문득 바로 곁에서 들려오는 함경도 사투리에 귀가 번쩍 틔었다. 돌아다보니 열일여덟에서 스무살 가량 되어 보이는 얼굴이 새하얀 소녀 둘이 담배, 껌, 치약 따위(그때에 미군에서 흘러나오던)를 팔고 있었다.

"너 먼저 가서 돈으르 갖고 오너라."

"그럼 언니, 이거로 덮어두고 있소."

소녀들은 바지에 자켓과 스웨터를 각각 입고 있었다. 동생인 듯한 소녀는 얼굴이 둥글고 좀 붉은 편이었으나, 언니인 듯한 소녀는 그보다 약간 갸름한 얼굴이 눈빛같이 희었다. 뿐만 아니라 눈이 부시도록 아름다운 얼굴이기도 했다. 나는 너무 오래 바라보고 있을 수가 없어 우선은 그냥 지나쳤지만, 그 뒤부터는 그 앞을 지나칠 때마다 번번이 그쪽으로 시선을 팔았을 뿐 아니라 껌이나 치약 같은 것을 살 때에 반드시 그녀들의 조그만 난전(亂廛)을 찾았다.

"어디, 함흥서 왔소?"

"어째 그러우?"

나는 말이 콱 막혔다. 흡사 못난이들이 하듯이 비죽이 웃으며 도망쳐 버렸다. 집에 돌아와 아내에게 그 말을 했더니 아내는 배를 움켜쥐고 웃으며,

"걔들 우리 사돈네 집에 있어요."

했다. 너무도 뜻밖이어서,

"아니, 사돈이라니, 어떻게?"

"우리 사돈네 집이 바로 조 아래 있거든요. 그런데 걔네들 하고 함흥서부터 알던 사이던가 봐요. 어머니하고 셋이서 피난 오다가 어머닌 죽었다나 봐요. 것두 마침 시장에 나갔다가 만났대요. 붙잡고 울면

서 아주머니댁에 있겠다고 놓아주지 않더래요. 그래서 갑자기 방을 하나 임시로 만들어 붙였다나 봐요. 걔들 줄려고……."

그날 이야기는 대개 그 정도였다. 그 무렵엔 같은 고향(특히 이북) 사람이 부산서, 서울서, 그것도 주로 거리나 시장에서, 우연히 만났다는 이야기가 나뒹굴 때라 그다시 신기해할 것도 없었지만, 나에게는 여간한 충동이 아니었다. 3년 전부터 소설로 쓰려고 별러오던 흥남 철수 이야기가, 머릿속에서가 아니요, 가슴 속에서 되살아났기 때문이었다.

그날 나는 이 소재(흥남 철수 이야기)를 다음과 같은 각도에서 다뤄 보기로 생각을 정리할 수 있었다.

첫째, 흥남 철수란 큰 사건을 정면으로 다루지 말고, 그것을 배경으로, 또는 무대로 쓸 것.

둘째, 피난민 가운데서 어느 개인을 주인공을 삼되 군중의 대표자나 지도자로 취하지 말 것.

이러한 원칙을 정하고 나니 그 주인공은 남자보다 여자가 어울리리란 생각이 들었다. 대표자나 지도자가 아니란 점에서도 그러려니와, 내가 알게 된 화원시장의 두 소녀가 머릿속에 있었기 때문이기도 했으리라 짐작된다.

주인공을 피난민 속의 여성, 특히 소녀로 상정하고 나니 그 상대는 자연 남자, 이남서 간 사람이라야 하겠다는 점에서 그 작품의 등장하는 남성 인물 박철 그 일행이 머릿속에 떠오르게 되었던 것이다.

끝으로 아까의 두 소녀에 대한 이야기를 더 소개하면 다음과 같다.

그녀들이 집사람의 사돈네 집에 들게 되었다는 것은 위에서 이야기한 대로다. 하루는 이 소녀들이 그녀들의 사촌오빠라면서 어떤 청년(역시 같은 고향의) 하나를 데리고 오더니 같은 방에서(셋이) 잤다. 그 뒤도 청년은 거의 매일밤 같이 와서 잤다. 피난 와서 잘 데가 만만찮아 그렇거니 했다. 그런데 동생이 웬 까닭인지 그 청년의 욕을 몹시 했다. 언니는 잠자코 있고.

그 뒤 언니가 임신을 했다. 청년은 오빠가 아니고 언니의 애인이라는 것이 판명되었다. 언니는 자궁외 임신으로 병원에서 죽었다. 그러나 청년은 언니가 죽은 뒤에도 별로 갈 데가 없는지 그대로 동생이 자는 방에 와서 같이 지내더니 그 뒤 동생과 결혼을 했다.

이야기가 재미있어서 이것도 「자매」라는 소설로 꾸몄다.

「흥남 철수」에 나오는 시정·수정 두 소녀의 이미지가 이 두 소녀에게서 온 것임은 두 말할 필요도 없다.

나는 나의 20년 문단을 회고하는 어떤 글에서 그 20년을 내 나름대로 네 기간으로 나누어 본 적이 있다.

제 1기는 1945년 8·15해방에서 1948년 5·10 남한 총선거까지로서 이 기간을 〈좌우 투쟁기〉로 보았다. 제 2기는 1949년에서 1953년 7·27 휴전협정 조인까지로써의 이 기간을 〈6·25 동란기〉로 보았다. 제 3기는 1954년에서 1960년 4·19까지로서 이 기간을 〈문단 재분열기〉로 보았다. 제 4기는 1961년 5·16에서 1965년까지를 〈신인 팽창기〉로 보았다.

그런 기준에서 제 2기에 속하는 〈6·25 동란기〉는, 당연한 일이지만, 전란 속에서 문예활동이 활빌힐 수 없었다.

대부분의 문인들은 작품 활동보다도 생명을 보지(保持)하기에 급급하였고, 9·28 이후에는 문총구국대 종군작가단 등에 가입하여 구국 전열에 투신하게 되었다.

이 기간에 등장한 중요 신인은 이종환(李鍾桓), 박기원(朴琦遠), 이원섭(李元燮), 이동주, 이형기(李炯基), 김남조(金南祚), 김규동(金奎東), 김종문(金宗文),구경서(具慶書), 김용팔, 박화목(朴和穆), 신동집(申瞳集), 전봉건(全鳳健), 조병화(趙炳華), 장호(章湖), 김요섭(金耀燮),최계락(崔啓洛) 제씨다.

갈채 다방 시대

우리 문단에는 〈명천옥 시대〉라는 것이 있었다. 1954년에서 50년대 말까지 약 5,6년 가량 되는 기간이다. 명천옥이란 명동 입구에 있던 대중식당의 이름이지만, 열 명 내외 되는 문인들이 거의 저녁마다 이 집에 모여서 술을 마시게 되었던 것이다.

우리가 부산을 중심한 남한 각지의 피난 생활에서 서울로 되돌아온 것은 1953년 봄에서 겨울 사이였는데, 환도 무렵의 서울은 한마디로 잿더미였다고나 할까. 옛집이라고들 찾아는 왔지만, 아주 잿더미가 되었거나, 한 동강이 무너졌거나, 한 구석이 부스러졌거나가 대부분이요, 그보다 나은 편이라 해도 지붕이 벗겨져 비가 새고, 벽에 구멍이 나고, 또는 방 구들이 무너져 불도 제대로 들이지 못하는 형편들이었다. 그러면서도 당장 집 수리를 시작할 수 있는 돈 준비가 된 사람이라곤 문인 가운데서는 거의 아무도 없지 않았을까. 난국(亂局)에 약한 것이 문인들이라 돈도 일감도 쉽지 않았다. 무슨 재주로서든지 당장 지붕이나 덮고 벽 구멍은 막아야 했고, 입에 풀질은 해야만 했다.

그러니까 남들이 신축, 개축에서 적어도 본격적으로 손을 대고 있을 무렵인 1954년에서 55년까지 문인들의 대부분은 아직도 환도 직후의 상태에서 벗어나지 못한 채 그날 그날을 살아가기에 급급하고 있었다. 따라서 집 안에 들어앉아 차분히 원고나 쓰고 있을 형편이 못 되니 무턱대고 거리로 나오게 마련이었지만, 그렇다고 계속 거리 위로 쏘다니고 있을 수도 없으니까 아는 얼굴들이 모이는 다방을 찾을 수밖에 없었다. 그래서 문인들이 많이 모이던 다방이라면 누구나가 〈갈채〉를 먼저 기억하게 되겠지만, 갈채보다 조금 앞에는 모나리자에 모였고, 나중은 동방살롱에도 일부 문인들이 진출을 했다. 그러나 명천옥 멤버들의 집합소 겸 연락처는 계속 갈채였으므로 명천옥 시대란 말과 함께 갈채 시대란 말도 통용하게 되었다.

그것은 대개 오후 두시쯤에서 여섯시 전후까지 서너 시간 가량 장이 서듯 했다. 신문, 잡지, 출판사 따위의 원고 청탁과 원고료 수수 관계가 거의 모두 여기서 이루어졌을 뿐 아니라 일체의 생활 정보와 문단 소식에다 작품 평가 따위도 여기서 교환되었다. 그러니까 갈채 다방은 그 무렵 문인들의 반사무실이요 응접실이요 연락처였다.

이 사람 저 사람 모두가 아는 사이요 알 만한 사람들이니까 보는 족족 악수를 하고, 미소와 대화를 건네고, 차를 마시고 하다가 다섯시가 남짓하면 모두가 끼리끼리 자리에서 일어나는 것이다. 그것이 대개가 무슨 대폿집 같은 데를 목표로 하고 흩어져 나가는데, 대개가 명동 입구에서 왼쪽으로 꼬부라지는 좁은 골목 안의 명천옥이었다. 식당이지만 저녁에는 술을 팔았다. 우리 일행이 가면 언제나 아래층이나 이층의 큰 방을 주었다.

처음에는 술값을 준비하고 나온 사람이 몇몇 선배나 친구를 비공

개적으로 초대해서 술자리가 이루어졌으나, 그렇게 술값 준비된 사람이 매일 있을 수도 없고, 있대도 같은 사람으로부터 여러 차례 신세를 질 수도 없었지만, 그러면서 그냥 집으로 돌아가기는 싫은 것이 공통된 심정들이기도 했다. 거기서 회비제 술마시기가 안출되었는데, 이것을 멤버들끼리만 통하는 말로 〈주식회사〉라 불렀다. 회비제라는 정식 명칭을 붙일 만큼 명분 있는 술자리가 아니었기 때문에 회비제라고 하기가 징그럽다 하여 주식회사라는 일종의 은어를 쓰게 되었던 것이다. 사람에 따라서는 주회(酒會)라고 부르는 사람도 있었다.

회비를 주금(酒金)이라 불렀는데, 처음에는 1백 환씩 내었던 것으로 기억된다. 당시 커피 한 잔이 30환씩이었으니까 1백 환이면 요샛돈 5천 원 정도가 아닐까. 그러다가 2백 환 오르고, 이 2백 환 주금 시대가 가장 길었지만, 나중은 5백 환 정도까지 오르지 않았던가 한다.

회비를 주금이라고 부르는 만큼 술자리 멤버를 주주라 했고, 술자리 그 자체는 주주총회로 불리었다. 다만 이 주식회사의 특징은 대주주가 따로 없고 1백 환 시대에는 1백 환 균일이요, 2백 환 시대에는 2백 환 균일로 권리와 의무에 등차가 없었다.

주주 명단은 오리지널 멤버로 소설 쪽에 황순원, 허윤석, 곽학송, 전광용(全光鏞), 정한숙 그리고 나, 시인에 정한모, 박기원, 김용팔, 최재형(崔載亨) 등 약 10명이 거의 저녁마다 나왔고, 준회원 주주로서는 여류에 김말봉, 최정희, 손소희, 평론에 곽종원, 소설에 이종환, 김초(金樵) 등이 한 주일에 두서너 차례씩 출석하여 매번 10여 명씩 되었다.

이 밖에 견습 회원 주주로서 시인에 박재삼, 전영경, 소설에 서근배 등이 한 달에 한두 차례 나왔고, 객원(客員) 주주로는 양주동(梁柱東), 박영준, 오영수, 조연현, 김윤성 등이 한 해에 한두 차례 나왔다.

이 밖에 문인 아닌 예방(禮訪) 주주도 가끔 있었다.

그러면 주금 총액 1천 환에서 2천 환 사이의 액수로써 술을 얼마나 마실 수 있었느냐 하면 한마디로 말해서 전원이 취하도록 마실 수 있었다.

처음 시작은 주금 총액 7백 환에서 1천2백 환 정도로 하지만, 차츰 주주 수가 늘고, 또는 객원 주주나 준회원 주주가 나타나 주금은 자꾸 불어나게 마련이었다. 그러니까 처음의 약 1천 환을 가지고 시작할 경우 약주 두 되와 안주 두 접시를 시키면 대개 2,3백 환 가량이 남았다. 술이 한 되에 1백5십 환 가량, 안주가 한 접시에 2백환 정도였던 모양이다.

주주가 일고여덟밖에 안 될 때는 안주를 한 접시만 시키고 술은 그냥 두 되를 시키고, 그러고도 한 2백 환 가량은 남겨뒀다가 술을 한 되나 반 되쯤 더 시키는 것이다. 그러면 안주 한두 접시로 어떻게 그 많은 사람이 술을 마시느냐 하는 의문이 들지 모르지만, 거기에도 묘방(妙方)이 있었다. 그것은 명천옥 주인아주머니의 선의적인 협조라 할까, 고기 생선 따위 이외의 여러 가지 나물과 김치와 깍두기 따위를 무상으로 제공받을 수 있었던 것이다. 일례를 들면 이른 봄철의 봄배추 김치란 것이 있었는데, 이것이 엔간한 생선보다 그리 싼 것은 아니었지만, 이 봄배추 김치를 큰 사발로 몇 번이든지 내어다 주었던 것이다. 그 밖의 콩나물, 숙주나물, 시금치, 고비, 도라지나물 등등은 큰 쟁반으로 두서너 차례씩 내어다주는 것이 보통이었다.

당시의 술이 지금의 청주와 막걸리의 중간쯤 되었을까. 보통 약주라고 불렀는데, 이 술의 품질이 묘해서 안주 없이도 얼마든지 마실 수 있는 미덕을 자체 속에 지니고 있었던 것이다. 한 사발 마시고 깍두기 한 점, 또는 봄배추 김치 한 젓가락 집어 먹으면 충분했다. 고기나 생선 따위 두어 접시는 맨 처음에 한두 번씩 집어 먹으면 이내 없어지게 마련이므로 주주 일동은 조금도 불평 없이 식물성 안주로 전향해 버리는 것이다.

이러다가 준회원 주주인 김말봉 여사나 객원 주주가 나타나면 주금 이외의 찬조금 조로 대금(大金) 1천 환이나 5백 환쯤 더 내어놓으므로, 이렇게 되면 또다시 도루묵 접시나 동태찌개 냄비가 들어오고, 약주도 너댓 되 가량 더 마실 수 있는 호황이 되는 것이다. 주금을 맡아 회계를 하는 것은 언제나 나다. 내 회계는 정확한 것으로 정평이 나 있어 어쩌다 계산이 틀리면 주인아주머니와 따지게 되는데, 그러면 늘 내 회계가 옳았다.

대개가 막걸리를 마시는데, 술을 못하는 이종환 씨는 맥주를 특청(特請)하고, 황순원 씨는 소주를 특청하는데, 회계는 본인이 별도로 내기도 하고, 주금 사정이 넉넉할 때는 공금에서 부담하기도 했다.

여기서 주주 일동이 고루 얼근히 취해지고, 이야기도 나눌 만큼 나누고 난 뒤가 되면 이번에는 〈예술시간〉이란 이름의 노래자랑, 장기자랑 시간이 되는데, 그 내용을 자세히 기록하려면 책이 한 권쯤 될 판이다.

황순원 씨의 이른바 십팔번은 〈펀떡펀떡 지나간다 평양정거장〉 하는 거고, 전광용 씨는 〈강남 달이 밝아서〉 하는 거고, 오영수(吳永壽) 씨는 〈철썩철썩 파도치는 서귀포〉만 불렀고, 김윤성 씨도 오로지 〈옛날의 금잔디〉만 불렀다. 김말봉 여사는 그 뚱뚱한 몸으로 소녀같이 가냘픈 목소리로 노래를 불렀으며, 최정희 여사는 〈바우고개 언덕〉을 감정을 잔뜩 넣어 불렀고, 이종환 씨는 〈성불사 깊은 밤〉을 부르는데, 목소리가 하도 떨려 별명이 떨러리스트였고, 이형기 씨의 〈진주라 천리길〉은 가수나 진배없었다. 그래도 무엇보다 박기원 씨의 청승맞은 수심가(愁心歌)와 정한숙 씨의 익살맞은 곱추춤이 가장 인기가 있었다.

나는 주로 흘러간 옛 노래를 불렀는데, 레퍼토리가 많아 그만두라고 말릴 때까지 계속 불러 젖혔다. 그 중에서도 〈비오는 거리에서, 울리고 떠나가신 그 옛님을 내 어이 잊지 못하나〉를 단골로 불렀다.

문예살롱에서 만난 사람들

 1954년 3월 예술원 회원 선거를 계기로 문단은 다시 분열하기 시작했다. 선거(예술원 회원) 결과에 불만을 품은 일부 문인들이 자유문학협회를 따로 결성하여 1949년 이래 문단인의 총 단합체이던 한국문학가협회에서 떨어져 나가자 이에 덩달아 시인협회, 전후문학가협회, 소설가협회 등 여러 군소 단체가 족출(族出)하여 문단은 드디어 삼분오열의 난맥 상태에 빠지게 되었다.
 이념 면에서 이 기간의 문단 조류를 개관한다면, 역시 한국문학가협회를 주체로 하는 휴머니즘이 주조(主潮)를 이루었다고 보겠으며, 이 밖에 프랑스, 특히 사르트르계의 실존주의를 비롯한 구미 각국의 제류파(諸流派)가 무질서하게 흘러들었다고 하겠다.
 그러나 생산 면(작품)에서 볼 때는 문학 역사 이래 최대 풍성기를 이루었으며 이에 이바지한 중요 기관은 《현대문학》을 위시하여 《문학

예술》, 《자유문학》 등의 순문예지와 이 밖에 《사상계》, 《신태양》, 《현대》, 《사조》 등 종합지들이다.

그리고 이 기간에 등장한 중요 신인으로는 이호철(李浩哲), 서기원(徐基源), 오유권, 선우휘(鮮于煇), 송병수(宋炳洙), 최인훈(崔仁勳), 오상원(吳尙源), 전광용, 박경수(朴敬洙), 김광식(金光植), 하근찬(河瑾燦), 오승재(吳昇在), 최상규(崔翔圭), 승지행(昇志行), 오영석(吳榮錫), 송상옥(宋相玉), 구혜영(具慧瑛), 김수영(金洙暎), 이경남(李敬南), 김지향(金芝鄕), 김차영(金次榮), 고은(高銀), 공중인(孔仲仁), 허연(許演), 박양균(朴暘均), 박재삼, 송영택(宋永澤), 정공채(鄭孔采), 정소파, 함동선(咸東鮮), 황금찬(黃錦燦) 제씨다.

갈채 다방 다음으로는 명동 입구와 을지로 입구 사이의 중간쯤에 있는 문예살롱이라는 지하 다방이 제2의 아지트였다. 그 뒷골목에는 포장집을 비롯하여 대포집, 정종집, 스탠드 바가 즐비했다.

그 지하 다방에서 하유상(河有祥), 박경리, 이범선 씨 등과 첫 대면을 했던 것 같다. 하유상 씨는 그 무렵 대전에서 교편을 잡고 있었는데, 「개구리」라는 2백자 원고지 30매 정도의 소설을 써서 내게 우송을 했다. 추천해 줄 만은 했지만 너무 짧은 소품이라 어려움이 있어 70매 내외로 하나 더 써보라고 답장을 해주었다. 그랬더니 그해 겨울 방학 때 문예살롱으로 나를 찾아왔다. 그때 그는 교편생활을 그만두겠다고 해서 계속할 것을 권했으나, 이듬해 상경하여 무슨 신문사 기자로 취직을 했다.

그 당시 그는 잡지 등속에 글을 쓸 기회가 있는데 본명으로 쓰기가 쑥스럽다며 필명 하나를 지어달라고 해서 유상(有常)이 어떠냐고 했더니 상(常)자를 마뜩잖게 여기는 것 같아 상(祥)으로 바꿔주었다.

이범선 씨도 문예살롱으로 원고를 가져왔는데, 작품을 놓고 하나하나 평을 한 다음 심지어 철자법까지 교정을 해주었다. 그때나 지금이나, 그리고 누구의 글을 볼 때나 나는 특히 철자법에 신경을 쓴다.

그 무렵 낯선 청년이 내 집으로 나를 찾아왔다. 그는 나를 보더니 땅에 엎디어 큰절을 하고는 글을 쓰고 싶은데 소질이 있는지 어떤지 모르겠다고 했다. 소질이야 작품을 보기 전에는 모르는 일이니 소설을 한 편 써 오라고 했더니 며칠 뒤에 원고를 들고 문예살롱으로 나타났다. 그래서 그의 작품 「부도(不渡)」를 추천해 주었다. 그 낯선 청년이 바로 그 무렵 신학대학에 다니던 정을병 씨였다.

명천옥의 어느 날

 그것은 1956년이던가 그 무렵일 것이다. 명천옥에서 우리의 주주 총회가 막 열리고 있을 때였다.
 객원 주주 한 사람이 나타났다. 양주동 씨였다. 주주 일동이 대환영을 했다. 회비가 얼마냐고 묻기에 2백 환이라고 했더니 5백 환을 내놓았다. 맥주를 시키라는 거냐고 물었더니 그냥 약주도 좋다고 했다. 나는 약주잔을 건네며 환영한다고 했다. 그는 약간 찡그린 듯한 얼굴에 이를 반쯤 드러내 보이며 술잔을 들었다. 그러나 술에 입술을 조금 대었을 뿐 잔을 그대로 상 위에 놓았다. 나는 그가 약주를 덜 탐탁해 하는 거라고 보았다. 왜냐하면 약주 잔이란 입에 대면 아주 잔을 비우든지 반쯤 마시고 상 위에 놓는 것이 상례였던 것이다. 게다가 그는 그 전에 나와 더불어 술자리를 같이 한 적이 두어 차례 있었지만, 그때마다 자기는 맥주를 좋아하고 맥주만 마신다고 밝힌 바도 있었던 것이다.

"당뇨라면 맥주가 해롭잖아요?"

내가 물었더니,

"그렇잖아. 내겐 약이 돼요."

"맥주가 당뇨에 약이 돼요?"

"그래요."

서슴잖고 대답했다.

나는 속으로 해괴하게 생각했는데, 그는 그 뒤에도 계속 맥주를 마신다고 늘 자랑을 했다.

그렇다면 지금도 역시 맥주를 원하고 있는 거라고 볼 수밖에 없었다. 약주를 그대로 들겠다고 한 것은 혼자 딴전치기가 미안해서 한 소리라고 여겨졌다. 나는 금순이를 불러서 맥주 두 병을 가져오라고 했다.

맥주가 들어오자 그는 갑자기 얼굴이 밝아졌다. 맥주 글라스를 반쯤 내고 나서 입가에 거품을 묻힌 채 나에게 맥주를 같이 들자고 했다. 나는 물론 사양을 했다. 다른 사람에게도 맥주를 같이 들자고 했으나 모두가 사양을 했다. 박기원 씨 차례가 되었다. 박기원 씨는 맥주잔을 받았다. 그리하여 반쯤 마시고 나더니 손으로 입술을 닦으며,

"좋다."

했다.

내가 좋으냐고 물었다. 내가 이렇게 묻는 데는 많은 뜻이 들어 있있다. 나는 그도 맥주를 사양하고 종전과 같이, 그리고 오늘밤도 우리끼리 하던 대로, 약주를 그냥 들어주었으면 하는 생각이었던 것이다. 그러한 취의(趣意)에서 좋다는 사람에게 다시 좋으냐고 물은 것이다.

박기원 씨는 입을 꼭 다문 채 만면에 웃음을 띠며 감계에 찬 목소리로,

"좋고 말고요. 맥주 아임니까?"

하는 것이다.

나는 그의 천진난만한 듯한 말투와 태도를 보자 절로 미소가 지어졌다. 그와 동시 좋으냐고 묻지 말 것을 그랬다는 생각도 들었다.

나는 다같이 잔을 들자고 제청했다. 모두가 약주 잔을 들었다. 양주동, 박기원 두 분만이 맥주 글라스를 들었다.

자리는 다시 활기를 띠기 시작했다. 약주잔이 서로 건너다니고 있었기 때문이었다. 나는 빈 잔을 박기원 씨에게 돌렸다. 맥주에의 전향을 막기 위해서였다. 박기원 씨는 그 특유의 감격어린 얼굴로 그 잔을 받았다. 그리하여 자기 앞에 맥주잔과 약주잔이 함께 있는 사실에 대해 크게 행복을 느끼고 있는 듯했다.

나는 양 박사의 반쯤 남은 글라스에 맥주를 채웠다. 잔을 비우면 빈 잔을 또 누구에게 돌리게 마련이므로 그것을 막기 위해서는 계속 첨잔을 하지 않을 수 없었다. 그때만 해도 맥주 값은 약주보다 꽤 비싼 편이었으므로 나같이 마지막 회계를 책임져야 할 사람으로서는 부득이한 처사이기도 했다. 이 밖에 물론 약주를 본업으로 하는 주식회사 풍토에 혼선을 빚어내지 않게 하려는 의도도 개재되어 있었다.

나의 이러한 의도는 박기원 씨 이외의 모든 주주들에게 잘 알려지고 있었다. 그래서이겠지만, 다른 주주들도 약주잔을 비우는 대로 박기원 씨에게 한번씩 돌리곤 했다.

이라하여 모두가 얼근히 취했을 때였다. 양 박사가 나를 보고 「사락기(四樂記)」를 잘 읽었노라고 했다. 「사락기」는 그 달치 《현대문학》 지던가에 발표했던 나의 수필이었다. 네 가지 즐거움이란 독서와 수목(樹木)과 술과 미녀를 두고 하는 말이었다.

사실은 그 「사락기」를 읽고 나서 나와 함께 술을 마시고 싶은 충동이 일어 이렇게 우리의 주식회사를 찾아왔다는 것이었다.

그때 그는 맥주 두 병을 거의 다 비워가고 있었다. 그는 다시 5백환을 더 내어놓으며 꼭 한 병만 더 시켜달라고 했다. 나는 물론 금순이에게 맥주 두 병을 더 가져오라고 했다.

"나는 세 병이면 꼭 맞는데……."

"다 못 마시면 남기셔도 됩니다. 박형도 계시니까."

이리하여 양 박사는 얼굴빛도 불그스름해졌고, 목소리도 상당히 높아져 있었다.

"재사(才士)를 아껴야지."

양박사의 앞도 뒤도 없는 발언이었다. 모두가 그의 다음 말을 기다렸다.

"세상에 귀한 게 뭐 있어? 재주밖에. 금강석이 뭐야? 비싸면 젤인가? 재주에 비하면 한갓 돌에 불과한 것. 돈은 또 뭔가? 종이조각이지. 세상에서 재사를 아낄 줄 알아야지."

그는 이렇게 세상에서 제일 귀하고 값진 것이 재주라는 것을 강조하고 있었다. 우리는 자기 자신을 두고 하는 말이거니 하고 있었다. 그는 일찍부터 이은상 선생과 더불어 문단의 두 재사로 일컬어져 왔던 것이다.

그러나 그는 새삼 자기 자신을 두고 하는 말이 아님을 밝히고 싶은 모양이었다.

"「사락기」 좋았어. 그거 읽고 경의를 표하고자 여기까지 찾아왔다오."

그는 이렇게 말을 맺으며 나에게 다시 맥주잔을 건넸다. 나는 그가 고맙기도 하고 감격스럽기도 하지만, 여러 다른 주주들 보기가 미안한 생각도 들어서,

"이거 양 박사한테 칭찬을 들으니 정말 영광입니다마는, 그렇지만 그 글에서 나는 〈영원한 고독자, 천지간에 혼자 가는 사람〉이라고 했는데, 그 말을 수정해야 되겠네요. 양 박사께서 그렇게 기려주시니 혼자 간다고 한 말이 맞지 않게 됐거든요."

우선 이렇게 응수랄까 답사랄까를 한 뒤 건네준 글라스에다 약주를 하나 가득 받아서 단숨에 마셨다. 박기원 씨를 위시해서 주주 여러 사람이 와아 하고 박수를 쳐주었다.
 나는 주주들의 박수를 받으면서도 마음이 편하지는 않았다. 왜냐하면 그들은 거개가 나의 「사락기」를 읽지 않았다고 보았기 때문이었다. 그렇다면 양 박사와 나의 대화를 듣고 적당히 박수를 쳐주는 것이라고 풀이할 수밖에 없었던 것이다.
 양 박사는 큰 눈자위 속의 크고 검은 눈동자를 굴리며,
 "뭐야, 이거 자꾸 말 건네기 하기 아니잖아?"
했다.
 나는 그의 말뜻을 알아들었다. 그가 진실에서 한 말인 만큼 내가 담담하고 솔직하게 받아들여서 머리나 한번 숙여주면 그만이지, 왜 여러 말을 늘어 놓느냐는 뜻이라고 나는 풀이했다.
 나는 그의 말을 정중하게 받아들이기로 결심했다.
 "알았습니다."
 나는 큰소리로 대답했다.
 박기원 씨가 약주잔을 쳐들며 같이 잔을 내자고 제청했다. 몇 사람이 그의 제청에 따라 약주 잔을 쳐들었다. 나는 취해 있었다. 양 박사가 건넨 글라스의 약주를 다 내고 빈 잔을 그에게 돌려 주었을 뿐만 아니라 약주잔의 것도 두어 번 연거푸 낸 뒤였던 것이다. 그 대신 나는 술이 취하면 내 역량 이상의 기억력과 두뇌 활동이 가동되는 체질이었다.
 나는 그 순간 지금까지 잊고 있었던 양 박사의 시 한 편이 머릿속에 떠올랐다. 그것은 그의 시작 가운데서 외울 수 있는 유일한 한 편이기도 했다. 제목도 잊은 채였다.
 나는 말했다.
 "나도 선생의 시 한 편 외우고 있어요. 외어보겠어요."

양 박사는 얼떨떨해 있었고, 시인 김용팔씨가,

"조선의 맥박."

하고 외쳤다. 〈조선의 맥박〉은 양 박사의 유일한 시집 이름이자 시(한 편)의 제목이기도 했다. 나도 그의 시집 『조선의 맥박』은 이미 오래 전에 읽고 있었지만, 내가 외우려는 시는 그게 아니었다. 나는 어리둥절해졌다.

"이거 어쩌면 『조선의 맥박』 속엔 없었을 거예요."

나의 불안해하는 대답에 황순원 씨가,

"아무려면 뭐랩니까."

했다.

"좋아."

양 박사가 이에 찬의를 표했다. 나는 내가 기억하는 양 박사의 시를 외웠다.

> 비 오는 밤
> 자리에 누워 생각나는 것,
> 해질녘
> 거리에 서서
> 울던 아이는
> 그 뒤 저의 집을 찾아갔을까
> 누구네 집 아이였을까

내가 이 시를 외우자 자리는 숙연해졌다. 무엇보다도 놀란 것은 양 박사의 태도였다. 양 박사는 그 굵은 두 눈에 광채를 가득 담은 채,

"그거, 그거……."

하고 나에게 손을 두 번이나 내밀며 뒷말을 잇지 못했다. 주주 일동은 그의 너무나 흥분한 듯한 태도에 놀라서 그의 다음 말만 기다리고 있

었다.

"그거 어디서 외웠어요?"

양 박사의 싸움을 걸듯 하는 질문이었다.

"그거 무슨 문예지였는데……."

나는 기억이 분명치 않았다.

"문예지라고?"

"《문예공론》이던가?"

"《문예공론》?"

"똑똑히 기억나진 않지만 그런 이름의 문예지였어요. 어쩌면 『조선의 맥박』에도 수록됐을 텐데."

"무어? 『조선의 맥박』에도 수록됐다고?"

"똑똑히 기억나지 않는데……. 하여간 『조선의 맥박』도 읽었어요."

"『조선의 맥박』을 읽었다고?"

"그거야 읽었지요. 그런데 그 속에 수록이 됐는지 안됐는지 그것은 똑똑히 모르겠는데, 내가 읽은 것은 《문예공론》인가 하던 잡지였어요."

나의 대답에 양 박사는 분명히 말했다.

"그 시는 『조선의 맥박』에는 없어요."

양 박사의 이 선언은 여러 주주들을 놀라게 했다. 그렇다면 우리 주주총회의 회계주임이 엉터리로 만들어 외웠는가 할 정도의 의문이 그들의 얼굴에 그려졌다.

"그렇다면?"

박기원 씨가 물었다.

"내 시야."

양 박사는 우선 이렇게 대답했다. 그러자 주주들은 또 한 번 으응 하고 놀라는 신음소리 같은 것을 내었다.

"그런데 뭐예요?"

시인 최재형 씨가 따지듯이 물었다. 양 박사는 최재형 씨 쪽으로 얼굴을 돌리지 않았다. 그는 천천히 고개를 들었다.
"그 시는 『조선의 맥박』 속에 들어 있지 않아요."
양 박사는 침통한 목소리로 이렇게 언명했다.
"아니, 그건 무슨 까닭이라도?"
김용팔 씨가 물었다. 양 박사는 고개를 수그린 채 들지 않았다. 왠지 몹시 침통한 표정이었다.
그는 자기 앞에 놓인 맥주잔을 들어서 두어 모금 마신 뒤,
"그 시를 빠뜨렸어."
했다. 이번에는 내가 항의를 했다.
"왜, 무슨 이유라도?"
"……"
양 박사는 그냥 고개를 좌우로 흔들었다.
나는 슬그머니 화가 났다.
"선생의 향가 연구나 『여요전주(麗謠箋注)』는 학구적인 영역을 초월한 천재적인 저서라고 믿고 있었는데, 자신의 시에 대해선 너무 모르고 있는 거 같네요. 『조선의 맥박』이란 시집 전체를 두고 이 자리에서 경솔히 말할 수는 없지만, 그 시집 속에 실린 시 전체를 두고라도 그만한 시는 없었어요. 그 시집 속에 실린 시들은 「조선의 맥박」처럼 다분히 관념적이거나, 그렇지 않으면 한시에서 얻은 시상을 우리말로 옮겨놓은 듯한 그런 인상이 짙었어요. 그런데 「비오는 밤」은 제대로 빠진 순수 서정신데 왜 이게 빠졌던 말입니까?"
나의 술주정을 곁들인 신랄한 항의에 양 박사는 고개를 들더니,
"내 집에 돌아가면 내 처자를 불러놓고 말하겠어. 오늘 이 자리에서 나의 시를 찾았다고. 내가 잃었던 가장 중요한 보물을 찾았다고, 내 가족 앞에 엄숙히 말하겠어."

했다. 이쯤 되니 아무도 더 무어라고 할 말이 없었다.

그가 과연 자택으로 돌아가서 그렇게 했는지의 여부는 그 뒤 들은 바가 없다. 양 박사도 지금은 타계하고 계시지 않는다.

그 뒤 내가 이 시에 대해 일으킨 의문을 몇 마디 적으면 다음과 같다. 양 박사는 한번 들으면 머릿속에 녹음이 되듯 기억력이 강한 분이다. 자기의 가장 아낄 만한 시를 왜 그의 유일한 시집 속에 수록하지 않았을까. 과연 잊어버렸기 때문일까. 혹시 다른 이유라도 있었을까.

나는 양주동 씨에 관한 기록을 잠깐 찾아보았는데, 내가 외운 「비 오는 밤」은 1929년 《문예공론》지 제 2호에 게재되었고, 시집 『조선의 맥박』은 1930년에 간행되었다. 시집보다 한 해 앞에 발표한 것이고, 또 시집 그 자체도 문예공론사 판으로 되어 있으니 바로 같은 무렵이요, 책상 위에 함께 두고 있었다고 볼 수밖에 없다. 따라서 자칫 잊어 버리고 빠뜨렸다고는, 그와 같은 뛰어난 기억력의 소유자가 아니더라도, 있을 수 없는 일이 된다.

그렇다면 그는 의식적으로 이 시를 시집 속에 넣지 않았다는 이야기가 된다. 무슨 이유에서였을까. 결국 그는 이 시를 자기의 시집 속에 넣을 만큼 좋은 작품이 아니라고 보았을 것이라는 추측밖에 할 수 없게 된다.

그러나 그날 밤 내가 그 시를 외웠을 때 주주 일동의 숙연하고도 비상한 갈채를 받았던 것으로 보아, 이 시를 좋다고 믿어온 나의 감상이 틀렸다고는 믿어지지 않는다. 그렇다면 그는 시에 대한 감별 능력이 없었던가. 그렇다고 볼 수도 없다. 그렇다면 무엇일까. 그렇다, 이것은 풀 수 없는 수수께끼로 남겨 둘 수밖에 없다.

광나루 강놀이

나는 1947년에 첫 창작집 『무녀도』를 펴내었고, 1949년에 제2창작집 『황토기(黃土記)』를, 1951년에 제3창작집 『귀환장정(歸還壯丁)』을, 1955년에는 제4창작집 『실존무』를 펴내었다.

그리고 1956년에는 제3회 아세아 자유문학상을 받았고, 1957년에는 『사반의 십자가』를 간행하였으며, 이듬해에는 이 『사반의 십자가』로 첫 예술원 문학 부문 작품상을 수상하였다. 그때 나는 〈근대 문명은 고스란히 신과 인간의 공방전(攻防戰)이라고 해도 지나친 말이 아닐 것〉이라고 소감을 말했다.

내가 신당동(흥인동) 집으로 옮겨간 것은 그 예술원 상을 받던 해(1958년) 4월 그믐께, 라일락이 온통 뜰을 뒤덮다시피 하고 있을 무렵이었다.

1백 4,5십여 평쯤 되어 보이는 대지였으니까 그 당시로써는 아주 넓은 뜰이있는네, 아무것도 정성들여 꾸며진 것은 없는 대신 큰 은행나무 네 그루와 향나무 몇 그루와 주목(朱木), 단풍나무, 잣나무가 각각 두세 그루씩 둘러서고, 정면에는 라악락 큰 나무가 세 그루나 서 있었던 것이다.

본디 나무를 유별나게 좋아하는 나는 우선 이렇게 교목(喬木)이 열 그루나 되는 데 흥분하지 않을 수 없었다. 나는 건물이 낡았거나 말거나 그런 것엔 아랑곳없이 뜰에만 열중하기 시작했다. 정원사를 들여서 본디 있던 나무도 자리를 많이 옮기게 하고, 새로 다시 은행나무 두 그루와 감나무, 대추나무, 목백일홍(배롱나무), 무궁화, 파초 따위에다 철쭉도 겹철쭉, 물철쭉(흩철쭉), 황철쭉, 홍철쭉 등 너더댓 가지, 그리고 사계장미, 산다화, 석암, 영산홍, 줄장미, 백장미 등을 들였다.

이렇게 하여 몇 해를 지내니 뜰은 그대로 수풀로 변했다. 수풀이라야 백 평 미만이건만 우거진 녹음 속에선 백 평이 백 리 맞잡이였다.

가을이 되면 여섯 그루의 은행잎들이 모두 황금이 되어 뜰 위에 수북이 쌓인다.

나는 술이 취해 들어오는 밤이면 으레 이 은행잎 위에 가 뒹굴곤 하였다. 집도 그동안 두 차례에 걸친 대규모의 수리와 개축, 증축을 거듭하여 그런대로 살 만하게 되어 있었다. 게다가 나는 글 쓰는 일 이외에 서예와 골동품 수집이란 두 가지에 취미라기엔 너무나 벅찰 정도의 열정을 쏟아 왔고, 집사람 역시 거의 부업에 가까울 정도로 그림과 도자기에 매달려 있었기 때문에 본디 넓은 편이던 집안에 책과 그러한 서예, 그림, 도자기 따위로 가득 차게 되었다.

이쯤 되니 여간 정리를 해도 한 것 같지 않고, 또 옮겨 놓을 자리도 마땅찮아 거의 포기 상태가 되어 있었다. 그러자니 보는 사람마다 일단은 놀라는 얼굴들이었고, 가까운 사이에선 이사 가는 집 같다느니 불난 집 같다느니 하고 기탄없이 나무라거나 충고를 던지거나 하기를 서슴지 않았다.

그러나 그런대로 나는 이 집에서 내 인생을 마칠 생각이었다. 벽장까지 모두 여섯 평 짜리 내 서재란 것이 책과 수집품과 서예 뭉치와 스크랩 따위로 거의 천장까지 찰 지경이었고, 뜰에 하나 가득 찬 나무들이란 것이 모두 내 가족같이 느껴져서 이것을 허물어뜨리고 딴 데로 옮겨간다는 일은 생각만 해도 끔찍했다.

신당동 집으로 이사를 간 해 그 해 7월 10일, 더위도 한고비에 접어들었을 때다. 저녁 갈채 다방으로 나갔더니 소설가 이종환이 대뜸 "22일로 정했습니다." 한다.

그는 다시 말을 이어 "아까 황순원 씨와 곽종원 씨도 모두 그렇게 알고 나갔습니다. 22일 상오 열시까지 여기서 모여서 떠나기로 했습니다. 소녀 1명, 회비 약간은 각자 지참키로 하고……." 하며 그는 번대머리를 뒤로 쓱 젖힌다.

여기까지 듣고 나니 나도 짐작이 들었다. 며칠 전부터 하다못해 광나루라도 하루 나가자고 말들이 있었던 것이다. 물론 대천이나 만리포 같은 델 갈 수 있다면 더욱 좋겠지만, 그렇게 형편이 돌아가지 않는 사람들은 서울 교외라도 하루 나가서 바람을 쐬고 돌아오자고, 지나가는 말로 이 사람 저 사람이 의견들을 제출한 적이 있었던 것이다.

그럴 때마다 나도 찬성을 해왔다. 광나루가 좋아요 하고 나의 경험을 피로하기도 했다. 광나루에는 환도 이후 거의 해마다 한 번씩 다녀왔던 것이다. 그럴 때마다 나뿐 아니라 다른 사람들도 다 좋다고 했다. 이유는 첫째는 먹을 것이 있고, 둘째 사람들이 많지 않기 때문이라 하였다. 먹을 것이 있다는 것은 장어를 굽고 모래무지로 찌개를 해서 술과 밥을 먹을 수 있다는 뜻이다.

그런데 우리들의 일이 묘해서, 말로는 모두 가자가자 하지만, 실제로 나설 때에는 대개가 뒤로 자빠지거나, 그렇지 않으면 어디로 새어

버리기가 일쑤다. 그래서 가끔 유회(流會)가 되기도 하고, 바로 작년인가 재작년에 수삼 인만이 다녀온 일도 있다.

이렇게 쉬운 듯하면서도 어려운 일을 어쩌자고 그러는지 이종환이 턱 맡아서 나선 모양이다. 게다가 각자가 소녀 1명씩을 동반하라는, 예년에 없던 화려한 조건까지 붙여놓았다.

나는 속으로 지금 쓰고 있는 소설이 어쩌면 그날까지 떨어지기 어려우리란 생각을 했다.

이튿날은 20일이다. 22일에 놀이를 나가려면 20일과 21일, 이틀 동안에 쓰던 소설의 끝을 맺어 놓아야 한다. 그런데 〈당고개 무당〉이 절(취운사)과 서낭당 사이에 어정대는 심경의 기미를 그리는 대목에서 붓이 나가지 않는다. 다른 사람들은 이런 경우에 곧장 담배를 피워댄다고 하는데, 나는 그 대신 목간통에 가서 냉수를 한 차례씩 끼얹곤 한다. 그래도 돌아가지 않으면 빙수를 사다 먹기도 한다. 그래도 역시 시원찮으면 죽침(竹枕)을 찾아 베곤 번듯이 드러누워 버린다.

21일 아침까지도 〈당고개 무당〉은 절과 서낭당 근처에서 어정대고 있었다. 낮이나 되어 겨우 그 고비를 넘기게 되었으나, 이렇게 되면 앞으로 아무리 순조롭게 나가도 22일 늦게나, 23일 오전중이라야 끝이 나게 마련인 것이다. 여기다 만약 22일 놀게 된다면 23일 늦게나 24일에라야 원고가 나가게 된다. 그런데 저쪽 형편은 아무리 늦더라도 23일 오전중으로는 원고가 되어야 한다는 것이다. 워낙 여러번 연기를 거듭해 왔기 때문에 이제 와서는 숫제 못 쓰겠으면 못쓰겠다고 해야지 이 이상 더 연기해 달라고는 할 수 없는 처지였던 것이다.

내가 냉수를 끼얹고 있는 동안에 마침 전화가 걸려왔다. 얼른 몸을 닦고 나가 전화를 받으니 현대문학사의 조연현이다. "대천 갑시다, 대천." 한다. 8월 초순께 가족 동반으로 떠날 작정이라고 한다. "먼저 가시오, 나도 형편봐서 뒤따라가든지 할 테니까." 하고 나서 이 형편봐서라는 자기의 말에 문득 내일의 광나루 놀이를 생각해 내고, "아아, 그런데 그전에 광나루 한번 다녀옵시다." 했더니, 저쪽에서도 서슴잖고 "갑시다." 한다. 나는 곧 "내일이 22일 아니오? 본래는 내일 가기로 했는데, 하루 연기하자고 해서 23일이면 좋을 것 같아요. 23일이면 조연현 씨하고 오영수 씨도 갈 수 있겠지요?" 해본다. 저쪽에서도 23일 같으면 모두 갈 수 있겠다고 한다. "그러면 우리 23일로 연기하자고 해봅시다. 이종환, 황순원, 곽종원 세 사람이니까 세 사람에게 전화 걸어서 22일로 해야 할 특별한 이유가 없으면 하루만 연기하기로 하지요." 저쪽에서도 찬성이다. 그 교섭은 자기가 맡겠다고 한다, 곽종원과는 오늘로 만나게 되어 있고, 황순원과 이종환 두 사람에게는 지금 곧 전화를 걸겠다고 한다.

그날 저녁때 갈채로 나갔더니 조연현과 이종환이 마주 보고 앉아 있었다. 이종환이 나를 보더니 자기들도 22일로 해야 할 아무런 특별한 이유가 있었던 것은 아니지만, 그렇게 자꾸 연기를 하면 끝이 있느냐고 온건하게 항의를 했다. 그렇지만 세 사람은 22일도 좋고 23일도 좋은데, 다른 세 사람은 23일이 좋다면 23일로 연기할 만도 하지 않느냐고 약간 아전인수 격으로 우기고 나서, 23일에는 어떠한 일이 있어도 결행하자고 해두었다.

내가 예상했던 대로 소설은 22일에도 떨어지지 않았다. 앞으로 남은 대목은 문제없다는 자신은 들었지만, 그래도 역시 시간은 상당히 끌 것 같았다. 밤에 집필을 하지 않는 나로서는 내일도 도저히 오전 열시에 집합 장사로 나갈 수 있다록 빨리 끝날 것 같지 않았다.

22일 밤부터 23일날 새벽에 걸쳐 비가 쏟아지기에 비 때문에 또 연기가 되면 또 이종환네들에게서 크게 꾸지람을 사겠구나 하면서도 일방 이왕이면 하루 더 연기가 되었으면 하는데, 아침이 되자 비는 거뜬히 개이고 씻은 듯이 맑은 하늘엔 벌써 아침 햇살이 퍼지고 있고,

나뭇가지에서는 매미소리가 쎄엑쎄엑 했다.

아침을 먹고 바로 붓을 들었으나, 본래가 지필(遲筆)이라서 그런지 뜻같이 달려지지 않는 데다 또 전화가 걸려왔다.

"여보시오." 하니, "김 선생님이십니까?" 한다. 이종환의 목소리다. "거 어딥니까?" "여기 명동입니다." "아아, 나는 댁에 계신다고." 하니 "모두들 모였습니다." 한다. "아아, 아아, 그렇지요." 하니 "모두들 김선생님을 기다리는 중입니다." 한다. "가기는 꼭 가는데요, 조금 늦어질는지 모르겠습니다. 그러니까 거기서들 먼저 떠나십시오. 나는 여기서 바로 가겠습니다. 어쩌면 내가 먼저 가 있을지도 모릅니다." 하니까, 저쪽에서도 하는 수 없는지 "그러면 꼭 오십시오. 오시는 걸로 알겠습니다." 하고 전화를 끊는다.

전화기를 놓고 대청(홀)으로 나오며 뜰 쪽으로 내다보니 녹음이 어우러진 나뭇가지 사이사이로 서슬진 무기처럼 햇빛이 번쩍거리고, 짙은 나무 그늘 밑에는 개가 혀를 빼고 누워 있다. 나는 책상 앞으로 오다가, 이왕이면 하고 또 목간통으로 가서 냉수를 한 통 끼얹었다.

소설을 끝내고 나니 두시 칠분 전이다. 나는 곧 잡지사에 전화를 걸어서 소설이 끝났음을 알리고 옷을 주워 입었다. 그리하여 한길가에 나와 합승을 잡아탔을 때는 2시에서도 십 분이 지나 있었다.

길이 넓은 편은 아니나 아스팔트로 잘 닦여져 있어서 이따금 마음 놓고 속도를 내곤 해도 차체가 흔들린다거나 튀어오르며 들까불리는 일은 없었다. 다릿못 앞에서 차를 내려 주막이 늘어진 거리로 접어들어 가니 작년에 들었던 이층집 건너편 객줏집 대청에 우리 패들의 모습이 보인다. 러닝셔츠 바람에 빨간 귀때기를 이쪽으로 돌리고 앉아 있는 것이 황순원이요, 같은 러닝 바람이지만 넓적한 등을 꾸부리고 있는 것이 이설주(李雪舟)임에 틀림없다. 그리고 그 양쪽에 하나씩 끼여 앉아 있는 원피스의 소녀들은 그중 하나만이 선숙인 줄 알겠고, 하나는 낯선 얼굴이다. 이렇게 네 사람은 화투짝을 펴들고 앉아 있고, 그 곁에서 곽종원과 이종환은 장기판을 벌여 놓고 있다.

그들은 모두 내가 들어가자 뭐 하는 거냐고 일제 사격을 퍼부었다. 나는 답변을 하기 전에 먼저 왜 저쪽편 작년 집으로 하지 않고 이 집으로 정했느냐고 묻는다. 그랬더니 황순원이 "그것도 모두 김형을 위해서, 김형이 빨리 찾아내기 쉬우라고 한 겁네다. 여기서 이렇게 바라보믄 이내 뵈잖습네까." 한다. 딴은 그러고 보니 이쪽이 건넛집보다 더 환히 바라다 보이는 셈이기도 하였다.

"조연현, 오영수는 어떻게 됐소?" 하고 물으니, "조형은 여기 어디 와 있는 모양인데……." 하는 곽종원의 흐리멍텅한 대답이다. "그럼 좀 찾아보지. 왜 요기 빤할 텐데 어찌 된 셈이야?" 한즉 "전활 거니, 이리로 간다고 하고 아침에 떠났다는데……." 하고 이종환이 설명을 보충한다.

"작년에도 그랬어. 간다, 가자, 하고 선동만 해놓고 당일엔 쏙 빠져버렸지. 금년에도 그거야. 어디 여학생들이나 하고 따로 간 모양이지." 하니까, 이설주도 "그래 맞다, 틀림없어." 하고 동의를 한다.

이번엔 황순원이 연방 자기 손의 화투짝을 들여다보며, "그보다도 김형은 늦게 오신 벌을 톡톡히 해야 합니다" 하고 화살을 나에게 돌려댄다. "그거야 물론이지." 하고 다른 사람들도 모두 찬성을 한다. 완전히 고립 상태다.

"그건 관대해야 돼요." 하고 내 자신이 변명을 하는 수밖에 없다. "그건 안됩니다." 하고 황순원이 준열한 검사같이 대어든다. 나는 이종환의 번대머리를 한번 흘겨본다. 아까 전화로나마 대강 양해를 구해놓았으니 이럴 때 혹시나 내 대신 나를 위해서 변명을 해주지나 않을까 해서다. 그러나 그는 뜻밖에도 "아까 다방에서도 몇 시간이나 기다리게 하고, 여기 와서도 지금까지 기다리게 했으니 김 선생님 한 분 때문에 몇 사람이 피해를 입게 됐습니까?" 하고 단연 검사 편이 되어 나온다. 이제는 할 수 없다. 스스로 변론을 전개할 밖에. 그런데 자리를 살펴보니 소녀가 둘뿐이다. 옳지 됐다. 한 사람이 소녀 한 사람씩을 동반하기로 했는데 이건 뭐야, 여기도 규칙 위반자들은 얼마든지 있지 않느냐. 나는 먼저 낯선 소녀를 가리키며 "이 분은 누구와 동반이죠?" 하니까, 이종환이 그 벗겨진 이마를 번쩍 들며 "네에, 본인이, 에헴……." 하고 뒤이어 나에게 인사를 시킨다. 미스 신이라고 한다. 문학소녀라고 한다.

"그럼 황형이 동반한 소녀는 어디 있소?" 하고 따지기 시작하자, "우리 같은 노인네야 어디 소녀가 당합니까?" 하고 점잖게 기침을 한다. "아니 밤낮으로 데리고 다니는 소녀가 있다면서?" 하고 기습을 하려니까, 곽종원이 한술 더 떠서 "그 소녀는 데리고 가는 데가 따로 있는 모양이지." 하고, 이종환이 덩달아 "오늘 조 선생 모양으로." 하고 조연현의 결참(缺參)도 반드시 다른 데로 소녀들을 데리고 갔기 때문일 것이라는 뜻을 말하는데, 황순원은 정말인지 거짓말인지 "제발 좀 그랬으면 좋갔수다." 하고 강경히 부인을 하는 태도다.

이쯤 되면 나의 지참도 관대히 처리되기에 곡 알맞은 분위기다. "이런 엉터리들. 나는 또 이런 줄도 모르고 고지식하게 규칙만 준수하느라고 지금까지 소녀를 찾아다니잖았나. 규칙에 명시된바 소녀와 동반해야 된다니까……. 당신들같이 규칙을 무시하고 혼자 우쭐우쭐 걸어 나올 것 같으면야 누가 시간에 못 대어 나올라고……." 나의 반격이 끝나자, 지금까지 별로 말이 없던 이설주가 난초 열다섯 끝을 딱 치며 "적반하장이다, 적반하장이라." 하고 혼잣말같이 중얼거린다.

황순원은 나의 반격이 더 나올까봐 켕겼는지 "그렇다면 정상 참작으로 해서 특별히 관대하게 처분할 테니까 방에 들어가 후래삼배(後來三盃)나 드시오." 한다. 마루로 향해 문이 활짝 열려 있는 방에는 일행이 한 차례 하고 난 술상을 치우지도 않은 채 그대로 벌여놓고 있다.

"나는 충량한 백성이니 분부대로 좇겠습니다." 하고 혼자 방으로 들어갔다. 주인아주머니가 약주 반 되를 갖다 준다. "네에, 그저 벌주로 약주 세 사발만 들겠습니다." 하고 나는 자작(自酌)으로 술을 부어 마셨다.

내가 두 잔째 술을 따르고 있으니까 "거기 곽 선생 안 보입니까?" 하고 이종환이 높은 목소리로 곽종원을 찾는다. 금시 거기 앉아 있었는데, 그새 어디로 갔기에 저러나 하고 마루로 내다보니 곽종원이 아까 그 자리에 목을 쭉 빼고 앉아 있다.

여러 사람들이 와아 웃는다. 내가 내다보는 것이 더 우스운 모양이다. 이번에는 곽종원이 큰 소리로 주인 아주머니를 부른다. 주인 아주머니가 두 손을 행주치마에 닦으며 나온다.

"거, 이마 훌렁 벗겨진 사람 변소에 없습니까?" 한다. 사람들의 시선이 이번에는 이종환의 대머리 위로 쏠린다. "나는 내 안주를 시켜 주나 했더니 엉뚱한 소릴 하는군." 하고 내가 퉁을 주자, 또 모두 와아 하고 웃는다.

"곽 선생이 확실히 장기 선수권을 보유하고 있지요?" 이종환이 나에게 다짐을 둔다. 나는 그렇다고 했다. 이것은 사실이다. 우리가 부산으로 피난 가 있을 때 고 김내성(金來成) 자택에서 문단 장기대회를 연 일이 있고, 그때 곽종원이 틀림없이 제1회 선수권을 획득한 바 있었던 것이다. 그래서 어떻다는 거냐고 물으니, "선수권 보유자와 대결을 해서 이기면 어떻게 되지요?" 하고 나에게 도로 반문을 한다. 선수권이 이동된 사실을 확인해 달라는 취의인 듯하다.

"거야 공인된 대전이라면야." 하며 내가 화투패들을 돌아다보니까, 황순원이 공인성 여하에 대해서는 언급을 하지 않고 그저 "오늘은 아마 이종환 씨 쪽이 유리한 모양입니다." 한다. 이와 동시에 이종환이 자리 밑에서 백 환짜리 한 장을 쓱 뽑아 보이며 "이렇습니다." 한다.

틀림없이 선수권을 탈취한 명명백백한 증거물인 모양이다.

"큰소리한다, 큰소리. 그거 다 유도전술이란 걸 모르고……." 곽종원이 네모 반듯한 얼굴에 싱글벙글한 웃음을 띠며 이렇게 응수를 한다. 이에 덩달아 황순원이 "하기야 처음엔 다 이깝을 주는 겁네다." 하는 꼴이 자기도 아마 화투에서 돈 백 환(이깝)을 들인 모양이다.

"이쪽에는 누가 우승잡니까?" 하고 나는 화투판을 돌아다본다. 이선숙이 "그저 모두 어리삥삥하게 그렇십니더." 하고 사양해서 말하는 것을 보면 아마 자기가 우승자라고 믿고 있는 모양이다.

"이형은 시골서 모처럼 올라와서 어디 여비 장만이나 되나?" 하고 이설주를 건너다보니까, "와 그래, 여관비하고 점심값 정도는 문제없다." 하며 흑싸리 홑각을 내던진다.

내가 약주 반 되를 거의 다해 갈 무렵에 점심이 나왔다. 물고기 조림에, 물고기 찌개에, 구운 장어에 김치와 나물 들이다. 조린 것은 모래무지요, 찌개는 모래무지, 메기, 피라미 따위 잡동사니 들이다. 내가 찌개랑 조림이랑 그런 걸 가리키며, "이런 거보다 장어를 많이 구우라고 하지 왜." 하니까, 곽종원이 입에 밥을 퍼넣다가 이쪽을 돌아다보며 "또 가져 올 거야." 한다.

황순원이 "김형도 늦게 오시고 했으니 우리 술을 좀더 합시다." 하니 곽종원이 "그러지." 하며 약주와 소주를 더 가져오라고 한다. 이종환이 "이왕이면 사이다도 더 가져옵시다." 한즉 두 소녀가 한꺼번에 "그만 하겠어요.", "밥 먹겠어요." 하고 반대들을 한다. 이종환이 "사이다는 여성들에게만 적용되는 것이라고 속단하지 마십시오." 하고 정중히 항의를 하자, 역시 술을 못하는 이설주가 "맞다, 가지오라 캐라. 나도 한 고뿌 할란다." 하고 이종환의 항의에 동조를 한다.

신양은 시내 어느 학교 교사로 있다는데, 아주 여학생 티가 그대로 난다. 새까만 두 눈동자에 맑고 깨끗한 마음이 찰찰 넘치도록 고

여있다.

　나는 신양을 처음 보았을 때부터 상당히 호감을 가졌지만, 그것을 나타낼 기회가 없어서 황순원을 바라보며 "나는 신양을 처음 보았을 때 형의 딸인 줄 알았어. 지금 이화여대엔가 다니는 애 있잖아?" 하고 그녀에 대한 관심을 간접적으로 이야기하는데, 황순원은 "그 애가 어디 그리 미인입디까?" 한다. 이걸 보면 황순원도 신양을 나같이 어여쁘게 보는 모양이다. "걔도 이제 자라면 미인될걸. 근데 미스 신이 어딘지 개 보는 인상 같애." 하고 우선 시작한 말이나 수습하려는데, 황순원이 "그렇다면 이건 영광이올시다." 하며 나에게 소주잔을 내민다. 저쪽에서 이종환이 "그렇게 듣고 보니 아닌게 아니라 미스 신이 어딘지 황 선생과 닮은 데가 있어 보입니다." 한다. 그러자 황순원은 그 새빨간 잇몸을 아까보다 더 많이 드러내 보이며, "그건 과분한 영광이올시다." 하며 손으로 입을 좀 가린다. 웃을 때마다 손으로 입을 가리는 것은 남자들에게는 그다지 흔하지 않은 광경이다. 그런데 황순원에게 그 버릇이 있다. 그래서 시인 김구용이 부산 피난 시대에 금강 다방에서 처음 그를 보고 난 인상을 나에게 말하되 원숭이상이라 했다. 원숭이가 얼굴에 손을 자주 가져간다는 것이다. 김구용의 지론에 의하면 문단에 원숭이가 세 마리란 것이다. 그게 누구냐 하면, 황순원·허윤석(許允碩)·허백년(許栢年) 이렇게 셋이라는 것이다. 허윤석은 원숭이라도 성성이라고 하는 원숭인데, 성성이는 입술이 두껍고 붉고, 두 눈이 움쑥하고 이마가 좁다든가 했는데 지금은 기억이 희미하다. 허백년에 대해서도 무슨 설명이 있는 듯한데, 역시 기억이 분명치 않다. 김구용이 말한 세 마리 원숭이 가운데 허백년은 환도 이후 영화 평론가로 전향을 했고, 허윤석은 출판업이란 외도(外道)를 걷고 있다.

　"자, 미인만 그렇게 바라보고 있지 말고 빨리 잔이나 내세요." 황순원이 자기 잔을 돌리라는 재촉질이다. 나는 소주잔을 쭉 낸다.

점심을 먹고 나니 4시가 넘었다. 물에 들어가기는 꼭 알맞은 시간이지만 밥을 금방 먹고 어떻게 물에 들어가겠느냐고 해서 그 동안 잠깐 다른 사업을 하기로 한다. 다른 사업이란 십 환 내기 섯다다. 나는 식곤증이 나서 배길 수가 없다. 나는 "잠깐만, 잠깐……." 하며 눈을 붙인다. "자아, 김형 일어나세요?" 하는 황순원의 목소리에 눈을 떠 보니 모두가 자리에서 일어나 짐을 챙기고 있다. 섯다가 끝나고 이제 강으로 간다는 것이다.

이설주와 이선숙은 먼저 가게에 들어가 수영복을 빌리고 있다. 빌리는 삯만 남자 것은 백 환이요, 여자 것은 4백 환이라고 한다.

배 한 척을 흥정해서 나루를 건너기로 했다. 강물 저쪽 편에만 모래사장이 있기 때문이었다. 먼저 배에 오른 나는 바지와 겉옷을 벗고 양말도 벗기로 하였다. 만약의 경우 배가 뒤집히거나 하면 물속에서 빠지더라도 이렇게 해야 헤엄을 칠 수 있으리라고 생각되었기 때문이었다. 그리고 다른 사람들에게도 권했다. "모두들 옷을 벗으시오. 만약의 경우를 위해서……."

물을 건넌 우리는 모래사장 위에 지어놓은 가게로 갔다. 옷을 맡기겠다고 하니 얼굴이 새까만 아주머니가 상자 하나를 내어주며 백 환이라고 한다. 우리는 옷을 벗어서 상자에 넣었다. 옷들이 모두 간단했기 때문에 상자는 하나로 충분했다. "옷을 빨리 벗으시오." 하고 내가 소녀들에게 말하자, "저희는 나중 벗을랍니다." 하고 이선숙이 대답을 했다. "그럼." 하고 우리는 먼저 강물로 들어갔다. 모두 시원타고들 했다.

"저놈아이들 봐라." 하고 이설주가 손을 들어 가리키기에 보니 웬 낯선 소녀들이 강가로 걸어오고 있다. 하나는 빨강빛 수영복을 입었고, 하나는 남색이다. 둘이 다 다리는 쭉 곧고 매초롬하다. "머리는 단발들인데 웬 젖가슴들은 저렇게 불룩하게 나왔을까." 내가 먼저 감상을 말하자, 황순원이 곁으로 오며 "젖가슴뿐만 아니라 다른 데도 볼 만합니다." 한다. 그러자 이설주가 "뭐, 다른 데라고 할 게 있나? 바로 엉덩짝이라고 하지." 하고 더 명확하게 주석을 붙이노라니까, 황순원은 또 "궁둥짝 말고도 볼 만합니다." 한다. 이설주는 알 수 없다는 듯이 "궁둥짝 말고 또 어디를 보노? 다리 말이가?" 한즉, "황순원은 또 "다리 말고도 볼 만한 데가 있습네다." 한다. 그러자 이설주는 점점 더 알 수 없다는 듯이 "다리 말고 또 어디를 보노? 옷 속을 뚫고 보나?" 한즉, 황순원은 그제야 "얼굴들도 예쁩니다." 한다. 모두가 허허 웃으니 이설주는 "얼굴이야 말할 것도 없고……." 한다. 그러자 이때 황순원이 공세를 취하기 시작한다. "아아니, 요새 시골 사람들이란 괜히 설멋이 들어서, 여자라고 하면 이내 얼굴도 안 보고 젖가슴이다 볼기짝이다 하지만, 뭐니뭐니 해도 얼굴이 제일입니다." 하니까 이설주는 할말이 없는지, "노인네가 무셰라, 요모조모 뜯어봐 가며 보기는 어지간히 보는갑다." 하고 사뭇 사투리로 응수를 한다. 그러자 황순원은 사투리쯤 지지 않겠다는 듯이, "노인네가 별 수 있습네까, 그저 눈요기나 하디요." 한다.

이렇게 두 사람이 각자들의 사투리 무기까지 동원시켜 가며 공방전을 전개시키고 있는 동안 곽종원은 어린 소녀들을 두고 이러쿵저러쿵 하는 것은 신사 체면이 아니고 생각하는지, 혼자 좀 떨어진 곳에서 소녀들과 이쪽을 힐끔힐끔 번갈아 보며 빙글빙글 웃고민 있더니, 그때 마침 수영복으로 갈아 입은 이선숙이 자기의 수영복 입은 꼴이 어색하지 않느냐는 듯이 웃으며 이쪽으로 걸어오자 이크나 하는 듯이 휙 돌아서며 물에 펄썩 엎드려 버린다.

"신양은 어떻게 됐어요?" 하고 황순원이 이양에게 묻는다. 이양은 "몸이 좀 거북하답니다." 하며 모래밭 쪽을 돌아다본다. 거기엔 신양이 과연 파라솔을 펴들고 앉아 있다. 몸이 거북하다는 말에 어디 많이 불편한 데가 있나 해서 그런지, 그 말을 듣자 곧 이종환이 물 밖으로 걸어나가더니 신양 곁으로 가서 앉는다. 자기가 데리고 나왔으니 만사에 책임을 느끼는 것은 당연한 일이라고 우리는 이종환의 기사적 태도를 높이 평가하기로 했다.

목욕을 마치고 나와 우리가 건너갈 배를 불렀다.

해는 서산마루를 사뿐 넘고 강물 위엔 고요한 산그늘이 졌다. 배는 이리저리 돌려가며 고요한 강물 위를 익숙하게 미끄러지고 있다.

"배타는 것도 좋네." 하고 이설주가 먼저 시인다운 감회를 토하자, "많이들 탑니다." 하고 사공이 받았다. "여긴, 몇 길이나 됩니까?" 하고 황순원이 물으니, "여기는 두어 길밖에 안됩니다마는 저쪽 깊은 데는 댓 길 이상 들어갑니다." 하고 또 사공이 대답한다.

나는 아까부터 다른 사람들의 이야기를 귀곁으로 흘리며 강물을 바라보기에 정신을 팔고 있었다. 마침 해가 산마루에 가려서, 그 굴곡된 광선이 망망한 강면을 거울같이 비쳐주고 있었다.

"우리 또 나옵시다." 나는 갑자기 이렇게 소리를 질렀다. 그러자 건너편에 앉아 있던 이설주가 "몰라, 나는 대구로 가야 되니 올해는 또 오기 글렀재." 하고 한탄같이 받았다. 나는 그가 〈올해는〉 했을 때 웬 까닭인지 머리가 핑 돌았다. 그 순간 나는 그의 얼굴이나 목소리 대신 그냥 강물이 빤히 바라보일 뿐이었다. 강물이 그대로 〈올해는〉 하며 흘러가고 있는 것 같았다. 그와 동시에 나의 머릿속에서는 수백 수천 수만의 이루다 헤아릴 수도 없는 〈올해는〉 하는 얼굴들이 겹쳐지기 시작하였다. 4년 전 우리가 처음으로 여기 강놀이를 나왔을 적에 허윤석이 "올해는 이게 그만이지요?" 하고 그날의 미진한 흥을 아끼듯이 묻더니 그 뒤 그는 직업까지 바꾼 채 다시는 만나보기도 어렵게 되어 버렸다. 그날 허윤석은 낚싯대까지 가지고 나와서 붕어를 낚노라고 하던 것이 요즘은 문학뿐 아니라 낚시질도 시들해진 모양이라고 한다.

낚싯대 이야기를 하니 곽학송, 김광식 들도 생각이 난다. 그들도 그날 모두 낚싯대를 들고 나왔던 사람들이다. 그리하여 모두 〈올해는〉 하며 이 강물 위에 배를 띄웠던 사람들이다.

그러나 그들은 모두 지금 여기 없다. 광나루 아닌 뚝섬이나 덕소 같은 데 나가 있을지도 모른다. 〈올해는〉 그렇다. 우리는 이렇게 말하며 해마다 어디론지 모두 흘러가는 것이다. 지금도 이렇게 흘러가고 있는 것이다.

"저 다리가 있기 전에는 모두 이 배로 건너다녔겠디요?" 하고 황순원이 묻는 말에 사공은 그저 덤덤히 "그렇습죠." 하며 노를 저을 뿐이다.

나루를 건너오니 산그늘이 한결 어두웠다.

다릿목께로 나오니 꽤 서늘한 저녁 바람이 불어왔다. "이러한 시원한 데서 술이나 한잔씩 더하자." 하고 곽종원이 제안을 한다. 일행은 잠자코 주막으로 들어갔다. 꽤 넓은 술집이었다. 우리는 모두 나무때기 걸상에 둘러앉아 대포술을 마시기 시작하였다. 가로수로 불어오는 저녁 바람과같이 술맛은 부드럽고 시원하였다. 맥주가 아니면 입에도 대지 않는다는 이종환까지 목마른 사람이 물 사발을 들이켜듯 약주를 반이나 꿀꺽꿀꺽 마셨다.

"저 다리를 놓기 전까지는 뱃사공들이 꽤 세도를 했겠지?" 하고 이설주가 다리 있는 쪽을 바라보며 묻는다. 그러자 황순원이 "그거야 저 곽형한테 물어보면 알지." 한다. 곽종원이 무슨 말인지 몰라서 빙긋이 웃으며 황순원을 건너다 보는데, 황순원은 약간 빨갛게 된 눈으로 "광나루 곽서방." 한다. 곽종원은 그제야 말뜻을 알아채고 "에키, 이 사람." 하며 눈을 흘겨 주는데, 이번에는 이종환이 "그럼 뱃사공이 모두 곽씨였나요?" 하고 신기하다는 듯이 묻는다. 황순원이 얼른 받아서 "그러기 곽서방들이 배를 가지고 오죽이나 세도를 부렸기 곽나루란 이름까지 붙었갔소?" 하니 이번에는 이설주가 "아니, 그렇다면 광나루가 아니고 곽나룬가?" 하고 진지하게 질문을 제기한다. 그러자 또 황순원이 "촌놈의 성은 김가와 이가로 통하는데, 아 곽나루와 광나루가 아무람 어때?" 하니 곽종원도 이제는 어이없다는 듯 픽 웃어버린다.
　주막을 나오니 초이레 달이 가로수 위에 파아란 얼굴을 내밀고 있다.

목월과의 나흘 여행

 내가 나가는 서라벌대학이 미아리로 이사를 하고부터는 강의실에 들어가면 창밖으로 건너편의 공동묘지가 얼른 눈에 들어왔다. 그래서 나는 가끔,
 "북망산을 바라보며 공부를 하니까 더욱 빨리 늙는 것 같다."
는 말을 하곤 했는데, 학생들은 도리어,
 "선생님은 연세보다 젊어 보이시는데, 비결이 무엇입니까?"
하고 물어오곤 해다. 그때마다 나는 아침마다 무즙을 한 사발씩 먹는다고 했는데, 그 무즙을 먹지 않은 지가 벌써 10년도 넘는다.
 1960년 4·19 혁명 직후였다. 그 당시 나라는 학생 혁명의 뒷마무리를 제대로 못하여 온 사회 질서가 동요되고 혼란만 가중시켰다. 특히 국내의 모든 학원은 걷잡을 수 없는 폭력이 난무하고 무법지대화되었다.

사립학원의 경우 대부분의 경영자들이 수난을 겪었다. 서라벌예대 설립자인 김세종 박사도 마찬가지였다. 역경에 처한 그가 우리 집을 찾아 왔었다. 찌는 듯한 여름철이었는데, 그때 나는 마루에서 글을 쓰고 있다가 뜻밖의 손님을 맞게 된 것이다. 나는 그의 괴로운 심정을 들으며 발 벗고 나서 함께 수난을 겪지 못하는 게 안타까웠다.

세상살이란 실의와 좌절이 오게 마련이다. 이런 때에 지기(知己)로서 격려를 해주고 도와야 하건만, 위로와 이해 정도로밖에 그를 돕지 못해 지금도 그때 일을 생각하며 가슴이 답답하다.

제자가 많다 보니까 주례를 자주 맡게 되는데, 소설가 A씨 주례 때는 이름 끝 자 〈환〉을 〈현〉으로 착각을 하며 하마터면 큰 실수를 할 뻔하기도 했다. 그 무렵 주례를 맡았다가 지각을 한 일이 있다. 그 해 11월 13일의 일이다. 그보다 일주일 뒤에 친척 집안의 혼사가 있었기 때문에 나는 그 일주일 전의 토요일이 어느 날짜란 것까지 기억하고 있다.

아침을 먹고 서대문 독립문 곁에까지 가서 (신경통)침을 맞고 오는데, 이날이 하필 토요일이라 시청 앞에서 무교동을 거쳐 광교를 나가려니까 길이 꽉 막혔다. 광교에서부터 밀린 차들이 무교동 쪽으로나 을지로 입구 쪽이나 할 것 없이 시청 앞까지 꽉 이어져 있는 것이다. 본디 집에서 나올 때 침을 맞으러 간답시고 넥타이도 안 맨 채 나왔기 때문에 아무리 늦어도 집에까지 가야 넥타이라도 맬 수 있는 형편이었다.

간신히 집에 도착하니 집사람이 넥타이와 와이셔츠를 들고 대문 앞에서 기다리고 있었다. 나는 그것을 얼른 받아들자 그대로 차에 올랐다. 차 안에서 와이셔츠를 입고 넥타이를 매고 식장까지 가니 신부의 친구들(모두 대학의 내 제자들)이 행길까지 나와서 기다리고 있었다. 이날의 신랑 신부는 다 내 제자들이었지만, 나는 얼마나 당황했는지 그네들과 나와의 관계를 소개할 것도 잊어버리고, 평소에 쓰는 공식적인 주례사를 겨우 외우다시피 하고 말았다.

나중 식이 끝난 뒤 신랑 신부에게 너무 늦어서 미안하게 됐다고 했더니, 신랑은 그런대로 머리를 꾸뻑했고, 신부는 사력을 다해 미소를 지어 보이려고 노력했지만, 앞니가 반도 보이지 않고 도로 닫쳐버렸다. 나는 지금도 그날 신부의 그 미소를 생각하면 이마에서 땀이 나는 것 같다.

서라벌예대 시절, 소설 실기 시간에는 한 학생의 작품(소설)을 도마 위에 올려놓고 이른바 난도질을 하게 마련이었다. 그래서 학창시절을 회고하면 입맛이 씁쓰레한 사람이 많을 줄로 안다. 내가 학생들의 작문을 혹평했든 찬사를 했든 다 수업 방법의 하나였으므로 사사로움이 거기에 개입되었을 리는 없고, 다만 아무래도 문학 지망생들의 작품이므로 당연히 지적이 많았을 터이고, 지적이 많다 보면 혹평으로 들릴지 모르지만, 그건 어디까지나 비평이지 혹평으로 치부해서는 안 된다. 그리고 글을 보는 안목이라는 게 있어서, 그 무렵 학생들이 일제히 혹평을 가했던 L의 글을 나는 도리어 〈이 학생은 장차 독특한 스타일리스트 작가〉가 될 것이라고 평가했던 예가 바로 그 안목의 차이라 하겠다.

1963년 나의 제5창작집 『등신불』을 간행하던 해 여름 나는 목월 형과 동해변을 함께 여행한 일이 있다. 우리는 경주에 들러 차 한 잔을 마시고, 때늦은 점심도 들고, 포항으로 떠났는데, 우리가 함께 고향을 찾은 것은 그것이 마지막이었다.

우리는 포항서 먼저 구룡포로 가서 저녁을 먹었다. 목월 형과 나는 둘이 다 똑같이 물회를 좋아했던 것이다. 그런데 경주에 있는 유명한 물횟집 이름이 구룡포집으로 구룡포에서 온 사람이 주인이라는 것을 알고 있었던만큼 그 사람의 본고장인 구룡포에 가면 더 좋은 물회를 먹을 수 있으리라는 생각에서였다.

우리는 구룡포에서 물회로 저녁을 먹고 도로 포항으로 돌아와 그날 밤을 쉬고 이튿날 아침 일찍이 울진 방면을 향해 떠났다.

내가 이 동해변 일대를 여행하면서 조금 신기하게 생각한 것은 산기슭마다 당집(城隍堂)이 서 있는 풍경이었다. 내가 어릴 적에는 바로 우리 집 뒤에도 이 당집이 서 있었는데, 그 뒤 언제부터인지 경주 읍내에서는 그것이 자취를 감추고 말았던 것이다. 그런데 이 일대에는 아직도 옛날 모습이 남아 있는 듯하여 그것이 여정을 돋구었다고 할까.

그날 밤 우리는 영덕에서 잤다. 마침 그곳에 우리를 아는 사람이 있어 그 분의 인도로 술집을 찾게 되었다. 영덕에서는 꽤 알아주는 집이라 했지만, 삼거리 같은 데서 흔히 보는 조그만 주막집에 지나지 않았다. 방이라고는 우리가 든 소위 큰방(두 평 남짓 되는 온돌방) 이외에 하나가 더 있다고 했지만, 손님이 없는지 그 방엔 불도 켜지 않은 채였다.

나는 처음부터 막걸리와 물회를 청했지만, 우리를 안내한 P라는 친구가 어디 그럴 수 있냐면서 정종과 찌개와 홍어회를 내어왔다. 나는 참다못해 아, 좋은 막걸리가 있다면야 정종보다 얼마나 나으냐, 안주도 이왕 이 고장 술을 먹는 바에야 이 고장 명산(名産)인 대게(竹蟹)나 물회가 좋지, 찌개나 홍어회는 어디나 있는 거 아니냐고 불평을 말했더니, 그가 다시 주인(여인)에게 부탁하여 이것들을 구해들이도록 했다. 그러나 막걸리는 도갓술뿐이므로 신통한 것이 없고, 대게는 밤에 갑자기 사러 나갈 수도 없고, 물회는 다른 집에다 주문을 해두었으니 조금 기다려 보라 하였다.

나도 하는 수 없이 물회나 기다려보기로 하며, 우선 들여온 찌개를 한 숟가락 뜨고 나서 정종 한 잔을 훌쩍 마셨다. 그것을 본 P는 겨우 안심을 하는 듯 찌개 맛이 어떠냐고 했다.

나는 실상 아주 신통치 않다고 생각했지만 그렇게 말할 수가 없어,

"조금 따뜻했으면 좋겠군요."

했더니, 목월은 미소를 지으며,

"그래 P형, 찌개가 좀더 더웠으면 아주 별미겠군요."

나의 트집스러운 태도와 말씨를 변명하는 말투였다. 그러나 다음 순간 우리는 술이고 안주고가 다 안중에 없게 되었다. 아가씨 둘이 들어왔는데, 그중 하나가 그렇게도 우리를 놀라게 했던 것이다. 나이는 열아홉 살 가량 나 보였는데, 살빛이 뽀얗다고 해도 그렇게 깨끗하고 아름다울 수가 없었고, 생김새나 몸매가 모두 흠잡을 수 없이 아리따웠다. 나는 그동안 벌써 여수(旅愁) 속에 잠겨 있었기 때문인지 그 아가씨에게 민망할 정도로 마음이 끌리었다.

그러나 그 아가씨에게 술잔을 먼저 건넨 것은 목월 쪽이었다. 나는 내 마음속에 불같이 일어나는 욕심을 드러내지 않기 위하여 술잔을 먼저 안주인에게 권했기 때문이었다. 아가씨는 목월의 술잔을 두 손으로 받자 어린 촌 아가씨 답지 않게, 자기가 시인 목월 선생님의 술잔을 받을 줄은 꿈에도 몰랐다, 평생에 잊을 수 없는 영광이다, 하는 따위로 인사말을 토해 놓았다.

그러자 P씨는 아가씨를 목월 곁으로 옮겨 앉게 하였고, 목월은 나에게 미안하다는 듯이 나를 돌아다보며 찡긋 웃고 나서, 자기도 이 아가씨같이 이쁜 아가씨는 좀체 본 일이 없다는 둥 했다.

뒤이어 이웃집에서 만든 물회가 왔지만, 나의 입에는 물회고 술이고 모두가 쓰기만 했다. 나흘 만에 우리의 여행은 끝나고 돌아왔지만, 나는 그날 밤 영덕 어느 조그만 술집에서 본 그 아가씨의 그 뽀얗고 깨끗하던 얼굴이 더러더러 떠올랐다.

그랬는데, 내가 중앙대 예대 학장으로 있을 때 전북대학에 가서 강연을 하고 돌아오다가 대전서 쉬게 되었다. 마침 시인이자 충남대 교수인 손기섭(孫基燮) 박사의 시집 출판기념회가 있었기 때문이었다.

회합을 마치고 나서 주인공인 손교수가 따로 술자리를 마련하고,

그곳 동료 교수들과 서울서 온 김구용 교수와 나를 초대해 주었다.

또 한 차례 술이 돌아서 모두가 거나해 있을 때 서른 살 가량의 얼굴이 새뽀얀 여인이 들어왔다. 마담 아가씨라 하였다.

"안주인인가?"

내가 물었다.

"아임니더."

"그럼?"

"거저 이 집에 안 있심니꺼."

그러자 그곳 박용래 시인이,

"맞습니다. 이 집 사장입니다."

했다.

여인은 굳이 부인도 하지 않은 채,

"선생님이 김동리 선생님이십니꺼?"

했다. 그렇다고 했더니,

"옛날 박목월 선생님과 같이 영덕에 댕겨간 일이 있습니꺼?"

하고 물었다. 그러자 나는 그 여인이 옛날의 그 아가씨임을 깨달았다.

"그렇지 않아도 어딘지 그런 생각이 들었어. 이거 기연(奇緣)이라고 할까, 소설 같은 이야기로군. 그게 아마 10년쯤 되었나, 더 되었나. 그렇지? 그러니까 이 집 주인쯤 됐겠군."

"저 같은 걸 기억해 주시니 영광입니다."

"기억 정도가 아니야. 난 늘 생각했지."

"목월 선생님은 그때 시가 교과서에 나와 있었기 때문에 이름을 듣고 있었지만……."

"그래? 요즘 같음 내 소설도 교과서에 있는데, 때가 안 맞았군."

목월 형에 대한 추억을 쓴다는 게 목월이 끼어 있는 이름 모를 아가씨 이야기가 되고 말았다.

남원의 춘향제

그 무렵인 1962년 5월 8일 국문학자 이숭녕(李崇寧) 박사, 시인 김현승 씨, 소설가 이종환 씨, 이렇게 네 사람이 예총 주최 지방 순회강연 전북반(全北班)이 되었다. 그러나 그날 오후 7시, 서울발 호남선 급행열차 속에서 만난 얼굴은 이숭녕 박사를 제외한 세 사람뿐이었다. 씨는 하루 늦어지는 모양이었다.

차 안에서 김현승 씨 제안으로 우리는 이리에서 내리기로 했다. 씨의 설명에 의하면 이리와 전주 사이는 한 시간(기차로) 거리밖에 안 되니까 이리서 자고 아침에 전주로 들어가는 것이 수면을 취하는 데 유리하다는 것이었다. 이종환 씨와 나는 어정쩡했지만 김현승 씨가 부득부득 조르는 바람에 동의를 했더니 씨는 어느새 여객 전무에게 부탁하여 이리에 사는 시인 이동주 씨에게 전보까지 쳤다는 것이었다.

나도 집에 있을 때는 대개 12시 전후까지 술이나 마시며 놀기가 일

쓰인데, 차중이 돼서 그런지 열시도 못 돼서부터 졸음이 왔다. 몇 시간이나 꾸벅거렸는지 주위가 어수선하고 짐들을 집어 들고 하는 통에 눈을 뜨니 이리역이었다.

홈에는 이동주 씨 부처가 나와 있었다(이동주 씨 부인은 소설가 최미나 씨).

우리는 이동주 씨의 안내로 역에서 가까운 여관에 들었지만, 밤중(두시 가까운 시간)이 돼서 먹을 것도 없고, 할 일도 없고 해서 진로 한 병을 사서 안주도 없이 몇 잔을 마시다가 그냥 자리에 들어 버렸다.

이튿날 낮이나 되어 도청(전북)으로 찾아갔더니 거기서는 미리 다 계획을 세워두었는데 보니 서울서 내려온 네 사람에 지방(전주를 중심한) 인사 네 사람을 합쳐서 여덟 사람으로 네 반을 나누어 한 반이 세 고을씩 돌아다니도록 짜여져 있었다. 그 계획에 의하면 이종환 씨는 전주 부근의 세 고을, 김현승 씨는 고창 쪽 세 군데였고, 나와 이동주 씨는 순창·남원·임실 세 군데였다.

9일 저녁엔 전주서 합동 강연을 한번 하고 10일부터 각각 담당 고을로 떠나기로 했다. 그런데 다행으로 내가 담당한 세 고을 중 남원 고을은 광한루와 춘향으로 유명한 고장인 데다가 때마침 11일부터 춘향제가 있을 예정이라, 나는 뜻 아니했던 구경 복이 터진 셈이 되었다.

내가 이 글에서 쓰고자 하는 게 바로 춘향제에 관한 것이다.

명승지를 찾고 싶은 마음은 누구에게나 다 있다. 더욱이 시인 묵객(詩人墨客)은 예로부터 그렇다고 한다.

남원의 광한루는 춘향의 이야기를 곁인 특이한 명승지다. 진주 촉석루에 논개의 전설이 있고, 밀양 영남루에 아랑의 전설이 있건만 유독 광한루의 춘향이 더욱 유명한 것은 아마 고대소설로서의 「춘향전」이 있고, 국악으로서의 「춘향가」가 워낙 널리 그리고 오랫동안 우리 민족의 심금을 울려왔었기 때문이 아닌가 한다. 그러면서도 나는 여태 이 남원 땅을 찾을 기회가 없었던 것이다. 내가 도착한 10일은 춘향제가 열리는 바로 전날이라 이미 거리에 사람들이 줄을 짓다시피 하고 다녔다. 나는 군 직원의 소개로 묵을 곳을 정했는데 이름은 명지 호텔로 호남지방에서는 제일 큰 여관이라고들 했다. 웅장하고 헌칠한 한국식 기와집이었다.

호텔에 짐을 맡긴 뒤 이동주 씨와 함께 다방으로 나갔다가 거기서 뜻밖에도 박동화(朴東和) 형을 만났다. 박형은 약 30년 전에 서정주 형의 소개로 알게 된 친구인데, 본업은 극작(연출)이지만 지금은 전북대학교에 봉직하고 있는 한편 《전북일보》에 장편소설까지 쓰고 있는 다능(多能)한 작가다.

뜻 아니했던 고우(故友)를 이향(異鄕)의 다방에서 만난 기쁨도 기쁨이려니와 오래 그리던 광한루를 보게 된다는 벅찬 기대와 춘향제의 잔치 기분까지 곁들여서 마음은 끝없이 흥청거렸다. 술이 얼근한 채 저녁도 뜨는 둥 마는 둥 하고 우리 일행 세 사람은 광한루를 찾았다.

    남원예 듣던 고을
    봄 늦어 찾아드니
    광한루 숲속에 있고
    오작교 물 위에 떴네
    때마침 춘향제 겹쳐
    구름 같은 저 인파

우리는 광한루 앞의 못물에 비친 고목 가지를 들여다봐 가며 천천히 오작교를 건너서 충혼탑 쪽을 돌아 춘향각 앞까지 왔으나 추녀 끝에 드리워진 한 길 가량의 청사초롱만 우두커니 바라보다가 그냥 지나와 버렸다. 문이 닫혀 있었던 것이다.

우리는 광한루를 나와 장터 쪽으로 발을 옮겨 놓았다. 거기엔 서커스가 두 군데나 벌어져 있고(한 군데는 주로 연극을 논다는 말이 있었지만), 마술단이 한 군데, 그리고 장터 안쪽엔 소녀 농악단이 구경꾼을 모으고 있었다. 이 농악단의 본명은 춘향 여성농악단이었지만, 단원들이 전부 소녀들이었기 때문에 나는 그냥 소녀 농악단이라고 불렀다. 제일 나이 어린 소녀로는 예닐곱 살짜리가 몇 있었고, 나이가 많대야 스무 살 가량 나 보였다. 그리고 대부분이 열예닐곱 살 가량 나 보이는 어린 소녀들이었는데, 그녀들의 징·꽹과리·장고북(소고)에 대한 실력과 기술이 어느 정도인지는 알 수 없지만, 전국 농악대회니 무슨 민족 경연대회니 하는 데마다 번번이 어른들을 물리치고 우승을 했다니 가히 짐작할 수 있는 일이요, 문외한인 우리로서는 다만 입이 헤 벌어지고 정신이 어리둥절할 뿐이었다. 더욱이 말로만 듣던 열두발 상무를 돌리는 광경이란 한마디로 그저 감탄할 수밖에 없었다.

그 곁이 서커스단에서는 줄타기가 제일 인기였는데, 옛날 줄타기를 신기하게 한다고 해서 두 번이나 들어갔다가 한번은 사람이 바로 입구까지 꽉 차서 그냥 나오고, 한번은 시간 관계로 그 프로를 기다릴 수 없어 역시 그냥 나오고 말았다.

이튿날은 춘향제가 열리는 날인데 춘향각에서 올리는 제사에 뒤이어 가장 행렬, 방자 견마(牽馬) 경주, 향단이 그네뛰기, 춘향이 뽑기, 이 도령 백일장 보기 등 문자 그대로 다채로운 프로였다. 특히 이날이 4월 초파일(음력)이라기보다, 매년 음력 4월 초파일에 춘향제를 지내왔지만, 그때는 남원고을의 행사로 지내던 것을 이번부터 전북도의 행사로 그 규모를 키운 것이라 한다.

밤이 되니 건너편 절이 온통 등불로 덮이면서 만등제(萬燈祭)가 시작되었다. 이와 같이 많은 등불을 본 것은 그때가 처음이었다. 들으니 원불교에 속하는 사원이라고 한다.

이튿날은 12일, 춘향제가 끝나는 날인 동시에 나의 순회강연도 임실군으로 끝을 맺는 날이다.

나는 아침 일찍이 광한루를 한번 더 돌아보기로 했다. 춘향각으로 가서 춘향이 초상을 바라보며 혼자 속으로 가만히 이별을 고했다.

초상은 김은호(金殷鎬) 화백의 필치라고 하는데, 과연 춘향이다웁게 그려져서 여간 다행스럽지가 않았다. 김화백의 춘향상은 본래 일제시대에 된 것이었는데, 6·25 때 없어지고 지금 것은 그 뒤에 다시 그린 것이라고 한다.

땀을 뺀 이야기

    1962년 겨울부터 나는 증권에 손을 대었다가 그때까지 모아왔던 현금을 몽땅 다 넣고 말았다. 그 무렵의 암담한 심경을 이루 말할 수가 없었다.
    내가 1967년에 선집(5권)을 내게 되고, 상을 타고 하기 이전, 그러니까 1962,3년에서 1966년까지 4,5년 동안은 생활비 마련으로 무척 고생을 했다.
    자식은 많고, 직장(대학)에서 나오는 보수는 너무나 빈약하고, 원고료 수입이래야 커피값 정도밖에 안 되어서 어떤 때는 무일푼 빈손이 될 때도 있었다. 양식은 그날 그날 팔지 않았지만, 반찬이란 것은 두부 한 모라도 그날 그날 사야 하던 때이고, 게다가 다섯 아이가 중학에서 대학에 걸쳐 있었으니 매일같이 학용품이다 점심이다 해서 최소한 그때 돈 오백 원은 있어야 했다.

무엇을 내다 팔거나 잡히거나 할 것이 없나 하고 온 집안을 뒤졌지만, 그럴 만한 것이 없었다. 내 손목에 시계는 달려 있었지만, 이것은 1958년에 예술원상으로 탄 것이고(그 당시엔 상금이 없고 기념품으로 메달과 손목시계를 주었다), 게다가 타이틀도 없는 병제품(竝製品)을 5년이나 썼으니 들고 나간댔자 5백 원도 얻어낼 것 같지 않았다.

이런 경우 사람들은 빚을 낸다고 하는데, 나는 그때까지 빚이란 것을 생각해 보지도 않았을 뿐 아니라 도무지 엄두가 나지 않았다. 어디 가서 누구에게 어떻게 빚을 낸단 말인가. 꽤 큰 주택을 가지고 있었지만, 이것은 집사람 앞으로 등기가 나 있었고, 그것도 이미 여러 가지 형편으로 문서를 어디다 맡기고 있었기 때문에 내가 들고 나갈 수 없었던 것이다. 책이 몇천 권 있었지만, 이것을 내어다 판다는 것 역시 내 목숨이 붙어 있는 한은 생각할 수도 없었다.

나는 하는 수 없이 거리로 나가 아는 사람을 찾을 수밖에 없었다. 지갑을 빠뜨렸다든지 무슨 거짓말이라도 하고 다만 1, 2천 원이라도 빌릴 작정이었다. 그럴 만한 상대를 찾느라고 거리를 여기저기 돌아다니다 해방 전부터 알던 친구를 만나 사정을 한다는 것이 내 입에서 나온 말은 1, 2천 원도 아니고 단돈 5백 원이었다. 상대자는 눈에 놀라움을 담고 입가에는 미소를 띠며 "이거 김형, 이거 김형." 하며 품에서 지갑을 꺼내더니 천 원을 건네주었다. 나는 그가 착잡한 표정으로 품에다 손을 넣어 지갑을 끄집어내고 있는 것을 보는 순간 머릿속이 핑그르 도는 것 같았다. 심장이 조금만 약했더라면 그 자리에 쓰러지고 말았을 것이다.

그러나 이 고통은 한 번에 끝나지 않았다. 또 한 차례, 그것은 술을 잘 사고 다니던 내 후배격 되는 사람이었는데, 그는 별로 놀라지도 거북해하지도 않는 담담한 얼굴로 내가 말한 5백 원을 순순히 내어주었다.

1967년부터 인세가 들어오기 시작, 들어오는 족족 통장에다 넣고 품에도 넣으며 나에게 천 원과 5백 원을 돌려준 그 친구들을 찾아 나섰다. 먼저 천 원 준 친구를 만나 그땐 고마웠다는 인사말과 함께 천 원을 돌려주었더니 그 친구 화를 벌컥 내며 나를 째려보더니 "음, 김형 알아봤어요." 하며 나꿔채듯 그 돈 천 원을 받아 넣고 돌아서 버렸다.

5백 원짜리 친구는 그런 일 기억에 없다고 딱 잡아떼며, 그러지 말고 약주나 한잔 하자고, 자기가 좋은 데로 모시겠다는 것이다. 나는 이 돈을 받아주면 술을 같이 하겠다고 했더니, 그 친구 역시 언짢은 얼굴로 그것을 받아 넣었다.

사는 형편이 비교적 펴기 시작하던 1966년에 있었던 땀을 뺀 일이다. 9월 중순께던가 싶다. 시인 박종우 씨가 자기의 처제라든가 하는 색시가 결혼을 한다고 주례를 맡아달라고 했다. 아는 이들은 알겠지만, 이 고무신(박종우의 호) 씨 부탁이라면 누구나 좀체 사양할 수 없을 것이다. 특히 나와는 또 다른 연고도 있고 해서 승낙을 했던 것이다. 그런데 그날이 마침 토요일인가 일요일이라 나는 경마장에서 열심히 돈을 버리다가 보니 시간이 좀 지났던 것이다.

결혼식이란 으레 정각보다 한 십오 분 늦게 시작하는 법이니까 하고 차를 달려갔는데, 그날이야말로 교통신호가 자꾸 막히고, 게다가 퇴계로 2가에 공사가 벌어져서 차를 돌릴 수도 없고 해서 남대문으로 돌아갔더니 약 사십 분이 지각이 되어 있었다. 평소에 그렇게 익살과 소탈로 통하는 고무신도 이때만은 사기가 다 죽은 채 얼굴이 까맣게 타 있었다.

1967년 3월 1일이다. 이날은 3·1절이요, 또한 3·1문학상 수상식이 있었던 날이다. 나는 수상자(예술상)의 한 사람으로 수상식에 나가도록 되어 있었다. 수상식은 한시에 시작하는 것으로 되어 있었는데, 12시 30분에 나는 문득 답사(答辭)를 종이에 쓰기로 작정을 했다. 그 전날 이미 전화로 연락이 있었기 때문에 나는 물론 내가 수상자 일동(이해엔 둘뿐이었지만)을 대표해서 답사를 해야 하는 것을 알고 있었고, 마음 속으로 대개 어떤 말을 한다는 것도 생각해 보았었지만, 웬 까닭인지 붓한번 들기를 무척 괴로워하는 나는 종전대로 그 자리에 가서 몇 마디 하면 되리라고 믿고 있었다. 그런데 그날 가서 이번만은 붓으로 써서 읽자 하는 생각이 들었던 것이다(내 딴은 그것이 정중하리라고 헤아려졌던 모양이었다).

벼루를 끌어내고, 먹을 갈고, 붓을 풀어 종이를 찾고, 그러는 데도 약간의 시간은 걸렸을 것이다. 처음엔 종이에 붓으로 직접 쓰려다가, 아무래도 일단 만년필로 원고지에 기초를 해서 모필(毛筆)로 옮기는 것이 빠를 것 같아서 다시 만년필로 기초를 시작했다.

H여사가 차를 가지고 들러준 것은 이 무렵이었다. 모처럼 수상하러 나가는 자가 차(택시)를 못 잡아 쩔쩔맬 것을 딱하게 여겨 이렇게 친절을 베풀어준 것이건만, 나는 고맙다는 인사도 옳게 못한 채 열심히 붓을 휘둘렀다. 그때 내가 만약 시계를 보았던들 나는 답사고 뭐고 생각할 것도 없이 붓을 던지고 일어섰을 것이다. 그러나 나는 너무도 마음이 조급해서 시계를 잠깐 들여다볼 여유도 없었던 것이다. 만약 시간이 꽤 지나 있으면 어쩌나 하는 두려운 생각이 들어서 시계를 못 보았다고 하는 편이 어쩌면 더 옳을지 모르겠다. 지금 생각하면 정각보다 좀 늦게 시작할지 모른다고 은근히 자위하는 마음도 있었던 것 같다.

하여간 나는 답사를 다 써서 봉투에 넣고, 부랴부랴 옷을 갈아입고 할 때까지 시계는 보지 않았다.

봉투를 손에 쥔 채 넥타이를 매만지며 대문 밖으로 뛰어나가니 이번에는 대기하고 있었던 차가 발동이 안 된다. 그것이 몇 분간쯤 걸렸을까. 하여간 나는 견딜 수 없어서 전찻길로 뛰어나가 겨우 택시를 잡았는데, 식장에 도착하고 보니 뒷 차(H여사와 집사람이 탄)도 이내 따라오고 있었다.

식장에 들어서니 이마와 목덜미에서 땀이 솟기 시작하여 이내 손수건이 흠뻑 젖었다. 그 동안 너무 조급하게 서둘렀기 때문이 아니라, 식장에 가득 찬 사람들의 시선이 일제히 나에게 쏠렸던 것이다. 나는 감히 고개를 들 수도 없었지만, 눈을 감고 귀를 막아도 그들의 찌푸린 이맛살과 혀 차는 소리가 나를 휩싸는 듯했다.
　나는 그때까지 감히 내 손목에 차고 있는 시계를 들여다보지 못했다. 그 뒤 어느 친구의 말을 들으면 삼십 분 지각이라던가. 수상을 사양하는 줄 알았다는 친구도 있었고, 또 어떤 친구는 그날따라 왜 모두 정각에 그렇게도 모였었는지 모르겠더라고 나를 은근히 위로해 주기도 했지만, 지금 생각해도 등골에 식은땀이 솟는다.
　땀을 뺀 이야기가 또 하나 있다. 그 이듬해 정월이라고 기억한다. 전영택(田榮澤) 목사님이 작고하셔서 정동 예배당에서 영결식이 있던 날이다. 나는 그 전날 문단 쪽으로 조사(弔辭)를 드리기로 연락을 받고 있었다.
　전 목사님은 세인이 널리 알고 있는 바와 같이 소설가이기도 하여, 1919년에 김동인, 주요한(朱耀翰) 등과 더불어 우리나라 최초의 순문예지 《창조》를 발간하신 분이다. 뿐만 아니라 어느 쪽으로든지 원로급이었기 때문에 문단 쪽으로나 교회 쪽으로나 알 만한 분들이 굉장히 많았다. 따라서 조사를 드릴 만한 분들도 이루 다 헤아릴 수 없이 많지만, 문단장(文壇葬)인만큼 문인 중에 한 사람이 조사를 안 드릴 수 없고, 교회 쪽 역시 평생 거기 몸을 바치다시피 해 오신 분이니까 한 분쯤 조사가 없을 수 없고, 그래서 양쪽으로 각 한 사람씩만 대표로 조사를 드리기로 했다는 것이다.
　나는 잘 알겠다고, 그렇지 않아도 선배 작가요, 또 한땐 문협 이사장으로 내가 모시고 같이 일도 해왔는데 나가고 말고 여부가 있느냐고 약속까지 했다.

그런데 이튿날 아침에 자고 나니 영결식 시간이 기억나지 않았다. 부고장, 신문기사 따위를 들추어도 눈에 띄지 않았다. 아, 이러다가 또 실수하겠다, 차라리 서둘러 나가는 것만 같지 못하겠다, 이렇게 생각하고 서둘러 세수를 하고, 서둘러 아침밥을 먹고, 서둘러 옷을 챙겨 입고, 서둘러 거리로 뛰쳐나갔지만 서둘러 차가 잡아지지는 않았다. 무려 수십 번이 아니라 수백 번이다시피 손을 들었고, 몸을 앞으로 내밀고 했지만 실패였다. 너무 서두르다 빙판에 넘어지기까지 했지만, 이날따라 웬 턱인지 이 지점에서 택시를 잡을 수는 없었다.

하는 수 없이 급행버스란 것을 탔다. 시청 앞에 내려준다는 것이 남대문 거의 다 가서야 겨우 내렸다.

덕수궁 옆길로 접어들려니까 모윤숙, 전숙희(田淑禧), 조애실(趙愛實) 세 여사가 이쪽으로 걸어오다가 나를 보더니 걸음을 멈추며 입을 딱 벌리고 한참 있더니 어떻게 된 거냐는 것이다. 영결식은 끝나고 영구차가 장지(葬地)를 향해 떠났다는 것이다. 조애실 여사의 표현을 빌리면 대한민국 명사는 다 모였는데, 조사를 맡은 문인 대표만 결참이었더라는 것이다.

고향의 저녁노을

1969년, 나는 모처럼 고향인 경주를 찾게 되었다.

내 마음은 언제나 향수에 젖어 있다. 이렇게 말하면 좀 과장적으로 들릴지 모르지만, 사실 그렇다. 나는 아무리 좋은 일을 당했어도 마음의 바닥까지 기쁘고 즐거운 일이 없다. 마음의 한 구석지는 언제나 쓸쓸하고 허전하다.

이것은 내 마음 어느 깊은 곳에 무어라고 헤아릴 수 없는 쓰라린 우수가 깃들어 있기 때문이리라. 이 우수를 가리켜 나는 향수라 부르고자 한다.

이 향수는 우리 집 뜰에 은행나무 잎이 누렇게 쌓이면 더욱 절실해진다. 나는 그것을 볼 때마다 아침이고 저녁이고 불현듯 고향 생각이 나면 고향으로 떠나고 싶어진다.

그래서 이번 가을에는 꼭 고향에 다녀오리라 단단히 벼르고 있는

데, 마침 동아일보사에서 차편과 기타의 편의를 봐준다기에 옳다, 이 때라고 용기를 내어 집을 떠난 것이 그해 10월 그믐날이었다.

그날이 마침 화요일이라 네 시간 강의를 마치자 바로 집으로 달려온 나는 대강 챙겨놓은 백을 들고 역으로 직행을 했다. 역에는 여성동아부의 미스 홍이 3시 30분 서울발의 통일호 특급권을 준비하고 이미 나와 있었다.

나는 차표를 받아 넣자 서둘러 차에 올랐다.

차가 영등포역을 지나 안양역을 빠져나오고 있을 때, 그때까지 줄곧 차창 밖만 내다보고 있던 나는 나도 모르게 「고향」이라는 시를 흥얼거리고 있었다.

고향에 고향에 돌아와도
그리던 고향은 아니러뇨

산꿩이 알을 품고
뻐꾸기 제철에 울건만

마음은 제고향 지니지 않고
머언 항구로 떠도는 구름

오늘도 메끝에 홀로 오르니
한점 꽃이 인정스레 웃고

어린시절에 불던 풀피리 소리 아니 나고
메마른 입술에 쓰디쓰다

고향에 고향에 돌아와도
그리던 하늘만이 높푸르구나

나는 어쩌다 이 시를 흥얼거리고 있었는지 그것은 나도 똑똑히 안다고 할 수 없다. 덮어놓고 〈고향에 고향에〉 하고 시작되는 시였기 때문이 아닐까. 그만큼 나는 밑도 끝도 없이 고향, 고향 하고 고향이란 말이 내 입에서 절로 흘러나오고 있었던 것이다.

"그 시 좋아하십니꺼?"

이렇게 묻는 소리가 들리기에 고개를 돌리니, 내 바로 곁에는 아래위 파란 치마저고리를 입은 한 서른 살 남짓 되어 보이는 중년 부인이 앉아 있었다.

나는 웃는 얼굴로 고개를 끄덕여 보인 뒤 무슨 말을 하려다 그냥 입을 다물어버렸다. 사실은 그 시가 좋기 때문에 흥얼거리고 있었던 것이 아니라 〈고향〉을 자꾸 부르고 싶은 마음에서 그렇게 되었던 것이지만, 그렇다고 그런 심정을 길게 얘기할 수도 없었고, 또 생각해보면 그 시를 좋아하지 않는다고 해야 할 이유도 없어서 그냥 그러고 말았던 것이다.

그러자 그녀가 또 말을 붙였다.

"코트 벗어서 저 위에 놓지예."

그녀가 턱으로 가리키는 데를 보니 무색 비단으로 만들어진 그녀의 백이 걸려 있었다. 그러니까 그 자리에 해당되는 갈고리는 하나뿐인데 자기 짐을 먼저 걸어 두었기 때문에 내가 코트 걸기를 사양하고 있는 것이라고 보고 하는 말인 모양이었다. 나는 그녀의 사투리에도 새삼 호의가 느껴졌지만, 그냥 다시 한 번 고개를 끄덕여 보인 뒤 잠자코 코트를 벗어 걸었다.

그러나 그녀와의 대화는 그 정도에서 그쳤다. 나는 또 이내 차창 밖을 내다보기 시작했기 때문이다.

기차가 대구에 닿은 것은 8시 25분, 나는 하는 수 없이 여관에서 하룻밤을 지내고 이튿날 아침 6시 15분발의 경주행 직행 버스를 이용하기로 했다. 내가 다행으로 생각한 것은 이 버스가 손님을 기다리기 위하여 지체하지 않고 정각에 떠나준 것과 그것이 공약대로 영천 이외엔 별로 머물지 않고 그냥 달리는 점이었다(종래의 지방 여행에서는 이런 일이 좀체 없었다).

버스는 8시 5분 전인가 해서 경주역에 닿았다. 버스가 백육십 리길을 두 시간 미만에 달려주었다면 이것은 찬양할 만한 일이 아닐 수 없었다. 백을 들고 역전 광장을 어슬렁어슬렁 나오는데 또 한 가지 희한한 일은 인객자(引客者)가 없는 것이다. 옛날엔 그야말로 짜증이 날 정도로 많은 인객꾼들이 달려와서 백을 잡고 서로 끌고 법석이었는데, 이건 너무 쓸쓸할 정도로 저만치서 무슨 여관이요 하는 자가 있는가 하면, 아무 집이 식사는 젤입니다 하는 자가 하나 눈에 뜨일 정도다. 그렇다고 택시를 타라고 권해주는 소년이 보이는 것도 아니다.

나는 백을 흔들흔들하며 새로 난 넓은 길로 들어섰다.

'그래도 고향이니까 조카네를 찾아갈까, 숫제 여관엘 들까. 그렇지, 여관이 편하겠지. 조카는 기별해서 만나보면 될 게고.'

나는 혼자 속으로 이렇게 생각하고 마음에 드는 여관을 찾느라고 사뭇 기웃거리며 걸었다. 그러나 그 큰 길을 다 가도록 좀체 마음에 드는 여관이 눈에 띄질 않았다. 옛날의 종로니 본정이니 하는 구가(舊街)로 접어드니 검붉은 남방을 입은 청년이 불쑥 나타나며,

"언제 오셨습니꺼?"

한다.

내가 어리둥절해 하니까,

"저 상홍이 친구올시더. 전 잘 압니더."

한다. 상홍(尙弘)이라면 내 중씨의 둘째아들의 이름이다. 그러니까 이 사람(신종원)은 조카 친구가 되는 셈이다.

신군의 인도로 바로 곁에 있는 다방엘 들어갔는데, 그는 다시,

"이거 지가 하는 겁니더. 저쪽 여관하고."

하며 손가락질로 가리키는 데를 보니 경주여관이란 간판이 보인다. 이만한 중심지에 이만큼 멀끔한 여관과 다방을 가졌다면 상당한 일꾼이라 생각을 하며,

"아 그래? 그런데 난 통 기억이 없구먼. 그리고 우선 여관을 정해서 세수나 해야겠는데."

하니까, 그는 서슴잖고,

"아, 바로 조 아래 고도여관이 있습니더. 깨끗하고 조용합니더."

하며 사람을 시켜 내 짐을 받아들게 하고 그곳으로 인도해 주었다.

고도(古都) 여관은 신군이 말한 대로 깨끗하고 조용했다. 처음 인도받은 방은 내실 바로 곁에 있는 방인데, 보료에 병풍까지 으리으리했다. 그러나 이내 안주인의 심상찮은 목소리가 들려나왔다.

"지랄 안 하나, 누가 니더러 그 방에 모시라 하더노."

아이를 꾸짖는 모양이었다.

내가 세수를 하고 들어오니 짐이 없어졌다. 웬일이냐고 물으니 저쪽 방으로 옮겨 놓았다는 것이다. 저쪽 방이 어디냐고 하니 문간채를 가리켰다. 바로 문간방에 붙은 방이었다.

아침 식사란 것을 대강 치른 나는 카메라를 메고 여관을 빠져나왔다. 내 발길은 북쪽으로 향했다. 여관에서 1백 50미터 정도 거리에 그 회나무가 보였기 때문이었다. 그 회나무란 북문안 동네의 연당(蓮塘) 곁 축대 위에 서 있는 천 년이니, 5백 년 이상이니 하고 수명이 헤아려지던 낡은 회나무를 가리키는 말이다. 그러니까 내 나이 다섯 살에서 열 살 사이였다고 기억된다. 그 회나무에서 북쪽으로 다음 다음 집이 바로 우리 집이었던 것이다. 집은 세 채였는데, 남향채와 길가채는 남에게 빌려주고, 안채는 아버지가 쓰시었다. 안채엔 창고와 방과 마루가 달려 있었는데, 아버지는 물건(상품−과실과 건어물 따위)를 그 창

고에 넣고 혼자 거처를 하셨다. 그러니까 아버지의 식사는 어머니나 누님이 날라다주셨다.

  그 무렵 우리가 살던 집은 북문안 집(회나무 곁의)에서 서남으로 약 오분 거리인 성밖 동네(성건리)에 있었고, 아버지는 살림집인 성밖 집에서 창고가 달린 북문안 집으로 하루에도 몇 번씩 오가곤 하셨던 것이다.

  그러나 이 무렵의 기억은 지금의 나에게 있어 어디까지나 어둡고 우울한 것뿐이다. 아버지는 이미 술에 젖어 계셨고, 집(북문안)은 낡고 어둡고 지저분했었고, 집 뒤의 연당못은 썩은 듯 흐려 있었고, 그 곁의 늙은 회나무에서 우는 까마귀 소리도 언제나 음울하게만 들렸었다. 50년이 지난 오늘엔 회나무만이 남아 있고, 옛날의 집터엔 낯선 집이 들어섰고, 연당은 메꾸어져 교정(경주 여자중고)의 한 부분이 되어 있었다.

  나는 그 회나무에서 렌즈를 돌리고 서문 거리로 향했다. 50년 전 옛날 내가 성밖(우리가 살던)에서 북문안 집으로 무수히 다니던 그 길이다. 서문 거리란 경주성의 서문이 있던 곳으로 길가엔 쓰러져가는 오막이 한 채 있었고, 그 오막의 앞뒤로 긴 돌무더기(옛성이 무너진 채 돌무더기를 이룬)가 뻗쳐 있었고, 그 돌무더기 밖으론 반쯤 메워져 가는 개천이 돌무더기를 에워싸고 있었던 것이다. 그리고 그곳이 바로 「허덜풀네」란 제목의 소품과 「성문(城門) 거리」란 소설의 무대랄까 소재로 취해지기도 했던 데다.

  그러나 여기서도 지금은 옛 모습을 찾아보기가 어렵게 되어 있었다. 긴 돌무더기가 되어 있던 옛성은 간 곳 없고 그 자리엔 동네가 들어앉았고, 옛날의 오두막 자리엔 새로 지은 점포가 들어섰고, 오두막 앞의 언덕 위엔 옛날의 포구나무가 그대로 남아 있을 뿐 개천도 거의 다 메꿔진 채 겨우 도랑같이 되어 있었다.

  여기서 약 2백 미터 거리에 나의 생가(生家)가 있다. 그러니까 성밖 동네의 동북쪽에 위치한 초가가 두 채다. 지금도 안채(초가 삼간)는 그

대로 있고(뒷마루가 없어졌을 뿐) 아래채가 약간 개조되어 있는 듯했으나, 근 50년 전의 일이라 어디가 어떻게 달라졌는지는 잘 알 수 없었다. 지금은 내남면(월성군)인가 어디 사람이 들어 산다는데, 착실한 농가인 듯 볏가리가 뜰에 가득하여 카메라를 돌리기조차 여간 거북하지 않았다.

이 집 바로 앞에서 옛 친구인 김치헌 군을 만나 동네를 같이 돌기로 했다. 우리가 이 집에서 나중 이사가 살던 집을 찾는 일은 이 친구가 아니더면 거의 불가능할 뻔했었다. 그만큼 그 집은 변해 있었다.

그 집은 이 집에서 약 1백 20미터 정도의 거리인데, 같은 초가 두 채라고는 하지만 집이 크고, 뜰이 넓고, 뜰가에 큰 살구나무 한 그루와 감나무 세 그루가 서 있었기 때문에 내 둘째 형수를 맞아들이기 위해서 웃돈을 주고 이리로 이사를 왔던 것이다. 그것이 내 나이 예닐곱 살 때라고 기억한다. 따라서 내가 좀 철들어 사귄 동무들이나 나중 문단에 나올 무렵 전후하여 사귄 친구들은 모두 여기서 내가 나서 자란 줄 알지만 사실 그렇지 않다.

몇 해 전 신라문화제 때 시인 목월 형이 어느 평론가와 함께 김유신 묘에서 돌아오는 길에 나의 생가를 찾아온다고 이 근처를 헤매다가 결국 못 찾고 말았다고 김치헌 군이 들은 말을 나에게 전해 주었지만, 사실 내 자신도 김군이 아니더면 어쨌을까 할 정도로 이 집은 딴판으로 변해 있었다.

큰채, 아래채가 다른 건물로 바뀌인 것은 말할 나위도 없거니와 뜰도 분할되었고, 그러니까 그 옛날의 감나무와 살구나무와 우물마저 간 곳 없이 사라지고 말았던 것이다.

나는 나의 옛 마을 순례를 일단 이 집에서 그치기로 하고 옛 친구 두 사람(현직, 달수)을 더 만나 동네 앞 주막에서 막걸리를 마시기로 했다. 그러나 옛날의 그 달고 시원한 맛은 거기서 찾을 길 없고, 다만 고우들의 늙어가는 모습들만 대견하여 한참 바라보다가 〈풀피리 소리 아니

나고 메마른 입술에 쓰디쓰다〉를 속으로 외며 자리에서 일어났다.

주막에서 서쪽으로 약 50미터 거리에 옛날의 늙은 회나무 두 그루는 그대로 서 있었다. 이 회나무 두 그루와 아까 북문안 동네의 회나무가 나의 「까치소리」에 나오는 그 회나무의 모델이라기보다도, 바로 그 까치소리의 이미지를 투영(投影)시킨 모체라고 해도 좋을 것이다.

나는 거기에서 두 친구를 남겨 놓고 김군과 함께 아침에 잠깐 들렀던 수월 다방으로 향했다. 주인인 내 조카의 친구 신종원 군이 전화로 연락을 했는지 내 또 다른 조카인 인준 군과 경주 문협의 홍영기 씨, 박주일 씨들이 찾아와서 반갑고 즐거운 담소를 나눈 뒤 나는 서서히 고적을 되돌아보기로 했다.

김군과 나는 반월성 쪽으로 나가다가 우연히 이군(소설 공부를 하는 이영복 군)을 만나 우리 일행은 세 사람이 되었다.

먼저 안압지로 가서 사진을 두어 장 찍은 뒤 반월성으로 올라갔다.

반월성 동쪽 기슭은 온통 갈대 속에 묻혀 있는 꿈을 자주 꾼다. 갈대꽃이야 누가 보든지 가슴이 베어지듯 가련하게 느껴지지만, 그것을 유독 내가 사랑해서 그렇게 자주 꿈에 보는 것일까, 나는 이런 생각을 하며 여느 꿈속에서와 같이 갈대 수풀을 헤치고 들어가 보았다. 그러고는 한참 동안 우두커니 갈대 속에 서 있어 보았다.

〈아아 가을, 아아 죽음, 아아 벌레, 아아 달빛, 아아 갈대…….〉

그렇게 우두커니 서 있는 동안 내 머릿속을 스쳐가는 느낌들을 옮겨 보면 이러한 것일까. 이런 것이 그렇게 오랫동안 두고두고 내 가슴을 설레게 하고, 눈물짓게 하고, 꿈꾸게 하고, 항상 우수를 자아내게 하고, 하던 그것들일까.

반월성을 넘어서 옛날에 없던 광장(잔디밭으로 된)이 나타났다. 오른쪽은 석빙고, 왼쪽(남쪽) 수풀 아래는 숭신전(崇信殿)이다.

"이 광장은 언제부터 있었나?"

"예술제 시작할 무렵에 닦은 거 아니오. 본래는 밭이었지."

김군의 설명을 듣고 보니 옛날 보던 파란 보리밭이 머릿속에 떠올랐다.

"이건 참 잘됐군."

"한다고 했지."

우리는 광장에 찬사를 던지며 숭신전으로 내려갔다. 나는 일찍이 「석탈해」란 소설을 쓴 적이 있는 만큼 석탈해왕의 영위를 모신 숭신전에 관심이 컸다. 어릴 때부터 이 일대엔 무려 수백 번이라고 해도 좋을 만큼 다녔지만, 역시 형언할 수 없는 새로운 감회에 사로잡혔다.

"경주 우물이라고 하면 나는 언제나 이 숭신전과 분황사가 생각나."

나는 이렇게 말하며 우물 속을 들여다보았다. 우물의 깊이는 몇 길이나 될까. 물에 거꾸러 비친 우리 셋의 그림자는 너무도 아득하게 멀어 보였다.

"저승이 거울이라면 저승에 비친 우리 모습이 저만치 멀리 보일까?"

나는 혼자말 같이 중얼거렸다.

숭신전을 나온 우리 일행은 첨성대를 거쳐 미추왕릉을 돌아, 옛 친구(최영화)가 경영하는 황남 빵집에 들러 주인을 찾아(경주 명물의 하나라는) 빵 맛까지 감상한 뒤 수월 다방으로 돌아왔다.

저녁엔 낮에 만났던 홍영기 씨, 박주일 씨에 서영수(시), 김정식(소설) 두 사람까지 합쳐서 여럿이 베푸는 술자리에서 얼근히 취하여 여관으로 돌아왔다. 낮에 조카(인준)가 꼭 저희 집에 와 유하라고 하던 말이 마음에 걸렸지만, 오랜만에 취안(醉顏)이 몽롱하여 조카네 가족을 보기도 거북하고 해서 그냥 여관으로 향했다.

이튿날은 박물관에 들러 옛 벗인 박일훈 관장을 만나 돌아갈 차편을 부탁한 뒤 관내 진열품을 한 바퀴 돌아보았다. 뜰에 안치된 석물(石物)과 불두(佛頭) 이외에는 모두 옛날 보던 것뿐으로 특기할 만한 것은

고향의 저녁노을 355

없었다.
 역에 나와 옛 친구 김무갑 군을 만나 박 관장이 부탁한 내일 떠날 통일호 급행권을 구득한 뒤 곧 불국사로 향했다.
 마침 봄비 같은 가는 비가 촉촉이 내리고 있었으나, 불국사의 단풍은 타는 듯 붉고 아름다웠다. 그것이 더구나 곁의 울창한 소나무와 어울려서 미관(美觀)을 이루고 있었다. 극락전은 단청을 새로 하는 중이었고, 다보탑은 옛날 그대로요, 석가탑은 도굴 사건으로 그렇게 세상을 놀라게 했던 깐으로는 외관상 손상이 뚜렷한 편은 아니었다.
 불국사에서 석굴암까지는 합승을 탔더니 험한 길을 약 7,8킬로미터나 달리는 듯했다(옛날의 보행 길은 3킬로미터 정도였다).
 석굴암이 달라진 것은 굴 앞에 전각(前閣)을 새로 붙여 세운 것과 굴 못 미처 해돋이 보는 위치에 여관, 다방, 점포 들이 생겨난 것들이었다.
 석굴암에 들어서자 그동안 잊고 있던 흐뭇한 감격이 또다시 가슴에 솟아올랐다. 이번이 네 번째이지만, 볼 때마다 〈아아 과연!〉 하는 감격은 번번이 새롭다. 그 격조, 그 원숙미, 그 조화, 그 볼륨, 석조 예술로서는 아마 동서고금을 통해 최고의 성품의 하나가 아닐까. 틀림없을 것이다.
 근처 다방엘 들렀더니 그 다방과 여관을 경영하는 주인이 마침 김준식 군이다. 김군은 내 조카뻘이 되는 하가로서 석굴암을 너무 사랑하던 끝에 급기야는 여기다 다방을 내고 거주를 정하다시피 되었다고 한다. 커피와 법주를 대접받은 뒤 나는 다시 경주로 돌아왔다.
 점심 겸 저녁을 먹으려고 역전의 회춘당 약방엘 들렀더니 주인 이한우 씨(문협 지부장)는 없고, 어저께의 이영복과 김정식을 거기서 만나 경주의 자랑인 추탕과 법주를 마음껏 즐기다 만취가 되어 갔다.
 이튿날 아침 일찍이 다시 회춘당엘 들러 이한우 씨를 만나 술 깨는 약과 소화제와 또다시 추탕을 해장 겸해 대접받은 뒤 권생원의 택시를 타고 황성 숲의 김유신상(동상)과 새로 닦여진 그라운드를 돌아보고, 다시 예기청소(예기소)로 나가 사진까지 찍었다. 이 예기소는 「무녀도」의 끝 장면에 나오는 모화 무당이 마지막 굿을 올리다 물에 빠져 죽은 바로 그곳이다.

예기소에서 다시 택시를 금장으로 돌려 나의 초등학교 동기동창인 이현욱(당시엔 이길수)을 그의 농장까지 찾아가 만나보았다. 이군은 그때나 지금이나 착실한 크리스찬으로 낮이면 농부가 되어 일하고, 밤이면 성경이나 읽다가 기도 드리고 취침하는 것이 일과인데, 나는 속으로 곧장 톨스토이의 인생론을 생각하며 이 친구와 악수를 나누고 돌아왔다.

금장에서 차를 돌려 김유신 묘를 돌아보고 그 아래 있는 금산재까지 들렀다가 돌아왔다. 이 김유신 묘에는 하루에도 수백 명씩 참배 내지 관광하는 손님들이 왕래하고 있는데, 서천교에서 묘소까지 이르는 자동차 길 하나 제대로 닦여져 있지 않은 것이 여간 답답하지 않았다.

이날의 동행은 차주 권생원(30년 무사고 운전사로 그날의 코로나도 상으로 탄 것)과 전날의 김치헌 군과 내 중씨의 조카뻘이 되고 나에게는 문학 후진이 되는 김정석 군과 넷이었다.

김군의 말에 의하면 지금의 경주 인구는 약 9만 내지 10만 가까이 된다고 한다. 해방 전의 2,3만에 견주면 3,4배의 증가율을 보였고, 읍에서 시로 승격도 되고 했지만, 이렇다 할 특산물도 없는 채 생산 도시 아닌 소비 도시로만 나가고 있는 것이 여간 안타깝지 않다고 했다.

고향

십 년 지나 고향에 돌아오니
내 나서 자라던 마을 그대로 있네.
흙담장 돌각담 찌그러진 오막 속에

곱사등이 할머니가 그저 살아 계시고
시꺼멓게 구멍 뚫린 마을 앞의
늙은 회나무도 아직 그냥 서 있네.

돌멩이 지푸라기 엉크러진 채
물 고인 개천도 그냥 다 있네
이렇게 옛날도 있은 것처럼
백 년이 지나도 이대로 있을까.

십 년 지나 고향에 돌아오니
골목의 저녁노을 그대로 있네.

  1970년 가을, 나는 문협 이사장 자격으로 신라문화제 참가차 경주엘 전년에 이어 다시 갔었다.
  새로 지은 박물관 안을 한 바퀴 돌아보고 거기서 가까운 계림을 거쳐 반월성으로 갔다. 마침 피곤하기도 해서 반월성 남쪽 비탈 잔디 위에서 걸음을 쉬기로 했다. 비스듬히 드러누운 채 잠깐 눈을 감고 있는데, 때마침 가까운 박물관에서 종소리가 들려왔다. 봉덕 종소리였다. 관광객을 위한 시타(試打)인지, 문화제 행사에 관계된 타종인지 알 수는 없으나 어릴 적부터 귀에 익어온 그 에밀레 종소리였던 것이다.
  나는 눈을 감은 채 그 종소리에 귀를 기울이고 있었다. 종소리는 귀로 오는 것이 아니라 바로 나의 가슴으로 오는 듯했다. 나의 가슴 속에서 울리고 있는 종소리는 이루 말할 수 없이 많은 내용을 나에게 알려주고 있었다.
  에밀레 종소리가 이처럼 나의 가슴을 치는 까닭은 무엇일까. 종소리 자체의 우렁차고 투명하고 신비한 리듬 때문일까, 어려서부터 유감하게 들어오던 내력 때문일까, 늘 사무치게 그리던 고향의 소리를 들었기 때문일까, 이 모두가 다 까닭으로 되리라. 그러나 그것만으로는 전부는 아니다. 그밖에도 또 무엇인가 있으리라. 그 무엇이라 형언하기 어려운 신라의 혼, 신라의 리듬, 신라의 울음, 신라의 비밀 같은 것이 느껴졌기 때문이리라.

예순 나이 무렵

 어느 회사에 다니는 K라는 내 제자가 있다. 이렇다 할 이유도 없이 결혼을 조금 늦게 한 편이다. 보통 스물예닐곱 전후 해서 결혼을 하는데, 이 K군은 그보다 2, 3년 늦게 스물아홉에 했다. 그것도 내가 주례를 맡아주지 않으면 결혼 않겠다고까지 해서 1971년 주례도 내가 맡지 않을 수 없었다.
 그런데 이 K군이 결혼을 하자 사람이 조금 달라진 것 같았다. 결혼 후부터는 인사란 것을 꼬박꼬박 차리기 시작했다. 우선 신혼여행이란 것을 다녀와서 주례자인 옛 은사를 한번 찾아오는 것쯤은 대체로 다 그러는 편이지만, 결혼한 지 1년이 되니 자기네 결혼날짜를 기념할 겸 인사를 드리러 왔다고 했다.
 애기는 어떻게 됐느냐고 했더니 앞으로 석 달 있으면 나온다고 웃으며 대답했다. 그러고 보니 색시의 배가 좀 불러 보였다.
 "아들 낳겠군."

그때 나는 무심코 이렇게 말했던 모양이다.

그런 지 1년 남짓 지나서 K군 내외가 이번에는 애기까지 싸안고 또 찾아왔다. 결혼 날짜에 올려다가 이왕이면 애기 돌을 맞춰서 오느라고 좀 늦어진 것이라 했다.

"아니, 그럼 오늘이 애기 돌이란 말인가?"

"돌잔치는 어제 치렀습니다."

"그럼 그렇지. 그래, 애긴 아들이지?"

나는 아기를 바라보며 물었다. 얼핏 보기에도 사내애같이 보였기 때문이었다.

K군은 비죽이 웃으며,

"예."

하더니 뒤이어

"선생님께서 그때 아들일 거라고 안했습니까?"

나는 전혀 기억이 나지 않았다. 그러나 그 일에 대해서는 더 말하지 않았다.

이번에는 K군의 색시가 K군을 가리키며,

"이이는 뭐든지 선생님 말씀하신 대로 자기는 된다고 꼭 믿고 있어요."

"그렇담 이번에는 딸애기 하나 더 낳지."

그때 나는 또 이렇게 무심코 말했던 모양이다.

그런지 다시 한 해 반쯤 지난 뒤다. K군 부부는 애기 둘을 하나씩 안고 왔다. 작은 애기는 딸이었다.

내가 새로 딸애기를 낳았으니 축하한다고 하자 K군은 싱글벙글 웃으며,

"모두가 선생님 덕분 아닙니까. 선생님께서 이번엔 딸애기 하나 더 낳으라고 하셨잖습니까."

나는 이번에도 전혀 기억이 나지 않았다.

내가 서라벌 예술대학 학장에 취임하던 해인 1972년 좀 늦은 가을 어느 일요일 오후, 나는 불현듯 송추로 갔다. 도봉 쪽이 더 좋을 것 같았지만, 5, 6년 전의 인상이 나를 송추로 향하게 했다.

나는 가을이 되면 어디로 떠나고 싶은 충동에 사로잡힐 때가 많다. 다방에 앉아 차를 마시다 말고, 서재에서 책을 뒤지다 말고 못 견딜 것같이 어디로 떠나고 싶어진다. 가랑잎이 수북이 쌓인 수풀 속으로, 갈대꽃이 하얗게 흔들리고 있는 갈대밭 속으로 뛰어들고 싶은 충동이 전신을 휩쓴다.

그래서 8,9 년 전에는 갑자기 고향으로 달려간 일이 있다. 내 고향 경주에는 갈대밭이 많았기 때문이다. 나는 경주에 도착하자 목마른 사람이 샘을 찾듯이 반월성으로 달려갔다. 가까운 곳으로는 반월성에 갈대가 제일 많았던 것이다. 나는 갈대밭 속으로 헤집고 들어가 갈대꽃 속에 묻히다시피 되니 숨을 후 내쉬었다. 그리고 그날 밤엔 옛 친구를 찾아가 법주를 마셨다.

서울 시내에서는 재작년까지 한강 남안(뚝섬 앞)에 갈대가 많았었다. 지금은 다 없어졌지만.

송추엔 서너 차례 갔었는데, 5, 6년 전에 갔을 때가 제일 좋았다. 계곡 들머리 오른쪽 산기슭엔 갈대가 꽤 볼 만했고, 안으로 쭉 들어가면 양쪽 산기슭에 붉고 누른 잎에 보랏빛 꽃을 단 가을 풀들이 선경(仙境)같이 아름다웠다.

낙엽을 밟는 맛은 도봉 쪽이 나을지 모르지만, 그때의 송추의 갈대와 기초(奇草) 들은 좀체 잊을 수 없었다.

그러나 그 해 그 일요일에 갔을 때는 가을이 너무 늦은 탓으로 갈대가 대개 꺾어지고, 꽃풀들도 이미 말라 있었다.

그런대로 약물도 움켜 마셔보며 쇠잔한 갈대밭 속으로 휘휘 돌다가 역전으로 나왔다. 차(교외선) 시간이 한 시간 반이나 남아 있었다.

　빈대떡을 부치는 주막으로 들어가 막걸리 한두 잔을 청하고 빈대떡을 먹었다.

　시장했기 때문인지 빈대떡도 맛이 있었고, 막걸리도 시원했다. 요즘의 내 위장으로는 무리란 것을 알면서도 나는 계속 빈대떡을 집으며 막걸리 잔을 기울였다.

　어두운 가을 저녁, 낯선 주막에서 혼자 막걸리를 기울이고 있는 내 가슴속은 왠지 모르게 텅 빈 듯했다. 못 견디게 외롭고 쓸쓸하고 허전했다.

　왠지 그렇다. 까닭 모르는 일이다. 나는 지금 내가 필요하다고 생각하는 것은 어느 정도 가지고 있다. 집도 직장도 마누라도 자식도 손주도 일가친척에 친구도 있다. 나이는 예순이지만, 이렇다 할 병이 없어 차(茶) 맛도 알고, 서예도 즐기고, 경마도 한다.

　왠지 그 까닭을 충분히 알 수는 없으리라.

　그러나 돌아가신 어머니를 만날 수 있다면, 이 가슴의 쓰라림은 많이 다스려지지 않을까.

　　　초가삼간 집을 짓고
　　　양친부모 모셔다가
　　　천년만년 살고지고
　　　천면만년 살고지고

　내가 어려서 부르던 이 노래를 새삼 눈물겹게 되뇌이곤 하는 것은 나이 오십이 지난 뒤부터다. 이것은 효심이라든가 그런 것도 아닌 줄로 안다. 무언지 생명의 근원을 위협하는 듯한 어두운 향수 같은 것이 아닐까.

『을화』를 쓰기까지

 1972년 10월이던가 9월이던가, 《문학사상》 창간호를 낼 때였다. 나의 「무녀도」에 대해 4, 50장 써달라는 청탁이 왔다. 그때만 해도 잡지 하나 창간하기가 어려운 데다 더구나 순문예지라니 같은 문인으로서는 경하하고 협조해야 될 처지였다. 내가 나의 작품에 대해 이야기하는 것쯤으로 된다면야 하고 나는 곧 쓰기로 했다.
 그런데 그 글에서 나는 그 작품의 주제의 비중이 단편소설이란 형식에 맞지 않는다는 점을 고백했다. 단순한 무당 이야기로 한국 특유의 민속이나 토속을 노린 것에 그치지 않고 우리 민족의 문화적 씨랄까 기조(基調)가 샤머니즘을 타고 있었다는 점을 전제하고, 종교적 차원에서 그 의의를 백 장 내외의 단편소설에 담기에는 그 주제의 비중이 어울리지 않으므로 중편이나 장편으로 소설 형식을 바꾸어야 되겠다는 나의 오랜 계획을 토로했던 것이다.

같은 소재라도 같은 형식 범위에서 늘이거나 줄이거나 달리 손을 대거나 하는 따위는 통틀어 개작 범주에 속하지만, 그것의 형식을 바꾸어 중편이나 장편으로 발전시킨다면, 그것은 개작이 아니고 별개 작품이 되는만큼 간단히 어느 부분을 고친다거나 늘인다거나 하는 것과는 근본적으로 취의가 다르다. 따라서 오래 전부터 속으로 끙끙대었을 뿐 좀체 실현을 못 보고 있다고 썼던 것으로 기억한다.

그랬더니 그 글의 발표와 함께 몇 군데서 전화가 왔다. 나를 아낀다는 어떤 이의 전화로는 「무녀도」는 우리 신문학의 고전이요, 이미 외국어로도 여러 군데 번역이 나가 있는데, 이것을 작자 스스로 부정하는 태도가 되지 않느냐, 제발 손 대지 말고 그대로 두어 달라는 것이었고, 또 다른 이의 전화로는 내가 쓴 의도를 이해하겠다고 했다.

그리고 빨리 착수해 달라고 격려가 한 군데서 왔다. 그것이 《문학사상》 주간 이어령(李御寧) 씨였다. 이어령 씨는 「무녀도」를 중·장편으로 바꾸어 쓰는 경우 자기가 영역(英譯)을 곁들여서 동시에 전문 게재하겠으니 빨리 써서 꼭 자기에게 보내달라는 것이었다. 나는 그렇게 결심을 했다. 그리고 그와도 약속을 했다.

그러나 뜻대로 진척이 되지 않았다. 4, 5년을 끙끙대다가 약속한 지 5년째 되던 1977년 비로소 착수를 했다. 그리하여 열 달 만인 이듬해 2월에 탈고를 하여 문학사상사로 넘겼다. 그것이 『을화(乙火)』다.

그 뒤 영역판과 일역판이 나왔고, 지금도 다른 두 나라 말로 번역이 추진되고 있는 중이라고 전해 듣고 있다.

그 해(1972년) 나는 만유(漫遊)랄 수 있는 여행길에 올랐다. 이번 여행에는 세 가지 목적이 겹쳐져 있었다.

첫째는 남쪽 지방의 단풍 든 가을 산수를 흐뭇이 즐기자는 것이요, 둘째는 바야흐로 댐이 만들어져 가고 있는 섬진강과 남강의 공사 구경을 해두자는 것이요, 셋째는 요즈음 와서 성행되고 있는 지방 예술제에 참가하고자 함이 그것이다.

물을 따라 끝없이 거슬러 올라가 보고 싶은 방랑에의 유혹, 내가 졸작「역마」에서 주인공으로 하여금 엿판을 메고 섬진강을 거슬러 올라가게 한 것도 이러한 심정의 나타남이었는지 모른다. 말하자면 이번의 섬진강 상류의 방문은 나의 젊은날의 이에 대한 꿈을 실현시킨 셈이기도 하다.

지금 한창 댐이 만들어져 가고 있는 섬진강 상류하고도 거의 발원지에 가까운 임실·순창 사이의 산골짜기였다. 산골짜기라도 경사가 급하지 않아서 강물(강물이라기보다 넓게 흐르는 냇물에 가까웠지만) 양쪽으로 질펀하게 자빠져 누운 산들은 산이라기보다 끝없이 넓은 언덕 같기만 했다. 이 끝없이 넓은 언덕 위에는 이름 모를 수백 수천 가지의 가을 풀, 가을 나무 들로 덮여 있다.

이렇게 경사가 워낙 얕기 때문에 끝없이 넓은 언덕은 희고 붉으며 누르고 푸른 가을 꽃과 가을 풀, 가을 나무 들로 덮여 있지 않으면 그대로 밭이요, 논이요, 사람 사는 동네가 되어 있다.

댐이 있는 운암호에서 운암 발전소 쪽으로 한 2, 3킬로에 걸친 풍경은 무릉도원을 연상케 하는 행복된 마을들이었다.

저 도원의 행복도 멀지 않아 물 속에 잠긴다고 생각할 때 애석한 정을 누를 길 없으나, 이로 말미암아 김제 평야에 거두어질 육십만 석의 증산과 2만 9천 킬로와트의 전력을 생각할 때 일찍이 섬진강 상류에 맺혔던 나의 젊은날의 꿈은 여기서 완전히 현실과 대결하게 되는 느낌이었다.

그래서 그랬는지 나는 운암 발전소에서 다시 새로운 댐 공사장까지 돌아 나오는 길에 몇 번이나 차를 내려 막걸리를 마셨는지 모른다.

남원은 광한루에서 맺어진 춘향의 로맨스와 그 고장 사람들의 부드러운 마음씨들에 비하면 자연 풍치는 그다지 뛰어난 편이 아니었다.

함양의 상림(上林)은 항상 수풀에 목마른 나에게 한 쪽박 샘물을 추겨준 셈이지만, 기대했던 고목이 아닌 데는 역시 한 가닥 실망을 금할 수 없었다.

진주의 남강은 10여 년 만에 다시 보는 얼굴인데, 이 각박한 세월 속에서도 깨끗하고 헌칠한 모습은 예나 다름이 없다. 하동 쪽으로 한 2킬로나 가서 (상류쪽) 댐을 만들고 거기서 물을 사천만으로 빼돌리면 낙동강 하류의 범람 지역이 구제될 것이라고 보는 것은 좋지만, 아직은 기초 공사에 여념이 없는 편이다.

진주서 일단 서울로 돌아왔다가 잠깐 여독을 푼 다음 다시 밀양으로 떠났는데, 특급을 탔더니 기차가 간이역 아닌 큰역 밀양을 조약돌 보듯 지나쳐서 할 수 없이 삼랑진에 떨어졌다. 삼랑진에서 이튿날 아침 일찍이 밀양으로 떠났다.

이 고장은 옛날부터 진주의 촉석루나 남원의 광한루와 함께 영남루의 전설로 널리 알려져 있거니와 나는 여태 벼르기만 하고 직접 걸음할 기회를 갖지 못했었다. 이번에 마침 예총 지부 주관의 제6회 문화제 행사가 있다기에 연래의 숙망도 풀 겸 이에 참가한 것인데, 남천강 흐름은 맑고 그 위에 절벽을 이룬 무봉산 기슭의 대숲은 전설의 여주인공 아랑의 시체를 연상시킬 만큼은 깊지는 못하나 산수가 충분히 우아한 조화를 이루고 있었다.

영남루에 올라 이리저리 현판을 살피는데, 김삿갓의 저 유명한 아랑기식영남루(阿琅豈識嶺南樓)는 보이지 않고 일곱 살짜리, 열두 살짜리 옛날의 소년 명필들의 영남제일루(嶺南第一樓)만이 활개를 쩍쩍 벌리고 있다. 강물 건너 백사장에는 문화제에 곁들여 서커스단과 농악단들이 각각 굿을 펼쳐놓았고, 백사장 건너 송림(松林)에는 미술 실기 대회를 하느라고 쉴새없이 스피커가 울어대고 있다.

나는 본디 소속이 문학이라 백일장의 산문 심사를 맡았는데, 시가에 비하면 편수가 훨씬 적어서 그다지 골머리도 앓지 않고 장원도 뽑고, 차상·차하도 다 뽑아내었다. 시가 쪽에서는 응시자도 워낙 많은데다 걸작품도 많다고 심사위원들의 탄성이 잦길래 고개를 빼어 기웃거려 보니 과연 편수는 많으나 수준의 높고 낮음은 견주기 어렵겠다.

 그날 밤에 밀양 지부의 문협 회원들을 중심하여 부산·마산·대구 등지에서 모여든 문우들과 본 문화제 임원 제씨들이 참석한 가운데 문학의 밤을 가졌는데, 모두가 그리던 얼굴들이요, 절로 공명되는 목소리들이라 풍유와 술이 넘치는 흐뭇한 잔치 분위기를 이루었다.

 그러나 이 고장의 아름다운 자연과 유서 깊은 전설에 필적할 만한 예술가의 배출은 오늘보다 내일에 속하는 일이라고 그 자리에서 한 말을 다시 한번 다짐해 두고 싶다.

나의 먹 글씨 취미

나는 1972년 서라벌예술대 학장에 취임하게 되었는데, 거기에는 얽힌 이야기가 좀 있다.

내가 문예창작과 과장교수로 있을 때도 학장 자리를 맡으라는 제의가 있었다. 그때 나는 서라벌예대 설립자이신 당시 재단 이사장이던 김세종 씨에게 다음과 같은 글을 써올려 내 심정을 보였다.

상상시비성도이 고교류수진롱산(常想是非聲到耳 故教流水盡籠山)

〈시비하는 소리가 귀에 들려오는 것이 늘 두려워서 유수는 흘러 산을 감돈다〉라는 뜻이다. 다시 말해 주위에서 이러쿵저러쿵 하는 소리가 듣기 싫어 학장 자리를 사양하겠다는 것이다.

그랬는데, 서라벌이 중앙대학교 재단으로 흡수되면서 서라벌에 학장 자리가 비게 되었다. 다들 누가 학장으로 올지 궁금해 했는데, 내가 추대되었다. 우선은 내가 서라벌에서 오랫동안 강의를 했고, 문단과 사회에 이름이 알려져 있으므로 나를 적임자로 본 모양이다. 그래서 나는 학장이 되고 말았다.

학장이 된 지 1년쯤이 되고, 졸업 때가 다가오자 중앙대학교에서 내게 명예 박사학위를 주겠다고 했다. 알고 보니까 거기에도 까닭이 있었다. 졸업식 날이면 내 손으로 많은 학사들에게 학위를 내주는 그 자리에 맨머리로 설 수는 없고, 그렇다고 남의 가운을 빌려 입고 졸업생에게 졸업장과 학사증을 수여해야 하는데, 내가 남의 가운을 빌려 입을 사람이 아니라는 말이 나왔다는 것이다. 그래서 내게 명예 박사학위를 주게 되었다는 후문(後聞)이었다.

학위를 받았다고 해서 동료 교수들이 축하연을 차려주었던 날, 나는 고맙다는 인사말을 하고 나서,
"학위가 나의 작가 생활에 어떠한 보탬이 될 것은 하나도 없다."
고 말했다.

나는 학장 때도 학교 주변 막음식점을 출입했다. 내가 누군지 모르는 학생들은 아무도 내게 자리를 내주지 않았다. 그러면 나는 다른 여느 학생들처럼 기다렸다가 자리가 나면 그때서야 가 앉아 국밥 따위를 먹곤 했다. 여전히 대폿집에 드나드는 것을 일컬어 〈현역〉이라고 한다. 현역은 젊다는 뜻도 되지만, 나는 젊음 때문이 아니라 실속(돈) 때문에 그런 집을 애용했던 것이다.

1973년 환갑을 맞아 나는 제 6창작집 『까치 소리』와 수필집 『사색과 인생』, 그리고 시집 『바위』를 간행하는 한편 그 해 12월에 신문회관 화랑에서 서예전을 가졌다.

회갑 기념이란 명분을 붙인 그 서예전에서 나는 각 서체(書體)를 두루 선보이는 마흔 다섯 점을 내놓았다. 한글체는 아직 익지 않아 한문

구로만 된 잔글씨 큰글씨 병풍이었다.

　노자의 도덕경에서 딴 「상선약수(上善若水)」를 비롯하여 사육신의 시 구로만 엮은 「육충병(六忠屛)」, 「고도시병(古都詩屛)」, 「묵운다향(默韻茶香)」, 그리고 도연명의 시들이었다.

　잔글씨의 소품은 전년과 전전년에 써두었던 것들이며, 어느 것이나 모두 흥인동 집의 서재 수남각(樹南閣)에서 썼음을 밝혔다. 눈에 뵈는 것 중에서 나무가 가장 좋아 보이고, 남향이 마음에 들어 두 글자를 합해 서재 이름을 지은 것이다.

　내가 쓰는 약관은 서예가 김응현(金膺顯) 씨와 배길기(裵吉基) 씨, 김제인(金齊仁) 씨가 새겨준 것들이다.

　내가 서예와 인연을 맺은 것은 대구 계성중학교 2학년 여름 방학 때 나보다 열일곱 살 위인 백씨가 안진경(顔眞卿) 법첩(法帖)을 주시며 운필법(運筆法)을 가르쳐주실 때부터다. 그리고 스물두 살 때 「화랑의 후예」로 문단에 데뷔한 뒤 다솔사에 묵고 있을 때 노서예가 성파 선생을 알게 되어 여러모로 가르침을 받았다.

　처음에는 안진경체로 습자(習字)했으나, 중간에 육조체(六朝體)이면서 힘이 있어 보이는 조지겸(趙之謙)의 체가 마음에 들게 되었는데, 이제는 그도 벗어나 내 흥취에 빠져 붓을 휘젓는다.

　보통은 한밤중 잠들기 전에 붓을 든다. 술을 마시면 글(문장) 쓰기에는 조금 흥분되지만, 먹 글씨 쓰기에는 딱 좋다. 주위가 어수선한 환한 시간보다 혼자 조용한 시간에 전등을 켜놓고 쓸 때 〈더 큰 뜻〉이 나오는 것 같아 좋다. 붓을 한번 들면 두세 시간 가량은 삼매경에 든다.

　〈글은 곧 사람이다〉 하는 말은 〈글씨는 곧 사람이다〉 하는 편이 더 타당하지 않을까. 서예는 문장의 경우보다 더더욱 인간적 요소가 광범하게 미치는 듯하다.

　문학작품을 쓰면 정신과 힘이 현저하게 소모되지만, 붓글씨를 쓰면 피로하기는 해도 즐겁고 오히려 힘이 솟는 것 같다.

　나는 한글보다 한문 글자를 즐겨 쓰는 편인데, 그 가운데서도 〈낙천지명(樂天之命)〉이란 말을 잘 쓴다. 천명을 알고 즐긴다는 뜻이다.

　나는 취미로 쓰는 먹 글씨이므로 누가 한 장 써달라고 하면 기꺼이 응하곤 한다. 글씨 자랑을 하고 싶어서가 아니라, 전문가의 글씨가 아닌 만큼 쌓아두어도 거추장스럽기만 할 뿐이다. 또 그런 아마추어의 글씨를 돈 들여 표구까지 해준다는데, 어찌 영광이 아니랴 해서이다. 그러나 달라고 해야 주지 달라고 하지 않는 사람에게는 주지 않는다.

　한번은 시 쓰는 김구용 씨가,

　"선생님, 다른 사람은 다 붓글씨 한 장씩 주면서 저는 와 안 줍니꺼?"

하고 따지듯 말했다. 그때 나는 이렇게 대답했다.

　"달라고 해야 주지요."

　서예는 원래 동양, 그중에서도 한국과 중국과 일본만의 예술이다. 아무리 경거망동한 사람이라도 티없이 깨끗하고 아담한 방안에서 문방사우인 종이·붓·먹·벼루를 대하면 마음이 안온해지고 차분해지고 만다.

　더구나 붓을 손에 잡으면 모든 잡되고 속된 생각이 사그라들고 혼신의 열(熱)과 운필은 정신을 단정케 한다. 때문에 마음은 여유를 얻어 그윽함이 넘치고 인격에까지 영향을 미친다.

　듬뿍 묻은 먹물이 화선지 위를 스쳐갈 때 웅장하고도 섬세하게 그려지는 글씨, 그 주인공의 마음이다. 그래서인지 (시나 소설) 작품보다 글씨가 더 그 사람을 정확하게 나타내는 것 같다.

나의 두 얼굴

후배인 R군, Y군과 함께 술을 들다가 무슨 얘기 끝에선가 R군이 나더러,

"선생님 애기 같으셔."

했다.

그러자 우리는 함께 웃었지만, 나는 누가 나더러 애기 같다고 하는 말이 왠지 듣기 싫지 않다.

내가 애기 같다고 하는 말을 처음 듣기 시작한 것은 언제부터인지 기억이 분명치 않다. 아마 상당히 옛날부터의 일일 것이다. 내가 기억하는 한도 내에서는 1950년 3, 4월경이 아닐까 생각한다. 지금은 작고한 김창집(金昌集) 씨가 다방에서 커피를 들면서 여러 가지 이야기를 나누다가 나더러 애기 같다는 말을 했다.

김창집 씨는 당시 고려문화사 대표로 출판문화협회 회장직을 맡고

있었는데, 출협이 처음으로 문총(문화단체 총연합회)에 가입하게 된 관계로 나와는 가끔 만나게 되었던 것이다.

그 뒤 25년에 걸쳐 나는 이 애기 같다는 말을 얼마나 많이 들어왔는지 그 수를 헤아릴 수는 없지만, 하여간 예순이 넘은 이날까지 계속 들어오는 것만은 사실이다.

나더러 애기 같다고 말하는 사람의 약 70퍼센트는 성별로 우선 여성에 속한다. 계제는 대개 술자리가 아니면 차(커피)를 나눌 때다. 연령적으로는 대개 나보다 젊은 사람들이다.

다음으로 이렇게 말하는 사람들의 저의라는 것을 분석해 본다면 거의 전부가 악의보다 호의에 속한다. 그러니까 젊은 여성으로서 나에게 호의를 가질 때 할 수 있는 말의 하나라고 일단 볼 수 있겠다.

내 회갑 기념으로 서라벌예술대학에서 『동리 문학 연구』라는 책을 내주었는데, 그 책에서 박화성(朴花城) 여사는 나의 인상에 대해 이렇게 썼다.

> 이렇게 표현하면 실례가 될지 모르지만, 동리에게는 귀여운 데가 있다.
>
> 내가 그를 귀엽다고 느끼는 이 감정은 그를 처음 만났을 때부터 현재 대학 학장에 박사님이 된 지금에까지 20여 년 간 조금도 변함없이 계속되어 온다.
>
> 맨 첫번의 인상도 반들거리지 않는 그 텁텁한 분위기에 호감이 갔지만, 10여 년 전 문인들의 어느 모임에서 만취된 그가 몸을 제대로 못 가누면서도 입을 생긴 대로 다 크게 벌려서 악을 쓰며 노래를 부르고 있는 그 모습이 우습게도 매우 귀엽게 보였는데, 그 후로 많은 회합의 그의 사회에서나 의견 발표에서, 또는 사사로운 담소에서도 하냥 그는 귀여움을 발산(?)하고 있는 것이다.

나는 보통 남이 볼 때 대개는 별로 유쾌한 기색이 아니다. 그것은 내가 언제나 피로해 있거나, 몹시 바쁜 중이거나, 무슨 일 걱정을 하고 있거나, 화가 나 있거나 그러한 상태다.

그런데 반가운 사람이나 기쁜 일로 커피를 마시거나 술을 들게 되면 이러한 화가 난 듯한 표정이 가셔지고, 명랑하고 생기 있고 해학적인 솔직한 표정으로 바뀐다.

그러니까 이 기분 좋은 상태를 가리켜 내 나이 마흔 살 안팎까지는 소년 같다 따위 말로 형용해 주었고, 쉰 전후부터는 애 같다고들 하여 온다.

6·25 전에 시인 구상(具常) 씨를 만났는데, 구상 씨를 나에게 소개해 주었던 소설가 최태응 씨가 그 뒤 나에게 와서 구상 씨의 나에 대한 인상을 〈검사나 판사같이 딱딱한 양반 같다〉고 하더라는 것이다.

구상 씨는 본 대로 느낀 대로 말하는 편이겠지만, 어떤 이는 나에 대한 〈기분 나쁜 인상〉을 나에게 직접 말하지 않고 내가 없는 자리에서 〈엉큼하다〉, 〈야심가다〉, 〈머릿속에 주판을 넣고 있다〉 하는 따위의 말로 비평하기도 한다. 그리고 이 경우의 사람들은 으레 남성이요, 장소는 대개 술자리요, 계제는 무슨 임원 선거를 앞두고 있을 때라고 한다.

나는 지금 〈애기 같다〉는 면과 〈엉큼하다〉는 면 가운데 어느 것이 보다 더 나의 본질에 가깝고, 어느 것이 멀다는 이야기를 하려는 것이 아니다. 어느 것이 참되고, 어느 것이 거짓이라는 이야기는 더욱 아니다. 그보다도 내가 하고자 하는 이야기는 나에게 그러한 양면이 있을 것 같다는 것이다.

애기 같다와 엉큼하다는 남들로부터 지적되는 양면이지만, 스스로 느끼는 양면은 얼마든지 있다. 가령 지극히 성급하고 편협하고 편파적인가 하면 어떤 때는 관대하고 공정무사하다.

이것을 내 성격의 이원성(二元性)이라 이름 짓고 계속 이 문제를 검토해 보려고 한다.

　나는 노인을 생각하면 끔찍하다. 젊은날엔 현기증이 일 정도였다. 지금도 그렇다.

　나도 인제 나이는 젊다고 할 수 없다. 앞으로 몇 달 더 있지 않아 정년(停年)이 되니까 사회적으로도 노인 대접을 받는 셈이 된다.

　그렇지만 내 자신은 자기를 노인이라고 생각하지 않는다. 생각만 해도 끔찍하다.

　이것이 왜 이렇게 됐는지 나도 잘 모른다. 나는 어려서부터 죽음이란 것을 생각해 왔다. 그것은 전율 같은 것이었다. 그리하여 나는 몹시 우울한 소년 시절을 보냈다. 내가 무엇을 자꾸 생각하는 버릇도 여기서 비롯된 것 같다. 그 생각하는 버릇이 나로 하여금 철학할 생각을 일으키게 했고, 철학을 한다는 것이 나로 하여금 문학할 계기를 마련해 주었고, 그러고 보면 나의 오늘의 문학도 그 원동력이랄까 애초의 동기는 그 죽음의 전율이었는지 모르겠다.

　이렇게 시작된 문학이었기 때문에, 그것은 처음부터 지금까지, 죽음의 온상에서 피어난 꽃 같은 것들이었다. 이 문학이란 이름의 꽃들은 나의 마음속에 깊이 도사린 죽음에의 전율을 계속 흡수해 주었지만, 그렇다고 그것을 송두리째 뿌리 뽑아 준다거나 씻어내어 주는 데까지 이를 수는 없었던 것이 사실이다.

　나는 지금까지 자신이 나이를 먹는다든가, 노인이 되어간다든가 하는 일에 대하여 거의 모르면서 지내온 편이다. 아주 모를 수야 없었겠지만, 늘 잊고 있었거나, 적어도 생각하려 하지 않았던 것 같다.

　나의 이러한 노인 기피증은 그냥 노인이라 생각만 해도 끔찍하다거나, 노인의 모습에서 다가오는 죽음의 그림자를 느낀다거나 하는 데서 연유된 것만은 아닌 듯하다. 나는 무언지, 왠지, 자신도 모르게 자기는 노인일 수 없다는 생각을 완강히 가슴 속에 품고 있었던 것 같다. 그것은 얼굴에 주름살이 별로 잡히지 않고, 머리가 희게 물들지 않는 것을 보고 더욱 그렇게 믿게 되었는지도 모른다.

그래서 그런지 내 나이 육십 가까이 될 때까지는 대개 마흔다섯에서 여덟 사이로 남들이 보았다. 그러던 것이 육십을 넘어서면서부터 갑자기 쉰다섯 이상을 보게 되었다. 지금은 누구나 육십 안팎으로 보고 있다. 그러나 육십 가까이 될 때까지는 약 15년쯤을 젊게 보아주던 것이 차츰 10년 가량을, 그리하여 요즘은 5, 6세 가량을 젊게 보아주는 셈이 된다.

이러다가 내 나이를 그대로 다 봐주는 날도 멀지 않을 것 같다.

그런대로 얼굴에 주름살이 별로 많이 잡히지 않았고, 머리가 세지 않아 우선 보기에는 그다지 노인 같은 인상은 들지 않는다고들 나를 아는 사람들은 인사삼아 나에게 일러준다.

그러나 내 눈은 이미 돋보기 안경을 쓴 지도 20년이 넘는다. 지금은 안경 없이는 신문 2호 활자도 잘 볼까 말까 할 정도다.

게다가 귀는 젊을 때부터 좀 이상했던 것 같다. 내 나이 스물두 살 때던가, 나는 당시 동아일보에 재직 중이던 이은상 씨에게 전화를 걸어놓고 상대방의 말을 잘 청취하지 못한 채 땀을 뺀 일이 있었다.

그때 나는 내가 아직 전화질에 익숙하지 못해서 그렇거니 하면서도 일면 내 귀의 기능이 좀 부족한 것이 아닌가 하는 생각도 했었다. 그런 지 두 해 뒤인 스물네 살 되던 해 나는 중앙일보사의 최영주(아동문학가) 씨에게 전화를 걸었다가 또 그렇게 상대방의 말을 잘 청취하지 못한 채 땀을 뺀 일이 있어, 그렇다면 내가 전화질에 익지 않았기 때문만이 아니고 귀가 나쁜 탓도 있는 것이라고 스스로 쓸쓸한 생각을 한 적이 있었다.

그렇던 나의 귀인만큼 이것이 나이 들면서 탈을 내지 않을 리 없었다. 내 귀가 부쩍 나빠진 것도 역시 육십 전후부터인 것 같다. 요즘은 회의장이나 강연장 같은 데 가면 으레 남의 말을 들을 생각도 않기로 한다.

달·꽃·나무 따위 자연을 보고 한겹게 생각하는 버릇은 젊은날부터 있었지만, 늙어질수록 더욱 절실해진다.

2, 3년 전부터 나는 나의 묘지에 대하여 생각하는 중이다. 내 자신은 내 고향인 경주에 가서 묻히고 싶지만, 집사람은 한사코 반대다. 반대하는 까닭은 자식들이 모두 서울에 사는데, 산소가 그렇게 멀면 추석 때고 시사(時祀) 때고 어떻게 다녀내느냐는 것이다. 그러니까 서울 가까운 시골에 산을 사 두었다가 죽은 뒤 그것을 산소로 쓰는 것이 좋다는 것이다.

그래서 나는 아직 이 문제를 결정짓지 못한 채 있다.

산소를 고향에 쓰지 못하는 한이 있더라도 오두막 한 간은 죽기 전에 기어이 고향에 가지려 하고 있다. 언제나 훌쩍 내려가 조용히 며칠씩 쉬고 돌아올 오두막 한 채쯤은 기어이 고향에 가지고 싶다.

고향, 그렇다. 내가 나이 들면서 새삼 그리워지는 것은 고향이 아닐까 생각한다.

작가와 현실 참여
— R군의 현실 참여에 대한 대화를 중심으로

친애하는 R군. 자네의 편지는 잘 받아보았네.

먼저 자네가 나에게 한 말과 이번의 편지에서 나에게 표시한 불만은 같은 관점에서 나온 것임을 나는 잘 알고 있네.

나에 대한 자네의 불만을 요약하면 다음의 세 가지가 될 것일세.

첫째, 나의 문학은 현실 참여가 아니다.

둘째, 오늘의 현실을 역사적 안목으로 볼 때 사회주의로 나아가는 과도기에 속해 있다.

셋째, 미래를 내다보는 문학이 되라.

이에 대해 나의 의견을 솔직히 적어볼까 하네.

첫째, 나의 문학은 현실 참여가 아니라는 견해에 대하여.

나는 자네가 무엇을 가리켜 현실이라고 하고, 또 현실 참여라고 하느냐고 그날 밤에도 물었지만, 지금 다시 묻고 싶네.

자네의 의견에 의하면 나의 문학은 토속주의인데, 이것은 일제 시대에 민족 사상을 정면으로 표현할 수 없으니까 민속 또는 토속의 세계로 파고들어가 거기 얽혀 있는 우리 민족의 고유한 정신이라든가 생활 풍속 같은 것을 간접적으로 표현하려 한 것임으로 그 당시엔 그만한 존재 의의가 있었지만, 지금은 전혀 환경이 다르다. 진정으로 민족을 생각한다면 현실 속으로 뛰어 들어가 오늘날의 부정부패를 척결하고 민족정기를 바로잡아야 한다. 대체로 이런 것으로 보네.
　그런데 이것은 해방 직후 공산주의 문학인들이 하던 말과 거의 다른 점이 없으니 이것이 어찌된 노릇인가.
　자네는 모든 시나 소설은 모름지기 부정 부패를 척결하는 기계같이 알지만, 나의 의견은 다르네. 부정부패는 수사 기관과 또는 정치 활동을 통하는 것이 훨씬 직접적이고 효과적이라고 보네. 소설이나 시도 그런 일을 할 수 있지만, 직접 법과 행동으로 하는 데 비하면 약하고 비능률적일세. 더구나 문학은 작가의 개성과 문학관이 다르므로 모든 문학이 다 그런 정치적인 보조 기관 노릇이나 해서는 안 되네.
　그날 밤 내가 자네에게 묻던 말을 기억해 보게. 그렇다면 현 대통령이나 어느 장관의 인격과 정치적인 업적을 찬양하는 시나 소설을 써도 현실 참여가 되지 않느냐고. 그때 자네는 한참 생각하고 나더니 내가 현실이란 말을 잘못 파악하고 있다고 했네. 나는 그때 지네의 속셈이 문학에 있는 것이 아니고 정치에 있다는 것을 들여다보았네.
　해방 직후의 공산주의 문인들도 꼭 자네와 같이 말했다는 사실을 잊지 말기 바라네. 그들도 겉으로는 공산당에 플러스하는 것이 유일한 목적이었네.
　그러나 그렇게 알심 있게 공산당을 위해서 일하고 악착같이 싸우던 문인들이 공산 세계에 가서 어떻게 되었는가를 생각해 보게. 그러한 공산주의 문학의 앞잡이이던 임화가 얼마나 악착같은 공산주의자였던가는 자네도 잘 알고 있지 않은가.

 그런데 그 사람이 거기서 무슨 제국주의자란 낙인을 받고 사형을 받았다는 사실, 임화뿐인가, 설정식, 이원조, 안희남, 이태준, 김동석 등 모두가 사형 아니면 유형 처분의 신세가 되지 않았던가. 아마 이북으로 간 문학인 치고 그들의 마음속을 들여다본다면 뼈를 깎는 듯한 후회에 잠겨 있지 않는 사람은 하나도 없을 것일세.

 둘째, 오늘의 현실을 역사적으로 볼 때 사회주의로 나아가는 과도기에 처해 있다 운운, 자네는 이렇게 말했네. 지금 중공이 UN에 가입되고, 닉슨 대통령이 중공을 방문하고 하는 것은 역사가 사회주의 시대로 전개되어 가는 단적인 증좌(證左)라고. 그리고 자네 말대로 하면 월맹과 월남 관계가 그러하고, 라오스가 그러하고, 또 동남아 중립 문제가 그러하고, 또 일본에 가보니 지식인 문화인의 대부분이 좌경해 있고, 신문·잡지도 그러하더라고.

 자네는 중공의 유엔 가입을 두고 세계사의 사회주의적 전환의 시초를 의미하는 것같이 알지만, 내가 보기에는 공산 세계가 자유 세계로 접근해 오는 시초라는 것일세.

 공산주의도 발달해서 어느 단계에 이르면 자유주의에 접근해지게 마련일세. 그 까닭을 여기서 설명할 여유는 없지만, 현실적으로 역력한 현상이 나타나고 있네. 소련이 중공보다 더 발달되어 있기 때문에 그만큼 자유주의에 다소나마 접근해 가고 있고, 북괴보다 좀더 발달된 중공의 공산주의는 지금에야 UN에 가입할 단계에 이르렀지만, 북괴도 좀더 정리된 뒤에 중공에 준하게 될 걸세.

 그러므로 중공의 UN 가입은 자유 세계의 굴복이 아니라, 중공의 공산주의가 소련을 따라 그만큼 자유주의에 접근한 증거라고 볼 수 있는 것일세.

 또 일본의 지식인 운운했지만, 이것은 자네가 해방 후의 한국 문단을 못 보았기 때문일세. 지식인이나 문학인이란 것은 그만큼 선전에 약하고 기회주의적인 우유부단한 부류들이라는 것일세. 그러나 그들이 한번 공산 세계에 들어간 뒤의 동태를 살펴보게. 전부가 자기 눈을 자기 손으로 빼어놓고 싶다고 후회에 잠겨 있다는 사실을 자네는 발견하게 될 것일세.

셋째, 미래의 문학 운운에 대하여.

문학에는 과거의 문학, 현재의 문학, 미래의 문학 하는 것이 없고, 다만, 참되고 가치 있는 문학과 그렇지 못한 문학이 있을 뿐일세.

어떤 것이 참되고 가치 있는 문학이냐 하면 어떤 시류적이며 공리적인 목적을 위한 문학이 아니라 과거·현재·미래의 현실이 그 속에 들어 있는 이런 문학이야말로 진지한 의미에서 미래의 문학이라고 할 수 있는 것일세.

나는 자네가 현실 참여란 정치적인 복선을 치지 말도록 충고하고 싶을 뿐일세. 그리고 나는 자네 이상으로 현실 참여를 하고 있다는 사실을 잊지 말기를 바라네.

어떤 훌쩍 떠남

감나무 아래 서 있는데 전화가 왔다고 한다.
"여보세요?"
수화기를 드니 저쪽에서 경상도 사투리로,
"안녕하십니꺼?"
한다. 시인 P씨의 목소리다.
"일요일인데 웬일이오?"
"일요일이니까 일이지요."
"그게 무슨 소리지?"
"오늘 하루 청유(淸遊)하심이 어떠시니이꺼?"
"청유?"
"강가에 나가 청풍을 쏘이며 맑은 술 한잔 드시는 일이 어떠시니이꺼? 그것을 가로대 청유라 하나이다."

P씨는 별로 더듬는 일도 없이 재치와 익살로 마구 엮어댄다. 그가 지금 〈술 한잔 드시는 일〉이란 위에서 내가 〈일요일인데 웬일이냐〉고 물었을 때 〈일요일이니까 일이지요〉라고 대답한 그 〈일〉에 맞추는 모양이었다.
"누구하고 어디로?"
"수필가 K씨와 강원도 방면으로 들어갈까 하나이다."
"좋겠구려, 갑시다."
"그럼 지금부터 삼십 분 안에 귀댁에 도착합니더."
P씨는 말을 끝내기가 바쁘게 수화기를 놓는다. 그리고 삼십 분도 채 못 되어 P씨 일행이 들이닥친다.
차가 청량리 밖을 빠져나가자 점점 속력을 더하기 시작했다.
"아, 저기 나비가 보인다. 호랑나빈 아니지만……."
P씨가 가리키는 쪽엔 과연 흰나비 한 쌍이 아카시아를 향해 나불거리고 있었다.
"호랑나빈 왜 하필?"
K씨가 P씨에게 물었다.
"나비야 청산 가자. 호랑나비 너도 가자. 가다가 저물거든 꽃에 들어 자고 가자. 꽃에서 푸대접하거든 잎에서나 자고 가자."
P씨는 목청을 뽑아 읊었다.
"그거 P형 취미하고 꼭 같구려."
K씨가 시조의 내용을 두고 하는 말이었다.
"작고한 김동인 씨는 옛날 그 시조를 엉터리라고 했지. 한잔 거나해서 횡설수설한 걸 괜히 걸작이라고 떠든다고, 우스운 일이라고 이죽거렸지."
"소설가가 시를 안답데까?"
P씨가 또 익살조로 받았다.

"그건 그렇고, 거 유산(遊山) 기분은 있는 시야."

나도 김동인 씨의 그 의견엔 반대였다.

우리가 이런 이야기를 하는 동안 차창 밖으로는 소양강의 푸른 물이 자꾸 지나가고 하더니 어느덧 차가 멈추어 선다.

"아직 춘천도 못 왔는데……?"

"춘천이고 강릉이고, 꽃 있고 잎 있고 산 있고 물 있으면 됐지, 또 뭘 찾으십니꺼?"

P씨가 나에게 핀잔을 주며 먼저 내린다.

나도 K씨를 따라 내렸다.

거기가 등선폭포라는 데였다.

산골짜기로 20미터 가량 들어서니 이내 차가운 기운이 쌩 돌기 시작했다. 몹시 무더운 공기 속에서 갑자기 냉방 속으로 발을 들여놓은 것 같았다.

골짜기는 넓지 않았지만, 양쪽 산이 까마득하게 절벽을 이루어 그 사이로 하늘이 좁은 개울처럼 걸려 있었다. 폭포의 규모는 그다지 큰 편이 못 되었지만, 한길에서 불과 2백 미터 이내에 이러한 별천지가 벌어진다니 신기하기만 했다.

폭포 앞 식당에서 메기찌개로 술과 점심을 먹었다.

오후엔 춘천호 곁의 호반이란 데서 다시 술자리를 벌였다가 어두워질 무렵에야 귀로에 접어들었다.

나는 아직 주기(酒氣)가 가시지 않은 채 차창 밖으로 얼굴을 돌리고 있었다. 하루 종일 바라보던 소양강의 그 많은 물들이 이제는 모두 바람이 되어 불어오는 듯한, 그리하여 사뭇 소양강을 얼굴에 끼얹는 듯한 착각 속에서 나의 육십셋의 여름 하루도 바람처럼 어둠 속으로 사라져가고 있다는 생각에 잠겨 있었다.

그 무렵의 나의 부여행은 아무런 다른 목적도 소관(所管)도 개재되지 않은 오직 여행 그 자체를 위한 여로였고, 따라서 나에게는 참으로 드물고 귀한 기회이기도 했다.

나는 부소산과 가까운 위치에 여관을 정하고 간단한 여낭(旅囊)을 방구석에 던진 뒤 곧 밖으로 나왔다.

이곳의 중심가인 듯한 거리로 나와 늦은 점심을 들고 나는 곧바로 부소산을 향해 걸었다.

왠지 부여는 부소산을 보면 그만이리란 생각이었던 것이다. 그것은 어쩌면 낙화암과 고란초를 그리고 있었기 때문인지도 몰랐다.

나는 산에 오르면서 뽀얀 모래흙을 자꾸 바라보았다. 지금의 서울 교외엔 어디서나 있는 그 뽀얀 모래흙이건만 왠지 부소산의 그것은 유독 내 눈길을 끌었다.

나는 산에 오르자 먼저 그 뽀얀 모래흙에 코를 갖다 대었다. 향기로운 흙내음을 맡고 싶어서였다. 물론 흙에서 향내가 날 리 없었지만, 그렇다고 나는 새삼 실망을 하는 것도 아니었다. 그 뽀얀 모래흙에 얼굴을 갖다 댄 것만으로도 나는 즐거울 수 있었던 것이다.

나는 먼저 낙화암을 보기 위하여 백마강 쪽 비탈로 내려갔고, 도중에 고란초를 보았고, 그리하여 낙화암을 누인 백마강의 짙푸른 물을 바로 볼 수 있는 위치의 산기슭까지 내려갔다.

아아 백마강, 나는 마음속으로 이렇게 부르짖었다. 어디서나 볼 수 있는 짙푸른 강물이지만, 그 속에 흐르는 많은 사연이 다른 강물과는 아주 다른 빛깔을 담고 있는 듯했다.

나는 산 위로 올라와 소주 한잔을 마신 뒤 이번에는 고란사엘 들렀다가 산 위를 한 바퀴 돌면서 옛날의 절터인지 별궁터인지, 통살문이 서 있는 곳에서 기울어져 가는 저녁 햇살을 바라보고 있었다.

산에서 내려올 때 조금 큰 가게를 몇 군데나 들렀지만, 토산품이라

할 만한 것이 없어서 그림엽서를 한 줌 사고 말았다.
다음의 「부소산」은 그때 얻은 시다.

    백제가 가장 많이 묻어있는 부소산의
    황금 햇빛을 거닐며 가을 하루를 쉰다
    뽀얀 흙 검은 바위 다복솔 장송 상수리나무
    그 밑동가지 자꾸자꾸 만져보며
    종잇잔에 연거푸 소주병을 기울인다
    어디서 뭉쳐 몰려온 듯한 관광객들이
    온 산을 뒤덮은 채 누비고 있는데
    청바지에 운동화의 학생 티 소녀가
    저만치 소나무 아래 혼자 서서
    몇 차례나 이쪽을 흘낏흘낏 바라보다가
    이윽고 고개 돌려 낙화암 쪽으로 사라진다
    오, 아사녀 아사녀 가련한 나의……
    소주병을 든 채 그녀의 뒤를 향해 나는
    왠지 잔뜩 한겨운 목소리를 낸다
    해가 기울며 진양조 가락의 저녁바람이 인다
    솔잎이 가늘게 떨리며 가녀린 풀피리 소리를 낸다
    지금쯤 백마강 물빛은 얼마나 푸를까
    그 위에 떨어지면 술 취한 사내도 꽃이 될까
    나는 문득 엉뚱한 생각을 일으키며
    엉금엉금 낙화암 쪽으로 내려간다.

〈그녀〉라는 인칭에 대하여

시인 고은 씨는 여성 대명사 〈그녀〉는 김동리의 발명품이라고 말하여 모처럼 나는 고무된 적이 있다.
본래의 우리말에는 영어의 He에 해당되는 말이 없었다. 처음엔 궐(厥)이니 궐자(厥者)니 하다가 지금은 〈그〉로 낙착되었다. 그와 함께 She에 해당하는 말도 절실히 필요해졌다. 나는 He가 〈그〉로 굳어진 사실을 감안하여 She를 〈그녀〉라 쓰기로 했다. 왜냐하면 그는 이미 삼인칭(남성)을 가리키기 때문에 여기서 여성을 의미하는 말을 붙이면 된다고 보았고, 여성을 가리키는 말로서는 〈녀〉가 적합하다고 풀이되었기 때문이다. 그 까닭은 다음과 같다.
〈녀〉는 한자 여(女)에서 온 것이다. 여가 위로 가면 여가 되고, 아래로 가면 녀가 된다. 여성, 숙녀 하는 따위가 각각 그것이다. 그러나 숙녀는 두 글자가 다 한자로 한 개의 숙어를 이루었지만, 〈그〉라는 우리

말에 한자에서 유래된 〈녀〉가 어떻게 붙느냐 하는 사람이 있다. 그것은 우리의 고전과 사전에 〈어진녀〉, 〈울녀〉 하는 말이 있음을 모르기 때문이리라.

〈어진녀〉의 〈어진〉은 우리의 고유한 말이요, 〈녀〉는 여(女)에서 온 것이다.

이보다 더 명확하고 결정적인 실례는 〈울녀〉다. 한글학회의 『큰사전』에 보면 〈울녀〉라는 낱말을 수록하고 〈잘 우는 버릇이 있는 계집아이〉라 하였고, 이희승 씨의 『국어대사전』에도 같은 풀이가 나와 있다.

그러므로 우리말 〈어진〉과 〈울〉 밑에 〈녀〉가 붙어 성어(成語)된 전례가 얼마든지 있음을 알 수 있다. 그렇다면 우리말 〈그〉에 〈녀〉를 붙여 〈그녀〉라 함은 너무나 당연하지 않은가.

그녀 이외에도 〈그네〉, 〈그미〉, 〈그니〉, 〈그 여자〉 하는 따위가 있다. 그네는 They에 해당하는 남녀 혼성 복수를 뜻하고, 또는 〈그네뛰기〉의 그네와도 같은 말이 되기 때문에 삼인칭 여성 대명사로서는 성설(成說)이 안 된다. 〈그미〉, 〈그니〉 따위는 말이 안 되기 때문에 독자가 무슨 소리인지 직감적으로 알아들을 수가 없다. 고유한 말이 없어 부득이 새말을 만들 때는 성설의 근거가 있어야 하고, 말이 되어야 하고, 남이 직감적으로 그렇게 느낄 수 있어야 한다. 〈그 여자〉는 두 개의 낱말이기 때문에 어구(語句)이지 어휘가 아니다.

그녀가 그년과 같은 소리일 때가 있다고 걱정하는 사람이 있다. 〈그녀는〉과 〈그년은〉의 경우다. 눈으로 보는 문장이 아니고 귀로 듣는 말일 경우를 두고 하는 것이다.

이것은 사람의 말이 계제로 이해된다는 것을 모르기 때문이다. 〈배를 먹고 배를 탔더니 배가 아프다〉고 할 때 세 번이 다 같은 배지만 처음 배는 과일이요, 두 번째 배는 주정선박(舟艇船舶)이요, 세 번째 배는 사람의 동체(胴體)를 가리킨다고 우리는 절로 이해한다. 그러므로 말을 통해서 그녀는 그년이 아니라는 것도 충분히 이해할 수 있는 것이다.

고 양주동 씨는 자기도 처음 소설을 쓰려고 했는데, 여성 대명사가 없어서 궐녀(厥女)니 그 여자니 해보다가 여러 개의 시안(試案)이 돌고 있지만, 그녀가 제일 근리(近理)하다면서 엉뚱한 영광이 어느 수자(竪子)에게 돌아가게 됐다고 했다. 나는 더벅머리(수자)도 아니지만, 영광도 아닌 부질없는 시달림만 겪을 뿐이다.

그 뒤 어느 문학지에서 문인들과 국문학자에게 이에 대한 의견을 물었는데, 이숭녕 박사는 〈빈도 잦은 그녀를 취했다〉고 했고, 같은 앙케이트에 응한 대부분의 문인들이 〈그녀〉를 취했다.

우리나라 사람들은 왜 그 일에 깊은 관심도 갖지 않고, 진지하게 알아보지도 않고, 자기의 좁은 소견에 떠오르는 비판만 일삼고, 또 툭하면 일본이나 다른 나라 것에다 비끄러매려고 하는지 이해할 수 없다. 나는 내가 소설을 쓰는 사람이니까 필요 불가피해서 온갖 전거(典據)와 사전을 뒤적이며 고심을 거듭하여 드디어 〈그녀〉라는 말을 쓰게 되었거니와 처음부터 근거를 제시한 것도 아니요, 누구에게 권고한 일도 없다. 설명이나 근거를 듣지 않고도 느껴지고 이해되었기 때문에 오늘날과 같이 대부분의 문장가들이 이를 쓰게 된 것뿐이다.

양주동 박사나 이숭녕 박사 같은 사계(斯界)의 태두(太頭)들이 이미 이를 인정했고, 대다수의 문인, 문장가들이 자연스럽게 쓰고 있는 그녀에 대하여 새삼 일어의 〈가노조(彼の女)〉니 어쩌니 하는 것은 그저 어이없고 한심할 따름이다.

여행에서 얻은 시 모음

1982년도의 나의 여정(旅情) 시첩(詩帖)을 공개하기로 한다.

첫 번째 여행은 공주사대의 문학 강연이었다. 4월 6일에 떠나서 7일에 돌아왔다. 이 해는 전국적으로 계절 바뀜이 한 달 가량 빨라서 4월 초순이라고 해도 예년의 5월 초순께 맞먹는 날씨였다.

공주는 서울보다 남쪽이기 때문인지 봄 양복이 여간 부담스럽지가 않았다. 기온 같아서는 벚꽃 복숭아꽃 따위가 만개했을 터인데, 역시 진달래만이 피어났을 뿐이다.

나는 길가에 늘어선 벚나무의 아직 피지 못한 빨긋빨긋한 꽃 망아리(망울)를 쳐다보며,

'서울서도 살구꽃은 피었었는데.'

혼잣말같이 중얼거렸더니 곁에 있던 J교수가 듣고,

"꽃 시기가 서울과 비슷할 겁니다."

했다.

차가 갑사로 가는 길로 접어들었을 때다. 삼거리 근처 어느 농가 앞에 살구꽃이 피어 있었다. 두 그루쯤 되어 보였다. 들 건너 먼 동네가 살구꽃에 비치이고 있었다.

저녁때였다. 어스름 탓인지 황사 현상 때문인지 세상은 온통 뿌연 흙먼지 속에 싸여 있었다. 어릴 때 경주에서 자주 겪던 봄날씨 그것이었다. 그 무렵에 내 고향에서는 그런 날씨를 가리켜 〈토구 끼었다〉고 했다. 토구는 토기(土氣)에서 나온 것이 아닐까. 경우에 따라서는 운애(雲靄)라고도 했다. 그 뒤 나는 이것을 흙바람이라고 썼다가 다시 흙운애라고 고치기도 했다.

이날의 운애 혹은 흙먼지 속에 싸인 살구꽃은 나에게 다시 시정을 끼쳐주었다. 나는 〈살구꽃〉이란 제목의 시 두 편을 얻었다. 그중의 하나.

살구꽃 허옇게 피어 있는
삼거리 주막은
아침부터 온종일 어스름 속이다
운애 같은 황혼 같은
흙바람 꽃바람 속에
안마을 진삿댁 처녀가
입덧이 났다던기
주막집 단골 박서방이
소장수 먼길 떠났다던가
성안의 먼 장터 쪽에선
새납소리만
자지러지게 울려온다.

이 공주 갑사 길의 살구꽃은 이튿날 조치원 근처의 다른 살구꽃과 더불어 두 편의 시를 나에게 준 셈이다.

  공주에서 돌아온 지 사흘째 되던 날 다시 광주로 떠나야 했다. 9일에 광주 강연, 10일에 전주 강연을 마치고 11일 일요일에 서울로 돌아왔다. 이번 호남 방면 여행은 왕복 모두 기차를 이용했다.

  대전에서 천안 사이 어느 산기슭의 외딴 집 한 채가 차창 밖으로 멀리 보였다. 그 외딴집은 내가 일찍이 경주에서 김포 방면으로 도보 여행을 했을 때 보았던 그 어느 외딴집을 내 마음속에 되살려내었다. 그리하여 나는 「외딴집」이란 시 한 편을 얻게 되었다.

> 산기슭 외딴집
> 오두막 한 채, 그 속에
> 늙은 홀아비 혼자 산다네.
>
> 마을의 사람들은
> 서로 부르고 손짓하며
> 번쩍이는 햇빛 아래
> 어울려 사는데
> 마을 밖의 들 끝엔
> 개울이 흐르고
> 개울 건너 청산은
> 삶이 쉬는 곳
>
> 이승과 저승 사이
> 외딴집 한 채, 그 속에
> 늙은 홀아비 혼자 산다네.

  이 달 그믐엔 내장산엘 다녀왔지만, 그때엔 승용차를 이용했기 때문인지 시상을 얻지 못했다.

5월에 대구를 위시하여 이리, 전주, 대전, 부산 다섯 군데나 다녀왔다. 5월인 만큼 시정도 많았다. 나는 본디 나무를 좋아하고, 그렇기 때문에 녹음과 단풍을 특별히 사랑하지만, 그보다도 더한 것이 신록이다. 5월은 신록의 계절인 것이다.

그래서인지 5월 중엔 시도 여러 편 얻어졌다. 그 중의 몇 편만을 여기 소개할까 한다.

오동나무꽃

오동나무꽃 보러
길 떠나갈까나
충청도 충주 제천 사이
어느 산기슭의 오동나무 숲
그 오동나무 수풀의
오동나무꽃 위에
나비처럼 날아와
입 맞추던
오월의 그 햇빛
그 사랑 오동나무꽃
가슴으로
따 안고 돌아올까나

이 시는 대구에서 서울로 돌아오는 차창에서 얻어진 것이다. 옥천에서 평택 사이엔 오동나무 수풀이 많이 보였다.

찔레꽃

밤새껏 빗소리에 잠을 설치고

눈 뜨니 어느덧 말갛게 개인 아침
감나무 대추나무 배나무 박달나무
비에 씻긴 얼굴들 더 반짝거리네
늬들처럼 머리 감고 난 처녀들
온 땅 위에 가득하겠는데
이런 날 난들 어이 일어나지 못하랴
내 어이 어디론들 떠나지 못하랴
역에 나가 바로 타니 남행열차 새마을호
장가나 가는 듯 가슴마저 설렌다

창밖을 멍하니 내다보다가
수풀인지 언덕인지 퍼런 무더기
퍼런 무더기 자꾸자꾸 지나가는
어디쯤에서던가 잠이 들어 버렸다
보리 익는 고향 냄새 코로 솔솔 들어와
잠결에 눈 뜨니 여기는 충청도
영동인가 황간인가 그 어디쯤의
찔레꽃 엉긴 산기슭 또 산기슭을
철마는 한창 신나게 돌아가는 중이다
오오, 찔레여 찔레여
그동안 나는 몇 생을 도로 태어났다가
지금 여기 늬들과 다시 만나는 거야.

 진주에서는 비행기표를 보내왔기 때문에 항공편을 이용했다. 비행기를 탈 때마다 누구나 느끼는 일이지만, 작은 창으로 내려다뵈는 산과 내와 마을과 수풀들은 또 각별한 풍경이라 하지 않을 수 없다.

비행기 위에서

날아오르는 비행기 작은 창밖으로
까마득하게 내려다 보이는 지상(地上)은 저승
낯익은 마을의 골목마다 사람들
가물가물 개미떼처럼 박혔구나
그 속에 마침 내 붙이 있어
내 설령 목청껏 부르고 알은체 한들
저에게 내 소리 들릴 리 없것다
내 어느 날 이승 다하여 중음(中陰)에 뜰 제
아내 자식 형제 친척 친지들 향해
아무리 부르고 안간힘 쓴들
그들 이미 내 유정(有情) 알 리 없으리
지금 저기 내려다뵈는
저 까마득한 세상과 무어 다르랴
하늘과 땅 사이
중음으로 가는 비행기여
오월과 감나무 수풀 있는 곳으로
이승이든 저승이든 날 싣고 가다오

  여기 중음(中陰)이라고 하는 말은 불교 용어로 이승과 저승 사이의 무색계(無色界)를 가리킨다. 사람은 죽어서 이내 열반에 들지 못하면 약 49일간 그 혼이 이승과 저승 사이의 중음에 머물게 된다고 한다. 이 중음에 머무는 동안 유가족이나 승려가 절차 밟아 간절히 부처님께 기구하면 열반에 들 수도 있고, 그것이 실패하면 윤회(輪廻)에 부쳐진다는 것이다. 그리고 이 죽음에 떠 있는 동안(어느 기간까지는) 망자의 혼이 이승의 얼굴들을 볼 수 있다는 것이다.
  6월에 다시 대구에 다녀왔다. 이번만은 강연 때문이 아니었다.

나무

작은 볼일 있어 대구로 간다네
지난 달엔 작고 큰 볼일로
부산 진주 전주 대전 그리고 이리
너댓 차례나 다녀왔었지.
하기사 볼일이란 작든 크든 명목일 뿐
친구 만나고 술 마시고 하는 재미지.
그 위에 그보다 또 더한 재미론
오가는 차 안에서 창밖으로
나무를 자꾸 바라보는 맛이었지.

이 시는 내 여행의 가장 핵심적인 목적이랄까 그런 것을 담아본 것이다.

청담동 집으로

1983년 10월 나흗날, 그러니까 신당동 집에 산 지 25년 6개월 만에, 꿈도 아닌 현실로서 나는 이사를 하게 되었다.

나는 물론 처음부터 이사는 생각할 수도 없어서, 반대할 수밖에 없었지만, 나보다도 행동적이고 과단성이 있는 집사람에게 지고 만 셈이다. 그것이 처음부터 이사다 했다면 나도 쉽사리 지지는 않았을 터인데, 처음엔 집을 짓는 일이었던 것이다. 집을 짓는 일을 슬그머니 양보를 하고 나니 이사는 여반장(如反掌)이 되고 말았다.

왜 집을 지어야만 했던가. 이것도 흐리멍텅한 얘기다. 십수 년 전에 사두었던 땅이었다.

1967년에 다섯 권짜리 선집이 나왔는데, 이것이 꽤 많이 나가고, 거기다 상금 탄 돈도 많이 남고 해서 모두 저금을 해두었더니 2, 3년 뒤에는 목돈이 되었다.

그 당시 서울 주변은 거의가 개발 예정지로 되어 있었지만, 특히 지금의 강남구 일대는 대다수 시민들의 관심을 끌고 있었다.

나도 그 돈을 그냥 쥐고 있을 수 없어, 하루는 내가 가끔 다니는 봉은사엘 갔던 길에 그 곁의 복덕방에 들러보았다. 그때 내가 모은 돈으로 살 수 있었던 땅이 청담동의 6백 평이었는데, 수수료까지 모두가 사백 사십 몇만 원인가 되었다. 환지(換地)인지 뭔지 해서 나중 갈아엎은 뒤에 나에게 돌아온 것이 삼백육십 몇 평이었다. 이것이 근년에 와서 꽤 높은 지세(地稅)가 나오더니, 드디어 1983년도부터는 공한지(空閑地) 세란 것이 8백만 원을 상회할 것이라고 했다.

나는 시가보다 좀 싸게라도 팔아치우려 했으나, 집사람이 듣지 않았다. 우리 평생에 언제 또 이런 땅 가져볼 것이라고 이 황금의 땅을 판단 말이냐고 강경하게 나와, 하는 수 없이 두 필지로 분할이란 것을 한 뒤 1백90평짜리에다 집을 짓게 된 것이다.

집 짓는다는 일, 이것도 작은 일이 아니다. 남자가 한평생에 집 한 번 지어봐야 한다는 말이 있는가 하면, 집 짓는 일만은 하지 말아야 한다는 사람도 있다. 작고한 시인 목월이 지금의 원효로 그 집을 짓고 나서 나에게 하는 말이, 자기는 어느 친구든지 집을 짓겠다면 손을 잡고 말리겠다고 나에게 술회한 일이 있었다. 그만큼 집 짓는 일이 복잡하고, 힘들고 어려운 모양이었다.

더구나 우리 내외같이 나이 이미 노경인 데다, 글 쓰는 일 이외에도 취미랄까 부업 이랄까를 두 가지씩이나 가졌고, 그 위에 무슨 기관 단체의 일까지 많이 맡고 있는 형편에서 집 짓는 일을 치르기란 참으로 무리 중에도 무리가 아닐 수 없었다.

나는 숫제 외면을 하고 알은 체도 하지 않았다. 하는 수 없이 집사람이 이 일을 맡았는데, 그동안 목소리가 완연 딴사람 같이 변했으니 그 힘듦을 미루어 짐작할 만하다.

마무리를 지을 계제에 이르러 생각하지 않았던 일이 터졌다. 그것은 내부 손질과 담장 쌓을 비용이었다.
　본디 내부 장치까지는 건축비 속에 절로 포함되는 거거니 했던 것인데, 그것이 아니었다. 담장 쌓을 비용만 자그마치 1천5백만 원이 든다는 것이다.
　나는 눈앞이 캄캄했다. 집을 다 지어놓고도 담장을 쌓지 못한다면 입주할 수가 없는 것이다.
　내가 있는 대로 팔고, 잡히고, 뛸 대로 뛰어 겨우 그 돈을 마련하였다.
　거기다 이사하는 날짜의 어려움이 겹치게 되었다. 무슨 길일(吉日)을 택하느라고 어려웠던 것이 아니라, 완공 날짜와 우리가 옮겨와야 할 날짜가 맞지 않았던 것이다. 지금까지 살던 신당동 집을 전세로 내놓았더니 마침 적당한 작자가 나타나긴 했는데, 그쪽에서 들어와야 할 날짜는 좀 촉박했던 모양이었다.
　처음 9월 27일로 계약을 했었는데, 그 사이 추석이 끼고 해서 10월 3일로 연기를 하지 않을 수 없었다. 그 대신 사랑채를 비우고 임시로 거기 들게 하고, 우리는 이삿짐 싸는 일에 몰두를 했다.
　육 남매 가운데 아들 하나가 외국에 있고, 모두가 서울에 있으니까 아들네 네 집, 딸네 한 집 해서 다섯 집의 얼 가운데 주로 며느리, 딸, 사위 그리고 집사람의 친정 쪽 조카들이 고모할머니 이삿짐 싼다고 매일 장정들을 두셋씩 보내오고, 게다가 나의 종손(從孫)되는 청년들이 와서 돕고 해서 열 몇 트럭의 보따리를 다 꾸려내었던 것이다.
　책이 세 트럭이 되었고, 집사람의 도자기와 나의 서예 작품, 수집품 따위를 합친 것이 너더댓 트럭 되었고, 책장, 양복장 따위와 기물, 도구, 독, 화분 따위가 너더댓, 그리고 우선 옮길 수 있는 뜰의 나무들과 석물들의 일부가 서너 트럭 해서 열다섯 트럭인가 되었다.

이렇게 아직 짐이 다 온 것도 아닌 셈인데, 새집은 새 집대로 아직 완공이 안 된 채 매일 10여 명의 일꾼들이 갈고 두드리고 야단이니 짐 정리에 손을 대어볼 수도 없다.

이런 가운데서도 한 가지 위안이 되는 것은, 이삿짐을 꾸리는 과정에서나, 지금 현재 이리저리 안고 왔다 갔다 하는 중에서도 이렇다 할 큰 사고가 없다는 점이다. 파손물이 전혀 없었다고 할 수는 없겠지만, 비교적 귀중한 것엔 큰 이상이 없는 편이요, 아주 도망간 것은 그리 많지 않을 것 같다. 물론 내 짐은 아직 거의 풀지 못하고 있는 형편이고, 또 꾸러미 수도 본디 헤아리지 않았기 때문에 정확하게 다 와 있는지 어쩐지 모르지만, 모두가 내 가족들에 의해서 치러진 것이라 충분히 안심해도 좋으리라 믿고 있다.

지금 나는 과로로 입술에 딸기가 붙고, 목소리도 얇게 깡말라붙어 버렸지만, 그런 대로 확 트인 남쪽 하늘을 내다보며 내 정원 가족들과 재회할 날의 기대에 부풀어 있다.

문학이란 무엇인가

1984년 정월에 나는 『문학이란 무엇인가』를 펴냈다.

이 책은 판적(版籍)에도 나와 있는 바와 같이, 1952년 2월에 〈문학개론〉이란 제목으로 초판이 나왔고, 1953년 5월에 3판이 나왔다. 그러니까 1·4 후퇴에서 약 1년이 지난 피난지 부산에서 초판이 나왔고, 약 1년 남짓 동안에 두 번이나 증판이 되었던 것이다. 그것도 매쇄(每刷) 5천 부씩이나 되었던 것으로 기억한다.

그것이 나의 피난 생활에서 적지 않은 힘이 되긴 했지만, 나는 마음 속으로 괴롭고 부담스러움을 참을 수 없었다. 그리하여 환도와 함께 나는 이 책을 더 내지 않게 절판을 시키고 말았던 것이다.

그 사정은 다음과 같다. 나는 일찍부터 문학 이론뿐 아니라 철학 서적 따위를 계속 읽어왔기 때문에 내 나름대로의 문학 이론이랄까, 문학 개론이랄까 하는 이름의 책을 내기로 계획해 왔던 것이다. 따라서 약간의 노트를 준비하고 있었던 것도 사실이다.

그러나 6·25를 당해 내가 부산으로 피난갔을 때는 나의 다른 모든 재산과 함께 이에 관한 일체의 자료도 다 서울의 나의 서재에 버려져 있었던 것이다.

나의 간단한 짐 속에 들어 있는 책이라고는 노트 한 권뿐이었다. 그것도 내가 20대부터 작품의 소재가 될 만한 사건의 모티프를 간단히 적어둔 것이요, 위의 문학론을 위한 노트는 그 일부에 지나지 않았던 것이다.

그런데 피난간 5월이던가 6월에 문학개론을 써보지 않겠느냐는 교섭을 J출판사로부터 받게 되었다. 나는 어처구니없게도 그것을 즉석에서 사양하지 못하고 한번 생각해 보겠노라고 했던 것이다.

집에 돌아와 보따리를 뒤져봐야 그 노트 한 권뿐이었다. 부산엔 내 큰조카가 살고 있었지만, 거기도 내 백씨의 서재는 이미 옮겨진 뒤라 장서라 할 만한 것이 없었다. 그런 가운데서도 나의 어려운 형편은 나로 하여금 무모한 욕심을 일으키게 했던 것이다.

나는 드디어 그것을 쓰기로 결심하고 계약을 맺기로 했다. 그 뒤 약 3개월 동안 나는 나의 수십 페이지에 지나지 않는 노트에 매달린 채 나의 모든 기억력과 상상력과 직관을 총동원시키고, 지우(知友)에게서 빌릴 수 있는 관계 서적 수 책을 빌려오고 하여 약 4백 장 가량의 원고를 만들어냈던 것이다.

책이 나온 뒤에 읽어보니 그 빈약하고 불완전한 것은 말할 나위도 없지만, 심지어는 오기(誤記)와 오자(誤字)도 이루 다 헤일 수 없이 많았던 것이다. 그 동안 내가 대강 준비해 두었던 그 책들과 완전한 노트와 그리고 약 2년간의 시간이 나에게 주어졌던들 나는 내가 계획해 오던 그 문학론을 가질 수 있었을 것을 하고 생각할 때마다 가슴이 따갑기만 했다. 물론 그 책(문학개론) 머리말 말미에 〈후일 내가 다시 가져야 할 저작의 초본(抄本)〉이라고 밝히긴 했지만 말이다.

지난해에 D출판사에서 나의 문학개론 재간행에 대한 제의를 받자 나는 한순간 정신이 아찔했다. 나는 그 동안 그 책을 거의 잊다시피 하고 있었던 것이다. 더 정확하게 말한다면 거의 포기 상태에 있었다고 해도 좋을 것이다. 그런데 돌연히 그 재간행론이 거론되고, 또 주위로부터 격려를 받자 나고 새삼스러이 그 책을 버릴 수 없다는 생각이 들었던 것이다.

나는 드디어 결심을 하고, 출판사에는 조금 손을 대어서 넘기기로 약속을 했다. 그러나 정작 손을 대어보려니까 어디서부터 어떻게 손을 대야 할지 엄두가 나지 않았다. 처음부터 아주 고쳐 썼으면 좋겠는데, 그러기에는 나의 정력과 시간이 허락되지 않았다. 나는 하는 수없이 틈이 나는 대로 군데군데 손을 대기 시작했는데, 그것이 밑도 끝도 없는 일이었다.

처음 내가 손을 대어보려고 했을 때에는 스타일부터 아주 고쳐 쓰려고 했던 것이다. 현대에 와서 저명한 학술 서적이 흔히 취하고 있는, 내용은 학술, 형식은 수필이라는 방식을 택하고자 했던 것이다.

그러나 그렇게 하려니까 처음부터 완전히 고쳐 써야 하겠으므로 꼭 그 방식을 택할 수도 없었다.

나는 하는 수 없이 종래의 책자를 두고 고칠 수 있는 데까지 고쳐 나가면서 크게 이상하지 않은 데와 또 고쳐 쓸 수 없는 데는 그대로 두고, 그것도 저것도 안 되는 데는 별도로 원고를 써 보내기로 했다. 그러자니 그것이 마음대로 척척 진행될 수도 없는 노릇이었다.

D출판사의 사장이 조금만 성급한 사람이었던들 나는 이 일을 포기하고 말았을 것이다. 그러나 그쪽에서 나를 이해할 만큼 이해해주고, 참을 만큼 참아주는 데는 도리가 없었다.

나는 앉은뱅이 서울 구경하듯 끙끙대며 약 1년 동안이나 원본과 개고(改稿)를 주무르고 있다가 이제는 더 버틸 수 없다는 계제에 와서 그것을 그대로 넘기고 말았다.

내가 앞으로 꽤 오래 살 수 있다면 다시 한 번 이 책에 손을 대었으면 한다. 그것은 그만큼 미련이 남기 때문이다.

문학이란 무엇인가? 넓은 의미로 보면 언어의 엮음이다. 물론 일반 문장도 언어의 엮음인데, 좋은 의미의 문학, 즉 창작 문학에 속하는 언어의 엮음은 〈무늬〉를 많이 지녀야 한다.

언어를 어떤 과학적 목적으로 쓸 때는 정확한 개념을 전달하도록 노력해야겠지만, 창작 문학에서는 개념과 언어가 가지는 감각과 뉘앙스도 중시해야 한다.

영국의 비평가 매튜 아놀드의 〈문학이란 문자로 씌어진, 또 서적으로 인쇄된 모든 것을 의미한다〉는 정의와 비슷하게 들리지만, 나는 엮음이란 말에 많은 뜻을 두고 있기 때문에 큰 차이가 있다.

엮음이란 무엇인가. 베를 짜듯이 말을 짠다는 뜻이다. 말을 짜는 과정이란 복잡하다. 말은 자원이요, 짠다는 것은 기술이다. 이 경우 기술이란 말은 많은 뜻을 가진다.

우리가 말의 뜻에 보다 많은 비중을 두고 짤 때 그 짜여진 결과는 학문이 된다. 그러나 짜는 기술 쪽에 보다 더 많은 비중을 쏟을 때 그 결과는 문학이 된다.

오늘날 문학이란 말뿐만 아니라 관념 체계 자체가 서양의 근대 문학에 바탕을 두고 있기 때문에 대부분의 용어가 서양에서 옮겨온 말인데, 그 옮기는 과정에서 많이 틀려지고 있다. 예를 들어 Poet이 지금 시인이란 뜻으로 쓰이지만, 이 말은 원래 소설이나 시를 초월한 작가란 뜻을 지니고 있었는데, 그렇게 축소 번역되고 만 것이다. 그 결과 마치 시가 문학의 근본인 것처럼 우상화되는 현상이 이 땅에 빚어졌던 것이다.

시와 소설 어느 쪽이 중요한가의 문제가 아니라, 개념 자체가 바로 잡아져야 한다는 뜻이다.

순수 문학이다 참여 문학이다 하지만, 순수란 말은 참여 문학 쪽에서 비난하는 뜻으로 쓰는 것이고, 나는 본격 문학이란 말을 쓴다.

문학이란 사회의 현실을 떠나 있을 수 없는데, 참여 쪽은 현실의 책임을 사회 체제에 돌리고 사회 개조의 의지 아래 글을 쓴다. 그것은 공리주의 또는 목적주의와 연결되는 것으로, 목적 의식이 전제되면 산 인간과 자연을 그리지 못하고 사상을 그리게 된다. 그건 이데올로기 문학 하자는 것밖에 안 되는 일이다. 그런데 신문이나 평론가들은 그런 문학이 나오지 않으면 문단이 부진하다고 얘기한다. 문학이 정치 사회와 직결된다는 것은 병든 것이다.

앞으로 한국의 신문학(현대 문학)은 그 정신적 기조를 한국적이면서도 세계적인 새로운 휴머니즘에 두어야 하고, 어떤 문학상의 주의나 유파(流派)나 경향보다도 문학 본질에 철저해야 하고, 문학 이외의 어떠한 이익과도 타협하지 말아야 하며, 문학 이외의 어떠한 다른 가치에도 문학을 그 보조 수단으로 이용하지 말아야 한다.

마음도 씻자

　내가 집에서 하는 일은 크게 둘로 나누면 원고 쓰기와 붓글씨 쓰기다. 문학과 서예다.
　그런데 나의 서예란 것이 대개 큰 글자를 많이 쓰기 때문에 큰 벼루에다 먹을 많이 갈아야 한다. 이것이 또한 여간 큰 일이 아니다. 시간이 많이 소비되는 것도 문제지만, 큰 붓으로 먹물을 찍어내다 보면 아무리 조심을 한대도 벼루가 놓인 주위는 시꺼멓게 되게 마련이다. 내가 아주 이것만을 직업으로 삼고 있다면 관계 도구 일체를 번번이 들어내어 그때그때 씻어놓겠지만, 나에겐 그러할 시간이 없다. 그렇다고 이 일을 남에게 맡길 수도 없다. 따라서 나는 어디 꼭 내놓아야 할 작품을 만들 때가 아니면 벼루를 자주 씻지 못하는 편이다.
　더구나 겨울 동안에는 거르는 날이 많고, 작품(서예)에 쫓기는 일도 적으므로 벼루를 위시한 서예 도구들을 시꺼멓게 그냥 버려두고 지내는 편이다.
 이럭저럭 우수 경칩이 지나고 뜰의 나뭇가지들이 봄 빛깔을 머금기 시작했을 무렵에야 벼루뿐 아니라 서예실의 일대 청소를 시작했다. 며느리와 아주머니를 동원해서 그 동안 밀린 방 안의 정돈이며 서예 관계 도구 일체를 내어다 씻게 하는 데 반나절이 걸렸다. 평소에도 단 일 분간도 시간을 내어놓지 않으려고 신경을 쓰는 처지에 세 시간 이상을 이 일에 바쳤으니, 나로서는 장거(壯擧)랄지 대역사(大役事)를 치른 셈이지만, 깨끗하고 정연(整然)해진 방 안의 모습이나 반짝거리는 벼루를 바라볼 때 어디서 오는지도 모르게 솟아오르는 기쁨과 의욕은 나로 하여금 예상 밖의 행복감에 젖어들게 한다. 세 시간이 아니라 하루 종일이 걸렸어도 아깝지 않으리란 생각이 든다.
 그날 밤엔 마침 고향서 친구가 찾아오도록 되어 있었다. 고향 친구란 말들을 많이 쓰지만, 선후배 이외의 같은 나이 또래로, 그것도 같은 초등학교 동기 동창으로 가끔 만나는 사이라면 이 친구 한 사람뿐이다. 경주 황성 숲에 높이 세워진 마상(馬上)의 김유신상을 만들어낸 조각가 김만술이라 해도 일반 사람들은 잘 모르겠지만, 아마 생존 작가로는 제일 연장자일 것이다.
 그러나 이 친구와 내가 만나는 것은 조각과 문학이나 서예의 관계도 아니고, 어릴 때부터 알던 사이로 지금까지 술을 같이 즐길 수 있다는 이유 때문일 것이다.
 친구는 약속 시간인 여섯시 반 정각에 왔다. 우리는 그 동안의 경과를 몇 마디씩 묻고 나서 이내 식탁으로 옮겨 앉았다. 식탁 위에는 광어회에다 청어구이에다 무슨 찌개하며 먹음직한 법주와 포도주가 놓여져 있었다.
 "어느 거 할까?"
 "소주는 없나?"

"소주보다 부드러운 게 낫잖아?"

"그럼 아무 거나."

우리는 법주를 들기로 했다.

술을 몇 잔씩 드는 동안 이 이야기 저 이야기 하다가 나는 문득 오늘 내가 서예실 청소한 얘기를 했다.

"며칠 전부터 봄이라고 야단들을 치고 우수다 경칩이가 해도 남의 얘기같이만 들어오다가 오늘 일대 결심을 하고 청소를 단행했더니 그거 아주 심기일변이 되더군. 정말 봄이 온몸에 꽉 차는 것 같은 기분이었어."

나의 이야기를 비죽이 웃으며 듣고 있던 그는,

"자네 본래 청소 좋아하잖아?"

하고 물었다.

"그와 반대야. 나같이 청소에 루즈한 사람도 드물걸."

"아니야, 자넨 청소 좋아해."

"무슨 소리지?"

"그거, 방 닦아내고 벼루 씻어내는 것만 청손가? 자네같이 속 씻어 내는 것도 청소잖아?"

"무슨 뜻이지?"

"자네 옛날부터 아침마다 공복에 생수 한 병씩 드리붓는다면서?"

그는 혼자 껄껄 웃고 나서 술잔을 집어 올렸다. 같이 술잔을 내자는 시늉이다.

"자네 그 동안 말 공부도 많이 했군."

나도 웃으며 같이 술잔을 내었다.

그날 밤 우리는 꽤 늦도록 술을 마셨다. 그리고 친구는 우리 집에서 자고 이튿날 고향으로 돌아갔다.

나는 친구가 떠난 뒤에도 〈속 씻어내는 것도 청소〉라고 하던 그의 말이 잊혀지지 않았다. 그렇다. 그 친구가 말한 대로 방을 닦아내고 벼루를 씻어내는 것만이 청소가 아니고, 물로 속을 씻어내는 것도 청소라면, 청소의 종류는 또 한 가지 더 있어야 할 것 같다. 그것은 마음을 씻어내는 청소가 아닐까.

동양의 고전인 「주역」에는 〈이로써 마음을 씻고 물러가 가만히 감추느니(以此洗心退藏於密-繫辭傳)〉하는 말이 있다. 여기 〈이로써〉하는 것은 주역의 점리(占理)와 괘리(卦理)를 가리킨다. 그러니까 역리(易理)로써 마음을 씻는다는 뜻이 된다.

다시 고향에 가보니

내 어릴 때 내 눈에 비친 고도(古都)는 폐허였다. 그것은 끝없는 슬픔이요, 우울이요, 주검이었다.

이 슬픔과 우울과 주검의 리듬이 나의 전생과 연결되어 〈나〉로서 태어났는지, 나는 어려서부터 이 슬픔과 우울과 주검의 폐허 속에 젖어들기 시작했다.

나는 거의 날마다 저녁때가 되면 우리 집에서 멀지 않은 무슨 절터다, 옥터(옥거리)다, 옛 성터다, 무슨 당산(당집과 당나무가 있는 산)이다 하는 데를 찾아다녔다. 나중엔 고분(이름 모를 옛 왕릉)들이 많이 선 밤숲거리, 봉황대, 비두거리(첨성대 앞거리), 안압지, 계림, 반월성, 황룡사지 쪽으로 발전하게 되었는데, 그 무렵의 나에게는 그것도 다 폐허의 연장에 지나지 않았다. 다시 말해서 그러한 사적들과 잡초와 낙엽에 덮여 있는 어느 이름 모를 절터, 궁터 하는 따위와를 전혀 구별하지 못한 채였다. 그만큼 나의 가슴속은 언제나 죽음과 주검(폐허)과 〈죽은 나라〉로 가득 차 있었다고나 할까.

1986년에 나는 다시 고향을 다녀왔다.

이번에 경주엘 가보니 옛날의 성터도 개천도 다 없어지고 딴세계 같이 되어 있었다.

옛날 내가 태어난 집을 찾아가 보니 집 모양은 달라졌어도 뜰의 흙이 그대로 있었다. 그 동네도 뜰이 대개 시멘트로 덮여 있었는데, 흙이 그대로 있다는 것만 해도 놀라운 일이 아닐 수 없었다. 게다가 바로 우리 앞집의 며느리였던 지동댁이 살아 있었다. 88세라 했다.

나는 예기청수를 찾아가 보았다. 물빛은 옛날대로였다. 경주에서 변하지 않는 것은 이 예기소 하나뿐이라고, 동행을 한 시인 서영수 씨가 말했다.

나는 예기소의 깊이 모를 짙푸른 물을 바라보며 천년 고도의 무수한 이야기와 모든 비밀이 다 이 속에 감추어져 있으리란 생각을 하며 자신을 위로할 수밖에 없었다.

오후엔 나의 「황토기」의 현장을 찾아 서출지 남쪽으로 몇 킬로미터를 더 나가보았지만, 해방 후의 식목 정책으로 인하여 붉은 산, 붉은 흙은 찾을 길이 없었다.

지금 경주(경북) 문협 지부에는 이근식, 서영수, 정민호, 설성희 등 착실한 시인들이 일을 보고 있고, 옛날의 계남학교 시대의 동창(동기)이던 조각가 김만술은 미국에 있는 가족들을 보러가고 아직 돌아와 있지 않았다.

옛 친구는 다 없어지고, 옛 성도, 옛 마을도 다 사라진 채 옛 모습 그대로 간직하고 있는 것은 도깨비벌을 곁들인 예기소와, 이름 모를 왕릉과 고총(古塚)들 뿐인가. 나는 쓸쓸한 심정으로 귀로에 올랐다.

파란 솔등 돌아
노란 들녘 지나
하얀 모래내 건너
들국화 헤치며 고향으로 간다.

고행은 고분의
천년 고도

어제 바람이 오늘 불고
저승이 이승을 이기는 곳
하얀 모래내 건너
노란 들녘 지나
파란 솔등 돌고
코스모스 헤치며 서울로 돌아온다.

아아, 이렇게 고향에 다녀오듯
저승에서 이승으로 돌아올 순 없을까.
내 마음속에 언제나 있는
그것은 오직
고향과 저승뿐인 것을.

이것이 나의 시 「귀거래행(歸去來行)」이다.

이름 이야기

　문단에 나올 무렵 나는 당선을 거듭하기 위하여 그때마다 이름을 갈았었다.
　1934년 《조선일보》에 시가(詩歌) 「백로」가 입선되었을 때는 호적명(창귀)을 썼다. 다음해 「화랑의 후예」가 당선되었을 때는 백씨가 지어준 아호(시종)을 썼었다. 그리고 1936년 동아일보의 「산화」는 지금 쓰는 이름(동리)으로 당선이 되었었다. 그 뒤 나는 다시 현상 문예에 응모할 일이 없기 때문에 또다시 다른 이름을 쓸 필요가 없어졌고, 따라서 동리는 내 펜네임(필명)으로 고정되고 말았다.
　내가 「산화」를 쓴 해인사에 있을 때다. 나는 이것을 다음해의 신춘 문예에 응모할 작정으로 혼자서 가만히 동허(東虛)란 이름을 새로 하나 지어놓고 그것을 내 백씨께 보여드렸더니, 백씨께서는 그게 무슨 이름이냐고 핀잔을 주면서 동리라고 고쳐주었다. 평범하되 속되지 않고, 흔한 듯하되 귀한 이름이라 하기에 나는 곧 이것을 쓰기로 했다.

그러나 백씨는 이 이름의 전거(典據)나 연유(緣由)에 대해서는 별로 밝힘이 없었고, 다만 호는 고인(古人)이 쓰던 것을 따르는 것이 좋은데, 이 동리란 아호엔 점잖은 이가 많다고만 덧붙였다.

그 해(1936년) 5월인가 나의 필명에 대해 쓰는 글에서, 나는 이에 대해 별로 아는 것이 없으므로, 다음과 같이 썼을 뿐이다.

> 나는 동쪽 마을에 살기로 한다. 햇빛이 좋다. 이곳이 옛날 화랑의 춤터라 하나, 지금의 나에게 그런 것은 아랑곳없다. 그저 햇빛이 좋다.

그 뒤 나는 「삼국사기」를 읽다가 열전(列傳)의 〈백결 선생〉 편에서 다음과 같은 구절을 발견하게 되었다.

> 백결 선생은 어떤 사람인지 잘 모른다. 그는 낭산 밑에 살았으나 집이 극히 가난하여 옷을 백 군데나 기워 입었으므로 메추리가 달린 것 같았다. 그 당시 사람들은 그를 동리(東里)의 백결 선생이라고 불렀다.

이 글에서 동리라 함은 백결 선생이 살던 고을 이름을 가리킨 것이다. 옛날 사람들은 흔히 훌륭한 어른의 이름을 직접 부르지 않고, 그가 살던 마을이나 고을 이름을 따서 거기다 선생을 붙여 부르는 일이 많았다.

내 백씨가 쓴 『화랑외사』란 책에서 보면 백결 선생은 그 당시 화랑의 사범(師範)이었다고 한다.

「논어」에는 동리자산(東里子産)이란 인물이 나온다. 공자께서 말씀하시기를 군자의 도가 넷이 있으니 자기를 행하되 공손하고, 윗사람을 섬기되 경건하고, 백성을 기르되 은혜롭고, 백성을 시키되 의로워야 하는데, 동리자산에게는 그 네 가지 공경혜의(恭敬惠義)가 다 갖추어져 있다는 것이다.

그런데 백결 선생이나 자산에게 왜 동리가 붙었을까. 그들이 사는 곳(혹은 살던 곳)이 동리래서라고 하지만, 고사(高士) 덕인(德仁)이 사는 곳이 반드시 동리뿐이더냐 그런 말이다. 남촌(南村)에도 있었을 게고 서리(西里)·북동(北洞)에도 있었을 게 아니겠는가. 그렇다면 다른 모든 고사 덕인이 살던 서리·남촌·북동은 왜 그들의 자(字)나 호(號) 위에 붙이지 않고 유독 동리만을 붙이냐는 것이다.

이것도 물론 예외는 있을 것이다. 그러나 명사의 자나 호 위에 동리가 붙는 경우는 유독 많다. 이것은 무슨 까닭일까. 이것을 나는 다음의 몇 가지로 생각해 본다.

첫째, 동리는 서리·남촌·북동보다 고사 덕인이 많이 살았다.

둘째, 동리는 서리·남촌·북동보다 고사 덕인이 살기에 어울리는 곳이다.

셋째, 동리는 서리·남촌·북동보다 따뜻하고 명랑하고 멋이 있고 힘이 있다.

나는 물론 내 필명이 동리라고 해서 자신을 백결 선생이나 동리자산과 같은 고사 덕인이라 생각하지 않는다. 그러나 내가 동리란 이름에 연유하여 백결 선생이나 자산의 높은 인격과 덕망을 언제나 마음속에 깊이 흠모하여 본받고자 하고 살아간다면 이 또한 반드시 나무랄 이유도 못 될 것이다.

해가 돋는 곳, 동쪽 마을에 살기로 한다. 그저 햇빛이 좋다.

백씨 범부 선생 이야기

내가 어릴 때 들은 옛이야기 가운데 도인(道人)이니 이인(異人)이니 하는 말이 자주 나왔다. 때로는 도사(道士)라고도 했다.
"도인이 뭐꼬?"
"도 통한 사람 아이가?"
"도 통한다는 게 뭔 말이고?"
"뭐든지 모르는 게 없는 사람이라."
"그라면 이인하고 같은 기가?"
나의 연속적인 질문에 자형은 그냥 고개를 끄덕였다. 어쩌면 좀 다를지 모른다고 자형은 속으로 생각했는지 몰랐다.
곁에 있던 시악아제가,
"모르는 게 없을 뿐만 아니라, 금 나오느라 카먼 금 나오고, 떡 나오느라 카먼 떡 나오고, 뭐든지 맘대로 되는 기라."

이렇게 도인이니 이인이니 하는 말의 풀이를 거들었다. 시약아제는 나의 외가 쪽 아저씨뻘 되는 이로 글은 못 배웠지만, 속에는 육조 벼슬이 다 들었다고 일컬어지던 위인이었다.

나는 그때부터 도인이니 이인이니 하는 것에 대한 꿈이 깃들여지기 시작했던 것이 아닐까 생각한다. 무소부지(無所不知)와 무소불능(無所不能)의 인간, 그러한 인간이 세상에 있을 것이라고 나는 꿈을 기르기 시작했던 것 같다.

내가 이러한 반신적(半神的) 인간이 지상 어디에 반드시 있을 것이라고 믿게 된 계기는 이 밖에도 또 한 가지가 있었다. 그것이 내 백씨(범부 선생)였다.

나는 백씨가 지상에 있었던 두드러진 천재의 한 사람이라고 믿고 있다. 그에게 만약 그의 천재를 뒷받침할 만한 건강과 의지와 그리고 기회가 주어졌던들 공자나 기독에 준하는 일이라도 할 수 있지 않았을까 생각한다.

그에게 인생과 우주의 근본이랄까 원리랄까 그런 것에 대해 묻는 사람이 있으면, 그는 언제나 즉석에서, 동서의 모든 경전을 모조리 소화시킨 듯한 차원에서, 직관적인 사례(事例)로 대답을 하곤 했던 것이다. 이것은 그의 강좌 따위에 참석했던 모든 사람들의 기억 속에 지금도 생생히 남아 있는 것으로 안다.

백씨가 도무지 막히는 게 없다고 소문이 돌자 한 강좌에서 누가 우문(愚問)이랄까 넌센스 질문이랄까 하는 그런 질문을 했다. 해마다 겨울이 되면 대한(大寒)보다 소한(小寒)이 더 춥던데, 왜 그렇냐는 것이었다. 거기에 대해 백씨는 곧장 젊은 추위가 늙은 추위보다 더 추워야 하지 않겠냐고 대답하여 박수가 터져 나왔다고 한다.

그러면서 백씨는 아무것도 이루어놓은 것이 없다고 하면 좀 지나친 말이 될지 모르지만, 그를 알던 사람들은 항용 그렇게들 표현하고 있는 것이 사실이다. 그 좋은 머리와 박학한 지식에 저서라도 남겼으면 오죽 좋으랴 하고 모두 애석해 한다. 지금 〈화랑외사〉란 이름으로 남아 있는 책자도 백씨가 손수 집필한 것이 아니고, 구술(口述)한 것을 제자 조진흠(趙雖欽) 군이 받아써서 원고를 만들었던 것이다.

백씨가 의도적으로 책을 내지 않겠다는 방침이나 신조를 가진 것은 아니다. 일부에서는 모든 〈있음〉의 의의를 인정하지 않았기 때문에 저서라는 이름의 〈있음〉도 취하지 않았다고 보는 이도 있지만, 그것은 이유의 작은 부분에 지나지 않는다. 제대로라면 책을 내어야 한다고 나에게뿐 아니라 여러 사람에게 그렇게 말했던 것으로 안다. 말만 했을 뿐만 아니라, 당신이 쓰고자 하는 책의 주저(主著)는 지금까지 있어 온 동서양의 철학을 총정리하는 새로운 형이상학이라고 밝히기도 했다.

그렇다면 〈제대로 할 수〉 없었던 것은 무엇이며 무엇 때문일까? 이에 대해 내가 백씨로부터 직접 들은 바는 〈여건이 되지 않아서〉라는 말뿐이었다. 그 여건이란 무엇이던가? 내 나름대로 생각하는 바를 말한다면, 첫째는 상황이 허락되지 않았고, 둘째는 건강이 안 좋았고, 셋째가 관계서적 문제였을 것이다.

그러면 첫째의 상황이 허락되지 않았다 함은 무슨 뜻인가? 간단히 말해 해방 이전은 일제 식민지였기 때문에 현실과 일상 속에서 사람으로서 행할 수 있는 최선의 길은 일제를 밀어내고 나라를 찾는 일이었을 것이다. 그래서 두 차례나 투옥되고 수시로 가택 수색을 당했다. 8·15 이후는 국토 분단과 좌우 투쟁의 현실이 그로 하여금 일상을 젖혀두고 자기 저서에 몰두하지 못하게 만들었을 것이다. 그래서 강좌나 맡고, 좌담 형식으로 술회를 풀면서 술이나 마시며 한 세월을 보낸 것이 아닌가 그렇게 생각한다.

내 조카사위 진교훈(秦敎勳-서울대 철학과) 교수가 《대중불교》지의 근세 거사 열전(近世居士列傳)에 쓴 글을 빌려 백씨 이야기를 마무리하고

자 한다.

나는 개인적으로는 막내사위인 범부 선생님을 아버님이라고 부르는 터이나, 범부 선생님은 그를 존경해 마지않는 모든 사람의 아버지가 되실 분이다. 그래서 사람들은 언제부터인가 그 어른을 〈범부(凡父)〉라고 부르게 된 것이 아닌가 싶다.

그는 네 살 때부터 열세 살까지 김계사(金桂士) 선생으로부터 사서삼경을 배웠다. 그 후 선생 없이 노장(老莊)과 불서(佛書)를 독파하였다.

열여섯 살에 병약한 몸으로 일제에 항거하여 경주 남문에 격문을 붙이기도 했다. 그는 뜻을 이루기 어렵게 되자 산사(山寺)에 들어가『월남망국사(越南亡國史)』를 읽고 통분하면서 병서(兵書)를 읽기도 했다.

열아홉에 육영사업회인 백산상회의 장학생으로 도일(渡日)하여 여러 대학에서 청강도 하고, YMCA에서 영어와 독일어를 배우기도 했다. 특히 동서 철학의 비교 연구에 몰두했다. 그는 당시 일본의 유명한 협객인 도야마 미즈루에게서 존경 받는 인물이었다. 당시에 한국인으로서는 최두선(崔斗善), 홍명희(洪命憙) 등 많은 뛰어난 재사들이 일본에 와서 수학했으나, 가장 출중하여 영남 제일의 천재라는 명성을 얻었다고 한다.

그는 스물다섯 살까지 일본에 체류했다. 동서양의 철학은 물론 문학, 사회과학을 두루 섭렵하였다. 스물다섯 살에 귀국하여 현 동국대학교 전신인 불교 중앙학림에서 강의했다.

그 후 병을 얻어 요양할 겸 부산 동래에 칩거하여「경사자집(經史子集)」과 불서 등을 연구했다. 소장하셨던 책들은 현재 영남대학교 도서관 범부 문고실에 보관되어 있다.

미당 서정주가 아버님을 처음 뵈었을 때의 인상과 풍모를 적어놓은 글에 이런 구절이 있다.

〈내가 그 어른과 처음 만난 것은 1934년 정월인가 2월, 그의 나이는 이미 서른여덟 살이 되어 있었는데, 겨울인데도 그는 아직 옥양목의 하이얀 홑두루마기를 걸치고, 카이젤식의 콧수염 밑의 그 호한하게 단단히 흰 두 줄 이빨은 늘 여유도도한 소리 없는 웃음만을 풍기고 있었다. 그는 내가 이 세상에 태어나서 사귀어본 모든 존장자(尊長者)들 가운데서는 제일 훤출한 미남이고, 또 가장 시원스런 호장부였던 것 같다. 그의 두 눈의 그 기이다랗던 속눈썹을, 그 안에 늘 번개치던 결의적(決意的)인 동자가 유난히 크고 빛나던 두 눈을, 그 위에 그 활등같이 두루 잘 굽은 눈썹을 딴 선배의 모습에서 나는 쉽게 찾을 수가 없다.

그러나 내가 지금도 안 잊히는 것은 그런 그의 외모 때문은 아니다. 그의 그런 천진한 소년풍의 외모 속에 들어 있어 때로 조용한 때 새어 나오던 그의 학문과 인간에 대한 넓고 깊은 이해 때문인 것이다.〉

서른여덟 살 때 다솔사에서 후학을 가르치기도 했는데, 이때 일본 대승(大僧)들과 대학 교수 40명에게 청담파(淸談派)의 현리(玄理) 사상을 일주일간 강의하여 일본에서도 명성이 높았고, 그 후 일본 사람들의 주목을 받게 되었다.

1945년, 해방이 되자 부산에서 곽상훈(국회의장 역임), 김법린(동국대 총장 및 문교부장관 역임), 오종식(언론인) 등과 함께 일오구락부(一五具樂部)를 조직하여 건국 방책에 대한 강좌를 열었다.

1948년 서울에서 경세학회(經世學會)를 조직, 건국이념에 대한 연구 및 강의를 하였다.

1950년 동래구에서 2대 민의원으로 당선되고, 1955년에는 경주 계림대학 초대 학장으로 취임했다.

1958년, 건국대학교에서 정치철학 강좌를 담당하면서 동시에 동 대학교 부설 동방사상연구소 소장으로 취임, 역학 및 한국 사상의 특유한 오행사상(五行思想)과 음양론을 3년간 강의했다. 이때의 수강자로 황산덕(黃山德), 이항녕(李恒寧) 등이 있다.

1962년 『건국정치의 이념』을 저술했으며, 1963년에는 오월동지회의 부회장으로 취임하여 박정희 대통령에게 국정 자문을 하기도 했다.

1966년 12월 10일, 향년 70세를 일기로 하여 간암으로 영면하였다.

사람들은 아버님을 두고 「화랑외사」에 나오는 백결 선생을 연상하기도 하고, 또 매월당(梅月堂) 김시습(金時習)을 연상하기도 한다.

　나는 아버님을 가까이 모시면서 살아 있는 신선 같은 분이라는 느낌을 가졌다. 그는 도무지 무엇에 구애를 받지 않고 사신 듯, 늘 옥골선풍(玉骨仙風)의 풍모를 하고 계셨다. 그 분을 뵈올 적마다 신선도에서나 볼 수 있는 신선이 산수 좋은 곳에 정자를 짓고, 거문고를 타거나 시를 읊거나 차를 마시면서 만권서책을 두루 읽으며 사는, 유유자적하는 모습과 방불하다고 느끼곤 했다.

　누구든지 그 분 앞에서는 옷깃을 여미고 그 분의 말씀과 그 신선풍미에 도취하고 말았다. 문자 그대로 무불통지라고 말해도 좋을 것 같았다. 그 분은 사람으로서 알 수 있고, 생각할 수 있는 것이면 그 무엇이건 다 알고 있는 것 같았다.

　그는 불자(佛子)를 만나면 선과 수행에 관해서 말씀을 나누셨고, 유자(儒子)를 만나면 경전(經典)을 말씀하셨고, 가톨릭 신부와 만났을 때는 스콜라 철학을, 목사와 만나면 종말론을 주제로 삼으셨다.

　그는 누구와도 대화가 가능했다. 그리고 한번만이라도 대화를 나누어 본 사람은 그를 잊지 못하고 흠모해 마지않았다. 그의 해박한 지식과 총명을 두고 시인 서정주는 조시(弔詩)에서 〈천년에 하나 나올까 말까 하는 천재〉라고 감탄하면서 〈하늘 밑에서 제일 밝던 머리〉라고 노래했다.

　저서로는 『화랑외사』, 『범부유고(凡父遺稿)』, 『풍류정신』이 있다.

보름달

나는 지금 보름달 아래 서 있다.

나는 보름달을 좋아한다. 보름달을 좋아하는 사람이란 예외 없이 싱겁고 평범하게 마련이라면, 나는 내가 그렇게 싱겁고 평범한 사람이 되어도 하는 수 없다.

내가 가진 새벽달의 기억은 언제나 한기(寒氣)와 더불어 온다. 나는 어려서 과식하는 버릇이 있었기 때문에 내가 그 하얗게 깔린 서릿발을 밟고 새벽달을 쳐다보는 것은 으레 옷매무새도 허술한 채 변소 걸음을 할 때였다. 그리고 그럴 때 바라보는 새벽달이란 내가 맨발로 밟고 있는 서릿발보다도 더 차고 날카롭게 내 가슴에 와 닿곤 했었다. 따라서 그것은 나에게 있어 달의 일종이라기보다 서슬 푸른 비수나 심장에 닿아진 얼음 조각에 가까웠다고나 할까. 게다가 나는 본래 잠이 많아서 지금도 내가 새벽달을 볼 수 있는 것은 언제나 선잠이 깨었을 때다.

새벽달보다는 초승달이 나에게는 한결 친할 수 있다. 개나리, 복숭아, 살구꽃, 벚꽃 들이 어우러질 무렵의 초승달이나 으스름달이란 그 연연(娟娟)하고 맑은 봄밤의 혼령 같은 것이라고나 할까. 소식(蘇軾)의 〈봄 저녁 한 시각은 천 냥에 값하나니, 꽃에는 맑은 향기, 달에는 그늘〉이라고 한 시구 그대로다. 어느 것이 달빛인지 어느 것이 꽃빛인지 분간할 수도 없이 서로 어리고 서려 있는 봄날의 정취란 참으로 흘러가는 생명에 한스러움을 느끼게 할 뿐이다.
　그러나 그렇단들 초승달로 보름달을 겨룰 수 있으랴. 그것은 안 되리라. 마침 어우러져 피어 있는 개나리, 복숭아, 벚꽃 들이 아니라면, 그 연한 빛깔과 맑은 향기가 아니라면, 그 보드라운 숨결 같은 미풍이 아니라면 초승달 혼자서야 무슨 그리 위력을 나타낼 수 있으랴. 그렇다면 이미 여건 여하에 따라 좌우되는 초승달이 아닌가.
　보름달은 이와 달리 벚꽃, 살구꽃이 어우러진 봄밤이나, 녹음과 물로 덮인 여름밤이나, 만산(萬山)에 수를 놓은 가을밤이나, 천지가 눈에 쌓인 겨울밤이나, 그 어느 때고 그 어디서고 거의 여건을 타지 않는다. 아무것도 따로 마련된 것이 없어도 된다. 산이면 산, 들이면 들, 물이면 물, 수풀이면 수풀, 무엇이든 있는 그대로 족하다. 산도 물도 수풀도 없는, 아무것도 없는 사막이라도 좋다. 머리 위에 보름달만 있으면 언제 어디서고 세상은 충분히 아름답고 황홀하고 슬프고 유감한 것이다.
　보름달은 온밤 있어 좋다. 초승달은 저녁에만, 그믐달은 새벽에만 잠깐씩 비치다 말지만 보름달은 저녁부터 아침까지 우리로 하여금 온밤을 누릴 수 있게 한다.
　이렇게 보름달은 온밤을 꽉 차게 지켜줄 뿐 아니라 제 자신 한쪽 귀도 떨어지지 않고, 한쪽 모서리도 이울지 않은 꽉 찬 얼굴인 것이다.
　어떤 이는 말하기를 좋은 시간은 짧을수록 값지며, 덜 찬 것은 더

차기를 앞에 두었으니 더욱 귀하지 않느냐고 하지만, 필경 이것은 관념의 유희다. 행운이 비운을 낳고, 비운이 행운을 낳는다고 해서 행운보다 비운을 원할 사람이 있을까.

나는 초승달이나 그믐달같이 병적이며 불완전한 것, 단편적인 것, 나아가서는 첨단적이며 야박한 것 따위들에 만족할 수 없다.

나는 보름달의 꽉 차고 온전히 둥근 얼굴에서 고전적인 완전미와 조화적인 충족감을 느끼게 된다.

나는 예술에 있어서도 단편적이고 병적이며 말초적인 것을 높이 사지 않는다. 그것이 설령 기발하고 예리할지라도 시간과 공간을 초월한 완전성과 거기서 빚어지는 무게와 깊이와 넓이에 견줄 수는 없으리라.

사람에 있어서도 그렇지 않을까. 보름달같이 꽉 차고 온전히 둥근 눈동자의 소유자를 나는 좋아한다. 흰자위가 많고 동자가 뱅뱅 도는 사람을 대할 때 나는 절로 마음을 무장하게 된다. 남자의 경우도 물론 그렇겠지만, 여자의 경우엔 더욱 그렇다. 보름달같이 맑고 둥근 눈동자가 눈 한가운데 그득하게 자리잡고 있는 사람, 누구를 바라볼 때나 무슨 물건을 살필 때 눈동자를 자꾸 굴리거나 시선이 자꾸 옆으로 비껴지지 않고 아무런 사기(邪氣)도 편견도 없이 정면을 지긋이 바라보는 사람, 기발하기보다 정대(正大)한 사람, 나는 이러한 사람을 깊이 믿으며 존경하는 것이다.

보름달은 지금 바야흐로 하늘 한가운데 와 있다. 천심(天心)에서 서쪽으로 기울어지는 시간을 더욱 길며 여유 있게 느껴지는 것이 또한 보름달의 미덕이기도 하다.

꽃과 솔과 나

어저께는 백로(白露), 구월 팔일이건만 넥타이에 저고리를 걸치고는 견디기 어려운 정도였다. 아무리 늦더위니 노염(老炎)이니 하지만 이다지도 추근추근히 늑장을 부릴까.

그런데도 역시 계절이 계절인지 아침저녁으로 알맞게 시원하다. 나는 뜰에 나가 아침의 신선한 공기 속을 거닐어본다. 뜰 가에 둘러선 은행나무, 감나무, 대추나무, 향나무, 잣나무 들은 떡잎 하나 달지 않은 채 여름 동안 그대로 짙푸르기만 하다. 백로가 지났는데도 어쩌면 나무 빛깔들이 여름의 녹음 그대로일까.

은행나무 밑을 돌아 앞뜰 쪽으로 나오니 죽죽 뽑아올린 새 가지들 끝에서 커다란 분홍빛 장미꽃 다섯 송이가 피어 있다. 사철 장미라고는 하나 한창 더위가 기승을 부리던 6월 하순에서 8월 그믐께까지 꽃송이 하나 달지 못하던 장미였다. 그것이 요 일주일 동안의 아침 저녁 약간

싸늘해진 공기를 마시고 이렇게 탐스러운 꽃 다섯 송이를 올린 것이다.

오오, 꽃이여, 꽃이여, 하고 나는 가끔 생각해 본다. 잎은 대개 푸르고, 어느 나무에서나 입성처럼 모든 가지와 줄거리를 덮고 있다. 그러나 꽃은 잎처럼 어느 나무에서나 피는 것도 아니고, 또 모든 나무를 입성처럼 언제나 감싸주고 있는 것도 아니다. 잠깐 피었다 져버린다. 빛깔도 잎새처럼 일률적으로 녹색이 아니고, 대개는 붉지만, 희고 누르고 푸르스름하고 가지각색이다. 꽃송이도 잎새처럼 다닥다닥하지 않고 한두 송이 여기저기 떨어져 피는 것이 보통이다.

그래서 꽃은 잎새보다 귀한 것인지 모르지만, 사실 잎을 푸른 꽃이라고 생각해서 안 될 것도 없다. 나는 꽃이 지고 잎만 우거진 여름철이 되면 잎새들을 꽃이라고 혼자서 우겨볼 때가 있다. 녹음을 가리켜 푸른 꽃들이 어우러져 있는 것이라고 말이다. 그러나 그러다가도 탐스럽게 붉은 목백일홍(배롱나무)을 본다거나 잘 가꾸어진 장미 송이를 보면 잎새보다는 월등 다른 것을 느낀다. 역시 꽃은 꽃이란 생각이 든다.

내가 꽃에 처음 놀랐던 것은 여섯 살인가 나던 해 봄에 본 진달래였다. 나는 어머니 몰래 집을 빠져나와 여섯 살의 어린 나이로 혼자 온 산을 돌아다니며 진달래를 한 아름 따 안고 돌아온 일이 있었다.

그 뒤 꽃은 보는 대로 나의 가슴을 후들거리게 했다.

그러던 것이 언제부터인가 꽃보다 낙엽이 좋다고 생각되었고, 그것이 이번에는 낙엽보다 신록이 더 아름답다고 생각되다가 오륙십 이후부터는 성하녹음(盛夏綠陰)이 제일 흐뭇하다고 느껴진 채 오늘에 이르렀다. 물론 그 동안이라고 해도 꽃은 꽃대로 늘 아름답기야 했지만.

그런데 오늘 아침 꽃이 나를 이다지도 느껍게 하는 것이 무엇일까. 꽃이 유독 아름답게 보이는 것은 무엇 때문일까. 꽃이 특히 나를 놀라게 하는 것은 무엇 때문일까.

우리의 목숨 하나하나
눈물 방울 하나하나

그것은 모두 가서 맺어지리라

극락과 지옥이 신선한 과일 함께
식탁 위에 놓인 정오
아아 까마득하게 쳐다보이는 저 멀리
절벽 위에 핀 꽃이여

이것은 옛날에 발표했던 나의 「꽃」이라는 시의 끝부분이다.

 나는 어려서 산에 다니기를 즐겨 하였는데, 산에 가면 눈으로 보는 것이 모두 솔이요, 코로 맡는 것이 또한 솔내였다. 그러나 나는 솔을 보거나 솔내를 맡으러 산에 다니지는 않았다. 대개는 꽃을 꺾거나 멧새 알을 줍기가 목적이었다. 그러한 4월, 5월 무렵의 어느 하루 눈부신 햇빛 아래 멧새 알을 줍기에도 지친 나는 문득 코를 찌르는 솔내와 함께 송화(松花) 가루 속에 싸여 있는 나 자신을 발견하게 되었다. 산등성이나 골짜기가 모두 뿌연 송화 가루로 덮여 있지 않은가. 그때 나는 솔 꼭대기마다 피어 있는 솔꽃을 자세히 보았으며, 또 이야기에서나 들은 신선의 머리에라도 꽂아주었으면 좋을 듯한 연두빛 줄기를 꺾어 주렁주렁 달린 꽃망울을 누런 가루째 입에 씹으며, 혼자서 공연히 그것을 솔밥이라고 이름 짓고, 시장할 때는 먹어도 좋은 거라고 자신을 격려해 가며 쓰고 떫은 침을 삼키던 때의 무어라 형언할 수 없이 아득한 심사(心思)를 지금도 잊을 수 없다.

 나는 일찍이 화성(畫聖) 신라산인(新羅山人)의 「산인한일도(山人閑日圖)」라는 그림을 본 적이 있었다. 노송(老松) 아래 지팡이를 짚고 몸을 약간 구부리고 서 있는 선인(仙人)을 그린 것인데, 내가 말하려는 것은 그 앞에 서 있는 선인이 아니라 그 뒤에 서 있는 노송이다. 등치는 고괴(古怪)한 용신(龍身)이 틀어올라간 것 같고, 가지는 위가 부러진 채 그 부러진 곁가지가 다시 아래로 축축 늘어져 거기 성긴 침엽(針葉)이 달려 있는 것이 바로 신선을 느끼게 한다. 그 아래 구부리고 서 있는 선인은 오히려 그 뒤에 서 있는 노송에서 신선을 느끼게 하기 위한 부차적인 존재같이 보였다. 나는 용과 같은 노송에서 충신 열사의 절조(節操)보다 신선의 초세간적(超世間的) 신비와 고괴를 느끼는 동시에 나의 머릿속에는 내가 어려서 보던 솔꽃 가루와 솔내가 저절로 떠오르지 않을 수 없었다.

내 일찍이 가야산(伽倻山)에 머무를 때 백련암의 용봉선사가 나에게 이르기를 고인(古人)들이 암혈(岩穴)에 기거하고 솔을 생식(生食)하던 것을 들어 자신은 멀리 미치지 못함을 탄식한다고 했다. 이로써 본다면 도인(道人)이 되고, 자연에 동화하여 불로장생하고, 신선이 되려는 자 모름지기 솔의 상식(常食)으로 신화위송(身化爲松)을 요결(要訣)로 삼았음을 그윽히 짐작할 일이다.

오오 솔이여, 솔은 진실로 좋은 나무, 백목지장(百木之長)이요, 만수지왕(萬樹之王)이라 하리니, 이 위에 또다시 무슨 말을 더 하겠는고. 솔을 보라, 솔을 보라.

꽃과 나무를, 그리고 그 꽃과 나무를 앞에 내세우고 있는 자연은 동양인의 또 다른 신의 이름이다. 이는 진실로 동양인의 혈관 속에 흐르는 원시같이 소박한 또 하나의 신의 숨결이라고 하겠다.

나는 세상이 싫다거나 사는 것이 괴로워서 죽음을 생각한 일은 별로 없다. 그와 반대로 나는 세상에 집착이 강하고 삶이 대견해서 도리어 죽음을 생각하는 것 같다. 가령 어느 5월의 아침 뜰의 감나무 아래에 선다. 감나무는 하얀 감꽃이 달려 있고, 감나무 잎에는 이슬이 맺혀 빛나고 있다. 그 앞에는 겹철쭉, 황철쭉, 영산홍 그리고 여러 빛깔의 장미들이 피어 있다. 그리고 뜰가에는 짙푸르고 두꺼운 잎새의 은행나무들이 둘러서 있다. 나는 이런 것을 보고 한없이 아름답게 느끼면서도 마음 한 귀퉁이에서는 역시 죽음을 생각하고 있는 것이다. 그것은 너무나 아름답기 때문에 그 아름다운 풍경을 놓치기 싫어서 죽음을 생각하는 것이 아닐까. 죽으면 다시 못 보게 된다는 생각에서 말이다.

어떤 행복론

　모든 사람은 행복을 희망한다. 이것은 좋은 일이다. 우리는 누구나 다 이러한 희망에 대해서 협력할 의무가 있다. 따라서 행복을 희망하는 사람에게 실망을 준다거나 행복을 갖게 하는 데 도움이 되지 않는 따위의 행복론이라면 처음부터 쓰지도 읽지도 말아야 한다. 나는 진실로 행복을 희망하는 모든 인간 동지들에게 경의를 표한다.
　대중이 원하는 행복은 무엇일까. 훌륭한 배우자와 유족한 재산, 이것이 행복의 조건일 것이다. 여기다 욕심을 더 부리면 명예와 지위와 권세와 자녀를 가지는 것도 행복의 조건 속에 헤아려질 것이다.
　옛날 신라의 백결 선생이나 중국 노(魯)나라의 금루(今婁), 초(楚)나라의 접여(接輿) 같은 고사선류(高士仙流)는 모두 대관(大官)의 작위나 거량(巨量)의 재산을 스스로 거부하고 평생 빈천 속에서 부귀 이상의 안락과 행복을 누렸다고 기록되어 있다. 이 사람들은 배우자라든가 재산이라든가 권세라든가 하는 물질적 내지 세속적 조건에 의지하지 않고, 도(道)라든가 인의(仁義)라든가 하는 도덕적 내지 정신적 조건에 의해서도 훌륭히 행복을 누릴 수 있다는 실증(實證)을 남긴 사람들인 것이다.

또 복이란, 구약(舊約)에서는 어디까지나 〈하나님께로부터 받는 물질적 은사(恩賜)〉로 되어 있다. 가나안 복지(福地)를 형용하여 〈젖과 꿀이 흐르는 땅〉이라고 했는데, 그 젖과 꿀이 곧 복을 가리킨 것이다.

이것을 정신적인 것으로 끌어올린 사람은 예수다. 〈마음이 가난한 자는 복이 있나니 천국이 저의 것임이요〉 하여, 지상적이며 물질적인 복록(福祿) 대신 천국에 가서 누릴 영혼의 복록을 주장했던 것이다. 이것은 예수의 강력하고도 탁월한 사상의 결정(結晶)이라 할 수 있다.

서두의 전자를 물질적 행복이라면 후자는 정신적 행복이라 할 수 있을 것이다.

여호와에 취한 예수, 이데아에 취한 플라톤, 천(天)에 취한 공자, 자연에 취한 노자, 무(無)에 취한 석가 들을 가리켜 그 누구에 비하여 행복하지 않았다고 말할 수 있겠는가.

그러나 행복이란 것은 본질적으로 도나 진리에 속하는 것이 아니다. 무아경(無我境)의 법열(法悅)같이 고상한 것도 아니요, 어디까지나 유아본위(唯我本位)의 속세적인 이익이 근본인 것이다.

그러므로 사람이 복을 원한다는 것은 그 자체가 미덕인 것이다. 동시에 행복은 원하지 않는 사람에게는 오지 않는 것이며, 원하고 희망을 가질 때 이미 오기 시작하는 것이다.

나는 모든 행복을 찾는 사람을 존경한다. 왜냐하면 그들은 앞으로 나아가고자 하는 사람들이요, 빛[光明]을 믿는 사람들이요, 자연의 질서와 천지의 섭리를 믿는 사람들이기 때문이다.

우리는 좀더 평범한 의미의 행복, 좀더 속세적이며 물질적인 의미의 행복에도 경의를 표하자. 태고로부터 현대에 이르기까지 세상이란 언제나 속세가 아닌가. 속세는 속인들의 것이다. 그리고 정당하게 말해서 행복이란 속인들의 것이다. 철인들에게는 도를 주고, 속인들에게는 행복을 주라.

나의 단상(斷想)

인간이건 자아(自我)이건 그것이 형이상학적 차원에서 논의될 때는 신에 필적(匹敵)하는 존재가 된다.

인간은 무한을 인식할 수 있는 유한적 존재다. 따라서 인간은 유한적인 동시에 무한적인 존재다.

나는 무신론자도 아니요, 종교 무용론자는 더욱 될 수 없다. 나는 인간이 인간으로서 사는 길을 통하여 그 삶의 내용 속에 신(神)이든 불(佛)이든 천(天)이든 이 우주의 무한한 사랑과 구원을 담아야 한다고 생각한다.

인간은 유한적이며 무한적인 존재이기 때문에 무(無)를 체험할 수 있다.

　신이란 말도 인간이 만들어낸 언어의 하나다. 그것은 신이라고 하든지, 신명(神明)이라고 하든지, 여호와·알라·하늘·불타 등 지역과 인종과 언어와 역사에 따라 어떤 이름을 부르든지, 그것은 모두 인간이 만들어낸 이름이요, 인간의 언어에 속한다.
　인간은 그가 신을 원했을 때 신을 보았다. 그리하여 동물을 원했을 때 또한 동물이 되었다.
　정직은 양심에서 피어나는 꽃이다.
　세계를 한 개 사과라고 하든지, 한 가락 노래라고 하든지, 그것은 마찬가지일 수 있다. 다만 이 경우 세계는 그 사람의 작품인 것이다.
　모든 사람은 양심을 가진다. 그것이 곧 자기를 만드는 씨앗이 된다.
　운명은 기상(氣象)과도 같은 것이다. 오늘은 개이나 내일은 흐릴 것이다. 우리는 다만 개인 날엔 개인 날에 맞는 일을 하고, 흐린 날엔 흐린 날에 맞도록 살면 된다.

　눈을 뜨면 현실이 있고, 눈을 감으면 자아(自我)가 있다.

　우리가 운명을 헤아릴 수 없다는 것은 우리 집 뜰보다 천공(天空)이 너무 넓다는 것과도 같은 뜻이다. 나는 우리 집 뜨락에 라일락이 두 그루 있고 대문 곁엔 은행나무가 한 그루 서 있는 것을 알지만, 하늘의 어느 위치에서 지금 어떤 구름이 일고 있는지는 모르는 것이다.

　하늘나라(천당)와 불과 유황이 타는 못(지옥)은 내 마음속에 있다고 말할 수 있다. 그러나 나는 나의 마음(정신 혹은 영혼)이 나의 죽음과 함께 없어지지 않고 내가 죽은 뒤에도 남는다고 믿는다. 따라서 나는 천당과 지옥이 관념에 그치지 않고 실질적으로 있는 것이라고 믿는다.

운명을 완상(玩賞)할 줄 모르는 사람에게 멋을 기대해서는 안 된다. 속된 자를 위하여 꽃과 달을 얘기할지언정 그와 더불어 인생과 예술을 논하지 말라.

인본주의(人本主義)는 근본적으로 신본주의(神本主義)에 대립하여 뻗어나온 사상이므로 인간을 신의 피조물로 보지 않고 자연 발생물, 즉 자연의 아들로 보기 때문에 자연주의에 근거를 두고 있다.

자살은 모든 인간에게 허여(許與)된 최후의 만찬이다. 우리가 이 잔을 아끼는 것은 무한과의 약속에서 생명을 탔기 때문이다.

생명은 마지막을 원치 않는다. 끝을 두려워하고 싫어하는 것은 모든 생명을 가진 자들의 본능이요, 의무이기도 하다.

테미스토클레스가 스스로 나아가 독배(毒盃)를 마신 것은 아테네와 덕(德)을 사랑했기 때문이다.

예수의 고독은 특이했던 것으로 보인다. 그의 천재가 신과 인간의 중간에 위치하는 데서 오는, 어느 유형에도 꼭 적합되지 않는 그런 고독이었다. 그는 인간의 아들로서의 육신과 신의 아들로서의 영혼을 동시에 가진 중간적인 존재였다고나 할까. 그렇기 때문에 그의 고독은 절대적일 수밖에 없었다.

문학의 내용은 인생이요, 인생의 내용은 윤리다.

우리가 살고 있는 천지 또는 우주는 살아 있는 것이다. 우리 자신이 살아 있는 것처럼 이 우주도 살아 있는 것이다. 우리가 생각하고, 말하고, 행동하는 것처럼 땅 위에는 꽃이 피고, 물이 흐르고, 새가 우짖고, 하늘에는 해가 빛나고, 별들이 돌아가고, 구름이 흐르고, 우레·천둥·번개가 울부짖고 하는 것이다.

나는 늘 죽음을 생각하고 있었는데, 결과에 있어 삶을 배운 것이 되었다.

며느리에게 주는 말
― 다섯 가지 당부

사람들은 자식은 다 같다고 하지만, 나는 그렇지 않다. 같은 자식이면서도 마음에 더 드는 아들과 그렇지 못한 아들이 있다. 마음씨가 더 착하고 태도가 성실한 자식은 더 마음에 들고, 그렇지 못한 자식은 그렇지 못하다.

나는 아들이 다섯이요, 막내가 딸이지만, 머리는 다 좋은 편이요, 인물도 내 눈에는 별로 불만이 없다. 나를 닮아서 그런지 체격들은 다 훤칠하지 못한 편이지만, 이것은 하는 수 없는 일이다.

그러면 무엇을 더 마음에 든다, 안 든다 하느냐 하면 마음씨와 태도다. 마음씨가 덜 착하면 마음에 덜 든다. 물론 같은 부모한테 태어난 형제들인 만큼 근본적으로 대단히 비슷하지만, 그런 가운데서도 그 착한 마음씨에는 다소간 차이가 있는 것 같다. 무엇을 두고 더 착하다 덜 착하다 하느냐 하면, 집안 식구들에 대해서나 남에 대해서나 함부로 성내거나 다투지 않고, 항상 침착성을 유지하고, 자신을 억제하고 하는 것을 더 착하다고 나는 표현한다.

다음으로는 태도다. 나는 착실하고 성실한 아들일수록 더 마음에 든다. 가령 술이나 포커(혹은 화투) 같은 것을 너무 좋아한다면 그것은 성실하고 착실한 태도가 못 된다고 본다.

기호(嗜好)이든 취미든 오락이든 다 필요하지만, 어느 것에나 깊이 빠져들어서는 안 된다는 것이 나의 자식들에 대한 간절한 당부다. 나는 자식들에게 나를 위하여 많은 부담을 지우고 싶지 않다. 다만 좀더 착한 마음씨와 성실한 생활 태도를 가져달라고 부탁하고 싶다.

위의 말은 주로 아들들을 두고 한 이야기지만, 이것은 며느리들에게도 통한다. 그렇지만 며느리 상대로 하는 이야기에서 왜 아들 이야기를 먼저 늘어놓았느냐 하면, 사실상 며느리들은 다 착실하고 착하기 때문에 새삼 당부할 말도 별로 없고 또 아들들이 하기에 달렸기 때문이기도 하다.

나는 며느리가 다섯이지만, 다 마음에 든다. 이것은 그냥 듣기 좋으라고 하는 말이 아니고 어디까지나 진정이다.

아들들만 착실하게 살아준다면 며느리들은 모두가 이에 보조를 맞추어서 성의껏 살아갈 수 있는 사람들이다.

요즘 아들 하나 딸 하나씩만 낳아서 잘 키우겠다는 풍조인데, 솔직히 말해서 나는 이것이 좀 불만이다. 둘만 낳았다가 하나를 잃어버리기나 하면 어쩌나 하는 불안감이 남기 때문이다. 그래서 아들 딸 둘씩이면 좋겠는데, 그것이 너무 많으면 셋이라도 돼야지 하는 것이 나의 속셈이다.

그러나 내가 진정으로 며느리들에게 부탁할 말이 있다면, 그것은 아들이 몇이고 딸이 몇이고 하는 문제가 아니다.

그보다는 더 근본적인 인생 태도다. 그것을 조항별로 나눠보면 다음과 같다.

 첫째, 아들이나 딸은 위에서 말한 대로 둘에서 넷 사이면 좋다. 그보다 초과되어도 무방하지만, 아주 없어도 크게 실망할 일은 아니다.

 둘째, 재산에 대해서는 부자가 되려고 하지 말아다오. 성실하고 착실하게 일하고 저축해서 먹고 입고 자식 키우는 데 크게 부족함이 없는 정도를 목표로 삼아다오. 재산은 남들이 봐서 그만하면 됐다 하더라도 욕심이 많으면 늘 불만이 따른다. 그와 반대로 겨우 먹고 지낼 만한 재산에 평범한 배우자라도 그것으로 만족하면 거기에 행복이 따른다.

 셋째, 자신이나 가족들의 건강에 항상 유의하라. 건강하지 않으면 특히 죽을 날이 다가오고 있는 병자에게 재산이며 짝이 무슨 소용이겠는가.

 넷째, 신불(神佛)이나 천지신명에 가만히 기도드릴 줄 알아야 한다.

 다섯째, 자연을 사랑하고, 독서나 서예에 대한 취미를 기르라. 내가 제일 자랑할 수 있는 행복은 자연을 누릴 수 있는 능력이다. 나는 봄에 피는 잎새와 꽃을 보거나, 여름의 수풀 속을 헤매거나, 가을 낙엽 위에 누워보거나, 겨울의 함박눈 속을 거닐거나 할 때 느껴지는 행복감을 무어라 형언할 수 없다. 밤이면 달과 별을 보는 즐거움이 그렇고, 낮이면 햇빛과 산을 바라보는 맛이 또한 그렇다.

 세상이 아무리 어렵더라도 성심껏 대처해 나가면 그것이 곧 하늘의 뜻을 지키는 일이니 하늘과 뜻을 같이하는데 무엇이 두려우며 무엇이 걱정이겠는가.

 충서(忠恕), 다시 말해 〈나에게 충실하고 남에게 관대하라〉 이것이 우리 집 가훈(家訓)이요, 나의 좌우명(座右銘)이라면 좌우명이다.

 〈나에게 충실〉이란 말은 나의 이익에 충실하란 뜻이 아니고, 나의 양심이나 나의 신념이나 나의 영혼이나 나의 인생관에 충실하란 뜻이다. 따라서 예술이나 학술에 종사하는 경우엔 개성에 충실하란 뜻이 된다.

〈남에게 관대〉하란 것은 남이 다소 잘못하더라도 너그럽게 대처하라는 뜻이다.

옛날 우리 집 가훈이 바로 이 충서였는데, 실국(失國) 후 그것을 백씨가 포기해 버렸다. 나라도 없는데 가훈이 다 뭐냐는 것이다. 이제 그 충서를 내가 〈나에게 충실하고 남에게 관대하라〉라는 우리말로 되찾은 것이다.

나의 시 「자화상(自畫像)」을 여기에 옮기며 끝막음을 하고자 한다.

> 나는 오랜 옛 서울의
> 한 이름 없는 마을에 태어나
> 부모형제와 이웃 사람의 얼굴, 그리고
> 하늘의 별들을 볼 적부터
> 죽음을 밥 먹듯 생각하게 되었다.
> 아침에 피는 꽃의 빛깔과
> 황혼에 지는 동산의 가을 소리도
> 이별이 곁들여져
> 언제나 그처럼 슬프고 또 황홀했다.
> 술과 친구와 노래는 입성인 양 몸에 붙고
> 돈과 명예와 그리고 여자에도
> 한결같이 젖어들어
> 모든 것을 알려다
> 어느 것도 익히지 못한 채
> 오직 한 가지 참된 마음은
> 내가 눈감고 이미 없을 세상에
> 비치어질 햇빛과
> 피어나는 꽃송이와

개구리 우는 밤의 어스름 달과
그리고 모든 사람의
살아 있을 모습을 그려보는 일이다.

■ 발문

『나를 찾아서』 엮음에 즈음하여

    얼마 전에 선생님의 맏제자분인 재홍 씨를 만나니 어르신네의 자서전을 편찬하는 이야기 끝머리에, 문생의 한 사람으로서 발문을 붙이라는 것이었다. 문생 가운데서도 가장 지질한 자가 은문(恩門)의 육고에 감히 글자를 덧붙이다니! 있을 수 없는 일을 하라는 말이었다. 당연히 거듭 사양하였으나 재홍 씨 또한 무가내고 듣지 않으매, 스승의 그림자를 밟는 죄는 차차 받기로 하고 우선 재홍 씨의 뜻부터 이렇게 대필하기로 하였다.
    선생께서 자리 보전을 하시기 며칠 전인 초복날 낮이었다. 선생께서는 문안 드리러 온 다섯 자제분과 진지를 드시면서 재홍 씨에게 이르시기를 "내 자서전은 다 쓰도록 되어 있다. 내가 시키는 대로 하면 된다." 하시더니 뒤미처서 "보면 무슨 말인지 안다."고 하시었다.
    그러나 당장에는 아무도 새겨듣지 못하였다. 선생께서 자리 보전을 하신 뒤로 병구완하는 틈틈이 서재를 정돈하던 재홍 씨는 선생께서 몸소 벽걸이 달력 두 장을 이어붙이시고 그 뒷면에다 무엇인가 가득 적어 놓으신 것을 발견하였다. 자세히 보니 그 동안에 발표하신 470편에 달하는 수필들의 제목이었다. 그리고 편편이 부호를 달아놓으셨기에 그 전편을 통독하고 보니 내용상 소년 시절, 청년 시절, 장년 시절 등으로 시대 구분을 해놓으신 것이었다. 재홍 씨는 "내 자서전은 다 쓰도록 되어 있다."고 어르신 말씀을 비로소 터득하게 되었다.

그로부터 재홍 씨는 선생께서 모아두셨던 스크랩북 8권 분량의 각종 기사를 낱낱이 참고하며 선생의 유고를 연결하여 이 자서전을 엮기에 이른 것이다.

표제를 『나를 찾아서』로 정한 것은 선생께서 월간 《독립기념관》지에 주시기 위해, 자리 보전하시기 열흘 전인 1990년 7월 20일 아침에 쓰신 선생님 최후의 원고 제목이 「나를 찾아서」였기 때문이다.

선생은 수필 「나를 찾아서」에 이렇게 쓰셨다.

> 충서(忠恕), 다시 말해 〈나에게 충실하고 남에게 관대하라〉 이것이 우리 집 가훈이요, 나의 좌우명이라면 좌우명이다.
> 〈나에게 충실〉이란 말은 나의 이익에 충실하란 뜻이 아니고, 나의 양심이나 나의 신념이나 나의 영혼이나 나의 인생관에 충실하란 뜻이다. 따라서 예술이나 학술에 종사하는 경우엔 개성에 충실하란 뜻이 된다. 〈남에게 관대〉하란 것은 남이 다소 잘못하더라도 너그럽게 대처하란 뜻이다.
> 옛날 우리 집 가훈이 바로 이 충서였는데, 실국(失國) 후 그것을 백씨가 포기해 버렸다. 나라도 없는데 가훈이 다 뭐냐는 것이다. 이제 그 충서를 내가 〈나에게 충실하고 남에게 관대하라〉라는 우리말로 되찾은 것이다.

선생님은 당신께서 이르신 그대로 평생토록 양심과 신념과 영혼과 인생관과 개성에 지극히 충실하시고, 남에게 관대하시기도 역시 지극하신 어른이다.

　선생님의 그 83년이 이 한 권의 책에 축쇄되었다. 그러나 이 책은 선생의 자서전으로 그치지 않는다. 선생의 작품이 곧 이 나라의 소설 문법이요, 선생의 생애 또한 이 나라 현대 문학사의 본전(本傳)과 다르지 않을진대, 나와 같은 문생으로서는 모름지기『문종실록(文宗實錄)』으로 이름하여 마땅할 터이다.

　선생께서는 1955년에 세상에서 처음으로 문예창작과를 창과하시었다. 그로부터 40여 성상이 흐른 지금 전국 수십 개 대학의 문예창작학과에서 수백 수천의 문학도가 문장을 갈고 있으며, 교수 방법도 선생께서 행하신 그대로 고스란히 이어지고 있다.

　아아, 선생님께서는 어이하여 이 세상에 오셨던 것일까. 하늘이 저렇듯 말이 없으니 그것은 오로지 신비일 뿐이지만, 선생을 아는 사람들은 나름껏 느끼고 깨닫고 하여 저마다 그 대답을 간직하고 있을 것이다.

1997년 6월,
문하생 이문구(李文求)

김동리 연보

1913년   음력 11월 24일, 경상북도 경주시 성건동 186번지에서 아버지 김임수(金壬守)와 어머니 허임순(許任順)의 5남매 중 막내로 태어나다. 아명(兒名) 창봉(昌鳳), 호적명 창귀(昌貴), 자(字) 시종(始鍾). 장형(長兄)은 한학자 김기봉(金基鳳 · 凡夫先生).

1920년   경주제일교회 소속의 계남소학교 입학.

1926년   대구 계성중학교 입학. 아버지 별세.

1928년   서울 경신중학교 3학년에 편입학.

1929년   경신중학교 중퇴. 《매일신보》와 《중외일보》에 시 「고독」 「방랑의 우수」 등 발표.

1933년   전 5막 극시(劇詩) 「연당(蓮塘)」을 탈고했으나 발표하지 못하고 원고도 분실되다.

1934년   《조선일보》 신춘문예에 시 「백로」 입선.
         《가톨릭 청년》에 시 「망월(望月)」 등을 발표.

1935년   《조선중앙일보》 신춘문예에 소설 「화랑의 후예」 당선.
         시 「폐도시인(廢都詩人)」 「생식(生食)」 발표. 사천으로 이사하다.

1936년   《동아일보》 신춘문예에 「산화(山火)」 당선.
         단편소설 「바위」 「무녀도」 「산제」 「허덜풀네」 등 발표.

1937년   〈시인부락-서정주, 김달진 등〉 동인으로 활동.
         시 「행로」 「내 홀로 무어라 중얼거리며 가느뇨」 등과
         단편소설 「어머니」 「솔거」 발표.
         해인사의 말사(末寺)였던 다솔사 부설 광명학원에서 교편을 잡음.

1938년   단편소설 「생일」 「잉여설」 발표.

1939년　단편소설 「황토기(黃土記)」 「찔레꽃」 「두꺼비」, 평론 「순수이의(純粹異議)」 발표.

1940년　단편소설 「동구 앞길」 「혼구(昏衢)」 「다음 항구」 등 발표.

　　　　〈문인보국회〉 등 일제 어용 문학단체에의 가입을 거부하다.

　　　　단편소설 「소녀」가 총독부에 의해 전문 삭제당하다.

1941년　단편소설 「소년」 발표.

1942년　광명학원이 폐쇄되고, 맏형 범부 선생이 구속되다.

　　　　이후 8·15까지 절필.

1943년　징용을 피해 사천의 한 양곡배급소 서기로 취직.

1945년　사천 청년회장으로 피선되다.

1946년　〈청년 문학가협회〉 결성, 초대 회장에 피선.

　　　　단편소설 「윤회설」 「지연기(紙鳶記)」 「미수(未遂)」, 평론 「조선문학의 지표」 「순수문학의 진의(眞意)」 발표.

1947년　공산 계급주의 민족문학론에 대항하여 인간주의 민족문학론을 제창.

　　　　〈본격문학〉이란 용어를 최초로 사용, 《경향신문》 문화부장에 취임.

　　　　단편소설 「혈거부족」 「달」, 평론 「순수문학과 제 3세계관」 「민족문학과 경향문학」 등 발표.

　　　　제1창작집 『무녀도』 발간.

1948년　《민국일보》 편집국장에 취임.

　　　　단편소설 「역마」 「어머니와 그 아들들」, 평론 「문학하는 것에 대한 사고(私考)」 「문학적 사상의 주체와 그 환경」 「민족문학론」 등 발표.

　　　　첫 평론집 『문학과 인간』 발간.

1949년　〈한국문학가협회〉 결성, 소설분과회장에 피선되다.

　　　　순수문학지 《문예》 주간에 취임.

　　　　서울대학교와 고려대학교 국문과 강사로 출강.

단편소설 「형제」 「심정」 등 발표.

《동아일보》에 장편소설 『해방』을 연재.

제2창작집 『황토기』 발간.

1950년　문교부 예술위원과 서울시 문화위원에 피촉.

단편소설 「인간동의」 「하내 마을의 전설」 등 발표.

6·25가 발발하자 미처 피난을 떠나지 못하고 서울에 남게 되어 숨어 지내다.

1951년　한국 문총 사무국장에 피선, 문총 구국대 부대장 역임.

단편소설 「상면」 「귀환 장정」 등과 평론 「우연성의 연구」 발표.

피난지 부산에서 제 3창작집 『귀환 장정』 출판.

1952년　한국문학가협회 부위원장에 피선.

평론 「전쟁적 사실과 문학적 비판」 발표.

『문학개론』 출간.

1953년　환도 후 서라벌예술대학 문예창작과에 출강.

중편소설 「풍우기」 연재.

1954년　예술원 회원 피선, 한국유네스코 위원 피촉.

시 「해바라기」 「젊은 미국의 깃발」, 단편소설 「살벌한 황혼」 「마리아의 회태」 발표.

1955년　단편소설 「흥남 철수」 「밀다원 시대」 「실존무(實存舞)」 발표

장편소설 『사반의 십자가』 《현대문학》에 연재.

자유문학상 수상.

제 4창작집 『실존무(實存舞)』 출간.

1956년　제3회 아시아 자유문학상 수상.

단편소설 「악성」 「원왕생가(願往生家)」 발표.

《평화신문》에 장편소설 『춘추』 연재.

1957년　「꽃」 등 시와 단편소설 「아가(雅歌)」 「목공 요셉」 「여수」 「남포의 계

절」 발표.

장편소설 『사반의 십자가』 완결, 단행본으로 출간.

1958년   『사반의 십자가』로 예술원 문학부문 작품상 수상.

장편소설 『춘추』 단행본으로 출간.

단편소설 「강유기」 「고우(故友)」 「자매」 발표.

1959년   장편소설 『자유의 기수』 《자유신문》에 연재.

단편소설 「달」을 영화 시나리오용으로 개작하여 제목도 「달이와 낭이」로 바뀌다.

중편소설 「애정의 윤리」 발표.

1960년   장편소설 『이곳에 던져지다』 《한국일보》에 연재.

단편소설 「어떤 고백」 발표.

1961년   한국문인협회가 전체 문단의 통합단체로 발족, 한국문협 부이사장에 피선.

중편소설 「비오는 동산」 완결.

단편소설 「등신불」 「어떤 남」 발표.

1962년   단편 「부활」 발표.

1963년   장편소설 『해풍』 《국제신문》에 연재.

시조 「분국(盆菊)」 발표.

제 5창작집 『등신불』 출간.

1964년   단편소설 「천사」 「늪」 「심장에 비 맞다」 「유혼설(遊魂說)」 발표.

1965년   민족문화중앙협의회 부이사장, 민족문화추진위원회 이사 피선.

시 「연(蓮)」, 단편소설 「꽃」 「허덜풀네」를 개작한 「성문거리」 발표.

1966년   한국예술문화윤리위원회 상임위원에 임명되다.

단편소설 「송추에서」 「윤사월」 「백설가」 「까치소리」 발표.

수필집 『자연과 인생』 출간.

1967년   「까치소리」로 3·1문화상 예술부문 본상 수상.

단편소설 「석노인」 「감람수풀」 발표.

『김동리 문학전집』 전 5권 출간.

1968년　국민훈장 동백장 수여.

문예지 《월간문학》 창간.

단편소설 「꽃피는 아침」 발표.

중편소설 「극락조」 《중앙일보》에 연재.

1969년　단편소설 「눈 내리는 저녁 때」 발표.

1970년　한국문인협회 이사장에 피선.

서울시 문화상 문학부문 본상 수상, 국민훈장 모란장 수상.

1971년　장편소설 『아도』 《지성》에 연재.

1972년　서라벌 예술대학장 취임, 한일 문화교류협회장 피선.

《서울신문》에 장편소설 『삼국기』 연재.

1973년　중앙대학교 예술대학장 취임, 명예문학박사학위 수여.

문예지 《한국문학》 창간.

제 6창작집 『까치소리』, 수필집 『사색과 인생』, 시집 『바위』 동시에 출간.

1974년　『삼국기』 후편 『대왕암』 연재 시작.

장편소설 『이곳에 던져지다』 출간.

1975년　장편소설 『대왕암』 연재 완료.

1976년　단편소설 「선도산」, 「꽃이 지는 이야기」 발표.

1977년　단편소설 「이별이 있는 풍경」, 「저승새」 발표.

소설집 『김동리 역사소설』, 수필집 『고독과 인생』 출간.

1978년　장편소설 『을화』를 《문학사상》에 전재 후, 단행본으로 출간.

단편소설 「참외」 발표.

작품집 『꽃이 지는 이야기』, 수필집 『취미와 인생』 출간.

1979년　한국소설가협회장 피선.

	소년소녀 소설집 『꿈같은 여름』 출간.
	중앙대학교 정년 퇴임.
	장편소설 『을화』 영역판 출간.
	단편소설 「우물 속의 얼굴」 「만자동경(蔓字銅鏡)」 발표.
1980년	대한민국 예술원 부회장 피선.
1981년	대한민국 예술원 회장 피선.
1982년	장편소설 『을화』 일어 번역본 출간.
1983년	5·16민족문학상 수상.
	한국문인협회 이사장 피선, 대한민국 예술원 원로회원 추대.
	시집 『패랭이꽃』 및 장편소설 『사반의 십자가』 불어 번역본 출간.
1985년	수필집 『생각이 흐르는 강물』 출간.
1987년	장편소설 『자유의 기수』를 『자유의 역사』로 제목을 바꿔 출간.
1988년	수필집 『사랑의 샘은 곳마다 솟고』 출간.
1989년	한국문인협회 명예회장 추대.
1990년	7월 30일 뇌졸중으로 쓰러진 이래 투병 시작.
1995년	6월 17일 23시 23분 영면(永眠)

탄생 100주년 기념 김동리 문학전집㉖
수필로 엮은 자서전

초판인쇄 2013년 11월 13일
초판발행 2013년 11월 15일

저　　자　김동리
발 행 인　서정환
편 집 인　백시종
주　　간　채문수
편 집 장　김정례
편집차장　박명숙
편　　집　권은경 · 김미림
펴 낸 곳　김동리기념사업회 · 도서출판 계간문예

출판등록　2005년 3월 9일 제300-2005-34호
주　　소　서울시 종로구 익선동 30-6
　　　　　운현신화타워 305호
E-mail　qmyes@naver.com
전　　화　☎ 02) 712-1006, 3675-5633

국립중앙도서관 출판시도서목록(CIP)

나를 찾아서 : 수필로 엮은 자서전 / 저자: 김동리. -- 서
울 : 계간문예, 2013
　p. ;　　cm. -- (탄생 100주년 기념 김동리 문학전집
; 26)

ISBN 978-89-6554-100-4 04810 : ￦12000
ISBN 978-89-6554-063-2(세트) 04810

한국 수필[韓國隨筆]
자서전[自敍傳]

814.6-KDC5
895.745-DDC21　　　　　　　　　　　　　　　CIP2013024202

ⓒ 김동리 2013. Printed in Korea

　파본은 본사나 구입한 서점에서 바꾸어 드립니다.
　내용의 재사용은 저작권자의 동의를 받아야 합니다.